2022

Dimas Ramalho
COORDENADOR

Direito, Políticas Públicas e Controle Externo

Carolina Lara **Moricz**
Carolina Paes **Simão**
Cassiano **Mazon**
Cesar Mecchi **Morales**
Cezar **Miola**
Dimas **Ramalho**
Edloy **Menezes**
Elisa Cecin **Rohenkohl**
José Renato **Nalini**
Julian Gutierrez **Duran Neto**
Lucas **Degiovani**
Maria Lindineide de Oliveira **Zaccarelli**
Maria Rita **Rodrigues**
Mariana Elizabeth Pae **Kim**
Rafael Hamze **Issa**
Tiago Emanoel da Silva **Guerrero**
Wilson **Levy**

Temas Contemporâneos

Dados Internacionais de Catalogação na Publicação (CIP) de acordo com ISBD

D598

Direito, políticas públicas e controle externo: temas contemporâneos / Carolina Lara Moricz ... [et al.] ; coordenado por Dimas Eduardo Ramalho. - Indaiatuba, SP : Editora Foco, 2022.

272 p. : 17cm x 24cm.

Inclui bibliografia e índice.

ISBN: 978-65-5515-554-9

1. Direito. 2. Políticas públicas. 3. Controle externo. I. Moricz, Carolina Lara. II. Simão, Carolina Paes. III. Mazon, Cassiano. IV. Morales, Cesar Mecchi. V. Miola, Cezar. VI. Ramalho, Dimas. VII. Menezes, Edloy. VII. Rohenkohl, Elisa Cecin. VIII. Nalini, José Renato. IX. Duran Neto, Julian Gutierrez. X. Degiovani, Lucas. XI. Zaccarelli, Maria Lindineide de Oliveira. XII. Rodrigues, Maria Rita. XIII. Kim, Mariana Elizabeth Pae. XIV. Issa, Rafael Hamze. XV. Guerrero, Tiago Emanoel da Silva. XVI. Levy, Wilson. XVII. Título.

2022-1745

CDD 340   CDU 34

Elaborado por Vagner Rodolfo da Silva - CRB-8/9410

Índices para Catálogo Sistemático:

1. Direito 340

2. Direito 34

Dimas
Ramalho
COORDENADOR

Direito, Políticas Públicas *e* Controle Externo

Carolina Lara **Moricz**
Carolina Paes **Simão**
Cassiano **Mazon**
Cesar Mecchi **Morales**
Cezar **Miola**
Dimas **Ramalho**
Edloy **Menezes**
Elisa Cecin **Rohenkohl**
José Renato **Nalini**
Julian Gutierrez **Duran Neto**
Lucas **Degiovani**
Maria Lindineide de Oliveira **Zaccarelli**

Temas Contemporâneos

Maria Rita **Rodrigues**
Mariana Elizabeth Pae **Kim**
Rafael Hamze **Issa**
Tiago Emanoel da Silva **Guerrero**
Wilson **Levy**

2022 © Editora Foco

Coordenador: Dimas Ramalho

Autores: Carolina Lara Moricz, Carolina Paes Simão, Cassiano Mazon, Cesar Mecchi Morales, Cezar Miola, Dimas Ramalho, Edloy Menezes, Elisa Cecin Rohenkohl, José Renato Nalini, Julian Gutierrez Duran Neto, Lucas Degiovani, Maria Lindineide de Oliveira Zaccarelli, Maria Rita Rodrigues, Mariana Elizabeth Pae Kim, Rafael Hamze Issa, Tiago Emanoel da Silva Guerrero e Wilson Levy

Diretor Acadêmico: Leonardo Pereira

Editor: Roberta Densa

Assistente Editorial: Paula Morishita

Revisora Sênior: Georgia Renata Dias

Revisora: Simone Dias

Capa Criação: Leonardo Hermano

Diagramação: Ladislau Lima e Aparecida Lima

Impressão miolo e capa: FORMA CERTA

DIREITOS AUTORAIS: É proibida a reprodução parcial ou total desta publicação, por qualquer forma ou meio, sem a prévia autorização da Editora FOCO, com exceção do teor das questões de concursos públicos que, por serem atos oficiais, não são protegidas como Direitos Autorais, na forma do Artigo 8º, IV, da Lei 9.610/1998. Referida vedação se estende às características gráficas da obra e sua editoração. A punição para a violação dos Direitos Autorais é crime previsto no Artigo 184 do Código Penal e as sanções civis às violações dos Direitos Autorais estão previstas nos Artigos 101 a 110 da Lei 9.610/1998. Os comentários das questões são de responsabilidade dos autores.

NOTAS DA EDITORA:

Atualizações e erratas: A presente obra é vendida como está, atualizada até a data do seu fechamento, informação que consta na página II do livro. Havendo a publicação de legislação de suma relevância, a editora, de forma discricionária, se empenhará em disponibilizar atualização futura.

Erratas: A Editora se compromete a disponibilizar no site www.editorafoco.com.br, na seção Atualizações, eventuais erratas por razões de erros técnicos ou de conteúdo. Solicitamos, outrossim, que o leitor faça a gentileza de colaborar com a perfeição da obra, comunicando eventual erro encontrado por meio de mensagem para contato@editorafoco.com.br. O acesso será disponibilizado durante a vigência da edição da obra.

Impresso no Brasil (07.2022) – Data de Fechamento (07.2022)

2022

Todos os direitos reservados à
Editora Foco Jurídico Ltda.
Avenida Itororó, 348 – Sala 05 – Cidade Nova
CEP 13334-050 – Indaiatuba – SP

E-mail: contato@editorafoco.com.br
www.editorafoco.com.br

PREFÁCIO

No início de 2017, recebi honroso convite do eminente Conselheiro Dimas Eduardo Ramalho para atuar, sob sua orientação e supervisão, como coordenador do primeiro módulo do Curso de Especialização em Direito, Políticas Públicas e Controle Externo, a ser realizado pela Universidade Nove de Julho com a moderna tecnologia do Ensino à Distância.

Poucos são os homens públicos deste país que reúnem as qualidades e a experiência multifacetada do Conselheiro Dimas Ramalho. Exímio jurista, que galgou todos os graus da carreira do Ministério Público, também exerceu mandatos populares nos parlamentos estadual e federal, além de relevantes funções no Poder Executivo, culminando com a alta investidura no Egrégio Tribunal de Contas do Estado de São Paulo, no qual atualmente ocupa, pela segunda vez, a cadeira de Presidente, eleito por seus pares.

Seu convite, portanto, era absolutamente irrecusável. Aceitei o desafio de organizar o primeiro módulo, em que as políticas públicas foram analisadas na perspectiva do Direito Constitucional. Outros dois módulos se seguiram, desta feita com a competente colaboração dos professores Almir Teubl Sances e Auro Augusto Caliman, em que a mesma temática foi analisada, respectivamente, sob o enfoque do Direito Administrativo e dos mecanismos de Controle Externo. Em todas as etapas do curso, também atuou como coordenador adjunto o professor Cassiano Mazon.

As políticas públicas, que Maria Sylvia Zanella Di Pietro bem define como "metas e instrumentos de ação que o Poder Público define para a consecução de interesses públicos que lhe incumbe proteger", vêm despertando crescente interesse – e as inevitáveis controvérsias – nas últimas décadas. A definição dessas políticas não é matéria sujeita à absoluta discricionariedade do administrador; pela contrário, o ordenamento jurídico – a começar pela Constituição Federal – estabelece a necessidade de ser ouvida a sociedade e prevê inúmeros instrumentos de controle, inclusive judicial, dessa importante manifestação da atividade estatal.

Nesse contexto, a iniciativa da UNINOVE ao realizar esse Curso de Especialização, reconhecido oficialmente pelo Ministério da Educação, nos anos de 2017 e 2018, merece os maiores encômios e justo reconhecimento, especialmente por propiciar as melhores condições para os interessados – de todo o país – em aperfeiçoar seus conhecimentos nessa importante seara.

Sessenta e cinco alunos concluíram o curso, e este livro seleciona alguns dos melhores trabalhos por eles apresentados, juntamente com contribuições do corpo docente da Universidade.

Assim, além de coordenar o curso e a presente obra, o Conselheiro Dimas Ramalho enriquece-a com estudo sobre a importância das entidades do Terceiro Setor para a ampliação e melhoria dos serviços públicos, enfatizando a indispensável participação da sociedade para que se possa alcançar os almejados ganhos de eficiência na atividade administrativa.

Carolina Moricz abre esta coletânea examinando alguns dos mais relevantes instrumentos jurídicos para promover a proteção do meio ambiente, alertando que os inegáveis avanços normativos ainda não se mostram suficientes para frear os perigos das mudanças climáticas.

O professor Cassiano Mazon também aborda o importantíssimo tema das mudanças climáticas, desta feita sob o ângulo da Ética e da Filosofia do Direito, mostrando como seus pressupostos irão irradiar consequências para o tratamento da questão ambiental nos diversos ramos da ciência jurídica.

Carolina Simão, tomando como exemplo o caso da Fundação Theatro Municipal de São Paulo, analisa os instrumentos de gestão e controle nas organizações sociais de cultura, em face do arcabouço normativo construído a partir da reforma administrativa iniciada na década de 1990.

A concretização do direito fundamental à educação é o tema desenvolvido pelo Conselheiro Cezar Miola, do Tribunal de Contas do Rio Grande do Sul, mostrando como a firme atuação fiscalizadora daquela Corte foi decisiva para a ampliação e aperfeiçoamento das políticas públicas na Educação Infantil.

Edloy Menezes revisita a polêmica relativa à possibilidade de os Tribunais de Contas declararem, de forma incidental, a inconstitucionalidade de lei ou ato normativo, apontando, à luz de diversas decisões do Supremo Tribunal Federal, a necessidade de formal revisão da Súmula 347 daquela Corte.

A imprescindível transparência da atividade do Estado, notadamente sob o aspecto do dever de prestar informações claras, completas e confiáveis aos cidadãos, é exigência democrática e importantíssimo mecanismo de controle da gestão pública, como ressalta Elisa Rohenkoln, em artigo que condensa os resultados de cuidadosa pesquisa.

Com base em relevantes estatísticas do Conselho Nacional de Justiça e de tribunais trabalhistas, Julian Gutierrez Duran Neto aponta a melhor divulgação das políticas públicas como condição para ampliar o implemento de mecanismos alternativos de solução de conflitos, de modo a favorecer o tão almejado desafogo do Poder Judiciário.

A importante e crescente atuação do Ministério Público e da Defensoria Pública na formulação, implantação e execução de políticas públicas é ressaltada, respectivamente, nos trabalhos apresentados por Lucas Degiovani e Maria Lindineide Zaccarelli, mostrando como essas instituições se articulam, nesse campo, na defesa dos direitos fundamentais.

O grave problema dos desastres ambientais, que nos últimos anos vêm atingindo proporções dramáticas em nosso país, é o tema abordado por Maria Rita Rodrigues, traçando um panorama da evolução dos marcos legais que vem aperfeiçoando a gestão do risco, a proteção e assistência às comunidades mais vulneráveis, salientando que as soluções efetivas para evitar a repetição de tragédias passa pela conscientização de toda a sociedade.

Dois artigos abordam o rico e atualíssimo tema dos incentivos à participação do particular nas atividades de interesse da administração pública. Rafael Hamze Issa apresenta excelente introdução ao instituto do fomento empresarial, indicando as linhas mestras de anteprojeto que, mesmo não tendo avançado na seara legislativa, oferecia abrangente sistematização e propostas de aperfeiçoamento nessa matéria. Mariana Pae Kim, por sua vez, enfrenta o emaranhado de disposições legais atinentes aos auxílios, subvenções e contribuições, propondo soluções para uma atuação mais segura dos gestores públicos e entidades do Terceiro Setor que se utilizam desses importantes instrumentos para a implementação de políticas públicas de grande significado social.

A atuação das Cortes de Contas também é enfocada em estudo de Tiago Guerrero, abordando a fiscalização e aperfeiçoamento do estágio probatório dos servidores públicos, como forma de garantir a melhor prestação dos serviços públicos e o primado do princípio constitucional da eficiência.

Um percuciente olhar para o futuro encerra esta coletânea. Os professores Wilson Levy e José Renato Nalini mostram como vem sendo elaborado um ordenamento jurídico capaz de atender à inadiável demanda por cidades inteligentes e sustentáveis, e a imprescindível atuação dos Tribunais de Contas para a realização desse desafio.

A amplitude das questões tratadas pelos ilustres articulistas, e sua inegável relevância, atesta que os ambiciosos objetivos do curso foram alcançados. Que prosperem outras iniciativas como essa!

Cesar Mecchi Morales

Mestre e Doutor em Direito do Estado pela Universidade de São Paulo. Desembargador do Tribunal de Justiça de São Paulo. Ex-Presidente do Conselho Nacional de Política Criminal e Penitenciária (CNPCP).

SUMÁRIO

PREFÁCIO
Cesar Mecchi Morales V

A CRISE CLIMÁTICA GLOBAL, AS POLÍTICAS AMBIENTAIS BRASILEIRAS E O
PAPEL DO CONTROLE EXTERNO NA PROTEÇÃO AMBIENTAL
Carolina Lara Moricz 1

GESTÃO E CONTROLE EXTERNO NAS ORGANIZAÇÕES SOCIAIS DE CULTU-
RA ESTUDO DE CASO: FUNDAÇÃO THEATRO MUNICIPAL DE SÃO PAULO
Carolina Paes Simão 31

MUDANÇAS CLIMÁTICAS E A FILOSOFIA DO DIREITO: PERSPECTIVAS ÉTICAS
Cassiano Mazon 47

A AÇÃO INDUTORA DOS TRIBUNAIS DE CONTASNAPOLÍTICA PÚBLICA DA
EDUCAÇÃO: A EXPERIÊNCIA DO TCE-RS
Cezar Miola 61

DE BRESSER AOS DIAS ATUAIS: CAMINHOS E DESAFIOS DO TERCEIRO SETOR
Dimas Ramalho 79

A NOVA ERA DA SÚMULA 347 NO SUPREMO TRIBUNAL FEDERAL
Edloy Menezes 89

TRANSPARÊNCIA PASSIVA: A EVOLUÇÃO DA TRANSPARÊNCIA SOB DEMAN-
DA NO ÂMBITO DOS MUNICÍPIOS DO ESTADO DO RIO GRANDE DO SUL
Elisa Cecin Rohenkohl 97

DA NECESSIDADE DE MAIOR DIVULGAÇÃO DAS POLÍTICAS PÚBLICAS PARA
O TRATAMENTO ADEQUANDO DE CONFLITOS COMO MEIO DE DESAFO-
GAR O PODER JUDICIÁRIO
Julian Gutierrez Duran Neto 119

A ATUAÇÃO DO MINISTÉRIO PÚBLICO DO ESTADO DE SÃO PAULO NA
IMPLANTAÇÃO E EXECUÇÃO DE POLÍTICAS PÚBLICAS
Lucas Degiovani 135

DEFENSORIA PÚBLICA DO ESTADO DE SÃO PAULO E A PARTICIPAÇÃO DA SOCIEDADE CIVIL NA FORMULAÇÃO DE SUAS POLÍTICAS PÚBLICAS

Maria Lindineide de Oliveira Zaccarelli 153

O PROCESSO DE INSTITUCIONALIZAÇÃO DA POLÍTICA NACIONAL DE PROTEÇÃO E DEFESA CIVIL: NOVOS HORIZONTES PARA AS POLÍTICAS PÚBLICAS EM GESTÃO DE RISCO DE DESASTRE NO BRASIL

Maria Rita Rodrigues 169

APLICAÇÃO DO MARCO REGULATÓRIO DAS ORGANIZAÇÕES DA SOCIEDADE CIVIL AOS AUXÍLIOS, SUBVENÇÕES E CONTRIBUIÇÕES

Mariana Elizabeth Pae Kim 187

O CONTRATO DE FOMENTO PÚBLICO EMPRESARIAL: BREVES CONSIDERAÇÕES A RESPEITO DE UMA OPORTUNIDADE PERDIDA

Rafael Hamze Issa 205

CONTROLE EXTERNO, ESTÁGIO PROBATÓRIO E O PRINCÍPIO CONSTITUCIONAL DA EFICIÊNCIA EM POLÍTICAS PÚBLICAS DE RH

Tiago Emanoel da Silva Guerrero 223

CIDADES INTELIGENTES E SUSTENTÁVEIS: DESAFIOS CONCEITUAIS E O PAPEL DO TRIBUNAL DE CONTAS DO ESTADO DE SÃO PAULO

Wilson Levy e José Renato Nalini 245

A CRISE CLIMÁTICA GLOBAL, AS POLÍTICAS AMBIENTAIS BRASILEIRAS E O PAPEL DO CONTROLE EXTERNO NA PROTEÇÃO AMBIENTAL

Carolina Lara Moricz

Bacharel em Administração Pública pela Universidade Federal de Ouro Preto (UFOP). Pós-graduada no curso de especialização em Direito, Políticas Públicas e Controle Externo pela Universidade Nove de Julho (UNINOVE).

Sumário: Introdução – 1. As mudanças climáticas e os efeitos negativos das ações humanas no equilíbrio ambiental e climático do planeta; 1.1 Os tratados internacionais em meio ambiente e sustentabilidade – 2. A política ambiental brasileira – 2.1 Cumprimento pelo Brasil de tratados internacionais e objetivos acordados – 3. A legislação ambiental, o controle externo e o controle social na proteção ambiental; 3.1. O controle externo; 3.2. A atuação do Congresso Nacional; 3.3. A atuação do Tribunal de Contas; 3.4. O papel do Ministério Público; 3.5. A importância do controle social e da participação popular em políticas públicas – 4. Conclusão – 5. Bibliografia.

INTRODUÇÃO

As atividades antropogênicas vêm causando efeitos irreversíveis ao equilíbrio ecológico do planeta, como poluição de oceanos, acúmulo de resíduos sólidos, manejo inadequado do solo, desmatamentos, queima desenfreada de combustíveis fósseis e diversas outras atividades, as quais vêm diminuindo a capacidade regenerativa da natureza, desequilibrando seus biomas e causando mudanças climáticas.

Temos observado, ao longo de décadas, uma maior ocorrência de eventos extremos, como o derretimento de geleiras, o avanço do mar sobre ilhas e cidades, maior incidência de eventos climáticos extremos, como ciclones, tempestades, secas, picos de calor ou frio intenso, além de outros fenômenos catastróficos. A fauna e a flora são as maiores vítimas das mudanças climáticas do planeta, com diversas espécies extintas ou à beira da extinção, e biomas inteiros sob o risco de desaparecimento, tudo com a justificativa de que tais impactos ao meio ambiente são *"necessários para o desenvolvimento"*[1].

---

1. O atual governo, assim como outros governos radicais de direita, compartilham da ideia de que o desenvolvimento econômico é prioridade, mesmo que para tanto seja necessário causar severos impactos ambientais, e difundem ideias "negacionistas" defendendo que o clima não está mudando, que os ecossistemas estão seguros e que os estudos climáticos desenvolvidos pela comunidade científica são alarmistas e tem o objetivo de enfraquecer a supremacia nacional dos países e desestabilizar a economia (https://brasil.elpais.com/brasil/2019/07/12/opinion/1562946819_580269.html). O presidente e seus representantes falam abertamente da necessidade de explorar economicamente os recursos naturais brasileiros, explorar petróleo em área de conservação marinha, transformar estação ecológica em "Cancun brasileira", realizar concessão de parques nacionais de conservação à iniciativa privada, explorar a Amazônia, exemplos de declarações do presidente e de integrantes do governo nesse sentido não faltam: https://www1.folha.uol.com.br/ambiente/2019/08/

Além de arriscarmos a sobrevivência da fauna e flora, estamos destruindo ativamente riquezas naturais das quais dependemos e colocando em risco nossa própria sobrevivência. Os efeitos das mudanças, além de já causarem prejuízos e mortes, levarão, por exemplo, a uma queda na produção alimentar, expulsarão de seu *habitat* populações inteiras, podendo causar, inclusive, o surgimento de refugiados ambientais.

O potencial catastrófico das mudanças climáticas e as questões ambientais vêm sendo amplamente debatidos pela comunidade internacional: diversos tratados e convenções já foram firmados objetivando o desenvolvimento sustentável, a proteção da biodiversidade e dos ecossistemas, e a mitigação das mudanças climáticas.

O Brasil, signatário de diversos tratados, sempre teve papel de destaque na negociação e proposição de ações para mitigar as mudanças climáticas, e propôs, por iniciativa própria, uma ambiciosa meta de redução da emissão de gases do efeito estufa. Antes considerado protagonista nesta área, com a mudança governamental, a visão e a maneira de tratar questões ambientais se modificou e o País perdeu seu protagonismo e passou a ser considerado um "vilão ambiental", gerando desconfortos em nossas relações internacionais, abalando nossa imagem externa e nossa posição junto à ONU.

No presente trabalho buscamos apontar alguns dos efeitos deletérios da atuação humana no que tange ao equilíbrio climático e ecológico, além de versarmos sobre a política ambiental brasileira e o controle dessas políticas pelos órgãos controladores e pela população.

1. AS MUDANÇAS CLIMÁTICAS E OS EFEITOS NEGATIVOS DAS AÇÕES HUMANAS NO EQUILÍBRIO AMBIENTAL E CLIMÁTICO DO PLANETA

Fourier[2], entre 1824 e 1827, publicou seus estudos descrevendo o balanço de energia da Terra. Apontou que a temperatura do planeta dependia da quantidade de energia absorvida do sol, o *"calor luminoso"*, e que a Terra irradiava de volta a radiação infravermelha, o *"calor obscuro"*. Ele percebeu que apenas esse mecanismo

---

amazonia-precisa-de-solucoes-capitalistas-diz-ministro-do-meio-ambiente.shtml, https://g1.globo.com/economia/noticia/2020/01/21/o-pior-inimigo-do-meio-ambiente-e-a-pobreza-diz-paulo-guedes-em-davos.ghtml ou https://oglobo.globo.com/brasil/projeto-do-governo-libera-exploracao-economica-ampla-em--terras-indigenas-1-24184572.

2. Jean-Baptist Joseph Fourier (1768-1830) foi um matemático e físico que estudou, entre outros assuntos, a condução de calor no planeta e a temperatura do globo terrestre, e que, dentre outros trabalhos, publicou em 1824 o Artigo *Remarques générales sur les températures du globe terrestre et des espaces planétaires*, na Revista *Annales de Chimie et de Physique*, n. 27, p. 136-167, disponível em: http://sciences.amisbnf.org/fr/livre/remarques-generales-sur-les-temperatures-du-globe-terrestre-et-des-espaces-planetaires. Em 1927 publicou o artigo *Mémoire sur les températures du globe terrestre et des espaces planétaires*, disponível em: https://www.academie-sciences.fr/pdf/dossiers/Fourier/Fourier_pdf/Mem1827_p569_604.pdf. Mais informações disponíveis em https://www.irishtimes.com/news/science/how-joseph-fourier-discovered--the-greenhouse-effect-1.3824189.

de entrada e saída de energia seria deficitário, concluindo que, de alguma maneira, a atmosfera tinha a capacidade de impedir a saída dos raios infravermelhos ou a Terra permaneceria com temperaturas de até -15°C (graus Celsius). Tal efeito de retenção de calor é o que conhecemos hoje como *efeito estufa*.

Posteriormente, diversas pesquisas comprovaram as alegações de Fourier. Tyndall[3], em 1859, realizou experimentos que demonstraram que o vapor de água, o dióxido de carbono (CO_2) e o ozônio eram os principais responsáveis pelo efeito descrito por Fourier. Descobriu que, dentre os gases presentes na atmosfera, o vapor de água, o CO_2 e o ozônio eram os com maior capacidade de reterem o calor da radiação infravermelha.

Arrhenius[4], estudando as glaciações, acabou por concluir que, quanto menor a quantidade de CO_2 na atmosfera, menores as temperaturas no planeta, sendo o inverso válido.

Em 1938, Callendar[5] foi o pioneiro a apontar a relação das emissões de CO_2, geradas pelas atividades humanas, com o aumento da temperatura média da superfície terrestre. Ele revelou que o ser humano era um agente climático perceptível, e que a queima de combustíveis fósseis pela humanidade já estava elevando a temperatura média do planeta. Todavia, por não ser meteorologista, seu trabalho foi refutado pela comunidade científica da época.

Conforme mencionado, o efeito estufa é um fenômeno natural e essencial para a vida na Terra. O problema se encontra no aumento de emissão dos gases que causam esse efeito, que acabam por *"espessar"* a camada de gases na atmosfera, retendo mais radiação infravermelha e aumentando a temperatura do planeta.

As concentrações de CO_2 na atmosfera vêm aumentando em um ritmo alarmante. A Administração Oceânica e Atmosférica dos Estados Unidos (NOAA), nos alerta para o fato de que, mesmo com a desaceleração econômica provocada pela pandemia

---

3. John Tyndall (1820-1893) era geólogo, agrimensor, desenhista, cientista atmosférico, professor de Física, matemático e um excelente palestrante sobre ciência física. Estudou as propriedades radiativas dos gases. Mais informações disponíveis em: https://earthobservatory.nasa.gov/features/Tyndall.

4. Svant August Arrhenius (1859-1927) foi um importante cientista, ganhador, por exemplo, do Nobel de Química de 1903 pela sua *Teoria das dissociações eletrolíticas*, tendo ainda estudado os períodos glaciais pelos quais o planeta passou e os mecanismos que poderiam ser responsáveis por seu resfriamento e aquecimento, analisando, assim, a influência do CO_2 na temperatura terrestre. Publicou, em 1896, o artigo *On the influence of carbonic acid in the air upon the temperature of the ground*, na *Philosophical Magazine and Journal of Science*, series 5, v. 41, p. 237-276. Disponível em: https://www.rsc.org/images/Arrhenius1896_tcm18-173546.pdf. Mais informações em: https://earthobservatory.nasa.gov/features/Arrhenius.

5. Guy Stewart Callendar (1898-1964) foi engenheiro de vapor e "climatologista/meteorologista amador", tendo realizado diversas medições de temperatura e de emissões de CO_2 pelo mundo e comparado com medições mais antigas, diante do que concluiu que a temperatura havia aumentado devido à elevação das emissões de CO_2 pelas atividades antropogênicas. Sua teoria ficou conhecida como "Callendar Effect" e foi apresentada, no ano de 1938, na *Royal Meteorological Society* por meio do artigo *The artificial production of carbon and its influence on temperature*. Disponível em: https://rmets.onlinelibrary.wiley.com/doi/pdf/10.1002/qj.49706427503. Mais informações em: https://www.wired.com/story/meet-the-amateur-scientist-who-discovered-climate-change/ ou http://www.colby.edu/sts/callendar_effect_ebook.pdf.

de Coronavírus, as concentrações dos Gases do Efeito Estufa (GEE) continuam se avolumando, tendo apresentado uma média anual de 414,4 ppm (partes por milhão) em 2020, assinalando ainda que, se não fosse a recessão econômica, o aumento da concentração em 2020 poderia ter sido o maior já registrado.

A Biosfera, Litosfera, Atmosfera, Hidrosfera e Criosfera são sistemas interdependentes e sinérgicos que integram a biogeografia do Planeta. Os elementos característicos de cada sistema interagem como uma unidade funcional e assim mantêm o equilíbrio natural planetário. As interações entre os elementos de um ecossistema são chamadas de *funções ecossistêmicas*, as quais geram serviços ecossistêmicos quando propiciam benefícios diretos ou indiretos para o homem.

Os benefícios gerados pelos serviços ecossistêmicos são vitais ao bem-estar humano e suas atividades econômicas. A Plataforma Intergovernamental da Biodiversidade e Serviços Ecossistêmicos (IPBES), através da Classificação Internacional Comum dos Serviços Ecossistêmicos (CICES), reparte tais serviços em três categorias:

- *Serviços de Provisão*: aqueles por meio dos quais o ser humano obtém produtos da natureza, tais como os alimentos, a água, o carvão vegetal, o petróleo, dentre outros;
- *Serviços de Regulação*: são os benefícios obtidos pela humanidade com a regulação do ambiente realizada pelos ecossistemas e seres vivos, como, por exemplo, a regulação do clima, a polinização, a dispersão de sementes, o controle de desastres naturais e moderação de eventos climáticos extremos; e
- *Os Serviços Culturais*: benefícios obtidos pela humanidade devido à interação com a natureza e que contribuem para a cultura e para as relações sociais, como o lazer e recreação, a identidade cultural e histórica, o valor científico e educacional dos ecossistemas, entre outros benefícios.

A natureza dispõe de um capital natural, ou seja, uma reserva ou estoque de bens com valor econômico ou portadores de bem-estar para o homem, como, por exemplo, a água, os minerais, os oceanos e a biodiversidade. Ao prestar serviços ambientais com o objetivo de conservar ou melhorar ecossistemas, o homem pode, até mesmo, gerar o aumento do capital natural de uma sociedade.

Em 2012 a ONU criou o Índice de Riqueza Inclusiva (IRI)[6] para avaliar o desempenho econômico e sustentável dos países. O IRI de 2018 aponta que 44 países dos 140 ranqueados, mesmo obtendo um crescimento do seu PIB, tiveram uma queda em sua riqueza inclusiva *per capita*, ou seja, alcançaram um aumento da riqueza do país à custa do meio ambiente.

---

6. *Riqueza Inclusiva* é definida pelos ativos de capital de uma sociedade, e esses ativos, por sua vez são: o capital manufaturado, o capital humano e o capital natural, conforme o relatório UN-Inclusive Wealt Report 2014 da ONU.

A *Global Foodprint Network* (GFN)[7] aponta que a biocapacidade[8] do planeta está em perigo (*apud* WWF-Brasil[9]), pois a humanidade tem consumido mais rápido os serviços ecossistêmicos do que o meio ambiente tem capacidade de recuperar e disponibilizar. A média da Pegada Ecológica[10] é de 2,7 ha/pessoa/ano, mas a biocapacidade disponível é de apenas 1,8 ha/pessoa/ano. No atual nível de consumo seria necessário dispor de cerca de uma Terra e meia de recursos para suprir aquilo que consumimos.

O GNF aponta que mais da metade da demanda sobre a natureza provém do aumento da emissão de CO^2.

As atividades humanas que vêm gerando as mudanças climáticas têm causado as mais diversas e preocupantes consequências, como o aquecimento global, uma maior incidência de eventos climáticos extremos e derretimento de geleiras (causado pelo aumento de temperaturas e agravado pela diminuição da retroalimentação positiva do "*feedback do albedo*[11] *de gelo*"), provocando, entre outros efeitos, o aumento do nível do mar ocasionado pelo derretimento do gelo e a diminuição de sua salinidade devido ao aumento de oferta de água doce.

---

7. A *Global Footprint Network* (GNF), fundada em 2003, é uma organização internacional que monitora a Pegada Ecológica, ou seja, uma métrica que compara a demanda de recursos utilizados pela humanidade com a capacidade de regeneração biológica do planeta. Ela avalia a Pegada Ecológica de países, fornecendo a *National Footprint Account* (NFA), ou Contas Nacionais da Pegada Ecológica e da Biocapacidade, que fornece dados sobre o impacto ecológico de um país (se ele possui reserva ecológica ou opera em *défice ecológico*), se mostrando uma importante ferramenta para análise de sustentabilidade e para a elaboração de políticas públicas sustentáveis. A GNF é parceira da organização WWF-Brasil. A WWF foi criada em 1961, tendo chegado ao Brasil uma década depois, era antes conhecida como *World Wide Fund for Nature*, mas para facilitar a sua atuação global adotou o nome de WWF apenas (exceto América do Norte), com sede na Suíça e escritórios espalhados em todos os continentes. Seu trabalho visa mudar a trajetória de degradação ambiental pretendendo que a sociedade e natureza vivam em harmonia.
8. A biocapacidade, conforme aponta o WWF-Brasil, corresponde a "capacidade dos ecossistemas em produzir recursos úteis e absorver os resíduos gerados pelo ser humano".
9. A WWF foi criada em 1961, tendo sido conhecida anteriormente por *World WideFund for Nature*, mas para facilitar a sua atuação global adotou o nome de WWF (exceto América do Norte). Com sede na Suíça e escritórios espalhados em todos os continentes, seu trabalho visa mudar a trajetória de degradação ambiental pretendendo que a sociedade e natureza vivam em harmonia. A WWF-Brasil foi oficialmente criada em 1996, passando a ser mais uma integrante da gigantesca rede WWF.
10. O WWF-Brasil descreve *pegada ecológica* como sendo os rastros deixados pela humanidade no meio ambiente. A Pegada Ecológica "é uma metodologia de contabilidade ambiental que avalia a pressão do consumo das populações sobre os recursos naturais", é expressa em hectares globais, visando comparar o consumo com a capacidade ecológica. Um hectare global corresponde a "um hectare de produtividade média mundial para terras e águas produtivas em um ano".
11. *Albedo* se refere à capacidade de refletir a radiação solar dos materiais. *Albedo* é uma palavra latina que significa *brancura*; e, tendo-se em vista que, quanto mais branco um material, mais luz ele reflete, o gelo tem uma alta capacidade de refletir o calor, sendo fundamental para a manutenção do clima. Com o aquecimento global e o derretimento do gelo sobre o Oceano Ártico e sobre as geleiras, ele perde sua capacidade de refletir calor, já que água do oceano ou do gelo derretido é muito mais escura, passando então a absorver invés de refletir energia, colaborando para que mais gelo derreta, e gerando, portanto, um evento cíclico.

Outra preocupação se dá com o possível derretimento do *permafrost*[12], ou seja, do subsolo permanentemente congelado do hemisfério norte, especialmente nas águas rasas do mar da Sibéria, o qual, caso derreta, irá liberar grandes quantidades de gás metano na atmosfera, fato que provocaria um aumento de temperatura descontrolado.

Os oceanos não só são importantes sumidouros de carbono, como também absorvem a maior parte da radiação solar, desacelerando o aquecimento global, tendo, portanto, um papel fundamental na regulação do clima planetário. Todavia, como suas águas estão mais quentes, acabam por agravar o derretimento de regiões polares. O aumento de temperatura da água, associado à poluição e às elevadas emissões de GEE[13], causam a acidificação dos oceanos, colocando em risco a biodiversidade marinha.

Nos oceanos austrais se conectam todas as circulações oceânicas planetárias: eles recebem as águas quentes do Atlântico Norte, as resfriam e as reconduzem tanto para o Atlântico como para o Pacífico e o Índico. As correntes submarinas geladas (ou seja, a água de fundo da Antártica), ajudam a controlar a variabilidade do clima no planeta; e as águas do oceano austral, ricas em nutrientes, ajudam a controlar o ciclo do carbono pela proliferação de plâncton que, por sua fotossíntese, sequestra o CO_2.

A Antártica também tem grande influência nos índices pluviométricos da parte meridional do continente americano por transportar imensas massas de ar polar para as regiões tropicais e subtropicais do continente através dos ciclones extratropicais que se formam no oceano austral. A destruição da camada de ozônio, associada ao *vórtice polar*[14], afeta a formação de ciclones, ocasionando eventos climáticos extremos no sul do continente americano.

Os impactos que a humanidade está causando ao meio ambiente podem gerar, também, uma grave crise alimentar.

Na agricultura mundial os serviços ecossistêmicos provenientes da polinização realizada por abelhas, morcegos, pássaros e outras espécies polinizadoras correspondem a 10% do PIB agrícola mundial. Além disso, 70% das culturas agrícolas e 1/3 dos alimentos que consumimos dependem dos polinizadores. Fatores como o desmatamento e uso de defensivos agrícolas (como a Fipronil) vêm causando a

---

12. *Permafrost* é o subsolo 'permanentemente' congelado e rico em matéria orgânica da região circumpolar Ártica. Todavia, devido às mudanças climáticas, esse subsolo está deixando de permanecer congelado, podendo liberar GEE em uma quantidade impossível de ser prevista e gerar uma elevação de temperatura catastrófica.

13. Os oceanos são um dos principais sumidouros de CO_2; porém, com a elevação de temperatura e as altas taxas de emissão de GEEs, eles vêm perdendo sua capacidade de absorver o gás carbônico, o que acentuará o aquecimento global.

14. *Vórtice polar* é uma zona de baixa pressão onde os ventos giram em sentido horário em torno do polo Sul, ficando mais fortes com a elevação de temperatura. A falta de ozônio reforça o vórtice polar "prendendo" o frio no Leste Austral, mascarando o aquecimento global no continente. Todavia, os cientistas se preocupam com o que ocorrerá quando a camada de ozônio se recuperar e os buracos se fecharem, pois a região irá esquentar e, tendo-se em vista que a região concentra 65% das reservas de água doce, seu derretimento agravará o aumento do nível marinho.

mortandade das abelhas de forma alarmante, o que provocará uma acentuada queda na produção de alimentos.

Estima-se que no Brasil, dez. 2018 a março de 2019, morreram mais de meio milhão de abelhas de apicultores, sem contabilizar a morte dos polinizadores silvestres. Com a mudança da política brasileira, ocorreram diversas alterações na classificação de risco e de liberação de agrotóxicos, fato que ocasionou recordes históricos de liberação de defensivos agrícolas nos últimos anos: só em 2020 foram liberados 493 novos agrotóxicos, o que dificultará ainda mais a manutenção das espécies de abelhas.

As emissões de GEE são provenientes dos mais diversos setores, como energia, transporte, mudanças do uso da terra, agricultura, geração de resíduos, dentre outros. Diversos órgãos públicos nos mais diversos países e organizações, como o Sistema de Estimativas de Emissões e Remoções de Gases do Efeito Estufa[15] (SEEG-Brasil), o *World Resources Institute* (WRI)[16] e o *Global Carbon Atlas*[17], realizam levantamentos para medir a quantidade de CO_2 que é emitida e quais setores geraram mais emissões, apontando, assim, as contribuições de GEE de cada país ou localidade.

No Brasil, as maiores contribuições de GEE estão ligadas às mudanças no uso da terra (como a degradação florestal e o desmatamento) e à agropecuária. As crescentes contribuições desses setores, associadas ao aumento do número de queimadas, ocasionaram em um aumento das emissões de GGE no Brasil. Em 2019, por exemplo, foram emitidas 968 milhões de tCO_2 (Toneladas de CO_2) contra 788 milhões em 2018.

No *Relatório de Análises das Emissões Brasileiras de Gases do Efeito Estufa*, publicado pelo SEEG em 2020, é apontado que, em 2019, as emissões brasileiras colocavam o País como o 6° maior emissor de GEE do mundo.

A Amazônia Continental (Pan-Amazônia) é composta por Brasil, Bolívia, Peru, Equador, Colômbia, Venezuela, República da Guiana, Suriname e Guiana Francesa, correspondendo a 5% da superfície do Planeta e 40% da América do Sul. Possui a maior bacia hidrográfica do mundo e uma rica biodiversidade: uma nova espécie é descoberta a cada dois dias. Conta com cerca de 40 mil espécies de plantas, 427 espécies de mamíferos, 378 espécies de répteis, cerca de 1.300 espécies de aves, aproximadamente 3.000 espécies de peixes, 400 anfíbios e mais de 100 mil invertebrados.

---

15. O SEEG-Brasil foi criado em 2012 e é uma iniciativa do Observatório do Clima. A SEEG-Brasil produz estimativas anuais das emissões de GGE no Brasil para cinco setores: agropecuária, energia, mudanças no uso da terra, processos industriais e resíduos. Em sua página na internet podem ser consultadas as emissões de GEE totais ou por setores ou por ramo de atividade do País, dos estados e de cidades. Disponível em: http://seeg.eco.br/.

16. O *World Resources Institute* (WRI) é uma organização criada em 1982 que conta com escritórios em 12 países, um deles o Brasil, e diversos parceiros em mais de 50 nações, cuja atuação busca encontrar soluções para os principais problemas gerados pelas atividades antropogênicas. O WRI é um dos criadores do *Greenhouse Gas Protocol* (GHGP) que fornece um padrão para contabilizar, calcular e criar relatórios sobre emissões de GEE, além de oferecer treinamentos a empresas e governos nacionais e locais.

17. A *Global Carbon Atlas*, lançada em 2013, é uma plataforma *online* que permite explorar, visualizar e interpretar dados globais e regionais das emissões de GEE. Disponível em: http://www.globalcarbonatlas.org/.

No Brasil, a Lei 1.806/1953 regulamentou a Amazônia Legal, composta pelos estados do Acre, Amapá, Amazonas, Mato Grosso, Pará, Rondônia, Roraima, Tocantins e parte do Maranhão, ocupando 61% do território nacional. O bioma Amazônia Brasileiro correspondente a 49% do território, mais 20% do Bioma do Cerrado e do Pantanal matogrossense. Esse *"oceano verde"* é importante pela sua capacidade de sequestro do carbono através da fotossíntese e por seu papel na regulação do clima.

Antônio Donato Nobre, autor de *O Futuro Climático da Amazônia* (2014), aponta que a quantidade de água total fluindo do solo para a atmosfera (fenômeno conhecido como *gêiseres da floresta*) pelo processo de fotossíntese na bacia amazônica é de 20 bilhões de toneladas por dia.

Ao redor da linha do Equador há um cinturão de florestas e dois cinturões de desertos ao redor dos trópicos de Câncer e Capricórnio, e isso se deve à *Circulação de Hadley*[18]. A região Sudeste, cortada pelo Trópico de Capricórnio, seguindo a tendência da região meridional do continente americano, deveria ser árida como o deserto do Atacama (do outro lado da Cordilheira dos Andes) ou o deserto da Namíbia na África. Todavia, o quadrilátero delimitado por Cuiabá, ao Norte; São Paulo, a Leste; Buenos Aires, ao Sul; e a Cordilheira dos Andes, a Oeste, só não tem um clima árido devido ao fato de o vapor produzido pela Amazônia se transportar para outras regiões.

O ar úmido amazônico, originado pelo fenômeno conhecido como *gêiseres da floresta,* ao deparar-se com a Cordilheira dos Andes (uma gigantesca barreira de 6 quilômetros de altura), faz uma curva no Acre e desce para o quadrilátero verde, evitando que a região seja árida.[19]

A Amazônia também fornece proteção contra eventos atmosféricos extremos devido ao processo constante de transpiração da floresta e a tração do vento pela bomba biótica[20]. Todavia, o desmatamento tem causado o aumento de temperatura superficial da floresta e deixado o clima mais seco, fazendo surgir uma estação de seca prolongada e anormal na região, fato que, além afetar o regime de chuvas no Sudeste, pode vir a transformar a Amazônia numa savana. Muitos cientistas acreditam que o ecossistema amazônico já está próximo do seu limite de resiliência.

---

18. Também conhecido como *Célula de Hadley*, é o processo de movimentação do ar e massas de ar, gerando diferenças de pressão e de temperatura na atmosfera: o ar mais frio é mais pesado e desce, e o ar mais quente é mais leve e sobe, ocasionando a movimento de ar e formação de ventos. A movimentação de ar também ocorre das zonas onde há alta pressão atmosférica, para zonas de baixa pressão.

19. José Marengo (*apud* Antônio Donato Nobre, 2014) descreveu a circulação que liga os ventos alísios, carregados de umidade do Atlântico, com os ventos que fluem sobre a Amazônia até os Andes, como Jatos de Baixos Níveis.

20. *Teoria da bomba biótica* (*apud* Antônio Donato Nobre, 2014): teoria proposta por Anastassia Makarieva e Victor Gorshkov, dispõe que uma região florestada, que evapore "tanta ou mais água que uma superfície oceânica contígua – e que terá muito mais condensação na produção de chuvas – irá sugar do mar para a terra as correntezas de ar carregadas de umidade, onde ascenderão, o que trará chuvas para a área florestada. Ao contrário, se a floresta for removida, o continente terá muito menos evaporação do que o oceano contíguo – com a consequente redução na condensação – o que determinará uma reversão nos fluxos de umidade", que vão da terra para o mar, "criando um deserto onde antes havia floresta".

O pico de desmatamento recente se deu em 2008, com 13,3 mil km². Devido ao desenvolvimento de políticas públicas para combater o desmatamento, a mineração ilegal e as queimadas, vislumbramos uma tendência de diminuição das áreas desmatadas nos anos que se seguiram, com a maior queda sendo atingida em 2012, com "apenas" 4,4 mil km² desmatadas.

A partir de 2012 as taxas de desmatamento oscilaram, ora aumentando, ora apontando queda. Porém, o período de agosto/2017 a julho/2018 havia apresentado o maior aumento dos anos recentes, atingindo cerca de 7,5 mil km². No período de agosto/2018 a julho/2019, registrou-se um aumento ainda maior, chegando a mais de 10,1 mil km²; e em 2020 o desmatamento atingiu um novo recorde, abrangendo mais de 11 mil km², segundo estimativa do Instituto Nacional de Pesquisas Espaciais (INPE).

Além da Amazônia, outros biomas brasileiros vêm sendo afetados pela ação do homem, como a Caatinga, o Pantanal, os Pampas e até o Cerrado, que só em 2018 sofreu um desmatamento de 6,6 mil km². E a Mata Atlântica, que originalmente tinha 1,3 milhões de km² ao longo de 17 estados, atualmente mantém apenas 29% de sua cobertura original.

Diversos são os efeitos já sentidos devido às mudanças climáticas, levando a comunidade científica a afirmar que, apesar da dificuldade de se prever com precisão a intensidade das implicações futuras, os GEE certamente estão ligados ao aumento da temperatura média global, diante do que os impactos serão catastróficos e já não podem mais ser evitados, mas apenas mitigados.

1.1 Os tratados internacionais em meio ambiente e sustentabilidade

Com a promulgação da Carta das Nações Unidas, elaborada na Conferência sobre Organização Internacional em São Francisco, de 25 de abril a 26 de junho de 1945, assinada por representantes de 50 países presentes e com a ratificação da Carta pela China, Estados Unidos, França, Reino Unido e a ex-União Soviética, a Organização das Nações Unidas (ONU) passou a existir oficialmente em 24 out. 1945.

A ONU foi criada com o objetivo de manter a paz e estabelecer condições justas entre as nações e desenvolver o Direito internacional, estabelecendo, por exemplo, no artigo 103 da Carta que, em caso de conflito entre as obrigações dos seus membros, as obrigações assumidas na Carta prevaleceriam sobre qualquer outro acordo internacional.

Foi constituída, em 1948, a Comissão do Direito Internacional da ONU com o objetivo de desenvolver, progressivamente, a codificação do Direito internacional.

O Direito internacional é um conjunto de normas jurídicas que regem a comunidade mundial regulando as relações mútuas das nações, abrangendo diversas questões de interesse geral. Os tratados se referem a regras que as partes se comprometem mutuamente a cumprir, e que abrangem os mais diversos assuntos regidos pelo Direito internacional, conforme prevê a Convenção de Viena sobre o Direito dos Tratados, de 1969.

A necessidade de cuidados com o meio ambiente passa a atrair a atenção dos países filiados à ONU e, em 1972, é realizada, em Estocolmo, a Conferência das Nações Unidas sobre meio ambiente.

Após a conferência de Estocolmo, o mundo viveu momentos aflitivos e quase apocalípticos diante da queima de combustíveis fósseis que fez surgir a chuva ácida, dos gases CFC que estavam acabando com a camada de ozônio, e do uso desenfreado dos defensivos agrícolas. Esse cenário assustador levou à realização da Conferência Rio-92, visando soluções para a crise ambiental instalada.

Durante o regime militar (assim como ocorre na atualidade), o Brasil ratificou os principais tratados referentes ao meio ambiente, tanto os multilaterais como os bilaterais.

Tais tratados, com a promulgação da Constituição de 1988, foram recepcionados no artigo 5º e em seus parágrafos 1º e 2º, sendo considerados como protetores dos direitos humanos *lato sensu*, enfatizando, assim, a participação brasileira na relação internacional com outros países; e também no parágrafo 3º, equiparando os tratados internacionais a emendas constitucionais quando versem sobre direitos humanos. O presidente, segundo a Constituição, tem competência para celebrar tratados; e o Congresso, a competência de decidir definitivamente sobre os que *"acarretem encargos ou compromissos gravosos ao patrimônio nacional"*, segundo o artigo 49, inciso I da CF.

Na Rio-92 a comunidade política admitiu que seria necessário conciliar o desenvolvimento socioeconômico com a utilização dos recursos naturais. Com isso, diversos tratados foram celebrados visando mitigar as mudanças climáticas, atingir um desenvolvimento sustentável e proteger a biodiversidade, tais como:

- *Rio-92, Eco-92 ou Cúpula da Terra*: O conceito de *desenvolvimento sustentável* foi reconhecido pelos países com o fito de que o progresso deveria estar em harmonia com a natureza, garantindo qualidade de vida tanto à geração atual como às futuras. A falta de ações efetivas para alcançar os objetivos traçados acarretou o agravamento dos problemas ambientais, demonstrando que a civilização atual é incapaz de tomar ações de enfrentamento à altura da crise. Além disso, não havia disposição política para os sacrifícios econômicos exigidos, tendo surgido, inclusive, teorias globais *"negacionistas"*. As transformações necessárias para atingir os objetivos propostos esbarraram ainda na necessidade de mudar a matriz energética dos países, o que implicou elevados custos e o desagrado por parte de poderosos grupos econômicos, como os da indústria petroleira. Todavia, em meio a tais lamentáveis fatos, podemos destacar avanços, como o Protocolo de Kyoto[21] de 1997.

- *Acordo de Paris*: Na 21ª Conferência das Partes (COP-21), em 2015, foi adotado um novo acordo substituindo o protocolo de Kyoto, visando estimular uma melhor reação global às mudanças climáticas e buscando ampliar a capacidade dos países de se adaptarem aos impactos decorrentes de tais transformações. O acordo foi aprovado por 195 países que assumiram o compromisso de reduzir as emissões de GEE através do desenvolvimento sustentável, limitando o aumento

---

21. Tratado complementar à *Convenção-Quadro das Nações Unidas*. Define metas para a redução das emissões de GEE dos países desenvolvidos e dos países que, na época, tinham uma economia em transição para o capitalismo. Foi criado em 1997, em Kyoto-Japão, mas só entrou em vigor em fevereiro de 2005.

CONTROLE EXTERNO NA PROTEÇÃO AMBIENTAL **11**

da temperatura média global a, no máximo, 2° C acima de níveis pré-industriais, mas buscando manter o aquecimento a um nível ainda menor, de 1,5° C acima de níveis pré-industriais. Pelo acordo, cada país seria responsável por elaborar sua própria INDC (*Intended Nationally Determined Contributions*). No caso do Brasil, após a aprovação pelo Congresso Nacional, em 12 set. 2016, entrou em vigor a INDC brasileira em que o País se comprometeu a reduzir, até 2025, as emissões de GEE em -37%; e, de 2025 a 2030, reduzir as emissões em -43% (em comparação aos níveis de 2005). Foi efetivado ainda o comprometimento de aumentar a participação de bioenergia sustentável na sua matriz energética para aproximadamente 18% até o ano de 2030; de restaurar e reflorestar 12 milhões de hectares de florestas; e de alcançar uma participação estimada de 45% de energias renováveis na composição da matriz energética até 2030.

• *Agenda 2030 para o Desenvolvimento Sustentável*: Em setembro de 2015, 193 Estados-membros da ONU, reunidos em Nova York, reconheceram que: "*a erradicação da pobreza em todas as suas formas e dimensões, incluindo a pobreza extrema, é o maior desafio global e é requisito indispensável para o desenvolvimento sustentável*" (Plataforma Agenda 2030) e definiram a Agenda 2030 como sendo "*um plano de ação para as pessoas, para o planeta e para a prosperidade*", buscando fortalecer a paz universal. Composta por 17 objetivos de desenvolvimento sustentável, a referida Agenda visa à erradicação da pobreza, fome zero e agricultura sustentável, saúde e bem-estar, educação de qualidade, igualdade de gênero, água potável e saneamento, energia limpa e acessível, trabalho decente, pleno emprego e crescimento econômico sustentável, indústria, inovação e infraestrutura, redução das desigualdades, cidades e comunidades sustentáveis, consumo e produção responsáveis, ação contra a mudança climática global, proteção da vida na água, proteção da vida terrestre, paz, justiça e instituições eficazes, além da criação de parcerias e meios de implementação dos 17 ODS.

• *Convenção sobre Diversidade Biológica (CDB)*: tem como objetivo a conservação da diversidade biológica, a utilização sustentável de seus recursos e a repartição justa e equitativa dos benefícios advindos da utilização dos recursos genéticos. Integra, também, de maneira direta ou indireta, tudo que se refere à biodiversidade e serve de arcabouço legal para outras convenções com fins mais específicos, como a Convenção de Cartagena sobre Biossegurança. Durante a 10ª Conferência das Partes da Convenção sobre Diversidades Biológicas em Aichi (no Japão), em 2010, foi elaborado o Plano Estratégico de Biodiversidade (PEB) para o período de 2011 a 2020, a partir do qual foram traçadas as chamadas *Metas de Aichi*, visando atingir os objetivos propostos pela CDB. As Metas de Aichi são compostas de Objetivos Estratégicos que visam reduzir as pressões diretas sobre a biodiversidade, promovendo o seu uso sustentável, mantendo o uso de recursos naturais dentro dos limites ecológicos seguros, além de garantir a conservação e a recuperação da biodiversidade. O Brasil, signatário da convenção, deve apresentar relatório anual sobre a situação da Biodiversidade Brasileira ao Panorama de Biodiversidade Global, o *Global Biodiversity Outlook* (GBO), cuja função é elaborar relatório único apresentando a análise das ações globais relativas ao PEB.

• *Convenção Quadro das Nações Unidas sobre Mudanças Climáticas (UNFCCC)*: tem como foco tratar do aumento das emissões dos gases que causam o efeito estufa, exclusos os CFCs (clorofluorcarbonos) cuja regulamentação foi tratada na Convenção de Montreal[22]. Ratificada por 197 países, tem como objetivo estabilizar as concentrações dos GEE de tal maneira que, mesmo ante mudanças climáticas, os ecossistemas tenham tempo de se adaptarem naturalmente assegurando a produção de alimentos e o desenvolvimento econômico sustentável. A UNFCCC vigora no Brasil desde 01 de junho de 1998.

---

22. O Protocolo de Montreal entrou em vigor em 01 de janeiro de 1989 e impôs aos países, dentre outras obrigações, a redução da produção e do consumo das Substâncias que Destroem a Camada de Ozônio (SDOs) até chegar à eliminação total do uso de SDOs.

O Painel Intergovernamental sobre Mudanças Climáticas (IPCC), criado durante a UNFCCC, reúne especialistas, inclusive brasileiros, para estudar as mudanças climáticas e seus efeitos, e para apresentarem relatórios com suas conclusões.

Os estudos são divididos em três grupos de trabalho. O primeiro é responsável pela base física e científica das mudanças climáticas; o segundo estuda os impactos, a adaptação e as vulnerabilidades às mudanças climáticas; e o terceiro analisa as formas de mitigação às mudanças climáticas. Existe, ainda, a Força-Tarefa sobre Inventários Nacionais de GEE, que desenvolve e refina a metodologia de cálculos de emissão desses gases.

Os Relatórios de Avaliação (ARs) do IPCC sintetizam e divulgam as informações científicas sobre as mudanças climáticas de um dado ciclo, sendo publicados primeiramente os Relatórios dos Grupos de Trabalho, os quais, posteriormente, são sintetizados em um único relatório, o *Relatório Síntese*, que encerra o ciclo. O AR1 foi divulgado em 1990; o AR2, em 1996; o terceiro Relatório Síntese foi publicado em 2001; o quarto, em 2007; e o quinto ciclo foi finalizado em 2014 com a publicação do AR5, iniciando, assim, o ciclo sequente, que se encerrará em junho de 2022 com a publicação do AR6.

Durante todos os ciclos são lançados, além dos Relatórios dos Grupos de Trabalho e do Relatório Síntese, relatórios especiais e metodológicos sobre estudos de temas específicos, como, por exemplo, os especiais divulgados durante o ciclo do AR5 que trataram, dentre outros assuntos, do gerenciamento dos riscos de eventos climáticos extremos. Já durante o atual ciclo, foram divulgados diversos relatórios especiais, tais como:

- *Relatório Especial sobre Aquecimento Global de 1,5°C (outubro/2018):* Dificilmente será possível limitar o aquecimento a 1,5°C, já que seria necessário que as emissões de GEE fossem reduzidas em 45% de 2010 a 2030 e chegassem ao "zero-líquido" em 2050. O referido relatório apontou ainda que um aquecimento a 2°C (como previsto no acordo de Paris) está acima do limite razoável; e que, mesmo limitando o aquecimento a 1,5°C, ocorreriam mudanças, as quais, no entanto, seriam mais seguras aos ecossistemas e à humanidade, já que, por exemplo, faria com que o aumento do nível do mar fosse consideravelmente menor; reduziria a probabilidade do oceano Ártico ficar livre de gelo no verão para apenas uma vez por século a 1,5°C contra uma vez por década a 2°C[23]. Além disso, limitando-se o aquecimento a 1,5°C, os recifes de corais certamente teriam uma grande redução (de 70 à 90%), mas eles beirariam à extinção a 2°C. O IPCC salienta que a humanidade dispõe de conhecimento científico e da capacidade tecnológica e financeira necessárias para limitar o aquecimento a 1,5°C, sendo essencial, todavia, a vontade política e social para iniciar as pertinentes mudanças.

- *Mudanças Climáticas e o Solo (agosto/2019):* para limitar o aquecimento abaixo de 1,5°C, ou até mesmo abaixo de 2°C, será necessário a redução das emissões dos gases do efeito estufa em todos os setores. Tendo-se em vista que grande parte das emissões de GEE advém do uso que fazemos do solo, se torna primordial que sejam realizadas mudanças na forma como ocupamos e realizamos o manejo da terra, sendo essencial combater o desmatamento, promover a recuperação florestal, aumentar a resiliência a eventos extremos, mudar práticas agrícolas e frear a degradação do solo

---

23. Existe pouco consenso sobre o aumento de GMSL (*Global Mean Sea Level*) devido a problemas associados às projeções da contribuição da Antártica para o aumento do nível do mar. As projeções variam de 0,26 a 0,77m ou 0,35 a 0,93m (para 1,5 ° C e 2°C respectivamente), ou de 0,20-0,99m e 0,24-1,17m (para 1,5° C e 2°C. respectivamente). No entanto, existe um acordo médio de que o GMSL em 2100 seria 0,04–0,16m mais alto em um mundo mais quente a 2 ° C em comparação com uma temperatura de 1,5° C.

(a qual pode reduzir ou anular sua capacidade produtiva)[24]. Além disso, é vital garantir o acesso igualitário aos alimentos, reduzir o desperdício de comida e diminuir as desigualdades sociais.

• *Oceano e a criosfera em um clima em mudança (setembro/2019)*: os pesquisadores alertaram para a urgente necessidade de reduzir as emissões de GEE e apontaram os efeitos já sentidos diante das mudanças do clima em áreas montanhosas, regiões polares e em ilhas, costas e comunidades litorâneas e ecossistemas marinhos devido à elevação do nível do mar. Observaram que a extensão do gelo marinho no Oceano Ártico continuará a diminuir durante todos os meses do ano (principalmente em setembro), de maneira sem precedentes em comparação com, pelo menos, os últimos 1000 anos; e que a espessura do gelo marinho também continuará a diminuir simultaneamente ao aumento da proporção de gelo mais jovem[25]. Frisaram que o nível do mar continuará subindo em ritmo acelerado devido ao derretimento dos mantos de gelo e das geleiras, variando entre 0,29m e 1,10m, dependendo dos cenários de aumento de temperatura.

No quinto relatório de avaliação do IPCC, considerando as evidências das alterações climáticas com base em análises científicas a partir da observação do sistema climático e utilizando simulações de modelos para o clima, os pesquisadores apresentaram possíveis cenários para o futuro baseados nos níveis de emissões de GEE e no aumento de temperatura causado por essas emissões. São quatro cenários, sendo o melhor deles o RCP2.6, que apresenta os efeitos que ocorrerão mesmo que humanidade consiga limitar o aumento de temperatura a 1,5°C; e o pior, o PCP8.5, que segue a tendência atual de emissões, ocasionando um aumento de temperatura de cerca de 4,5°C, conforme demonstra a tabela:

FIGURA 1– CENÁRIOS FUTUROS – RDP.2

RPD.2 de mesa | A alteração projetada na temperatura média global da superfície e o aumento médio global do nível do mar em meados e final do século XXI relativos ao período de referência de 1986 – 2005. [12,4; Tabela 12,2, tabela 13,5]

		2046-2065		2081-2100	
	Cenário	Média	Intervalo provável	Média	Intervalo provável
Alteração da Temperatura Média Global da Superfície (°C)	RCP2.6	1,0	0,4 a 1,6	1,0	0,3 a 1,7
	RCP4.5	1,4	0,9 a 2,0	1,8	1,1 a 2,6
	RCP6.0	1,3	0,8 a 1,8	2,2	1,4 a 3,1
	RCP8.5	2,0	1,4 a 2,6	3,7	2,6 a 4,8
	Cenário	Média	Intervalo provável	Média	Intervalo provável
Aumento Global Médio do Nível do Mar (m)	RCP2.6	0,24	0,17 a 0,32	0,40	0,26 a 0,55
	RCP4.5	0,26	0,19 a 0,33	0,47	0,32 a 0,63
	RCP6.0	0,25	0,18 a 0,32	0,48	0,33 a 0,63
	RCP8.5	0,30	0,22 a 0,38	0,63	0,45 a 0,82

Figura 1 – Fonte: Relatório de Alterações Climáticas 2013 – Contribuição Grupo de Trabalho I para o AR5 – IPCC

---

24. O relatório apontou que as mudanças climáticas afetam os quatro pilares da segurança alimentar: disponibilidade, acesso, utilização e estabilidade. Ela será cada vez mais afetada pelas mudanças ocasionando safras reduzidas, alta nos preços, baixa qualidade nutricional dos alimentos e rupturas na cadeia de produção. Os mais afetados serão os países de baixa renda na África, Ásia, América Latina e Caribe.

25. Gelo de primeiro ano, gelo fino e jovem, com cerca de 1,5 a 2 metros de espessura, formado pelo congelamento do mar ártico no inverno. Extremamente sensível a variações de temperatura. Devido ao aquecimento global e maior derretimento do gelo marinho, a maior parte do gelo que cobre o mar ártico no inverno é jovem, pois o gelo antigo (com mais de 7 anos) e mais espesso foi reduzido drasticamente. De acordo com Claudio Ângelo (em *A Espiral da Morte*), o gelo antigo representava 21% do oceano glacial em 1988; e, em 2007, já havia caído para apenas 5%.

Dentre as várias mudanças previstas no relatório, podemos citar o aquecimento do oceano, que, nos 100 metros superiores, será de cerca de 0,6°C (RCP2.6) a 2,0°C (RCP8.5) e aproximadamente 0,3 °C (RCP2.6) a 0,6 °C (RCP8.5) acerca de 1000m de profundidade já no fim do século XXI; que a redução do gelo marinho ártico no fim do século irá variar de 43% (RCP2.6) a 94% (RCP8.5) em setembro; e de 8% (RCP2.6) a 34% (RCP8.5) em fevereiro (confiança média); que, sem considerar a Antártica, o volume global dos glaciares deverá diminuir de 15 a 55% no RCP2.6, e de 35 a 85% no RCP8.5 (confiança média); é provável que o Oceano Ártico esteja quase sem gelo (em setembro) em torno do meio do século XXI e é praticamente certo que a extensão do *permafrost* perto da superfície (até 3,5m) diminua entre 37% (RCP2.6) a 81% (RCP8.5).

O referido relatório apontou também que, de 1880 a 2012, a temperatura média aumentou cerca de 0,85°C; que metade do valor máximo de emissões de GEE possíveis para limitar o aquecimento a, no máximo, 2°C já foram atingidas em 2011; e que, mesmo que as emissões futuras fossem interrompidas, pontos críticos já foram alcançados ou ultrapassados, sendo as mudanças já irreversíveis em diversos ecossistemas, e algumas alterações climáticas, irrefreáveis.

Foi ainda alertado que ecossistemas como a floresta amazônica e a tundra ártica estão se aproximando do limite; que as geleiras de montanhas estão em recuo alarmante; e que a redução do abastecimento de águas em períodos secos se estenderá por gerações. Regiões de altas latitudes e o Oceano Pacífico equatorial terão, provavelmente, um aumento na precipitação média anual; já em regiões secas subtropicais e de média latitude, a precipitação média deve diminuir; e em regiões úmidas de média latitude, a precipitação média provavelmente aumentará no final deste século.[26]

O relatório ainda prevê que, devido ao aquecimento global, eventos de precipitação extrema serão mais frequentes e intensos no fim do século em latitude média e em regiões tropicais úmidas.

Em outubro de 2019, em audiência pública realizada pelo Senado Federal[27], o então diretor do Instituto Nacional de Meteorologia (INMET), Carlos Edison Carvalho Gomes, apresentou dados acerca das mudanças climáticas regionais ocorridas no Brasil durante o período de 1961 a 2017. Os dados mostram um aumento de temperatura em todas as regiões e tendência positiva de chuvas apenas para o Sul, com tendência negativa para o Sudeste e o Nordeste e sem alterações significativas para as outras regiões, confirmando as previsões do IPCC.

---

26. Considerando, em ambas, as informações do RCP8.5
27. Audiência Pública visando a "Atualização dos dados climáticos das regiões brasileiras" realizada em 02 de outubro de 2019, 5ª Reunião da Comissão Mista Permanente sobre Mudanças Climáticas.

2. A POLÍTICA AMBIENTAL BRASILEIRA

Seguindo a tendência mundial e buscando cumprir os compromissos assumidos com a assinatura de tratados e convenções internacionais, a política ambiental brasileira e a legislação ambiental, visando garantir um meio ambiente equilibrado e protegido, se desenvolveram amplamente nas últimas décadas.

Porém, com a mudança de governo, a política ambiental do Brasil se tornou, no mínimo, controversa. O atual governo chegou, até mesmo, a cogitar abandonar o Acordo de Paris em defesa da "soberania nacional". Pretendia, ainda, extinguir o Ministério do Meio Ambiente (MMA) e torná-lo um departamento do Ministério da Agricultura para, de acordo com o presidente, acabar com a "indústria de multas", mas devido às intensas críticas, inclusive do agronegócio, desistiu. Mesmo antes de assumir o cargo, durante a transição, contrariando a Comissão de Meio Ambiente e a Comissão de Relações Exteriores do Senado, desistiu de sediar a COP-25.

Defende, ainda, a exploração da Amazônia, especialmente o garimpo em parcerias com mineradoras nacionais e internacionais, o fim das demarcações de terras indígenas e acredita que as políticas ambientais são um entrave ao desenvolvimento nacional.

O Brasil, com mais de 8,5 milhões de km², é o país que detém a maior biodiversidade do mundo, com uma fauna de aproximadamente 103.870 espécies animais e uma flora com 46.097 espécies vegetais conhecidas. A abundante biodiversidade brasileira abriga mais de 20% do total de espécies do planeta.

Carlos Minc, ex-Ministro do Meio Ambiente e atual deputado estadual em entrevista a RBA[28] (Rede Brasil Atual) afirmou que:

> "Tiraram todo o poder do Ibama e do ICMBio, ataram as mãos da fiscalização, destruíram o Fundo Amazônia e estimularam os pecuaristas que adentrassem nas florestas. O governo ligou a motosserra, ascendeu o pavio do molotov e, depois, apontou o dedo para os ambientalistas. É cruel. Se Trump é uma ameaça à paz, ao livre comércio e ao clima do planeta, Bolsonaro tem se mostrado um discípulo aplicado. O que ele fez na Amazônia, no sentido de destruir a biodiversidade e a emissão de carbono, consegue deixar seu mestre para trás".

Minc considera também que poderão ocorrer sanções ao Brasil tendo-se em vista o descaso ambiental, fato que coloca em risco o desenvolvimento econômico do País. Critica a posição do governo em relação ao *Fundo Amazônia*, visto que o fundo é visto como uma maneira de países estrangeiros intervirem na soberania nacional, e salienta que durante a existência do programa não houve qualquer intervenção de outras nações e que o fundo foi o responsável por financiar 190 projetos e criar 80 mil empregos sustentáveis.

O deputado deplora a militarização do IBAMA (Instituto Nacional do Meio Ambiente e dos Recursos Renováveis) e do ICMBio (Instituto Chico Mendes de

---

28. Entrevista concedida no "Entre Vistas" na TVT e publicada pela redação RBA em 12 set. 2019.

Conservação da Biodiversidade), que ocorreu com a troca de biólogos e especialistas por policiais militares, o que deu ao ICMBio o trágico apelido de *"IPMbio"*.

O governo incluiu em seu Programa Nacional de Desestatização diversas unidades de conservação (UC)[29] visando reduzir aéreas de preservação e conservação ambiental públicas do País e flexibilizar as restrições imposta aos parceiros, o que pode colocar as UCs em risco de sofrerem sérios danos.

Com o Decreto 10.623/2021, o governo instituiu o Programa *"Adote um Parque"*, que visa *"promover a conservação, a recuperação e a melhoria das unidades de conservação federais por pessoas físicas e jurídicas privadas, nacionais e estrangeiras"*. A medida é vista como positiva e transfere a responsabilidade e a gestão de áreas de conservação à iniciativa privada sob a supervisão do ICMBio, mediante participação em concorrência pública.

Todavia, muitas das atitudes tomadas pelo governo são vistas como um claro retrocesso, como o estímulo ao desmatamento, a omissão no combate a incêndios florestais, uma ampla liberação de agrotóxicos, a perseguição às ONGs e a militarização das entidades científicas e ambientais, além das críticas governamentais contra a atuação dos fiscais de meio ambiente.

O governo critica a aplicação de multas ambientais, tendo criado uma comissão para avaliá-las, e solicitou que o IBAMA informe antecipadamente os locais onde realizará fiscalizações. A constante desvalorização de órgãos de defesa do meio ambiente e de órgãos científicos incrementou o desmatamento e as queimadas.

O Brasil está sendo amplamente criticado internacionalmente por governos, pela mídia e por entidades. O País não só perdeu seu protagonismo na seara ambiental como também, cada vez mais, é tido como irresponsável com o meio ambiente, o que vem aumentando a pressão da comunidade internacional sobre sua forma de atuação.

O governo também tem caminhado na contramão da tendência de abertura e fortalecimento de canais de participação, de controle social e de maior transparência da Administração Pública, extinguindo diversos Conselhos, Comitês e Comissões de participação popular e controle social, estabelecendo, também, requisitos para a criação/recriação de novos Conselhos. Como exemplo, podemos citar a extinção, através do Decreto 9.759 de 2019, de diversos Conselhos da administração direta e indireta criados por portaria, e, dentre esses, alguns que tratavam das mudanças climáticas e de meio ambiente.

Já os Conselhos que não poderiam ser extintos por terem sido criados por lei, tiveram sua quantidade de membros titulares drasticamente reduzidos, com a retirada de cadeiras de técnicos, especialistas e da participação popular.

---

29. Através da Resolução 79/2019 do Conselho do Programa de Parceria de Investimentos (Conselho do PPI) que qualificou no PPI e no Programa Nacional de Desestatização (PND) as Unidades de Conservação dos Lençóis Maranhenses, Parque Nacional do Jericoacoara e Parque Nacional do Iguaçu e, através da Resolução 157/2020, o Parque Nacional da Chapada dos Guimarães, Parque Nacional da Serra da Bocaina, a Floresta Nacional de Brasília, dentre outras UCs.

O Conselho Nacional de Meio Ambiente (CONAMA), através do Decreto 9.806, foi um dos que sofreram uma grande redução no seu número de membros (de 93 para 23), tendo sido reduzidos de 22 para apenas 04 os representantes da sociedade civil e retiradas as cadeiras de órgãos ambientais como do ICMBio, da Comissão de Meio Ambiente da Câmara dos Deputados, da Agência Nacional de Águas e, inclusive, do Ministério Público (MP), dentre outros.

2.1 Cumprimento pelo Brasil de tratados internacionais e objetivos acordados

As metas da ODS são universalmente aplicáveis e oferecem oportunidades para que cada nação defina seus próprios objetivos, em escala nacional ou local, visando atingir os Objetivos Globais.

Os governos têm a responsabilidade primária de acompanhamento e avaliação, em âmbito nacional, regional e global, em relação ao progresso alcançado na implementação dos Objetivos e Metas.

Desde a aprovação da Agenda 2030, em 2015, os órgãos governamentais brasileiros iniciaram a identificação de indicadores nacionais para o acompanhamento das metas globais dos ODS.

O Plano Plurianual (PPA) é o instrumento de planejamento governamental que define diretrizes, objetivos e metas da administração pública federal para o período de quatro anos, com o propósito de viabilizar a implementação e a gestão das políticas públicas.

O PPA 2016-2019 tinha como lema *"Desenvolvimento, Produtividade e Inclusão Social"* e, de acordo com a mensagem presidencial, afirmava: *"um projeto nacional de desenvolvimento (...) que concilia o crescimento econômico com a distribuição da renda e a inclusão social"*, salientando a importância da participação popular em sua elaboração e, visando atender a demanda social, buscando a *"construção e a consolidação de um modelo de desenvolvimento econômico, social e ambiental orientado pela inclusão social e pela redução das desigualdades"*.

Já o PPA 2020-2023, de acordo com a introdução, *"consolida a agenda estratégica do governo empossado em 1º jan. 2019"*, tendo como lema *"Planejar, Priorizar, Alcançar"*, o que indica, de acordo com o governo, *"três aspectos essenciais para o êxito do processo de planejamento de médio prazo do governo federal"*.

No PPA 2016/19 existiu uma ampla preocupação em atingir as metas da Agenda 2030, com os 17 objetivos da ODS convertidos em programas e iniciativas governamentais, adotando todas as metas aplicáveis ao Brasil[30], se convertendo em 64 programas de governo, 1132 metas e 3094 iniciativas governamentais previstas no PPA.

---

30. O conteúdo das metas globais 8.a e 13.a foi considerado inadequado à realidade brasileira. São aplicáveis apenas aos países desenvolvidos. Tais metas preveem que os países desenvolvidos oferecerão apoio aos países em desenvolvimento para viabilizarem a implementação dos ODS.

Os ODS são divididos em 4 dimensões: Social (ODS 1, 2, 3,4, 5 e 10), Econômica (ODS 8, 9 e 11), Ambiental (ODS 6, 7, 12, 13, 14 e 15) e Institucional (ODS 16 e 17). Para a Dimensão Ambiental, no PPA 2016/19, foram previstos 25 programas, 76 objetivos, 148 metas e 328 iniciativas com o envolvimento de 16 órgãos.

O atual PPA, todavia, não demonstrou ter como prioridade o cumprimento das metas ODS, descontinuando programas, não criando novos e relegando a questão da sustentabilidade, em todas as áreas, a segundo plano.

De acordo com o *Sustainable Development Report Dashboards* (sistemas de monitoramento do alcance das metas0, o País se encontra na 53º colocação (entre 162 países), atrás de, por exemplo, Chile, Uruguai, Argentina, Equador. De acordo com a plataforma, estamos longe de atingir as metas da Agenda 2030.

O atingimento das metas do ODS no Brasil sempre se mostrou um desafio. Já a primeira meta diz respeito a um dos maiores problemas nacionais, que é diminuir as desigualdades sociais num país historicamente desigual cuja disparidade vem crescendo, sendo agravada devido à pandemia.

O governo, além de extinguir os programas vinculados as ODS no PPA 2020-2023, demonstra pouca preocupação com as questões ambientais como um todo e com as metas acordadas por tratados e convenções internacionais, das quais o País é signatário e com as quais assumiu obrigações. Isso pode ser verificado, por exemplo, pela redução dos investimentos previstos para áreas ligadas as causas ambientais e ao desenvolvimento sustentável, conforme é apontado na tabela abaixo:

TABELA 1– INVESTIMENTOS PREVISTOS NOS PPA 2016/19 E PPA 2020/23

Programas ligados ao Meio Ambiente Sustentável:	Valor Global PPA 2016/19 (R$)	Valor Global PPA 2020/23 (R$)	Diferença
Planejamento/Mobilidade Urbano	2.317.531.969,41	31.790.619,00	-2.285.741.350,41
Saneamento Básico	1.754.124.314,89	7.312.410,00	-1.746.811.904,89
Agropecuária Sustentável	880.878.184,30	133.714.520,00	-7.47.163.664,30
Conservação e Uso sustentável da Biodiversidade	2.890.006,50	1.050.701,00	-1.839.305,50
Defesa Agropecuária	1.323.228,50	584.193,00	-739.035,50
Gestão de Riscos e Desastres	7.994.962,00	1.870.894,00	-6.124.068,00
Mudança do Clima	2.553.052,48	1.152.571,00	-1.400.481,48
Pesquisa e Inovação para Agropecuária	2.724.116,90	802.432,00	-1.921.684,90
Qualidade Ambiental	513.853,11	18.581,00	-495.272,11
Recursos Hídricos	14.454.862,08	6.550.917,00	-7.903.945,08
Oceanos e Zonas Costeiras e Antártica	449.096,00	115.915,00	-333.181,51

Tabela 1: Elaborada pela autora – Fonte dos Dados: Anexos I dos PPAs 2016/19 e 2020/23

Em junho de 2019, o Brasil deveria apresentar, no Fórum Político de Alto Nível (*High-level Political Forum HLPF* – 2019) da ONU, o Relatório Nacional Voluntário (RNV) sobre desenvolvimento sustentável com a revisão de suas propostas para

CONTROLE EXTERNO NA PROTEÇÃO AMBIENTAL **19**

atingimento das metas ODS, a partir do qual seria examinado nas áreas social e ambiental, mas o governo desistiu de entregar o relatório.

3. A LEGISLAÇÃO AMBIENTAL, O CONTROLE EXTERNO E O CONTROLE SOCIAL NA PROTEÇÃO AMBIENTAL

O Direito Ambiental, ramo autônomo do Direito que tutela o meio ambiente e sua preservação, compatibilizando desenvolvimento econômico com sustentabilidade, encontra declarado no Art. 225 da Constituição Federal (CF) um de seus princípios basilares, que garante que o meio ambiente é direito de todos, dessa e das futuras gerações, direito esse que temos o dever de proteger.[31]

No Brasil, o Direito Ambiental é baseado nos princípios da prevenção, da precaução e do poluidor pagador. O princípio da *prevenção* estabelece que, havendo conhecimento de que um impacto ou dano ambiental está para ocorrer, não se deve esperar que ele aconteça: é necessário se antecipar e tomar medidas capazes de evitá-lo; o princípio da *precaução* é semelhante ao anterior, porém, sem o conhecimento prévio de que dano está para ocorrer, devendo as ações serem voltadas para a prevenção de danos ou riscos potenciais; e o princípio do *poluidor pagador*, um dos pilares do Direito Ambiental, prevê que o poluidor pague pelos prejuízos causados ao meio ambiente.

A legislação brasileira que rege o Direito Ambiental é uma das mais completas e avançadas do mundo. Como exemplo, podemos citar a Lei 9605 de 1998 (Lei de Crimes Ambientais, que concedeu os mecanismos para que crimes ambientais possam ser punidos pelos órgãos ambientais e pelo MP); a Lei n° 12305 de 2010, que instituiu a PNRS (Política Nacional de Resíduos Sólidos), assim como a tão importante Lei n° 7347 de 1985, que estabeleceu que a Ação Civil Pública seria de iniciativa do MP, permitindo que infratores sejam responsabilizados por danos causados ao meio ambiente, ao consumidor, ao patrimônio artístico e cultural.

3.1. O controle externo

O Capítulo VI da CF trata exclusivamente do meio ambiente, dando a ele caráter de direito fundamental, preconizando, no Art. 225, que:

> "Art. 225. Todos têm direito ao meio ambiente ecologicamente equilibrado, bem de uso comum do povo e essencial à sadia qualidade de vida, impondo-se ao Poder Público e à coletividade o dever de defendê-lo e preservá-lo para as presentes e futuras gerações."

E em seu §1°, incisos de I a VII, determina que, dentre outros deveres, cabe ao Poder Público preservar e restaurar o meio ambiente, preservar a diversidade e a

---

31. Trata-se do princípio da solidariedade intergeracional, ou seja, da solidariedade entre as gerações futuras e presentes em preservar o meio ambiente garantindo, assim, que as próximas gerações também possam usufruir dos recursos naturais.

integridade da biodiversidade brasileira, definir áreas de proteção ambiental, promover a educação ambiental, proteger a fauna e flora. Já em seu § 4º estabelece que:

"§ 4º A Floresta Amazônica brasileira, a Mata Atlântica, a Serra do Mar, o Pantanal Mato-Grossense e a Zona Costeira são patrimônio nacional, e sua utilização far-se-á, na forma da lei, dentro de condições que assegurem a preservação do meio ambiente, inclusive quanto ao uso dos recursos naturais."

Estabeleceu, assim, que o meio ambiente equilibrado se caracteriza como patrimônio nacional, cuja defesa e a preservação são responsabilidade do poder público.

No Art. 70, a CF estabelece que o controle externo, exercido pelo Congresso, e o controle interno, realizado por cada órgão, realizará, dentre outros, a fiscalização patrimonial:

Art. 70. A fiscalização contábil, financeira, orçamentária, operacional e patrimonial da União e das entidades da administração direta e indireta, quanto à legalidade, legitimidade, economicidade, aplicação das subvenções e renúncia de receitas, será exercida pelo Congresso Nacional, mediante controle externo, e pelo sistema de controle interno de cada Poder.

E o Art. 71 dispõe que o controle externo ficará a cargo do Congresso, mas este receberá auxílio do Tribunal de Contas da União (TCU). Sendo assim, cabe não só ao Congresso realizar o controle externo, fiscalizando a atuação do Poder Executivo, como também ao TCU, que deve auxiliar o congresso nesse supervisionamento auxiliando, inclusive, na fiscalização do patrimônio nacional, abrangendo o patrimônio ambiental, incumbindo, ainda, aos sistemas de controle interno que fiscalizem, concomitantemente, a proteção do patrimônio ambiental no órgão sob sua jurisdição.

3.2. A atuação do Congresso Nacional

Conforme preconiza a Constituição, o controle externo está a cargo do Congresso que tem elencado no Art. 58 da CF um dos principais mecanismos para sua atuação. O referido artigo preconiza que o Congresso deverá manter comissões, permanentes ou temporárias, cujas atribuições, elencadas no Art. 58, § 2º, consistem em investigar e apurar atos ou omissões de qualquer autoridade ou entidade pública.

Desta forma, tanto o Senado como a Câmara dispõem de comissões para avaliarem as políticas ambientais brasileiras. Na Câmara, por exemplo, é mantida a Comissão de Meio Ambiente e Desenvolvimento Sustentável (CMADS) enquanto no Senado existe a Comissão Mista Permanente Sobre Mudanças Climáticas (CMMC).

3.3. A atuação do Tribunal de Contas

O Artigo 71, inciso III da CF atribuiu competência ao TCU para realizar auditorias em qualquer esfera ou órgão da Administração Pública, tanto as contábeis, financeiras e operacionais como as patrimoniais; e, tendo-se em vista que em seu Art.

225 a CF estabeleceu que o meio ambiente equilibrado é considerado patrimônio nacional, cabe ao TCU avaliar a gestão ambiental do poder público.

Por conseguinte, o TCU emitiu, com o objetivo de suprir a carência de um adequado controle externo da gestão ambiental, a Portaria 383/1998, que prevê que o controle ambiental realizado por seus membros se dará através fiscalização ambiental, da inserção do aspecto ambiental na fiscalização de políticas e programas de desenvolvimento que causem ou possam causar degradação ambiental ou projetos e atividades que causem ou possam causar impactos negativos diretos ao meio ambiente, e na inclusão do aspecto ambiental nos processos de tomadas e prestações de contas.

Nesse intuito, o TCU publicou o seu Plano Estratégico 2019/25 na área de Meio Ambiente e Recursos Hídricos com a finalidade de contribuir para a preservação e conservação dos recursos naturais através de ações de controle nas referidas políticas públicas e de colaborar para a utilização racional e sustentável dos recursos naturais e na redução dos impactos ou danos ambientais através de ações de controle que avaliam o cumprimento da legislação ambiental.

Assim, o TCU lança mão de auditorias para fiscalizar a gestão ambiental e verificar se, em suas ações, os órgãos governamentais estão agindo de acordo com a legislação. Luiz Henrique Lima (*apud* Adriana Maria Magalhães de Moura, 2016) aponta a existência de diversas modalidades de auditorias ambientais, conforme demonstra a tabela abaixo.

FIGURA 2– MODALIDADES DE AUDITORIAS AMBIENTAIS DO TCU

Modalidades de auditoria ambiental no TCU

Modalidade	Definição
Auditoria ambiental de conformidade	O foco é a análise do cumprimento de políticas, diretrizes, regras, procedimentos etc., estabelecidos por normas que são instituídas ou não por órgão ou entidade responsável pela ação investigada. Assim, deve-se avaliar se o que foi estabelecido, que se constitui no critério de auditoria, está sendo adotado.
Auditoria ambiental de natureza operacional	Tem o objetivo de avaliar os resultados alcançados pela gestão ambiental. Assim, consiste na avaliação sistemática da economicidade, eficiência, eficácia e efetividade de providências relativas à preservação do meio ambiente, por meio da prevenção da degradação ambiental ou de sua reparação.
Auditoria ambiental de desempenho operacional	Tem por finalidade examinar a ação governamental quanto à economicidade, à eficiência e à eficácia. A análise deve considerar não só o uso dos recursos ambientais, mas também a gestão dos recursos humanos, materiais, financeiros etc., utilizados na realização da gestão ambiental.
Avaliação ambiental de programa	O objetivo é examinar o impacto (efetividade) das funções, dos programas, das atividades e dos projetos governamentais. Devem ser incluídos na análise elementos que permitam concluir se os resultados da atuação do governo são coerentes com o objetivo de proteger o meio ambiente e zelar para que não sejam comprometidas a qualidade ambiental e a capacidade de as gerações presentes e futuras usufruírem dos bens ambientais.

Figura 2 – Modalidades de Auditorias Ambientais – Fonte: Governança Ambiental no Brasil: Instituições, Atores e Políticas Públicas, pag. 51 – IPEA/2016

As auditorias são importantes ferramentas, já que demonstram os pontos fracos e fortes da gestão, principalmente aqueles que apresentam falhas reiteradas. Por meio das auditorias, o TCU apresenta determinações aos órgãos irregulares (quando encontradas irregularidades, ilegalidades ou ato antieconômico) ou faz recomendações quando entende que podem contribuir para o aperfeiçoamento da gestão do órgão, da política pública ou do programa de governo.

Nas auditorias são encontrados problemas como (*apud* Luiz Henrique de Lima[32]): a desarticulação entre os órgãos públicos; o desrespeito à legislação ambiental tanto pela administração pública quanto por particulares; falhas na fiscalização, especialmente relacionadas ao cumprimento de determinações para liberação do licenciamento ambiental; e insuficiência de recursos humanos, financeiros e materiais para a correta implementação das políticas públicas.

Em 2019 foi publicado o Caderno de Fiscalizações de Meio Ambiente, que traz as fichas-sínteses de suas auditorias realizadas no período de 2007-2018, as quais apresentam o resumo das atividades, dos resultados das auditorias e das constatações e deliberações/recomendações do TCU tanto aos órgãos responsáveis pela gestão ambiental como aos que causaram danos ou prejuízos ambientais.

Como exemplo, podemos destacar a Auditoria Operacional na Preparação do Governo para implementar os ODS, acórdão 709/2018 do órgão que, apesar de constatar avanços, também verificou diversas pendências na institucionalização das ODS no Brasil, e recomendou ao CNODS e ao Ministério do Planejamento melhorar o plano de implementação (principalmente a longo prazo) e as estratégias de monitoramento e avaliação, determinando, finalmente, à Controladoria Geral da União que apresentasse proposta de aprimoramento dos mecanismos para a prevenção e gestão de riscos.

Além de auditorias nacionais, o TCU colabora em auditorias coordenadas na América Latina e Caribe, atuando em conjunto com órgãos de controle de outros países através da *Organização Latino-Americana e do Caribe de Entidades Fiscalizadoras Superiores* (OLACEFS).

Portanto, o TCU exerce a importante missão de garantir que os recursos públicos sejam devidamente aplicados, inclusive os recursos ambientais, em benefício da sociedade, além de auxiliar o aperfeiçoamento da administração pública.

3.4.   O papel do Ministério Público

No *caput* do art. 127, a CF estabelece que o Ministério Público (MP) "*é instituição permanente, essencial à função jurisdicional do Estado, incumbindo-lhe a defesa da ordem jurídica, do regime democrático e dos interesses sociais e individuais indisponíveis*", cabendo-lhe defender os interesses da sociedade na defesa do meio ambiente.

O MP atua na fiscalização dos casos que requeiram a tutela ambiental do órgão, evitando a degradação ambiental. Atua, por exemplo, em parceria com órgãos de

---

32.   Luiz Henrique de Lima no Artigo *Atuação de Tribunal de Contas da União no Controle Externo da Gestão Ambiental*, p. 53. O artigo foi publicado pelo IPEA na obra *Governança ambiental brasileira*: instituições, atores e políticas públicas. Capítulo 2, p. 45 a 58 – Brasília, 2016.

proteção ambiental (como Ibama) e Polícia Federal (PF), ou até tomando providências quando constatada desídia na atuação desses mesmos órgãos. Um exemplo de atuação conjunta do MP com órgãos de proteção ambiental e com a PF foi a operação Trypes no Mato Grosso (MT) que visava desarticular uma organização criminosa que atuava na extração e venda ilegais de ouro. Foi apurado, em outubro de 2019, grave dano ambiental causado por garimpo ilegal e foi desarticulada uma complexa operação de lavagem de dinheiro e emissão de documentos falsos.

O MP pode atuar judicialmente ingressando ações em nome da sociedade para defender interesses difusos, interesses coletivos e interesses individuais homogêneos, mas também age preventivamente, extrajudicialmente, encaminhando recomendações aos órgãos da Administração Pública, realizando audiências públicas e promovendo acordos através de Termos de Ajuste de Condutas (TACs).

Cabe, ainda, ao MP realizar o Inquérito Civil, instrumento de investigação exclusivo do Órgão. Ao tomar conhecimento de algum evento que cause dano ambiental através de representação verbal ou escrita feita por qualquer cidadão, ou mesmo por manifestação anônima, cabe ao Promotor de Justiça decidir se instaura, de pronto, Ação Civil Pública ou se instaura Inquérito Civil para investigar o fato. Concluída a investigação, o promotor verificará se há elementos que permitam propor Ação Civil, se cabe propor Termo de Ajusta de Conduta (TAC) ou se deve arquivar o caso.

Os TACs são acordos celebrados entre o MP e o indivíduo que causou o dano ambiental com a finalidade de impedir a continuidade e reparar prejuízo cometido, evitando a Ação Civil.

A Ação Civil Pública, eficiente instrumento para defesa dos interesses individuais, tem caráter protetivo, preventivo e reparatório, conforme prevê a Lei 7347/1985 em seu art. 3º: "...*ação civil poderá ter por objeto a condenação em dinheiro ou o cumprimento de obrigação de fazer ou não fazer*". Além disso, o artigo 11º permite estabelecer, em ações que têm por objeto o cumprimento de obrigação de fazer ou não fazer, a cominação de multa diária.

A Ação Civil Pública é essencial para a efetivação da proteção ao meio ambiente e o MP tem posição de destaque na condução da ação, pois, mesmo não sendo o único que a pode propor, ele sempre estará presente no transcorrer da referida ação, seja como autor, como fiscal da lei ou como assistente litisconsorcial, dispondo de ampla margem de autonomia. São legitimados para propor a ação civil a União, os Estados e os Municípios, assim como autarquias, empresas públicas, fundações, sociedades de economia mista e associações que tenham por finalidade a proteção ambiental.

3.5. A importância do controle social e da participação popular em políticas públicas

Conforme já citado, o art. 225 da CF determina que é direito de todos ter acesso a um meio ambiente ecologicamente equilibrado, sendo dever de todos preservá-lo; e o Art. 75 da CF preconiza que "*qualquer cidadão, partido político, associação e sindicato é parte legitima para (...) denunciar irregularidades perante o Tribunal de Contas*".

A Constituição nos garante, assim, o direito de realizarmos o controle dos atos públicos e denunciá-los aos órgãos de controle externo, podendo qualquer cidadão, por exemplo, impugnar, junto ao Tribunal de Contas, a utilização ilegal de verbas públicas ou recorrer ao Ministério Público e ao Judiciário para, por meio de ação popular, anular atos lesivos ao meio ambiente.

O controle social contribui para a democratização da gestão pública, envolve diversos atores da sociedade, cada qual com interesses e necessidades próprias, fomentando o debate e inspirando a empatia para com diferentes realidades. Ele pode ser realizado tanto no momento da definição das políticas que serão implementadas (além da fiscalização, acompanhamento e avaliação da gestão pública e das ações executadas), quanto na fiscalização da aplicação dos recursos financeiros que foram destinados à implementação de uma dada política pública.

Não apenas o cidadão individualmente é parte legitima para realizar o controle social, mas também a sociedade civil organizada. As ONGs (Organizações não governamentais) têm grande potencial para influenciar as políticas públicas e garantir os direitos fundamentais do cidadão, e podem atuar, por exemplo, no monitoramento das políticas públicas (observatórios de políticas públicas), na capacitação e difusão de conhecimento ou como grupo de pressão.

Existem diversos espaços abertos para a participação popular e, por conseguinte, para o controle social, tais como conferências, audiências públicas e conselhos gestores.

O Conama era o principal palco de participação popular em matéria ambiental, mas, como citado, o governo reduziu drasticamente a participação popular no Conselho (de 23 para 4 conselheiros).

É essencial para a democracia e para formação de políticas eficazes que o cidadão e a sociedade civil organizada sejam amplamente ouvidos nos processos de decisão. Todavia, para o exercício do controle social, especialmente em matéria ambiental, é preciso que tanto o cidadão como a sociedade organizada estejam preparados e capacitados para prestar as informações necessárias, cobrar medidas acertadas e colaborar na elaboração das políticas públicas, sendo clara a necessidade de programas de educação ambiental, públicos e privados, que ofereçam a população a bagagem e o suporte necessários para serem atuantes e participantes da gestão pública.

Mas, primeiramente, é necessário que o cidadão se conscientize e passe a exercer seu direito e dever de realizar o controle social e exercite a democracia participativa, seja através dos espaços públicos de participação popular ou, até mesmo por meio de canais populares (como as mídias sociais) ou de participações nas manifestações de rua.

4. CONCLUSÃO

Apesar de importantes avanços terem sido alcançados no combate às mudanças climáticas, as ações propriamente ditas permaneceram no papel e pouco foi efetivamente implementado nos governos, apesar dos tratados firmados e das metas assumidas. Portanto, a humanidade pouco fez para que os objetivos fossem alcançados.

Todavia, no Brasil, a mudança de governo e de visão política em 2019 agravou a situação devido à descontinuidade de projetos, acarretando graves retrocessos ambientais e sociais, e colocando em sério risco o equilíbrio dos ecossistemas brasileiros.

Diante do atual cenário é extremamente necessário que o MP esteja cada vez mais ativo e atuante na defesa do meio ambiente, e que o TCU se manifeste de forma mais consistente na fiscalização governamental a fim de garantir o cumprimento da legislação ambiental e a conservação e proteção do patrimônio natural.

Além disso, é imperativo que a população tome o seu lugar, assuma seu dever e exija da gestão pública contundentes mudanças de postura. Mesmo que os canais de participação popular da Administração Pública tenham diminuído, o controle social deve ser exercido por meio da democracia participativa nos canais restantes ou nos canais criados pela própria sociedade.

A proteção do meio ambiente é dever tanto público como popular. Não se pode cobrar, portanto, que apenas o governo exerça seu papel com eficácia e eficiência: também é dever do cidadão *fazer sua parte*, mudar seus hábitos e buscar, a cada dia, diminuir sua *Pegada Ecológica*.

5. BIBLIOGRAFIA:

ANGELO, Claudio. *A Espiral da Morte*: como a humanidade alterou a máquina do clima. São Paulo: Companhia das Letras, Editora Schwarcz, 2016.

BBC NEWS – Cronologia da Mudança Climática, 27/09/2013 – Disponível em: – Acesso em: 05 out. 2019.

BBC NEWS – *No desmatamento atual, Amazônia chega a 'ponto de não retorno' em até 30 anos, diz pesquisador referência sobre clima*, 19/11/2019. Disponível em: https://www.bbc.com/portuguese/brasil-50468611. Acesso em: 21 nov. 2019.

BBC NEWS – Por que a política ambiental de Bolsonaro afasta ajuda financeira internacional? – Disponível em: https://www.bbc.com/portuguese/brasil-56825520 – Acesso em: 29 abr. 2021.

BRASIL. *Plano Plurianual 2016-2019*; Desenvolvimento, produtividade inclusão social. Ministério do Planejamento. Governo Federal. Brasília, 2015.

BRASIL. *Plano Plurianual 2020-2023*; Planejar, Priorizar, Alcançar. Ministério da Economia. Governo Federal. Brasília, 2019.

BRASIL. Relatório Anual de Monitoramento. Agendas ODS no SIOP. Ano-Base 2017. Ministério do Planejamento, Desenvolvimento e Gestão. julho de 2018. Brasília, 2018.

CÂMARA DOS DEPUTADOS. *Acompanhe Comissão de Meio Ambiente e desenvolvimento Sustentável*, 2019. Disponível em: https://www.camara.leg.br/evento-legislativo/57851. Acesso em: 05 out. 2019.

CONGRESSO NACIONAL. Comissão mista Permanente sobre Mudanças Climáticas (CMMC) – Disponível em: https://legis.senado.leg.br/comissoes/comissao?0&codcol= 1450 – Acesso em: 24 jan. 2020.

CONSULTOR JURÍDICO-Conjur. *Os princípios do poluidor pagador e da precaução*, 17/09/2018. Disponível em: https://www.conjur.com.br/2009-set-17/principios-poluidor-pagador-precaucao-direito-ambiental. Acesso em: 13 out. 2019.

DELETTI, Luana Souza. O que se entende pelo princípio da solidariedade intergeracional. *Jus Brasil*, 2010. Disponível em: https://lfg.jusbrasil.com.br/noticias/ 2179254/o-que-se-entende-pelo-principio-da-solidariedade-intergeracional-luana-souza-delitti. Acesso em:24 jan. 2020

DEUTSCHE GESELLSCHAFT FÜR INTERNATIONALE ZUSAMMENARBEIT – GIZ. *Controle Externo e Meio Ambiente*: Fortalecimento de Controle Externo na Área Ambiental. Brasília, 2018.

EDMO J. D. Campos. O Papel do Oceano nas Mudanças Climáticas Globais. *Revista USP*, n. 103, p. 55-66, São Paulo, 2014.

FRANCO, Carla Daniela Kons. O Papel das Organizações Não Governamentais na Proteção Ambiental do Direito Fundamental ao Meio Ambiente Ecologicamente Equilibrado. *Jus Brasil*, 2014. Disponível em: https://jus.com.br/artigos/30519/o-papel-das-organizacoes-nao-governamentais-na-protecao--do-direito-fundamental-ao-meio-ambiente-ecologicamente-equilibrado. Acesso em: 14 out. 2019.

FUNDAÇÃO GETULIO VARGAS – FGV. *Balanço Social 2019*: O Brasil chegou ao topo da desigualdade?, 02/03/2020. Disponível em: https://cps.fgv.br/destaques/balanco-social-2019-o-brasil-chegou-ao--topo-da-desigualdade. Acesso em: 30 abr. 2021.

G1. *Governo diminui participação da sociedade civil no Conselho Nacional do Meio Ambiente*, 29/05/2019 – Disponível em: https://g1.globo.com/natureza/noticia/2019/05/29/ministerio-diminui-participacao-da-sociedade-civil-no-conselho-nacional-do-meio-ambiente.ghtml. Acesso em: 25 out. 2019.

G1. *Um milhão de espécies de plantas e animais estão ameaçadas de extinção, aponta ONU*, 06/05/19 – Disponível em: https://g1.globo.com/natureza/noticia/2019/05/06/um-milhao-de-especies-de-plantas--e-animais-estao-ameacadas-de-extincao-segundo-relatorio-da-onu.ghtml. Acesso em: 27 out. 2019.

GLOBAL CARBON ATLAS. *Project Overview*. Disponível em: http://www.globalcarbonatlas.org/en/content/project-overview. Acesso em: 12 jul. 2021.

GLOBAL FOOTPRINT NETWORK. *Footprint Network*: DataandMethodology. Disponível em: https://www.footprintnetwork.org/resources/data/. Acesso em: 12 jul. 2021.

GREENPEACE BRASIL. *Com novos decretos, governo abre as portas para impunidade ambiental*, 12/04/2019. Disponível em: https://www.greenpeace.org/brasil/blog/com-novo-decreto-governo-abre-as-portas--para-impunidade-ambiental/. Acesso em: 29 out. 2019.

GREENPEACE BRASIL. *Será o fim da picada?* – Disponível em: https://www.greenpeace.org.br/ salve--as-abelhas – Acesso em: 25 out. 2019.

GRUPO DE TRABALHO DA SOCIEDADE CIVIL PARA A AGENDA 2030 – GT. *Agenda 2030* – Governo brasileiro não vai apresentar o relatório nacional voluntário no fórum político de alto nível, 19/05/2019. Disponível em: https://gtagenda2030.org.br/2019/05/17/governo-brasileiro-nao-vai--apresentar-o-relatorio-nacional-voluntario-no-forum-politico-de-alto-nivel/. Acesso em: 27 nov. 2019.

INSTITUTO CHICO MENDES DE CONSERVAÇÃO DA BIODIVERSIDADE –ICMBIO – Amazônia – Disponível em: http://www.icmbio.gov.br/portal/unidadesdeconservacao/biomas-brasileiros/amazonia. Acesso em: 24 jan. 2020

INSTITUTO HUMANITAS UNISINOS. *Feedback do Albedo é um dos Principais Impulsionadores no Recuo do Gelo Marinho Ártico*, 2017 – Disponível em: http://www.ihu.unisinos.br/78-noticias/571491-feedback-do-albedo-e-um-dos-principais-impulsionadores-no-recuo-do-gelo-marinho-do-artico. Acesso em: 26 jan. 2020

INSTITUTO NACIONAL DE PESQUISAS ESPACIAIS – INPE. *Nota Técnica*. Estimativa do PRODES 2020. São José dos Campos, 2020.

INSTITUTO DE PESQUISA ECONÔMICA APLICADA – IPEA. *Governança Ambiental no Brasil: Instituições, atores e políticas públicas.* MOURA, Adriana Maria Magalhães de (Org.). Brasília, 2016:

LIMA, Luiz Henrique. *Atuação de Tribunal de Contas da União no Controle Externo da Gestão Ambiental.* Capítulo 2, p. 45.

MARENGO, José A. *Mudanças climáticas globais e seus efeitos sobre a biodiversidade*: caracterização do clima atual e definição de alterações climáticas para o território brasileiro ao longo do século XXI – Série Biodiversidade – Ministério do Meio Ambiente – Brasília, 2007.

MATEUS Antonio & MARCELLA Vitoria. Princípios Gerais do Direito Ambiental. *Jus Brasil*, 2019. Disponível em: https://jus.com.br/artigos/73668/os-principios-gerais-do-direito-ambiental. Acesso em: 12 out. 2019.

MINISTÉRIO DA CIÊNCIA, TECNOLOGIA, INOVAÇÃO E COMUNICAÇÃO. *Painel Intergovernamental sobre Mudanças Climáticas* – IPCC. Disponível em: https://www.mctic.gov.br/mctic/opencms/ciencia/SEPED/clima/ciencia_do_clima/painel_intergovernamental_sobre_mudancas_climaticas. html – Acesso em: 10 out. 2019.

INISTÉRIO DO MEIO AMBIENTE. *Convenção sobre diversidade biológica.* Disponível em: https://antigo. mma.gov.br/biodiversidade/convenção-da-diversidade-biológica.html. Acesso em: 03 maio 2021.

MINISTÉRIO DO MEIO AMBIENTE. *Conversão-quadro das Nações Unidas Sobre Mudança Climática* (UNFCCC).Disponível em: https://antigo.mma.gov.br/clima/convencao-das-nacoes-unidas – Acesso em: 03 de maio de 2021.

MINISTÉRIO DO MEIO AMBIENTE. *Serviços ecossistêmicos.* Disponível em: https://antigo.mma.gov.br/component/k2/item/15320-servicos-ecossistemicos.html. Acesso em: 03 maio 2021.

MINISTÉRIO DO MEIO AMBIENTE. *Convenção de Viena e Protocolo de Montreal.* Disponível em: https://antigo.mma.gov.br/clima/protecao-da-camada-de-ozonio/convencao-de-viena-e-protocolo-de-montreal. Acesso em:03 de maio de 2021.

MINISTÉRIO DO MEIO AMBIENTE. *Biodiversidade.* Disponível em: https://antigo.mma.gov.br/biodiversidade/conservacao-de-especies/marco-legal-e-tratados.html. Acesso em:03 maio 2021.

MINISTÉRIO DO MEIO AMBIENTE. *Linha do tempo das medidas envolvendo Mudanças Climáticas.* Disponível em: https://antigo.mma.gov.br/informma/item/15164-linha-do-tempo-das-medidas-envolvendo-mudancas-climaticas.html. Acesso em: 03 maio 2021.

MINISTÉRIO PÚBLICO FEDERAL. *Atuação do Ministério Público Federal.* Disponível em: http://www.mpf.mp.br/o-mpf/sobre-o-mpf/atuacao. Acesso em: 03 maio 2021.

MINISTÉRIO PÚBLICO FEDERAL. *MPF em Juína e Polícia Federal deflagram Operação Trypes em Mato Grosso*, 26/09/2019. Disponível em: http://www.mpf.mp.br/mt/sala-de-imprensa/noticias-mt/mpf-e-policia-federal-deflagram-operacao-trypes-em-mato-grosso. Acesso em: 28 nov. 2019.

NACIONAL CENTERS FOR ENVIRONMENTAL INFORMATION (NOAA). *ReportingontheofClimate in 2018*, 12/08/2019 – Disponível em: https://www.ncei. noaa.gov/news/reporting-state-climate-2018. Acesso em: 05 out. 2019.

NACIONAL CENTERS FOR ENVIRONMENTAL INFORMATION (NOAA). *Despite pandemic shutdowns, carbon dioxide and methane surged in 2020*, 07/04/. Disponível em: https://research.noaa.gov/article/ArtMID/587/ArticleID/2742/Despite-pandemic-shutdowns-carbon-dioxide-and-methane-surged-in-2020. Acesso em: 29 abr. 2021.

OBSERVATÓRIO DO CLIMA. *Acordo entra em vigor dia 04/11, diz ONU*, 05/10/2016 – Disponível em: http://www.observatoriodoclima.eco.br/acordo-de-paris-entra-em-vigor-no-dia-04-de-novembro/. Acesso em: 08 out. 2019

OBSERVATÓRIO DO CLIMA. *Em dois anos, quase mil agrotóxicos já foram aprovados pelo governo*, 08/02/2021 – Disponível em: https://observatorio3setor.org.br/noticias/ em-dois-anos-quase-mil-agrotoxicos-ja-foram-aprovados-pelo-governo/. Acesso em:25 abr. 2021.

O ECO. *Governo prepara projeto de lei que regulamenta mineração em terras indígenas*, 25/09/2019. Disponível em: https://www.oeco.org.br/ noticias/governo-prepara-projeto-de-lei-que-regulamenta--mineracao-em-terras-indigenas/. Acesso em: 28 nov. 2019.

O ECO. *O que são as Metas de Aichi*, 24/10/2014. Disponível em: https://www.oeco.org.br/dicionario--ambiental/28727-o-que-sao-as-metas-de-aichi/. Acesso em: 20 nov. 2019.

O GLOBO. *Bolsonaro diz que pediu cancelamento da COP-25 no Brasil e cita 'Triplo A'*, 28/11/2018. Disponível em: https://oglobo.globo.com/sociedade/bolsonaro-diz-que-pediu-cancelamento-da-cop--25-no-brasil-cita-triplo-a-23266445. Acesso em: 02 dez. 2019.

ORGANIZAÇÃO DAS NAÇÕES UNIDAS BRASIL – ONU. *Agricultura e usos do solo representam 23 % das emissões de gases do efeito estufa, diz ONU*, em 15/08/19. Disponível em: https://nacoesunidas.org/agricultura-e-usos-do-solo-representam-23-das-emissoes-de-gases-do-efeito-estufa-diz-onu. Acesso em: 30 set. 2019.

ORGANIZAÇÃO DAS NAÇÕES UNIDAS BRASIL – ONU. *A ONU e a Mudança Climática*. Disponível em: https:// nacoesunidas.org/acao/mudanca-climatica/. Acesso em: 01 out. 2019.

ORGANIZAÇÃO DAS NAÇÕES UNIDAS BRASIL. *ONU divulga 1º relatório de Acompanhamento dos Objetivos do Desenvolvimento Sustentável*, em 19/07/16. Disponível em: https://nacoesunidas.org/onu-divulga-1o-relatorio-de-acompanhamento-dos-objetivos-do-desenvolvimento-sustentavel/. Acesso em: 09 out. 2019.

ORGANIZAÇÃO DAS NAÇÕES UNIDAS BRASIL – ONU. *Países aumentam riqueza à custa do meio ambiente, indica Relatório de Riqueza Inclusiva*, em 28/11/2018. Disponível em: https://brasil.un.org/pt-br/81735-paises-aumentam-riqueza-custa-do-meio-ambiente-indica-relatorio-de-riqueza-in-clusiva. Acesso em: 09 out. 2019

ORGANIZAÇÃO DAS NAÇÕES UNIDAS BRASIL – ONU. *Relatório da ONU diz que progresso rumo aos objetivos globais está em perigo*, em 11/09/19. Disponível em: https://nacoesunidas.org/relatorio--da-onu-diz-que-progresso-rumo-aos-objetivos-globais-esta-em-perigo/. Acesso em: 09 out. 2019.

ORGANIZAÇÃO DAS NAÇÕES UNIDAS BRASIL – ONU. *Planeta precisa que mudemos nosso padrão de consumo, Achim Steiner, diretor executivo do PNUMA*, em 09/04/16. Disponível em: https://nacoesu-nidas.org/pnuma-mudar-nosso-padrao-de-consumo-e-uma-escolha-que-devemos-tomar/. Acesso em: 02 out. 2019.

ORGANIZAÇÃO DAS NAÇÕES UNIDAS BRASIL – ONU. *Transformando Nosso Mundo*: A Agenda 2030 para o Desenvolvimento Sustentável. Disponível em: https://nacoesunidas.org/pos2015/agenda2030/. Acesso em: 09 out. 2019.

ORGANIZAÇÃO DAS NAÇÕES UNIDAS BRASIL – ONU. *Brasil avança no cumprimento das metas de desenvolvimento da ONU*, em 10/02/17. Disponível em: https://nacoesunidas.org/brasil-avanca-no--cumprimento-das-metas-de-desenvolvimento-da-onu/. Acesso em: 01 out. 2019.

ORGANIZAÇÃO DAS NAÇÕES UNIDAS BRASIL – ONU. *A Carta das Nações Unidas*. Disponível em: https://brasil.un.org/pt-br/91220-carta-das-nacoes-unidas. Acessada em: 03 de maio de 2021.

ONG BEE OR NOT TO BE? – SEM ABELHAS, SEM ALIMENTO. *Somos amigos das abelhas*. Disponível em: https://www.semabelhasemalimento.com.br/. Acesso em: 03 maio 2021.

PAINEL INTERGOVERNAMENTAL SOBRE MUDANÇAS CLIMÁTICAS – IPCC. *Alterações Climáticas 2013* – A Base Científica: Perguntas Frequentes – Grupo de Trabalho I/IPCC – IPCC – ONU. Genebra, Suíça, 2013.

PAINEL INTERGOVERNAMENTAL SOBRE MUDANÇAS CLIMÁTICAS – IPCC. *Aquecimento Global de 1,5°C*: Sumário para formuladores de políticas – Grupos de Trabalho I, II e III/IPCC e World Meteorogical Organization (WMO) – IPCC – ONU – Genebra, Suíça, 2018 – Trad. brasileira: Ministério da Ciência, Tecnologia, Inovações e Comunicações (MCTIC), Brasília, 2019.

PAINEL INTERGOVERNAMENTAL SOBRE MUDANÇAS CLIMÁTICAS – IPCC. Relatório Especial sobre o Oceano e a Criosfera em um Clima em Mudança – Disponível em: https://www.ipcc.ch/srocc/. Acesso em: 27 abr. 2021.

PAINEL INTERGOVERNAMENTAL SOBRE MUDANÇAS CLIMÁTICAS – IPCC. Relatório Especial Mudança Climática e a Terra. Disponível em: https://www.ipcc.ch/srccl/. Acesso em: 27 abr. 2021.

PAULA, José Luiz Tadeu Muller de. A Constitucionalização dos Tratados Internacionais de Âmbito Ambiental, 2011. *Jus Brasil*. Disponível em: https://jus.com.br/artigos/19704/a-constitucionaliza-cao-dos-tratados-internacionais-de-ambito-ambiental. Acesso em: 13 out. 2019.

PLATAFORMA AGENDA 2030. *Os 17 Objetivos de Desenvolvimento Sustentável*. Disponível em: http://www.agenda2030.com.br/. Acesso em: 27 abr. 2021.

PROGRAMA DAS NAÇÕES UNIDAS PARA O DESENVOLVIMENTO – PNUD Brasil. *Implementação das metas da Agenda 2030 garante o cumprimento dos ODS*, 05/07/2019 – Disponível em: https://www.br.undp.org/content/brazil/pt/home/presscenter/articles/2019/implementacao-das-metas-da-agen-da-2030-garante-o-cumprimento-dos.html. Acesso em: 11 out. 2019.

POLIS. *Controle Social das Políticas Públicas*. Instituto de Estudos, Formação e Assessoria em Política Sociais, n. 29, ago. 2008, São Paulo, 2008.

RAMALHO, Paulo Roberto Azevedo Mayer – O Estado Brasileiro Contemporâneo e o Controle Social de sua Atividade Administrativa Ambiental. *Jus Brasil*, 2014. Disponível em: https://jus.com.br/artigos/31541/o-estado-brasileiro-contemporaneo-e-o-controle-social-de-sua-atividade-adminis-trativa-ambiental. Acesso em: 14 out. 2019.

REVISTA EXAME. *Oceanos são heróis e vítimas do aquecimento*, 27/09/2013 –Disponível em: https://exame.com/mundo/oceanos-herois-e-vitimas-do-aquecimento-global/. Acesso em: 27 abr. 2021.

RODRIGUES, Karen Leite. A Eficácia da Ação Civil Pública como Instrumento de Proteção do Meio Ambiente. *Jus Brasil*, 2014. Disponível em: https://jus.com.br/ artigos/32870/a-eficacia-da-acao-ci-vil-publica-como-instrumento-de-protecao-do-meio-ambiente/2. Acesso em: 15 out. 2019.

SENADO FEDERAL. Problemas e consensos na conferência sobre desenvolvimento sustentável rio+20. *Jornal em discussão!* Disponível em: http://www.senado.gov.br/ noticias/Jornal/e.mdiscussao/rio20/a-rio20/problemas-e-consensos-na-conferencia-sobre-desenvolvimento-sustentavel-rio20.aspx. Acesso em: 08 out. 2019.

SENADO FEDERAL. Conferência Rio-92 sobre o meio ambiente do planeta: desenvolvimento sustentável dos países – Jornal em discussão! – Disponível em: – Acesso em: 08 out. 2019.

SENADO FEDERAL. Recordista em desigualdades, país estuda alternativas para ajudar os mais pobres, 12/03/2021, *Agência Senado*. Disponível em: https://www12.senado.leg.br/noticias/infomate-rias/2021/03/recordista-em-desigualdade-pais-estuda-alternativas-para-ajudar-os-mais-pobres. Acesso em: 27 abr. 2021.

SISTEMA DE ESTIMATIVAS DE EMISSÕES E REMOÇÕES DE GASES DO EFEITO ESTUFA – SEEG. *Análise das Emissões Brasileiras de Gases do Efeito Estufa e suas Implicações para as Metas de Clima do Brasil*: Período de 1970-2019. Sistema de Estimativas de Emissões e Remoções de Gases de Efeito Estufa. SEEG 8, São Paulo, 2020.

SISTEMA DE ESTIMATIVAS DE EMISSÕES E REMOÇÕES DE GASES DO EFEITO ESTUFA – SEEG. *Relatório de Emissões de GEE do Brasil e suas Implicações para as Políticas Públicas e a Contribuição Brasileira para o Acordo de Paris*: Documento Síntese-Período de 1970-2015. São Paulo, 2017.

SUSTAINABLE DEVELOPMENT REPORT DASHBOARDS 2019. *Transformations to Achieve the Sustainable Development Goals, Brazil*. Disponível em: https://dashboards.sdgindex.org/#/BRA. Acesso em: 09 out. 2019.

TERA AMBIENTAL. *As principais leis ambientais brasileiras*, 27/11/2015. Disponível em: https://www.teraambiental.com.br/blog-da-tera-ambiental/as-principais-leis-ambientais-brasileiras. Acesso em: 13 out. 2019.

TRIBUNAL DE CONTAS DA UNIÃO. *Caderno de Fiscalizações de Meio Ambiente 2007-2020*. Brasília, 2020.

TRIBUNAL DE CONTAS DA UNIÃO. *Plano Estratégico TCU-2019-2025*. Brasília, 2019.

TRIBUNAL DE CONTAS DA UNIÃO. *Meio Ambiente*: a atuação do Tribunal de Contas da União na área ambiental. Brasília, 2009.

TRIBUNAL DE CONTAS DA UNIÃO. *Portaria TCU 383/98*: Aprova a Estratégia de Atuação para o Controle da Gestão Ambiental, resultante da implementação do Projeto de Desenvolvimento da Fiscalização Ambiental – PDFA – BCTU n. 59/98. Brasília, 1998.

VASCONCELLOS, Emanueli Berrueta de. O Ministério Público na Tutela do Meio Ambiente. *Revista do Ministério Público do RS,* n. 60, p. 163-187, ago. 2007 ago. 2008. Porto Alegre, 2008.

WEISS, Joseph S. *O papel da sociedade na efetividade da governança Ambiental*. Capítulo 13, p. 329.

WORLD RESOURCES INSTITUTE – WRI. *Greenhouse Gas Protocol (GHGP)*. Disponível em: https://www.wri.org/initiatives/greenhouse-gas-protocol. Acesso em: 12 jul. 2021.

WORLD RESOURCES INSTITUTE – WRI. *OurWork*. Disponível em: https://www.wri.org/our-work. Acesso em: 12 jul. 2021.

WWF-BRASIL. *Quem Somos*. Disponível em: https://www.wwf.org.br/wwf_brasil/. Acesso em: 12/07/2021.

WWF-BRASIL. *Pegada Ecológica*. Disponível em: https://www.wwf.org.br/natureza_brasileira/especiais/pegada_ecologica/ – Acesso em: 29 out. 2020.

WWF-BRASIL. *Pegada Ecológica Global*: Planeta Vivo-Relatório 2018: Uma Ambição Maior-Sumário – Gland, Suiça, 2018.

LEGISLAÇÃO:

BRASIL. *Constituição da República Federativa do Brasil de 1988* – Disponível em: http://www.planalto.gov.br/ccivil_03/constituicao/constituicao.htm – Acesso em: 10 jan. 2020.

BRASIL. *Lei 7.347/85 – Disciplina a ação civil pública de responsabilidade por danos causados ao meio-ambiente, ao consumidor, a bens e direitos de valor artístico, estético, histórico, turístico e paisagístico (VETADO) e dá outras providências*. Disponível em: http://www.planalto.gov.br/ccivil_03/leis/L7347orig.htm. Acesso em: 15 out. 2019.

BRASIL. *Decreto 10693/2021 – Institui o Programa Adote um Parque, com a finalidade de promover a conservação, a recuperação e a melhoria das unidades de conservação federais por pessoas físicas e jurídicas privadas nacionais e estrangeiras*. Disponível em http://www.planalto.gov.br/ccivil_03/_ato2019-2022/2021/decreto/ D10623.htm. Acesso em: 12 jul. 2021.

GESTÃO E CONTROLE EXTERNO NAS ORGANIZAÇÕES SOCIAIS DE CULTURA ESTUDO DE CASO: FUNDAÇÃO THEATRO MUNICIPAL DE SÃO PAULO

Carolina Paes Simão

Advogada pela Universidade São Francisco. Especialista em Direito Público pela Faculdade Inesp. Especialista em Direito Previdenciário e do Trabalho pela Escola Paulista de Direito. Especialista em Direito, Políticas Públicas e Controle Externo pela Universidade Nove de Julho. Pós-graduanda em Direito dos Contratos pela Fundação Getulio Vargas.

Sumário: 1. Reforma do aparelho do Estado – 2. Modelo das organizações sociais – 3. Estudo de caso: Fundação Theatro Municipal de São Paulo – 4. Controle externo do Tribunal de Contas do Município – 5. Conclusões – 6. Referências.

1. REFORMA DO APARELHO DO ESTADO

té que o Estado chegasse à forma de administração pública que conhecemos atualmente – administração pública gerencial – algumas outras foram adotadas.

A primeira delas foi a administração pública *patrimonialista*, segundo a qual a coisa pública (*res publica*) não se diferenciava da coisa particular (*res privata*). Depois foi adotado o modelo *burocrático*, que tinha por objetivo o controle *a priori* dos processos baseando-se no formalismo e submissão da administração à lei.

Na segunda metade do século XX, em meio ao aumento de serviços oferecidos pelo Estado, ao desenvolvimento tecnológico e à globalização da economia mundial, surge a necessidade de mais uma mudança. Desta vez, ocorre a reforma *gerencial*, que tem por princípio basear-se no controle de resultados e não mais no de processos, passando o controle, portanto, a ser *a posteriori* e não *a priori* como era praticado no modelo anterior. O cidadão começa então a ser considerado não só como contribuinte de impostos, mas também como cliente. Há um aumento do controle do Estado por parte da sociedade.

Tal reforma do aparelho do Estado teve sua origem no ano de 1995, durante o governo do Presidente Fernando Henrique Cardoso, por meio do Ministério da Administração Federal e Reforma do Estado (MARE), comandada pelo então ministro Luiz Carlos Bresser Pereira que, durante os quatro primeiros anos, a dirigiu em âmbito federal; e, após esse período (e por indicação do próprio ministro), sua continuidade ficou a cargo do Ministério do Planejamento, Orçamento e Gestão.

Urge ressaltar que não se trata da reforma do Estado como um todo, em sentido abrangente a todas as instituições do Estado, e sim uma mudança do aparelho do Estado em relação à sua forma de organização.

Hely Lopes Meirelles[1] conceitua *serviço público* como "todo aquele prestado pela Administração ou por seus delegados, sob normas e controles estatais, para satisfazer necessidades essenciais ou secundárias da coletividade ou simples conveniências do Estado". O serviço público pode ser exclusivo ou próprio (ou seja, ser executado diretamente pela Administração Direta) ou não exclusivo ou impróprio, quando a execução não necessariamente precisa ser pelo Estado, podendo este delegá-la a seus órgãos ou entidades descentralizadas.

Em meio aos estudos dirigidos para a reforma do aparelho do Estado, o ministro Bresser Pereira, em seu Plano Diretor, observa que, delegando-se funções não exclusivas do Estado para entes privados, a propriedade adquire a forma pública não estatal. Nesse caso, a atividade é controlada tanto pelo Estado como pelo mercado (setor privado).

Moreira Neto[2] defende que:

> A Constituição Brasileira de 1988 [...] reiteradamente incentiva a *colaboração social*, a começar pela afirmação do princípio do pluralismo, estampado no art. 1°, V, seguindo-se o da *participação*, no parágrafo único do mesmo artigo, descendo, embora superfluamente, em seu texto, à previsão de vários *instrumentos de colaboração participativa* como no campo da saúde (arts. 197 e 198, III), da assistência social (art. 204, I), da educação (arts. 205 e 206, IV), da cultura (art. 216, §1°), do meio ambiente (art. 225), da criança e do adolescente (art. 227, §1°), para mencionar alguns dos mais relevantes.

De acordo com Mânica[3], a Constituição Federal de 1988 "pela primeira vez de maneira expressa atribuiu também à sociedade civil, por meio de organizações privadas sem fins lucrativos, o dever de contribuir para a consecução dos objetivos do Estado brasileiro".

O mesmo autor, para embasar essa conclusão, levou em consideração alguns dispositivos constitucionais, dentre eles os artigos 199, §1°; 204, I; 205; 213, I e II; 216, §1° e 227, §1°, os quais abrem para a sociedade civil a possibilidade de colaborarem com o Estado nessas áreas especificadas.

A Emenda Constitucional 19/98 e o Princípio da Eficiência merecem atenção especial, já que um dos objetivos da reforma do aparelho do Estado era transformar a administração pública burocrática em uma administração gerencial, voltada para o atendimento do público-cidadão de forma eficiente.

---

1. MEIRELLES, Hely Lopes. *Direito Administrativo Brasileiro*. 35. ed. São Paulo: Malheiros, 2009, p. 332.
2. MOREIRA NETO, Diogo de Figueiredo. *Curso de Direito Administrativo*. 15. ed. Rio de Janeiro: Forense, 2009, p. 611.
3. MANICA, Fernando Borges. Panorama histórico legislativo do terceiro setor no Brasil: do conceito de terceiro setor à Lei das OSCIP. In: OLIVEIRA, Gustavo H. Justino (Coord.). *Terceiro setor, empresas e Estado*: novas fronteiras entre o público e o privado. Belo Horizonte. Fórum, 2007, p. 181.

O princípio da eficiência ingressou na ordem constitucional brasileira com a emenda 19/98, tendo sido inserido no *caput* do artigo 37 da Constituição Federal. Porém, ora de forma explícita, ora implícita, esse princípio estava presente tanto no texto original da Constituição Federal de 1988 como no Direito Administrativo Brasileiro, conforme artigo 74, inciso II da Carta Magna.

A Lei Complementar n° 101/2000 tem por objetivo estabelecer normas de finanças públicas voltadas para a responsabilidade na gestão fiscal. Logo no parágrafo primeiro do artigo primeiro desta lei, pode-se verificar a exigência de uma ação planejada e transparente mediante o cumprimento de metas.

Por conseguinte, há evidente aproximação da referida lei ao modelo gerencial focado em metas e resultados que serão atingidos com planejamento e transparência, itens esses intimamente ligados ao modelo de governança pública.

Com relação ao controle fiscal, Abrucio[4] destaca que a Lei de Responsabilidade Fiscal é considerada um importante marco no federalismo fiscal do País, não só por implementar melhorias na gestão fiscal, como também por trazer um modelo de responsabilização entre os entes federativos, o que proporcionou, sem dúvida, um maior rigor no gasto público.

Ainda no que se refere ao papel dessa Lei de Responsabilidade Fiscal em nosso ordenamento jurídico, vale lembrar que a transferência de recursos financeiros ao setor privado é regida por um conjunto de normas de Direito Financeiro: Lei de Responsabilidade Fiscal, Lei de Orçamentos, Plano Plurianual, Lei de Diretrizes Orçamentárias e Lei Orçamentária Anual, de acordo com o artigo 26 da referida Lei. Em suma, sua criação foi destinada a zelar pela eficiência administrativa no sentido de tornar transparente o processo de transferência de recursos públicos às entidades sem fins lucrativos por meio de acordos de colaboração.

2. MODELO DAS ORGANIZAÇÕES SOCIAIS

Durante a concretização da reforma do aparelho do Estado, foi editada a Medida Provisória 1.591, de 07 de outubro de 1997, que criou o Programa Nacional de Publicização e qualificação das entidades como organizações sociais, a qual foi posteriormente substituída por outra Medida Provisória (a de 1648-6, de 24 de março de 1998) que reiterava o mesmo assunto e que se transformou na Lei Federal 9.637, de 15 de maio de 1998, tendo mantido basicamente a mesma regulamentação legal das Medidas Provisórias editadas anteriormente.

A Lei Federal 9637/15 não traz um conceito específico sobre o que seriam as organizações sociais: seu foco é a caracterização dos possíveis grupos que se candidatam à qualificação de *organização social*. Nesse sentido, prevê que poderão ser

---

4. ABRUCIO, Fernando Luiz; LOUREIRO, Maria Rita. Finanças Públicas, democracia e accountability. In: ARVATE, Paulo Roberto e BIDERMAN, Ciro (Orgs.). *Economia do setor público no Brasil*. Rio de Janeiro: Elsevier, 2004.

qualificadas como organizações sociais as pessoas jurídicas de direito privado sob forma de associações ou fundações que não possuam finalidade lucrativa e estejam voltadas para o atendimento de fins públicos e sociais.

O Plano Diretor da reforma do aparelho do Estado[5] traz o seguinte conceito a respeito do que seriam as organizações sociais: "as entidades de direito privado que, por iniciativa do

Poder Executivo, obtêm autorização legislativa para celebrar contrato de gestão com esse poder, e assim ter direito a dotação orçamentária".

As organizações sociais estão inseridas no chamado *Terceiro Setor*, cuja denominação ocorreu com mais frequência no Brasil a partir da proposta da reforma do aparelho do Estado. Possuem autonomia financeira e administrativa para executarem as atividades que lhe foram delegadas desde que cumpram as condições impostas pela lei, sendo, porém, fiscalizadas pelo seu Gestor e pela própria sociedade a quem oferecem seus serviços.

De acordo com a legislação federal que rege o tema, preenchidos os requisitos previstos no artigo 2º, inciso I da Lei federal 9637/98 para requerer a qualificação de organização social, o interessado se depara com o inciso II, que indica a necessidade de aprovação quanto à conveniência e oportunidade de sua qualificação como organização social. Observa-se neste caso que a qualificação de organização social não é um ato vinculado à administração pública, e sim um ato discricionário, já que o administrador, de acordo com a conveniência e oportunidade, concederá ou não a qualificação de *organização social*. Em outras palavras, não basta o preenchimento dos requisitos: a aprovação do administrador é imprescindível.

Autores como Celso Antônio Bandeira de Mello são contra a dispensa de licitação para escolha das organizações sociais, pois entendem que o Estado estaria se demitindo de suas funções essenciais e nitidamente desconsiderando os princípios da administração pública.

Outra crítica que se extrai com relação à qualificação das organizações sociais é a de que a Lei federal 9637/98 não prevê em seu texto um prazo mínimo de existência para a entidade que possa vir a ser qualificada como organização social.

De modo a sanar algumas das questões expostas acima, foi editado o Decreto Federal 9.190, de 1º de novembro de 2017, o qual regulamenta o artigo 20 da Lei 9637/98 referente ao Programa Nacional de Publicização (PNP).

Alguns anos após a vigência da Lei 9637/98, o Poder Executivo finalmente especificou as regras a serem seguidas para que uma atividade seja publicizada. Na verdade, nada muito diferente do que já vinha sendo praticado.

---

5. Presidência da República. *Plano Diretor da Reforma do Aparelho do Estado*. Disponível em: http://www.bresserpereira.org.br/Documents/MARE/PlanoDiretor/planodiretor.pdf. Acesso em: 22 nov. 2017.

A vedação para executar atividades exclusivas de Estado permanece, e as fases para o processo de qualificação da organização social são especificadas da seguinte forma: decisão e publicização, seleção da entidade privada, publicação do ato de qualificação e celebração do contrato de gestão.

Para que a entidade sem fins lucrativos a ser qualificada como organização social seja selecionada, o artigo 8° do Decreto determina que deve haver a divulgação do chamamento público, recebimento e avaliação das propostas, publicação do resultado provisório, fase recursal e publicação do resultado definitivo. Ressalta que o princípio da economicidade deve ser observado durante todo o processo de seleção.

Com relação ao Conselho de Administração da organização social, órgão de deliberação máxima da entidade, verifica-se que a Lei Federal reservou a margem de 20% a 40% de membros natos representantes do Poder Público, assegurando a efetiva fiscalização do governo; reservou a margem de 20% a 30% de membros natos representantes de entidades da sociedade civil, assegurando o controle direto da sociedade nas atividades da organização social; até 10% para o caso de Associação Civil, de membros eleitos dentre os membros ou associados; de 10 a 30% de membros eleitos pelos demais integrantes do Conselho, dentre pessoas de notória capacidade profissional e reconhecida idoneidade moral; e a margem de até 10% de membros indicados ou eleitos na forma estabelecida pelo estatuto.

A Lei ainda dispõe a respeito do Contrato de Gestão como sendo o instrumento firmado entre o Poder Público e a entidade qualificada como organização social, com vistas à formação de parceria entre as partes para fomento e execução de atividades relativas às áreas relacionadas na referida Lei.

Os artigos 8°, 9° e 10° da Lei Federal 9637/98 disciplinam a execução e fiscalização do contrato de gestão celebrado entre o Poder Público e a organização social. Essa fiscalização ocorrerá pelo órgão ou entidade supervisora da área de atuação correspondente à atividade fomentada.

Além das avaliações periódicas, ao término de cada exercício, a organização social deve elaborar a prestação final de contas a ser entregue à comissão de avaliação do órgão ou entidade supervisora que procederá a análise. Caso seja encontrada alguma irregularidade, o Tribunal de Contas da União deverá ser comunicado.

Contra a Lei Federal 9637/98 foram propostas duas ações diretas de inconstitucionalidade: uma de n. 1923 e outra de n. 1943. Em 16 de abril de 2015, o Supremo Tribunal Federal considerou legal a contratação pelo poder público das organizações sociais, de forma a sanar qualquer dúvida a respeito.

A lei do município de São Paulo que trata das questões relativas às instituições qualificadas como organizações sociais é a n. 14.132/06, regulamentada pelo Decreto 52.858/11.

Inicialmente a referida Lei apenas autorizava a qualificação de organizações sociais que fossem dirigidas à área da saúde. Posteriormente, a Lei 14.664/08 alterou a Lei 14.132/06 para acrescentar as áreas de esportes, lazer e recreação.

Apenas com o advento da Lei 15.380/11 foi acrescentada também neste rol a área da cultura.

Diferentemente do critério subjetivo adotado pela Lei Federal, a Lei Municipal incluiu um critério objetivo para obtenção do título de organização social, qual seja, a comprovação efetiva da entidade que desenvolve algumas das atividades previstas em Lei há mais de cinco anos. De acordo com o Decreto regulamentador da Lei Municipal, este período de cinco anos pode ser comprovado por pessoa jurídica sem fins lucrativos que tenha sucedido ou pelo qual é controlada ou com a qual tenha comprovado vínculo técnico ou operacional.

Além do mais, para a finalidade prevista acima, também poderá ser computada para a entidade pleiteante o tempo de atividade dirigida à área de esportes, lazer e recreação e à de cultura por parte de, no mínimo, 2/3 (dois terços) dos membros do respectivo Conselho de Administração.

A inserção desse critério objetivo aumenta a possibilidade de uma eventual parceria com o Poder Público restar bem sucedida, já que a entidade terá comprovada experiência na área para a qual se candidatou visando prestar serviços de interesse público.

No que se refere à composição do Conselho de Administração nas organizações sociais do município, pode-se notar uma diferença no tocante à composição estabelecida pela Lei Federal. A Lei Municipal estabelece que as organizações sociais componham seus Conselhos de administração da seguinte maneira: 55%, no caso de associação civil, de membros eleitos dentre os membros ou os associados; 35% de membros eleitos pelos demais integrantes do Conselho, dentre pessoas de notória capacidade profissional e reconhecida idoneidade moral; e 10% de membros eleitos pelos empregados da entidade. Enquanto a Lei Federal protege a participação do Poder Público no Conselho de administração das organizações sociais, a Lei Municipal a exclui, conferindo ao legislador maior autonomia às organizações sociais.

Outra novidade trazida pela Lei Municipal é a necessidade de ser realizado um processo seletivo antes da celebração do Contrato de Gestão. Tal novidade no âmbito federal apenas foi incluída no ano de 2017. A Lei Municipal e seu Decreto regulamentador estabelecem que, quando houver mais de uma entidade qualificada como organização social, deverá ser realizado um processo seletivo por meio de Chamamento Público.

Quando houver apenas uma entidade qualificada, a celebração do contrato de gestão será precedida da publicação de *Comunicado de Interesse Público* no Diário Oficial do Município.

Desta forma, estarão atendidos os princípios da impessoalidade e isonomia.

No tocante à fiscalização da execução do Contrato de Gestão, a Lei Municipal também abrange o *controle interno*, realizado pelo órgão contratante, pela Comissão

GESTÃO E CONTROLE EXTERNO NAS ORGANIZAÇÕES SOCIAIS DE CULTURA ESTUDO DE CASO **37**

de Acompanhamento e Fiscalização e pela Comissão de Avaliação, e o *controle externo*, realizado pelo Tribunal de Contas do Município e Ministério Público, no caso de serem constatadas irregularidades.

A Lei Municipal acrescenta ainda que o balanço e demais prestações de contas da organização social devem, necessariamente, ser publicados no Diário Oficial do Município e analisados pelo Tribunal de Contas do Município de São Paulo, afastando de vez a dúvida levantada a respeito do controle externo das organizações sociais.

Por fim, pode-se concluir que as principais mudanças realizadas na Lei Municipal foram ao encontro dos questionamentos suscitados quando da interposição da Ação Direta de Inconstitucionalidade e lhe conferiram soluções viáveis.

3. ESTUDO DE CASO: FUNDAÇÃO THEATRO MUNICIPAL DE SÃO PAULO

Até a edição da Lei 15.380, de 27 de maio de 2011, o Theatro Municipal era um departamento da Secretaria Municipal de Cultura, sendo, portanto, a ela subordinado, não possuindo qualquer autonomia administrativa ou financeira.

Após a edição da referida Lei e de seu Decreto regulamentador de 53.225, de 19 de junho de 2012, a Fundação Theatro Municipal de São Paulo (FTMSP) passou a ser uma pessoa jurídica de Direito público, com autonomia administrativa, financeira, patrimonial, artística e didática, vinculada à Secretaria Municipal de Cultura.

Dentre as finalidades previstas em seu Estatuto, a FTMSP deveria "promover, coordenar e executar atividades artísticas, incluídas a formação, a produção, a difusão e o aperfeiçoamento da música, da dança e da ópera".

Até que houvesse a transição de departamento para Fundação, esta última só entrou em efetivo funcionamento com recursos e dotações orçamentárias próprias em abril de 2013.

O legislador, ao instituir este formato de fundação de Direito público, tinha como principal objetivo permitir autonomia em campos essenciais de operação, como o artístico-financeiro, além da possibilidade de contratação de uma organização social – pessoa jurídica de Direito privado – para, em regime de compartilhamento de gestão, realizar políticas públicas de cultura, notadamente de difusão cultural e valorização do patrimônio artístico e cultural da cidade.

Neste sentido, há que se sublinhar que o Theatro Municipal de São Paulo e os corpos artísticos – que são mantidos com o escopo de realização das atividades que são planejadas para o Theatro Municipal, dentre outras – integram o patrimônio cultural da cidade de São Paulo. Enquanto patrimônio da coletividade, incumbe ao Poder Público, por meio de ações específicas, a sua preservação, o que, por sua vez, vincula o respeito às suas finalidades e a realização das atividades previstas para mantê-lo simbolicamente relevante com o passar do tempo.

Além do incremento de ações para realização das atividades artísticas, o modelo de gestão viabilizado pelo Contrato de Gestão era o único caminho a permitir a substituição do regime de contratação dos artistas e também dos técnicos de produção (além dos professores e oficineiros das Escolas de Dança e de Música), tido como irregular e ilegal pelos órgãos que tutelam os direitos trabalhistas e difusos – do Poder Judiciário e Classistas –, tais como Ministério Público Estadual, Ministério Público do Trabalho, Ministério do Trabalho e Emprego e o Sindicato dos Músicos.

O antigo regime se baseava em contratação por meio de contratos de prestação de serviços com prazo determinado de três meses, renovados sucessivamente, em total afronta aos direitos sociais e trabalhistas, situação essa que se perpetuou por mais de trinta anos. O regime de CLT, estabelecido pela legislação específica, além de ser legalmente aplicável, é a única forma de garantir os direitos trabalhistas, sociais e previdenciários dos prestadores de serviços do Theatro Municipal e demais unidades, incluindo, músicos, bailarinos e técnicos.

Do ponto de vista da eficiência do serviço público prestado, o modelo de gestão por meio de organizações sociais não só permite, mas, sobretudo, contribui para a melhor e mais ampla realização, além do desejado aumento da qualidade dos serviços. Tal benefício só pode ocorrer mediante as práticas mais dinâmicas, com base no regime do Direito Privado, voltadas especificamente para as atividades envolvidas na produção artística e cultural, com respeito a todos os permissivos legais e regime jurídico aplicável, tais como a captação de recursos próprios por meio de leis de incentivo fiscal.

Cumpre reforçar que o alcance da eficiência citada acima, bem como os objetivos propostos, devem respeitar as diretrizes das políticas públicas especificadas para área da cultura, ou seja, determinadas pela Secretaria Municipal de Cultura, de modo que a programação da Fundação não seja uma atividade à parte daquela que é estabelecida para a cultura da cidade em geral.

Conforme explicitado acima, a FTMSP foi criada para poder viabilizar um determinado modelo de gestão, cuja característica seria o compartilhamento com uma pessoa jurídica sem fins lucrativos qualificada pelo município como organização social de cultura, por meio de contratação. Tal modelo de parceria, não obstante haja estabelecido metas em comum acordo com as partes, prevê rigorosa distribuição de atribuições quanto à execução e supervisão destas.

Compete ao Estado, em resumo, supervisionar o atingimento das metas, conforme critérios objetivos de avaliação de desempenho, e mediante indicadores de qualidade e produtividade. Ao parceiro privado compete a execução do programa de trabalho estabelecido em consenso, assegurada a liberdade e autonomia gerencial para, com métodos e organização próprios (sempre pautado pelos princípios da igualdade, legalidade, publicidade, impessoalidade, moralidade, eficiência e economicidade), buscar o cumprimento dos objetivos e, por conseguinte, uma crescente eficiência na prestação dos serviços não exclusivos.

O modelo de administração por meio do Contrato de Gestão, então, tem como proposta não só buscar a eficiência através do desenvolvimento de canais de participação da sociedade na Administração Pública, mas também promover plenamente a gestão compartilhada daqueles serviços não exclusivos.

Prima-se por uma *relação contratual* em moldes diversos da tradicional e absoluta subordinação do ente contratado ao Estado. A *contratualidade* constitui elemento essencial ao modelo de parceria em que se inserem as Organizações Sociais e os respectivos Contratos de Gestão, expressão concreta da relação de coordenação/ cooperação que deve reger o negócio jurídico entabulado, bem como o respeito aos limites e atribuições estabelecidos.

Neste sentido, em conformidade com o disposto na Lei Municipal, a FTMSP, por não possuir naquele momento nenhuma entidade qualificada como organização social de cultura no município, optou por realizar o Chamamento Público, para que alguma entidade pudesse demonstrar interesse em realizar a atividade proposta no edital em colaboração com a FTMSP.

Em outras palavras, o edital tinha por objetivo convocar as pessoas jurídicas sem fins lucrativos qualificadas como organizações sociais de cultura para celebrarem contrato de gestão com a FTMSP e serem responsáveis inicialmente pela execução e gerenciamento da programação artística prevista para o segundo semestre do ano de 2013 no Theatro Municipal.

Caso a experiência fosse satisfatória, aditamentos ao Contrato de Gestão seriam realizados agregando-se novas atribuições em relação à temporada artística das unidades que compõem a FTMSP (Theatro Municipal e Praça das Artes).

O resultado deste Chamamento Público teve como vencedor o Instituto Brasileiro de Gestão Cultural (IBGC), que cumpriu todos os requisitos previstos em Lei e no Edital, podendo, portanto, celebrar o contrato com a FTMSP.

O referido contrato de gestão foi celebrado na data de 27 de julho de 2013, e até 31 de agosto de 2017, o IBGC era o corresponsável pelo gerenciamento da programação artística tanto do Theatro Municipal como da Praça das Artes, bem como pela conservação e preservação dos patrimônios gerenciados.

Com relação à regularização dos contratos referentes aos prestadores de serviços do Theatro Municipal, após a adoção deste modelo de gestão, foi firmado um acordo com o Ministério Público Estadual no sentido de que as contratações dos corpos artísticos por meio do regime de consolidação das leis do trabalho cumprissem o seguinte cronograma[6]:

Corpo Artístico	Ano
Orquestra Sinfônica Municipal – OSM	2014
Coral Lírico – CL e Coral Paulistano – CP	2015
Balé da Cidade de São Paulo – BCSP	2016

---

6. Inquérito Civil 284/2014 – 9ª Promotoria de Justiça do Patrimônio Público e Social da Capital – Apuração de irregularidades na contratação de músicos e demais trabalhadores.

A OSM, Quarteto de Cordas e o Arquivo Artístico foram contratados pelo IBGC por meio de contrato de trabalho em 01 de novembro de 2014. Cumpre ressaltar que toda a equipe de produção e cenotécnica já havia sido contratada por meio de contrato de trabalho pelo IBGC quando da celebração do contrato de gestão.

Os Corais Lírico e Paulistano foram contratados por meio de regime de contrato de trabalho pelo IBGC em 01 de dezembro de 2015. E o Balé da Cidade de São Paulo, diferentemente do cronograma acima firmado com o Ministério Público, apenas foi contratado pelo regime de contrato de trabalho no início de 2017.

Tais contratações foram ocorrendo de acordo com a disponibilidade orçamentária, já que o cálculo para contratação de um prestador de serviço é um e o cálculo para contratação em regime de contrato de trabalho é outro, onerando um pouco mais os cofres públicos.

A partir do ano de 2015, a situação que parecia estar estável e até mesmo prestes a alcançar a excelência, mudou totalmente. Em novembro do mesmo ano, o então Diretor Geral da FTMSP, José Luiz Herencia, solicita sua exoneração informando que estava impossível trabalhar junto com o Maestro John Neschling. Por conseguinte, em 24 de novembro de 2015, ocorre a nomeação do novo Diretor Geral da FTMSP, Paulo Massi Dallari, cuja missão seria a de verificar quais os problemas enfrentados pelo IBGC e pela FTMSP. A esta altura, já haviam sido firmados inúmeros aditamentos ao contrato de gestão com o objetivo de serem repassadas verbas complementares para que o IBGC pudesse arcar com as suas contas.

Dezenas de expedientes do Tribunal de Contas do Município e demais órgãos fiscalizadores chegavam para a FTMSP discordando de vários procedimentos adotados pelo IBGC e solicitando mudanças. No entanto, até então nenhuma medida radical havia sido estabelecida por algum órgão de controle.

O Diretor Geral da FTMSP, José Luiz Herencia, juntamente com o Diretor Executivo do IBGC, haviam firmado um acordo para superfaturar os contratos de artistas e grupos contratados pela organização social. Pela pesquisa realizada, não ficou ao certo demonstrado se o Maestro John Neschling também possuía participação no acordo firmado.

Ao assumir a Diretoria da FTMSP, Paulo Dallari, juntamente com a equipe que já estava trabalhando na FTMSP, começou a fazer um diagnóstico de todo o ocorrido, com o auxílio da Controladoria Geral do Município, tendo descoberto o acordo firmado e as fraudes.

Apesar de o contrato de gestão não ser um contrato de concessão (instituto semelhante ao da *encampação*, que é a retomada coativa do serviço público pelo poder concedente, durante o prazo da concessão, por motivo de interesse público[7]), o mesmo foi utilizado naquele momento pela Prefeitura do Município de São Paulo.

---

7. MEIRELLES, Hely Lopes. *Direito Administrativo brasileiro*. 35. ed. São Paulo: Malheiros, 2009, p. 402.

GESTÃO E CONTROLE EXTERNO NAS ORGANIZAÇÕES SOCIAIS DE CULTURA ESTUDO DE CASO **41**

Por meio do Decreto 56.835, de 25 de fevereiro de 2016, foi determinada a intervenção dos serviços delegados ao IBGC no âmbito da execução das atividades do Theatro Municipal, tendo sido nomeado como interventor o próprio Diretor Geral da FTMSP na época, e estipulado o prazo de 180 dias para a intervenção.

Nesse período foi realizada uma força-tarefa com o intuito de se elaborar um plano para reorganização do IBGC, resultando na decisão de que uma parte dos funcionários que nada tinha a ver com o ocorrido permaneceria no IBGC, e a outra parte seria demitida.

Uma sindicância então foi iniciada pela Controladoria Geral do Município, uma CPI decidida pela Câmara dos Vereadores, diversos relatórios enviados pelo Tribunal de Contas do Município, e instaurados Inquéritos Civis e Penais.

4. CONTROLE EXTERNO DO TRIBUNAL DE CONTAS DO MUNICÍPIO

De um modo geral, é de competência dos Tribunais de Contas realizar o controle externo mediante fiscalização contábil, financeira, orçamentária, operacional e patrimonial dos órgãos federativos da Administração Pública direta e indireta, inclusive empresas públicas e sociedades de economia mista.

As competências constitucionais do Tribunal de Contas da União, aplicáveis no que couber aos Tribunais de Contas dos Estados e Municípios, estão previstas nos artigos 33, § 2º, 70, 71, 72, § 1º, 74, § 2º e 161, parágrafo único, da Constituição Federal de 1988.

Conforme mencionado anteriormente, além do controle interno exercido pela própria Contratante (no caso em tela, a FTMSP), pelas Comissões de Acompanhamento e Fiscalização e a de Avaliação, a organização social deveria também prestar contas ao Tribunal de Contas do Município, o qual exerce o controle de fiscalização externa.

O Tribunal de Contas do Município é o órgão competente para fiscalizar tanto a FTMSP como órgão integrante da Administração Indireta quanto à organização social contratada para exercer as obrigações constantes do Contrato de Gestão, já que a mesma recebe verba pública para manter parte de suas atividades.

Desta forma, para fins de fiscalização, o órgão contratante deverá encaminhar, para a análise do Tribunal, toda a documentação pertinente à contratação da organização social, inclusive aquela relacionada a eventuais aditamentos.

Aproximadamente um ano após a celebração do Contrato de Gestão entre a FTMSP e o IBGC, o Tribunal de Contas do Município pronunciou-se, por meio de relatório de acompanhamento, a respeito da celebração do Contrato de Gestão, bem como a respeito da prestação de contas realizada[8]. Elencamos, a seguir, os princi-

---

8. Processo TC 72.001.938.14-80, Processo TC 72.003.073.13-60, Processo TC 72.002.469.13-35, Processo TC 72.002.699.14-76, Processo TC 72.002.407.15-40, Processo TC 72.002.836.15-26, Processo TC 72.001.276.14-57.

pais pontos questionados pelo Tribunal de Contas do Município a respeito de tal contratação:

Plano de Trabalho. A auditoria do Tribunal afirma que o Plano de Trabalho previsto estabelece apenas objetivos gerais, não descrevendo especificações de atividades a serem realizadas para o cumprimento das metas estipuladas, necessárias para o monitoramento de sua execução e o detalhamento dos recursos envolvidos. Com relação a este item, a FTMSP pronunciou-se no sentido de que todas as especificações explicitadas na lei para elaboração do Plano de Trabalho foram devidamente cumpridas; e que, além disso, levando-se em consideração o próprio modelo de gestão compartilhado, o mesmo prevê que não é o caso da Administração Pública indicar os meios nem determinar ações para a organização social, mas sim o de exigir sistema de gestão, especialidade gerencial e administração para desenvolver aquelas atividades para as quais fora contratada.

Com relação à prestação de serviços de cunho artístico e cultural, ao contratar uma organização social de cultura, parte-se do pressuposto de que ela possui *expertise* no ramo, entendimento com respaldo na chancela do próprio Poder Público: o título de qualificação como Organização Social de Cultura.

Meios e recursos orçamentários necessários. A auditoria do Tribunal apontou que não havia sido apresentado o detalhamento dos valores orçados para prestação dos serviços objeto da parceria pretendida. Argumentou que a planilha de custos formulada pela organização social contratada não continha elementos suficientes que permitissem uma avaliação dos valores obtidos. Em resposta a este questionamento, a FTMSP informou que todos os valores orçados juntamente com o Plano de Trabalho haviam sido devidamente entregues pelo IBGC. Após este apontamento, e para que não houvesse mais questionamentos a respeito, a FTMSP solicitou que todos os orçamentos advindos do IBGC fossem discriminados item a item, para melhor análise tanto do órgão contratante quanto do próprio Tribunal.

Prazo de contratação da organização social e atualização do Plano de Trabalho. A auditoria do Tribunal apontou que o Plano de Trabalho não havia abrangido todos os anos de vigência do contrato de gestão celebrado[9]. Com relação a este apontamento, a FTMSP informou que, conforme cláusula expressa do Contrato de Gestão, a atualização referente ao Plano de Trabalho deveria ocorrer de forma anual para ajuste de metas e valores de repasses, devendo tal atualização se instrumentalizar por meio de celebração de aditamento contratual. Esclareceu ainda que, considerando a referida cláusula do contrato de Gestão, bem como a aprovação de orçamento anual, seria impossível estabelecer o Plano de Trabalho para os quatro anos de vigência. Desta forma, optou-se por efetivar a contratação, mas validar ano a ano (conforme orçamento aprovado) o Plano de Trabalho a ser executado.

---

9. O contrato de gestão entre a FTMSP e o IBGC foi celebrado pelo prazo de 4 (quatro) anos, contados da data de 27 de julho de 2013.

Corroborando com este entendimento, o Tribunal de Contas da União, ao analisar as prestações de contas das entidades qualificadas como *organizações sociais* no âmbito federal, entendeu que o Termo de Aditamento é uma etapa vital no ciclo do contrato de gestão, definindo o que a Organização Social deveria realizar naquele determinado exercício (acórdão 3304/2014, TC 007.680/2014-7).

Este foi apenas o primeiro de muitos relatórios encaminhados pelo Tribunal de Contas solicitando ajustes na parceria firmada. Depois de algum tempo de contrato de gestão, muitos cargos da FTMSP passaram a ficar vagos, os quais eram comissionados com remuneração compatível à dos servidores públicos da Prefeitura do Município de São Paulo. Para se ter uma ideia, o cargo de Diretor Artístico era comissionado, de livre nomeação e exoneração (referência DAS 14), com remuneração líquida aproximada de R$ 4.000,00 (quatro mil reais), valor esse que dificilmente seria aceito no mercado por um profissional com tal responsabilidade. Porém, de forma alguma, isto serve como fundamento para esvaziar os cargos da FTMSP e contratar determinadas pessoas por intermédio da organização social.

Este foi um ponto muito questionado pelo Tribunal de Contas, havendo um outro que também passou a ser frequentemente observado: a falta de atuação das Comissões de Acompanhamento e Fiscalização e de Avaliação, que recebiam pouca ou nenhuma informação a respeito das contas da organização social por parte da FTMSP. Além disso, relatórios mal feitos que quase nada expunham sobre a situação contábil da organização social também eram alvo de desconfiança.

No início do contrato de gestão, especificamente no ano de 2014, quando não se cogitava a hipótese de que havia algo muito errado ocorrendo, a FTMSP respondeu juntamente com o IBGC a todos os questionamentos efetuados pelo Tribunal de Contas do Município, colocando em prática, inclusive, algumas das recomendações proferidas pelo referido Tribunal.

E imaginava-se, à época, que a ausência de outros contratos de gestão na área da cultura no município acabava por gerar muitas dificuldades em relação à compreensão e acompanhamento do Contrato de Gestão celebrado pela FTMSP justamente pela inexistência de bases comparativas tanto no que diz respeito às práticas adotadas quanto ao acompanhamento e aos métodos de avaliação de resultados. Porém, o que se pretendia mesmo pelos seus autores era deixar um ambiente confuso para que pudessem atuar de forma deliberada.

Apesar de o Tribunal de Contas sempre detectar as irregularidades, a análise das contas de forma tardia e a falta de punição imediata, sugerindo apenas recomendações para a entidade, fizeram a situação se agravar cada vez mais.

Após a descoberta do esquema de corrupção, os órgãos de controle passaram a atuar em conjunto, compartilhando as informações que possuíam.

Vale destacar que apenas as contas da organização social estavam maculadas; as da FTMSP estavam regulares, pois o esquema de corrupção acontecia na organização social, após o repasse do valor para as suas contas.

5. CONCLUSÕES

Após a reforma do aparelho do Estado, vimos surgir um novo modelo de gestão pública, voltado para alcançar a eficiência na prestação dos serviços não exclusivos do Estado.

Foi analisada a lei federal 9637/98, que serviu de modelo para edição da lei municipal 14.132/06. Essa lei municipal trouxe mudanças significativas para a implantação do modelo, as quais foram ao encontro dos questionamentos suscitados quando da interposição da Ação Direta de Inconstitucionalidade, ação esta que considerou legal a contratação pelo Poder Público das organizações sociais.

No que diz respeito à fiscalização da execução do Contrato de Gestão, sabe-se que qualquer constatação de irregularidade poderá ser denunciada tanto ao Tribunal de Contas do Município quanto ao Ministério Público. Dúvidas levantadas tanto a respeito do controle externo das organizações sociais, como do balanço e demais prestações de contas da entidade, poderão ser analisadas pelo Tribunal de Contas do Município.

Está mais do que óbvio que o Estado deve ser o provedor dos serviços essenciais, exclusivos, mas os serviços públicos não exclusivos podem e devem ser publicizados, desde que, como condição, o Estado não se demita definitivamente deles: ao contrário, seu papel, em tal caso, é o de fiscalizador e fomentador. E a sociedade, de forma complementar, pode colaborar com a execução de algumas atividades.

Tomando como exemplo a Fundação Theatro Municipal de São Paulo, verificamos a preocupação da instituição com a qualidade e eficiência dos serviços, com as prestações de contas, com o desenvolvimento de novos projetos e, por fim, com a difusão de produção cultural para atrair e formar novas plateias.

Apesar de ter encontrado algumas barreiras no caminho decorrentes de problemas específicos de um gestor, o modelo de gestão compartilhado foi criado com boas intenções no sentido de dar a diretriz da política pública e fiscalizá-la.

No que se refere ao controle externo exercido pelo Tribunal de Contas do Município, nota-se certa deficiência quando a análise de contas é realizada de forma tardia impossibilitando a punição de forma imediata. Assim, sem desmerecer o trabalho realizado pelo Tribunal de Contas do Município, sugerimos que o mesmo providencie alguns ajustes, se torne mais dinâmico e realize a função preventiva que lhe é cabível.

Por fim, o presente artigo não pretendeu esgotar o referido assunto, mas apenas contribuir modestamente para o conhecimento do tema estudado.

6. REFERÊNCIAS

DOUTRINA

ABRUCIO, Fernando Luiz; LOUREIRO, Maria Rita. Finanças Públicas, democracia eaccoutability. In: ARVATE, Paulo Roberto e BIDERMAN, Ciro (Orgs.). *Economia do setor público no Brasil*. Rio de Janeiro: Elsevier, 2004.

GESTÃO E CONTROLE EXTERNO NAS ORGANIZAÇÕES SOCIAIS DE CULTURA ESTUDO DE CASO

AMARAL FILHO, Marcos Jordão Teixeira do. *Privatização no Estado contemporâneo.* São Paulo: Ícone, 1996.

AZAMBUJA, Darcy. *Teoria geral do Estado.* 2. ed. São Paulo: Globo, 2008.

BASTOS, Celso Ribeiro. *Curso de Teoria do Estado e Ciência Política.* 3. ed. São Paulo: Saraiva, 1995.

DALLARI, Dalmo de Abreu. *Elementos de Teoria Geral do Estado.* 25. ed. São Paulo: Saraiva, 2005.

DI PIETRO, Maria Sylvia Zanella. *Direito Administrativo.* 21. ed. São Paulo: Atlas, 2008.

MANICA, Fernando Borges. *Panorama histórico legislativo do terceiro setor no Brasil: do conceito de terceiro setor à Lei das OSCIP.* In: OLIVEIRA, Gustavo H. Justino (Coord.). *Terceiro setor, empresas e Estado: novas fronteiras entre o público e o privado.* Belo Horizonte. Fórum, 2007.

MELLO, Celso Antônio Bandeira de. *Curso de Direito Administrativo.* 24. ed. São Paulo: Malheiros, 2007.

MEIRELLES, Hely Lopes. *Direito Administrativo brasileiro.* 35. ed. São Paulo: Malheiros, 2009.

MORAES, Alexandre de. *Direito Constitucional.* 24. ed. São Paulo: Atlas, 2009.

MOREIRA NETO, Diogo de Figueiredo. *Curso de Direito Administrativo.* 15. ed. Rio de Janeiro: Forense, 2009.

OLIVEIRA, Gustavo Henrique Justino de (Coord.). *Terceiro setor, empresas e Estado*: novas fronteiras entre o público e o privado. Belo Horizonte: Fórum, 2007.

PAES, José Eduardo Sabo. *Fundações e entidades de interesse social.* 6. ed. Brasília: Brasília Jurídica, 2006.

VIOLIN, Tarso Cabral. *Terceiro setor e as parcerias com a Administração Pública*: uma análise crítica. Belo Horizonte: Fórum, 2006.

LEGISLAÇÃO:

BRASIL. *Constituição da República Federativa do Brasil de 1988.* Disponível em: http://www.planalto.gov.br/ccivil_03/constituicao/constituicaocompilado.htm.

BRASIL. *Decreto 9.190, de 1º de novembro de 2017.* Disponível em: http://www.planalto.gov.br/ccivil_03/_ato2015-2018/2017/decreto/D9190.htm.

BRASIL. *Lei 9637, de 15 de maio de 1998.* Disponível em: http://www.planalto.gov.br/ccivil_03/Leis/l9637.htm.

BRASIL. *Lei 101, de 4 de maio de 2000.* Disponível em: http://www.planalto.gov.br/ccivil_03/leis/lcp/lcp101.htm.

PREFEITURA DE SÃO PAULO. *Decreto 53.225, de 19 de junho de 2012.* Disponível em: http://legislacao.prefeitura.sp.gov.br/leis/decreto-53225-de-19-de-junho-de-2012.

PREFEITURA DE SÃO PAULO. *Lei 15.380, de 27 de maio de 2011.* Disponível em: http://legislacao.prefeitura.sp.gov.br/leis/lei-15380-de-27-de-maio-de-2011.

PREFEITURA DE SÃO PAULO. *Lei 14.132, de 24 de janeiro de 2006.* Disponível em: http://legislacao.prefeitura.sp.gov.br/leis/lei-14132-de-24-de-janeiro-de-2006.

PREFEITURA DE SÃO PAULO. Lei 14.664, de 4 de janeiro de 2008. Disponível em: http://legislacao.prefeitura.sp.gov.br/leis/lei-14664-de-04-de-janeiro-de-2008.

CONSULTA ELETRÔNICA:

ALCOFORADO, Flávio Carneiro Guedes. *Contratualização e eficiência no setor público*: as organizações sociais. Disponível em: http://www.bresserpereira.org.br/Documents/MARE/OS/alcoforado_OS.pdf. Acesso em: 29 abr. 2021.

MODESTO, Paulo. *Notas para um debate sobre o princípio da eficiência*. Disponível em: https://revista.enap.gov.br/index.php/RSP/article/view/328/334. Acesso em: 22 nov. 2017.

MODESTO, Paulo. *Reforma Administrativa e marco legal das organizações sociais no Brasil*. Disponível em: https://revista.enap.gov.br/index.php/RSP/article/view/382/388. Acesso em: 22 nov. 2017.

OLIVEIRA, Gustavo Henrique Justino de. *Contrato de Gestão e Modernização da Administração Pública Brasileira*. Disponível em: http://www.direitodoestado.com.br/codrevista.asp?cod=164. Acesso em: 29 abr. 2021.

PEREIRA, Luiz Carlos Bresser. *Da Administração Pública Burocrática à Gerencial*. Disponível em: http://www.bresserpereira.org.br/papers/1996/95.AdmPublicaBurocraticaAGerencial.pdf. Acesso em: 22 nov. 2017.

PRESIDÊNCIA da República. *Plano Diretor da Reforma do Aparelho do Estado*. Disponível em: http://www.bresserpereira.org.br/Documents/MARE/PlanoDiretor/planodiretor.pdf. Acesso em: 22 nov. 2017.

SECCHI, Leonardo. Modelos organizacionais e reformas da Administração Pública. *Revista Administração Pública – RAP*. Rio de Janeiro, v. 43, n. 2, mar.-abr. 2009. Disponível em: http://www.scielo.br/pdf/rap/v43n2/v43n2a04.pdf. Acesso em 21 nov. 2017.

SILVA NETO, Belarmino José da. *Organizações Sociais*: a viabilidade jurídica de uma nova forma de gestão compartilhada. Disponível em: http://egov.ufsc.br/portal/sites/default/files/anexos/9528-9527-1-PB.pdf. Acesso em: 23 nov. 2017.

MUDANÇAS CLIMÁTICAS E A FILOSOFIA DO DIREITO: PERSPECTIVAS ÉTICAS

Cassiano Mazon

Professor e coordenador-assistente dos Cursos de Especialização em Direito, Políticas Públicas e Controle Externo. Governança Corporativa, Gestão de Riscos e *Compliance* e de Cidades Inteligentes e Sustentáveis, todos da Universidade Nove de Julho (UNI-NOVE). Doutorando em Filosofia do Direito pela Pontifícia Universidade Católica de São Paulo (PUC/SP). Mestrado em Direito das Relações Sociais pela Pontifícia Universidade Católica de São Paulo (PUC/SP). Especialização em Direito Processual Penal pela Escola Paulista da Magistratura (EPM). Pós-Graduação *Lato Sensu* em Políticas e Gestão Governamental pela Escola Paulista de Direito (EPD). Extensão Universitária em Direito Penal pela Escola Paulista da Magistratura (EPM) e em Direito Urbanístico pela Escola Superior do Ministério Público do Estado de São Paulo (ESMP/SP). Graduação em Direito pela Universidade Presbiteriana Mackenzie (UPM). Foi Professor-Monitor nos Cursos de Pós-Graduação *Lato Sensu* – Especialização em Direito Penal e Processual Penal na Pontifícia Universidade Católica de São Paulo (COGEAE/PUC-SP). Exerceu os cargos de Assessor Jurídico da Secretaria Municipal de Serviços da Prefeitura da Cidade de São Paulo, de Assistente Jurídico de Desembargador do Tribunal de Justiça do Estado de São Paulo (Câmara de Direito Público – TJ/SP), e de Assistente Técnico no Tribunal de Contas do Estado de São Paulo (TCE/SP). É, atualmente, advogado (empregado público concursado) da São Paulo Turismo S.A. (SPTURIS), cedido para prestar serviços junto ao Tribunal de Contas do Estado de São Paulo (TCE/SP) até dezembro de 2022.

Sumário: Considerações iniciais: – 1. Ética ambiental e ética das mudanças climáticas: – 2. Mudanças climáticas e a ciência do clima – 3. Mudanças climáticas e a Filosofia do Direito: – 4. Considerações finais: – 5. Bibliografia.

CONSIDERAÇÕES INICIAIS:

As mudanças climáticas causadas pela ação do ser humano vêm sendo, cada vez mais, alvo de preocupação diante dos seus drásticos efeitos, suscitando inúmeras indagações, tais como: a) Configurariam tais mudanças, axiologicamente, uma questão moral? b) Seria a ética o ponto de partida para que tais alterações pudessem ser efetivamente compreendidas? c) A conscientização, a responsabilidade e a tomada de decisão política envolveriam aspectos de ordem ética? d) Quando da formulação e implementação de uma determinada política pública voltada ao enfrentamento do aquecimento global, as dimensões éticas estarão sendo consideradas?

Estes são apenas alguns dos questionamentos que buscaremos responder no decorrer da pesquisa, ou, ao menos, sistematizá-los, conferindo-lhes sentido e alcance.

1. ÉTICA AMBIENTAL E ÉTICA DAS MUDANÇAS CLIMÁTICAS:

A ética é a parte da Filosofia que estuda os valores, mais especificamente a conduta humana, tratando-se, portanto, do valor do comportamento em sociedade. É significativo consignar que a ação não se situa no plano da obrigatoriedade, pois a escolha pode recair no *não agir,* sendo que a omissão também é permeada de conteúdo valorativo. De outra parte, se a opção incidir sobre o *agir,* a ação desdobrar-se-á no *"o que devemos fazer"* e no *"como devemos fazer"*. Portanto, o ato de agir e de nos conduzir insere-se, com maior razão ainda, na seara dos valores.

Por corolário lógico, exsurgem outros questionamentos. Na esteira do entendimento preconizado por Miguel Reale, podemos nos questionar: o ser humano possui alguma *obrigação* diante das constatações científicas (climatológicas, no caso)? Qual *dever* se impõe ao ser humano, considerando-se o patrimônio e atual estágio técnico-cultural acumulado pela humanidade ao longo dos tempos? A ciência pode até intensificar a problemática do *dever,* mas está longe de solucioná-la. O conhecimento científico, em outras palavras, reúne condições de determinar que o problema da *obrigação moral* seja urgentemente resolvido, mas isto não significa dizer que haverá, de fato, alguma solução no plano concreto, seja positiva ou negativa, nem mesmo qual seria esta resposta.[1]

O ser humano encontra-se no mundo como o único 'animal político' que age, conduzido por sua racionalidade criativa, e, sobretudo, por seus valores, porquanto estes são o motivo da sua conduta. A ciência, composta por leis e teorias, exerce influência comportamental, sugerindo caminhos que deverão ser trilhados ou evitados, fornecendo meios adequados e necessários à consecução dos fins almejados.[2]

Nesta ordem de ideias, podemos sustentar que as alterações climáticas são – *ou deveriam ser* – orientadas por fundamentos éticos. É consabido que há farta literatura sobre o tema no campo científico, econômico e político, reduzida na seara jurídica *(Direito das mudanças climáticas),* mas pouco enfrentamento no que concerne às dimensões éticas do problema.

Sob o ponto de vista da ciência climatológica (climatologia), as desordens no clima são evidentes, havendo dados científicos irrefutáveis a respeito do assunto. Examinar-se-á, desse modo, as dimensões ético-jurídicas das mudanças climáticas e, de maneira mais específica, o aquecimento global provocado pelo lançamento na atmosfera de gases de efeito estufa decorrentes da ação humana, e cujas consequências deletérias se voltam contra o planeta e, paradoxalmente, em detrimento do próprio ser humano.

Mas há os negacionistas dos impactos advindos das modificações do clima: tais oponentes das políticas de mudança climática valem-se, precipuamente, de argumentos científicos e, principalmente, econômicos. Em uma primeira ordem, sustentam que a climatologia ainda não conseguiu provar, cientificamente, se está ocorrendo, de fato, o aquecimento do globo terrestre, sendo algo totalmente incerto; e que, mesmo que tal situação existisse, não restaria demonstrada a sua real intensidade, sobrepairando, portanto, dúvidas acerca das suas efetivas consequências. Aduzem,

---

1. REALE, Miguel. *Filosofia do Direito.* 20. ed., 8ª tir. São Paulo: Saraiva, 2002, 2010, p. 35.
2. REALE, Miguel. *Filosofia do Direito.* 20. ed., 8ª tir. São Paulo: Saraiva, 2002, 2010, p. 35.

em segundo lugar, sob o prisma da economia, que as medidas políticas propostas a respeito das alterações climáticas causarão redução do PIB (Produto Interno Bruto), além de prejudicar uma série de empresas (*organizações transnacionais*), principalmente aquelas relacionadas à indústria do petróleo, do carvão e do gás natural, gerando não só aumentos desmedidos nos custos dos combustíveis, mas também desemprego, de maneira a agravar ainda mais a desigualdade econômico-social.

As mudanças do clima comportam uma série de aspectos éticos que reclamam discussão pontual, a fim de que todos os atores envolvidos tomem as melhores decisões, porque seus efeitos nocivos irão atingir, em última instância, os direitos à vida, à saúde, à liberdade e à segurança, dentre outros, valores estes reconhecidos pelo ordenamento jurídico pátrio e internacional.

Se nada ou pouco for feito, os prejuízos serão incomensuráveis: serão inúmeros danos ao ecossistema e à biodiversidade, assim como à saúde de toda a população do planeta, uma vez que a incidência de doenças também será incrementada.

O combate ao aquecimento global requer, portanto, conscientização, responsabilidade e tomada de decisão político-governamental; mas, para que isto aconteça, todos nós devemos visualizar esse enfrentamento como algo justo e ético.

2. MUDANÇAS CLIMÁTICAS E A CIÊNCIA DO CLIMA

É oportuno destacarmos alguns dos problemas ético-jurídicos que deverão ser examinados, porquanto significativos para as perspectivas globais de prevenção de danos ao clima.

A meta internacional consiste em *zerar*, ou, ao menos, *frear* o aquecimento. Todavia, para que seja atingida, quatro pontos deverão receber atenção:[3]

(a) identificar uma meta-limite para o aquecimento global, a partir do estabelecimento de uma meta de redução de gases de efeitos estufa;

(b) identificar um orçamento global de carbono que restrinja as emissões de gases de efeito estufa, para atingimento da meta-limite para o aquecimento global;

(c) determinar a justa parcela nacional do orçamento global de carbono, com base na equidade e na responsabilidade de todas as nações envolvidas;

(d) especificar a taxa anual de reduções nacionais de emissões de gases de efeito estufa, a fim de que seja atingida a meta-limite de aquecimento global.

Segundo o Acordo de Paris, as nações comprometeram-se a envidar esforços no sentido de limitar o aquecimento do globo ao mais próximo possível de 1,5°C, mas desde que não ultrapassassem esse limite, isto é, permanecendo bem abaixo de 2°C.[4]

---

3. BROWN, D., BREAKEY, H., BURDON, P., MACKEY B., TAYLOR, P. A *four-step process for formulating and evaluating legal commitments under the Paris agreement. Carbon & Climate Law Review*, v. 12, (2018). Issue 2, Pg. 98 – 108, https://doi.org/10.21552/cclr/2018/2/. Acesso em: 16 out. 2020.

4. ACORDO DE PARIS. Artigo 2° – 1. Este Acordo, ao reforçar a implementação da Convenção, incluindo seu objetivo, visa fortalecer a resposta global à ameaça da mudança do clima, no contexto do desenvolvimento

O orçamento de carbono (*carbon budget*), por sua vez, é a quantidade de gases de efeito estufa que ainda pode ser emitida até que a atmosfera do planeta possa esquentar mais 1,5°C. Ocorre que, como os grupos de pesquisa partem de premissas e cálculos diferentes, os resultados gerados são díspares, o que nos leva a questioná-los sob o prisma da ética e da justiça.

Em linhas gerais, os principais fatores determinantes, e que foram eleitos para o cálculo do orçamento de carbono, são os seguintes:[5]

(a) quanto o globo aqueceu, até os dias atuais;

(b) qual seria a influência das emissões de outros gases de efeito estufa, que não o dióxido de carbono, como, por exemplo, o metano;

(c) quanto a atmosfera continuará aquecendo, ainda que as emissões caiam a *zero;*

(d) qual a relação entre as emissões acumuladas de CO2e e o aquecimento global;

(e) qual seria o grau de influência das emissões não contabilizadas, provindas de processos naturais, como, por exemplo, o derretimento do denominado pergelissolo *(permafrost),* que é o tipo de solo encontrado na região do Ártico, constituído por terra, gelo e rochas permanentemente congelados.

A ciência quantificou, numericamente, quais seriam as consequências do atraso na implementação de políticas públicas voltadas às emissões globais, a fim de que fosse atingida a meta-limite de aquecimento de 1,5°C. De acordo com o recente Relatório *Bridge the Gap,* do Programa das Nações Unidas para as Mudanças Climáticas (de 2019), precisariam ser reduzidas as emissões em 7,6% a cada ano, de 2020 até 2030, sendo que, caso os países tivessem realmente acreditado nos dados científicos, atribuindo-lhes a importância devida, seria necessário reduzir as emissões em apenas 3,3% a cada ano. E o referido relatório assim concluiu: seis anos de espera, de 2019 até 2025, para que as políticas de mudanças climáticas sejam determinadas, visando ao atingimento da meta-limite de 1,5°C, representaria um aumento da taxa de redução global de 7,6% para 15,5% a cada ano.[6]

Mas, e se estas informações científicas estiverem erradas – superdimensionadas ou subdimensionadas? Segundo um artigo do *Breakthrough Institute,* o Painel Intergovernamental de Mudanças do Clima teria subestimado a velocidade com que alguns pontos de inflexão climáticos poderiam ser desencadeados, incluindo, por exemplo, o metano do *permafrost.*[7] Este seria, por exemplo, um dos fundamentos para a dúvida acima mencionada.

---

sustentável e dos esforços de erradicação da pobreza, incluindo: (a) Manter o aumento da temperatura média global bem abaixo de 2°C em relação aos níveis préindustriais, e envidar esforços para limitar esse aumento da temperatura a 1,5°C em relação aos níveis pré-industriais, reconhecendo que isso reduziria significativamente os riscos e os impactos da mudança do clima.

5. Inside Climate News, 2014, *Why A Carbon Budget Matters,* https://insideclimatenews.org/news/20140922/climate-primer-explaining-global-carbon-budget-and-why-it-mattersen. Acesso em: 16 out. 2020.

6. United Nations Environment Program. (UNEP,) 2019, *Bridge the Gap,* https://www.unenvironment.org/resources/bridging-emissionsu. Acesso em: 16 out. 2020.

7. Breakthrough Institute, (WLB, 2018), *What Lies Beneath, On the Understatement of Existential Climate Risk,* https://docs.wixstatic.com/ugd/148cb0_a0d7c18a1bf64e698a9c8c8f18a42889.pdf. Acesso em: 16/10/20.

A ciência ainda guarda inúmeras descobertas, havendo diversos projetos de geoengenharia em andamento, objetivando que as alterações do clima possam ser revertidas, ou, ao menos, desaceleradas.

No entanto, a perspectiva de ser utilizada a *geoengenharia* abriria cenários preocupantes, especialmente no campo ético-jurídico, na medida em que seriam empregados procedimentos invasivos ao globo terrestre. Apenas para citar alguns: colocação de grandes *espelhos* no espaço, com o objetivo de tornar a Terra mais reflexiva, reduzindo a absorção da luz solar, de maneira a compensar um efeito estufa mais intenso, e lançamento de partículas de sulfato, bem como de seus predecessores químicos na estratosfera, entre outros recursos.

Além disso, é bastante temido que, partindo-se do pressuposto de que a geoengenharia realmente funcione, poderia haver um comprometimento das gerações vindouras, uma vez que elas ficariam ainda mais dependentes dos combustíveis fósseis, protraindo-se no tempo as substituições destes por energia limpa e renovável. Outros problemas permaneceriam ainda sem solução, já que o incremento da refletividade artificial do planeta não traria benefícios à contínua acidificação dos oceanos, resultante da adição de dióxido de carbono à atmosfera.

Outro ponto que deverá ser alvo de atenção cinge-se à responsabilidade, que se converge em uma ampla gama de obrigações e deveres que devemos ter uns perante os outros.

Como é sabido, o aquecimento global envolve aspectos intergeracionais, porquanto nossa responsabilidade atual é para com as gerações futuras, que viverão com o clima que estamos moldando hoje. Mas, em última instância, o passado também deverá ser levado em conta, pois aquelas nações que outrora produziram gases de efeito estufa em quantidades elevadas deveriam num critério de proporcionalidade, ser ainda mais responsabilizadas no presente.

Neste compasso, podemos nos questionar eticamente. Mas a responsabilidade de que ora se cuida deve ser histórica ou contemporânea? Explica-se: historicamente, os Estados Unidos são o país que mais lançou gases de efeito estufa na atmosfera; contudo, nos dias de hoje, perdeu posição para a China, que assumiu o primeiro lugar, principalmente em razão da construção de uma série de usinas termoelétricas de carvão.[8]

É importante observar que os maiores responsáveis pelas mudanças climáticas são as nações mais ricas, compostas pelos países desenvolvidos. Ocorre que, em decorrência disso, as maiores vítimas do aquecimento global são as nações mais pobres

---

Anthony et. al., 2018, *21st-Century. Modeled Permafrost Carbon Emissions Accelerated by Abrupt Thaw Beneath Lakes*, Nature Communications, https://www.nature.com/articles/s41467-018-05738-9#author-information. Acesso em: 16 out. 2020.

8. KORMANN, C., 2019, *The Dire Warnings of the United Nations' Latest Climate-Change Report*, https://www.newyorker.com/news/news-desk/the-dire-warnings-of-the-united-nations-latest-climate-change-report. Acesso em: 16 out. 2020.

(os países subdesenvolvidos ou "em desenvolvimento"), as quais acabam possuindo recursos diminutos para solucionar os problemas gerados por terceiros.

Desse modo, observa-se que as consequências das alterações climáticas induzidas pela ação humana, atingem, com efeito, as pessoas mais pobres do mundo, provocando danos ambientais gravíssimos, incluindo doenças, secas, inundações, tempestades e calores intensos que irão, por sua vez, impactar adversa e negativamente a saúde do ser humano, os recursos naturais, o ecossistema, a biodiversidade, a agricultura, a qualidade do ar e da água, gerando ainda mais fome, com intensificação da desigualdade econômico-social em âmbito global.

Deveria ser criado, então, um Fundo Climático, ou *"Banco do Clima"*, pelas nações mais desenvolvidas como o escopo de ajudar os países mais vulneráveis?

O Protocolo de Montreal, de 1987, dispôs sobre as substâncias que destroem a camada de ozônio. Em que pese ao fato de a substituição dos clorofluorcarbonos ser tarefa mais fácil quando do cotejo com os combustíveis fósseis, torna-se forçoso convir que a dimensão ética do referido *Tratado de Ozônio* contempla ensinamentos para o bom combate do aquecimento. Percebendo que os clorofluorcarbonos e produtos sintéticos relacionados provocavam a destruição da camada de ozônio, as nações conseguiram desenvolver substitutos seguros. E o Tratado Internacional em testilha exigiu que os países desenvolvidos assumissem a liderança não só por uma questão financeira, mas, especialmente, porque estas nações haviam produzido maiores quantidades de substâncias causadoras da eliminação do ozônio estratosférico. E, assim, construiu-se um Fundo destinado a auxiliar os mais pobres a remover tais produtos químicos, inclusive mediante transferência de tecnologia.

Na seara jurídica, pergunta-se: será que as legislações internacionais e, sobretudo a brasileira, relacionadas ao assunto das mudanças climáticas, guardam correspondência aos fatos, isto é, à realidade? Precisariam ser flexibilizadas, ou, ao contrário, enrijecidas? Seria viável promover a judicialização da matéria, intensificando o número de litígios climáticos, até para forçar as nações a cuidarem, com maior acuidade, das questões do clima.

3. MUDANÇAS CLIMÁTICAS E A FILOSOFIA DO DIREITO:

Procuramos lançar ao debate questionamentos pontuais e contemporâneos, que deverão ser respondidos com base na Filosofia do Direito, na alçada ético-jurídica, em síntese:

(a) Seria eticamente aceitável impor às nações desenvolvidas maiores responsabilidade em relação às nações subdesenvolvidas, já que aquelas emitem uma quantidade muito maior de gases de efeitos estufa do que estas?

(b) Esta responsabilidade deveria ser medida do ponto de vista histórico ou atual?

(c) Seria justo criar um Fundo Climático pelos países ricos para ajudar as nações mais pobres a lidar com o problema? Qual o exato sentido e alcance deste Fundo?

MUDANÇAS CLIMÁTICAS E A FILOSOFIA DO DIREITO: PERSPECTIVAS ÉTICAS

(d) Ainda que o aquecimento terrestre opere em escala global, seria justo impedir a participação dos países mais pobres das discussões e decisões internacionais?

(e) Como definir a parcela justa de cada país nas emissões globais de gases estufa?

(f) Alguma nação tem o direito de se recusar a reduzir a ameaça trazida pela mudança climática? E se houver recusa quanto à redução dos gases de efeito estufa, qual seria a responsabilidade deste país perante terceiros? Os países que ratificaram Convenções Internacionais sobre Alterações Climáticas poderão recusar-se a tomar medidas de enfrentamento ao aquecimento global, baseados na denominada "incerteza científica"?

(g) Poderão ser criadas obrigações tributárias específicas para os grandes emissores?

(h) E como fica a gestão governamental dos sumidouros de carbono?[9]

(i) Sob o ponto de vista da ética, seria aceitável fazer uma análise de custo-benefício do problema, levando em conta aspectos político-econômicos?

(j) E se as alterações do clima, previstas pelo Painel Intergovernamental sobre Mudanças Climáticas estiverem equivocadas? E se os impactos forem ainda mais severos?

(k) Poderão ser utilizadas novas tecnologias (no caso a geoengenharia) para reverter, ou, pelo menos, desacelerar as modificações de ordem climática? E se a geoengenharia, ao invés de solucionar, criar problemas adicionais?

(l) E os refugiados ambientais? Quem se responsabiliza?

Como estamos tratando de problema de pesquisa, é oportuno que o ponto de chegada coincida, na verdade, com o ponto de partida. Explica-se: dúvidas geram respostas; respostas acarretam novas dúvidas e perguntas, que implicam dúvidas renovadas, algo semelhante a um repensar desde o seu início.

O objetivo geral da pesquisa consiste em demonstrar que as mudanças climáticas, antes de serem analisadas sob o prisma científico, econômico e até mesmo político, devem ser vislumbradas sob o ponto de vista ético-jurídico. Isto porque a crise instalada na sociedade pós-moderna não é do meio ambiente, mas do próprio ser humano e de seus valores. Desse modo, é uma crise ética. As alterações do clima convergem, portanto, para uma questão de valor, abarcando inúmeros aspectos de ordem moral que devem ser debatidos à exaustão, e amplamente divulgados.

E a ética, vislumbrada como a ciência do comportamento moral do ser humano, assume, no presente cenário, uma importância incomensurável: nunca foi tão relevante voltarmos para dentro de nós mesmos, para que possamos nos conhecer melhor, pois só assim conseguiremos nos relacionar com o outro. Fazemos parte da natureza, e com ela interagimos, mas tal ideia somente será apreendida em sua completude quando tivermos a capacidade de olhar os outros com os olhos do outro (alteridade).

---

9. Sumidouro de carbono é qualquer reservatório, natural ou construído, que tem a capacidade de absorver mais carbono do que libera. Os sumidouros de carbono naturais mais importantes são a vegetação, os oceanos, e os solos. Os sumidouros de carbono construídos devem ser geridos com responsabilidade e eficiência pelos governantes, sob pena de se tornarem ineficazes, aumentando ainda mais os índices de concentração atmosférica de CO_2e.

A degradação ambiental é causada pela ação humana, que, por sua vez, é motivada pela ignorância e pela ganância (de dinheiro, lucro e poder). Nesta vereda, infere-se, por conseguinte, que o objetivo específico da presente pesquisa se converge na disseminação da denominada *consciência ecológica*.

É somente através do saber, do conhecimento e do raciocínio crítico, proporcionados por uma educação ético-ambiental de qualidade, que iremos compreender o nosso entorno, para só então modifica-lo e, melhor ainda, iluminar o obscurantismo e, quiçá, conferir resistência à cupidez.

A conscientização, precedida pela educação e a subsequente assunção de responsabilidade (socioeconômica e sustentável), propiciam um exercício efetivo do controle social a fim de que todos os cidadãos (sobretudo os mais vulneráveis) irmanados, possam dialogar, participando das discussões relacionadas às mudanças climáticas, que são multidisciplinares, influenciando o governo a adotar políticas equitativas, justas e éticas, direcionadas ao combate do aquecimento global.

A investigação ético-jurídica das alterações climáticas em curso deve ser assegurada às populações de todos os países, sem distinção, porque as medidas de proteção e preservação do meio ambiente demandam uma cooperação internacional.

A mudança climática não pode mais ser vista como uma *"tragédia dos comuns"*, pois se todos almejam uma atmosfera saudável, e se esta é parte integrante dos *"bens comuns"*, por que a maioria das pessoas não se sente suficientemente motivada para mudar seu estilo de vida, e reduzir as emissões de CO_2e?

Como disse Markus Vogt, *"estamos usando a atmosfera como lixo e literalmente queimando o futuro de nossos filhos e netos"*. E o objetivo final é que tal situação seja imediatamente interrompida, e prevaleça o respeito, a prudência e o bom senso, em matéria ambiental.

As mudanças climáticas, ao lado das novas tecnologias e do terrorismo talvez sejam os três principais temas que a humanidade irá vivenciar – e já está enfrentando – nas próximas décadas.

A importância de estudar as modificações do clima, porquanto induzidas pela ação humana e, no caso, investigar, especificamente, as suas dimensões ético-jurídicas, é manifesta e urgente.

Como se não bastasse o argumento da incerteza científica, sustentada pelos negacionistas do aquecimento global e de seus efeitos nocivos à saúde, ainda há uma corrente de pensamento que dá ênfase à análise econômica sob o prisma do custo-benefício. Com base no referido binômio (custo-benefício), as nações mais ricas alegam que o emprego de medidas drásticas, consubstanciadas na substituição dos combustíveis fósseis (petróleo, carvão, gás natural, etc.) por energias limpas e renováveis (elétricas, eólicas, solar, etc.) ensejariam gastos elevadíssimos, além de provocar queda do PIB e inúmeros desempregos. Complementam, como mencionado acima, que a ciência ainda não teria uma posição firmada a respeito do fenômeno do aquecimento, inexistindo prova inequívoca de que ele realmente traria tantos males assim à saúde humana.

Em suma, as questões éticas não estão recebendo o tratamento adequado, chegando ao ponto de até mesmo estarem sendo negligenciadas nas discussões políticas a respeito do tema. O debate é desafiador e intenso, principalmente porque envolve pontos adstritos aos direitos fundamentais, já que as mudanças climáticas comprometem os direitos à vida, à saúde, à liberdade e à segurança de todos, levantando, ainda, uma série de aspectos relacionados à equidade e à justiça.

E os princípios éticos, por sua vez, deverão servir de norte às ações governamentais através da determinação de políticas públicas voltadas ao combate do aquecimento global.

A Declaração de Princípios Éticos em Relação à Mudança Climática, de 2017, editada pela UNESCO (Organização das Nações Unidas para a Educação, a Ciência e a Cultura), fornecem os mandamentos que deverão ser seguidos quando da tomada de decisão política, em resposta às alterações do clima:

(a) prevenção de danos;

(b) abordagem preventiva;

(c) equidade e justiça;

(d) desenvolvimento sustentável;

(e) solidariedade;

(f) conhecimento científico e integridade nas decisões.

O sistema climático é um bem comum global, e demanda uma ação conjunta de todas as nações, instrumentalizada através do instituto da cooperação internacional para frear o aquecimento terrestre, havendo evidências científicas mais do que suficientes no sentido de que as modificações do clima estão de fato, acontecendo, e em escala cada vez maior e não linear.

Merecem ser destacados os relatórios do Painel Intergovernamental sobre Mudanças Climáticas, criado em 1988 pela Organização Mundial da Saúde, juntamente como o Programa das Nações Unidas para o Meio Ambiente, cuja missão consiste em sintetizar a literatura científica já publicada, e devidamente revisada, bem como em fazer recomendações à comunidade internacional.[10]

Segundo o Relatório Especial, da Assembleia Geral da ONU, de 2019[11], as modificações no clima devem provocar o incremento do número de doenças infecciosas, transmitidas por insetos, carrapatos e mosquitos, assim como causar a morte de

---

10. Desde 1990, o Painel Intergovernamental sobre Mudanças Climáticas produz relatórios, divididos em 03 grandes grupos, sintetizando: (a) a literatura da ciência física do clima; (b) a ciência sobre os impactos, adaptação e vulnerabilidade das alterações climáticas; (c) informações para mitigar o aquecimento global.

11. United Nations General Assembly, 2019, *Special Report on Human Rights and Climate Change*, https://www. ohchr.org/Documents/Issues/Environment/SREnvironment/Report.pdf. Acesso em: 16 out. 2018.

milhares de vidas em tempestades, inundações, calores intensos, derretimento das calotas polares, e aumento do nível dos oceanos.[12] O aquecimento do planeta também já está acarretando caos e conflitos internacionais, em razão do surgimento dos denominados *refugiados climáticos*, que tiveram que abandonar suas casas, migrando desesperadamente para outros territórios internacionais em busca de água potável, alimentos e de novas perspectivas, enfim, da própria sobrevivência.[13]

A Fundação para a Justiça Climática estima que, provavelmente, países como Tuvalu, Fiji, Ilhas Salomão, Ilhas Marshall e Maldivas perderão todas as suas terras (ou, ao menos, uma parte significativa delas) nos próximos 50 anos devido à elevação do nível do mar.[14]

Dados informam que entre 2008 a 2011, por volta de 87 milhões de pessoas foram expulsas de seus lares devido a eventos extremos do clima, tendo que migrar em massa para países da Europa.[15] O Banco Mundial prevê que, se até 2050 a temperatura aumentar em 2°C, o planeta terá mais de 140 milhões de refugiados climáticos.[16]

Em seu sexto e último relatório, de 2021, o Painel Intergovernamental de Mudanças Climáticas apresentou, basicamente, cinco conclusões:[17]

(a) os seres humanos estão contribuindo para o aquecimento global, sendo vítimas e agressores do meio ambiente;

(b) a ciência climática está se desenvolvendo a partir das novas tecnologias;

(c) a humanidade encontra-se vinculada a um período de 30 (trinta) anos de agravamento dos impactos climáticos negativos;

(d) as mudanças climáticas estão acontecendo de maneira célere;

(e) as mudanças climáticas são muito mais intensas agora quando comparadas a um passado recente.

É forçoso convir, todavia, que as consequências das alterações climáticas não atingem de forma isonômica todas as nações, e também não recaem em todas as partes do planeta com a mesma intensidade, impactando, na realidade, os países

---

12. NYTimes, 2019, *Cyclone Idai Kills at Least 150 in Malawi, Mozambique and Zimbabwe*, https://www.nytimes.com/2019/03/17/world/africa/cyclone-idai-malawi-mozambique-zimbabwe.html. Acesso em: 16 out. 2020.

13. World Bank, 2018, *Climate Change Could Force Over 140 Million to Migttrate Within Countries by 2050*: https://www.worldbank.org/en/news/press-release/2018/03/19/climate-change-could-force-over-140-million--to-migrate-within-countries-by-2050-world-bank-report. Acesso em: 16 out. 2020. Wernick, A., 2018, Climate Change. Is Conributing To Migration of Central American Refugees, The World, https://www.pri.org/stories/2018-07-15/climate-change-contributing-migration-chttps. Acesso em: 16 out. 2020.

14. *Environmental Justice Foundation*. In: https://ejfoundation.org/news-media/the-new-refugees. Acesso em: 16 out. 2020.

15. Brookings Institution, 2019, Climate Crisis, Urban Migration and Refugees, https://www.brookings.edu/research/the-climate-crisis-migration-and-refugees. Acesso em: 16 out. 2020.

16. Banco Mundial, 2018, *mudança climática pode forçar mais de 140 milhões a migrar dentro dos países até 2050*: https://www.worldbank.org/en/news/press-release/2018/03/19/climate-change-could-force-mais de 140 milhões-para-migrar-dentro-dos-países-até-2050-relatório-banco-mundial. Acesso em: 16 out. 2020.

17. IPCC. *Sixth Assessment Report*. Disponível em: https://www.ipcc.ch/assessment-report/ar6/. Acesso em: 21 fev. 2022. https://www.conjur.com.br/2021-ago-14/ambiente-juridico-mudancas-climaticas-sombrio-relatorio-. Acesso em: 21 fev. 2022.

mais pobres. E, justamente os países mais ricos, que são os maiores causadores do aquecimento global, são os menos atingidos.

Diante de tal constatação, e, quando o assunto é responsabilidade, é mister deixar assente que não seria justo e ético responsabilizar, igualitariamente, todas as nações do globo terrestre, quando os países que mais emitem gases de efeito estufa são exatamente os desenvolvidos.

E por que os mais vulneráveis aos efeitos do aquecimento são as nações subdesenvolvidas? O Instituto Potsdam para a Pesquisa sobre o Impacto Climático oferta a resposta, e consigna seis razões principais:

(a) grande parte dos países pobres está localizada em territórios onde o clima já é extremo, isto é, quente ou árido, apresentando variações sazonais drásticas e eventos climáticos intensos;

(b) o sustento da sua população se dá a partir da utilização de recursos naturais que possuem maior sensibilidade ao clima, advindo, por exemplo, da agricultura, da silvicultura e da pesca;

(c) estão mais expostos a riscos porque o seu estado de saúde é mais precário;

(d) possuem pouco acesso às informações, e são, com não rara frequência, excluídos das decisões políticas.[18]

As chamadas e conhecidas *nações do primeiro mundo* deverão galgar posição de liderança no cenário internacional, assumindo uma maior parcela de responsabilidade.

De uma perspectiva ética, convém pontuar que deverá ser imposta uma responsabilidade especial às nações mais favorecidas, mitigando todos os processos que possam, eventualmente, contribuir para as modificações climáticas globais, além de auxiliarem quanto ao financiamento das necessidades de adaptação dos países em desenvolvimento, de maneira que a justiça distributiva possa ser efetivada.

A responsabilidade que ora se proclama não é a contemporânea, mas a histórica, ou seja, os países que mais emitiram gases de efeito estufa historicamente, deverão arcar com maiores deveres e obrigações, adotando-se, para tanto, um critério de razoabilidade e proporcionalidade.

Dissemos, linhas acima, que, segundo o Acordo de Paris (aprovado para reduzir emissões de gases de efeito estufa no contexto do desenvolvimento sustentável), as nações se comprometeram a envidar esforços no sentido de limitar o aquecimento do globo ao mais próximo possível de 1,5°C, mas desde que não fosse ultrapassado tal temperatura, permanecendo bem abaixo de 2°C.[19]

---

18. *Potsdam Institute for Climate Impact Researh*. In: https://www.pik-potsdam.de/en/topics/weather-extremes-atmosphere/weather-extremes-atmosphere. Acesso em: 16 out. 2020.

19. ACORDO DE PARIS. Artigo 2° – 1. Este Acordo, ao reforçar a implementação da Convenção, incluindo seu objetivo, visa fortalecer a resposta global à ameaça da mudança do clima, no contexto do desenvolvimento sustentável e dos esforços de erradicação da pobreza, incluindo: (a) Manter o aumento da temperatura média global bem abaixo de 2°C em relação aos níveis pré-industriais, e envidar esforços para limitar esse aumento da temperatura a 1,5°C em relação aos níveis pré-industriais, reconhecendo que isso reduziria significativamente os riscos e os impactos da mudança do clima.

Mas e o Brasil, que é um país em desenvolvimento, como se responsabilizou perante o assunto? Após a aprovação pelo Congresso Nacional, o Brasil concluiu, na data de 12 de setembro de 2016, o seu processo de ratificação. Em 21 de setembro do mesmo ano, o instrumento foi encaminhado às Nações Unidas, de maneira que as metas brasileiras passaram a se tornar compromissos oficiais. Dados do Ministério do Meio Ambiente informam que o Brasil se comprometeu a reduzir, até 2025, as emissões de gases de efeito estufa em 37%, e, até 2030, em 43%, adotando-se como paradigma os níveis de 2005. Para atingir tal finalidade, o País também se propôs a aumentar a participação de bioenergia sustentável na sua matriz energética para aproximadamente 18% até o ano de 2030, além de restaurar e reflorestar 12 milhões de hectares de florestas, alcançando uma participação estimada de 45% de energias renováveis na composição da matriz energética, em 2030.

Quando se fala em *responsabilidade*, é relevante ter em mente não só a ideia de justiça distributiva, mas também intergeracional, na medida em que, como os gases de efeito estufa que liberamos no momento presente permanecem na atmosfera por muito tempo, as gerações futuras sofrerão com maior intensidade ainda os impactos do aquecimento global.

4. CONSIDERAÇÕES FINAIS:

A investigação ético-jurídica implica abordar o Direito das mudanças climáticas e a Filosofia do Direito e seus desdobramentos, porquanto estreitamente relacionados com o Direito ambiental (licenciamento, responsabilidade civil por danos ao meio ambiente); os direitos humanos (vida, saúde, refugiados climáticos, etc.); o Direito administrativo (poder de polícia, políticas públicas etc.); o Direito econômico (matriz energética, regulação etc.); o Direito civil (posse e propriedade de terras etc.), e o Direito internacional (tratados e convenções etc.), apenas para mencionar alguns dos ramos.

As consequências do aquecimento global são nefastas à saúde humana, causando inúmeras mortes e uma série de doenças adicionais, gerando prejuízos incalculáveis ao ecossistema e à biodiversidade, além de intensificar a desigualdade econômico--social entre os países.

A relevância do tema no cenário nacional e internacional resta evidente, não sendo despiciendo afirmar que as alterações do clima constituem uma *"tempestade moral perfeita"* (Stephen Gardiner), e encerram, sem sombras de dúvidas, *"uma verdade inconveniente"* (All Gore), sob o prisma ético-jurídico, não podendo jamais ser olvidado que, em matéria de aquecimento, ninguém é estrangeiro, pois somos todos cidadãos do mundo.

5. BIBLIOGRAFIA:

ANTUNES, Paulo de Bessa. *Direito Ambiental*. Rio de Janeiro: *Lumen Juris,* 1994.

BOBBIO, Norberto. *Teoria do ordenamento jurídico*. Trad. Maria Celeste Cordeiro dos Santos. Rev. Téc. Cláudio de Cicco. 10. ed. Brasília: UNB, 1997.

BOBBIO, Norberto. *A era dos direitos*. 9. ed. 10ª reimpressão. Rio de Janeiro: *Elsevier,* 2004.

BROWN, D., BREAKEY, H., BURDON, P., MACKEY B., TAYLOR, P. A *four-step process for formulating and evaluating legal commitments under the Paris agreement. Carbon & Climate Law Review*, v. 12, (2018). Issue 2, Pg. 98 – 108, https://doi.org/10.21552/cclr/2018/2/. Acesso em: 16 out. 2020.

COMPARATO, Fábio Konder. *Ética. Direito, moral e religião no mundo moderno*. 2. ed. 1ª reimpressão. São Paulo: Companhia das Letras, 2006.

DE CICCO, Cláudio de. *História do pensamento jurídico e da Filosofia do Direito*. 4. ed. São Paulo: Saraiva, 2009.

DE CICCO, Cláudio de; GONZAGA, Álvaro de Azevedo. *Teoria geral do Estado e Ciência Política*. 2. ed. São Paulo: Revista dos Tribunais, 2009.

FERRAZ JR., Tércio Sampaio. *Introdução ao estudo do Direito: técnica, decisão, dominação*. 5. ed. São Paulo: Atlas, 2007.

FIORILLO, Celso Antônio Pacheco. *Curso de Direito Ambiental brasileiro*. São Paulo: Saraiva, 2000.

FREITAS, Juarez. *Sustentabilidade: direto ao futuro*. 3. ed. Belo Horizonte: Fórum, 2016.

GARVEY, James. *Mudanças climáticas*: considerações éticas. O certo e o errado no aquecimento global. Trad. Rogério Bertonni. São Paulo: Rosari, 2010.

GIDDENS, Anthony. *A política da mudança climática*. Trad. Vera Ribeiro. Rio de Janeiro: Jorge Zahar Editor, 2010.

GONZAGA, Álvaro de Azevedo. *O erro de Kelsen*. Rio de Janeiro: Forense Universitária, 2020.

JONAS, Hans. *O princípio da responsabilidade*: ensaio de uma ética para a civilização tecnológica. Trad. Marijane Lisboa; Luiz Barros Montez. 1. ed. Rio de Janeiro: PUC-Rio, 2011.

KORMANN, C., 2019, *The Dire Warnings of the United Nations' Latest Climate-Change Report,* https://www.newyorker.com/news/news-desk/the-dire-warnings-of-the-united-nations-latest-climate-change-report. Acesso em: 16 out. 2020.

LEME MACHADO, Paulo Affonso. *Direito Ambiental brasileiro*. 27. ed. Salvador: JusPodivm, 2020.

MILARÉ, Edis. *Direito do ambiente*. 4. ed. São Paulo: Malheiros, 2005.

NALINI, José Renato. *Ética ambiental*. 4. ed. São Paulo: Revista dos Tribunais, 2015.

NALINI, José Renato. *Filosofia e ética jurídica*. São Paulo: Revista dos Tribunais, 2008.

PERELMAN, Chaim. *Ética e Direito*. 2. ed. São Paulo: Martins Fontes, 2005.

PUGLIESI, Márcio. *Teoria do Direito*. 2. Ed. São Paulo: Saraiva, 2009.

RAWLS, John. *Uma teoria da justiça*. São Paulo: Martins Fontes, 2000.

REALE, Miguel. *Filosofia do Direito*. 20. ed. 8ª tiragem. São Paulo: Saraiva, 2002, 2010.

REALE, Miguel. *Lições preliminares de Direito*. 27. ed. 8ª tiragem. São Paulo: Saraiva, 2009.

RODRIGUES, Marcelo Abelha. *Proteção jurídica da flora*. Salvador: JusPodivm, 2019.

SARLET, Ingo Wolfgang; FENSTERSEIFER, Tiago. *Direito Constitucional Ambiental*. 4. ed. São Paulo: Revista dos Tribunais, 2014.

SEN, Amartya. *Desenvolvimento como liberdade*. Trad. Laura Teixeira Motta. 4ª reimpressão. São Paulo: Companhia das Letras, 2015.

SILVA, José Afonso da. *Direito Ambiental Constitucional*. 11. ed. São Paulo: Malheiros Editores, 2019.

SINGER, Peter. *Ética prática*. 2. ed. São Paulo: Martins Fontes, 1999.

SIRVINKAS, Luís Paulo. *Manual de Direito Ambiental*. 13. ed. São Paulo: Saraiva, 2015.

WEDY, Gabriel. *Desenvolvimento sustentável na era das mudanças climáticas*: um direito fundamental. São Paulo: Saraiva, 2018.

WEDY, Gabriel. *Litígios climáticos de acordo com o Direito brasileiro, norte-americano e alemão*. Salvador: JusPodivm, 2019.

A AÇÃO INDUTORA DOS TRIBUNAIS DE CONTAS NA POLÍTICA PÚBLICA DA EDUCAÇÃO: A EXPERIÊNCIA DO TCE-RS

Cezar Miola

Conselheiro do Tribunal de Contas do Estado do Rio Grande do Sul, Presidente da Associação dos Membros dos Tribunais de Contas do Brasil, Bacharel em Ciências Jurídicas e Sociais pela Universidade de Passo Fundo – UPF, Pós-graduado em Direito Processual Civil pela UPF e Especialista em Direito, Políticas Públicas e Controle Externo pela Uninove.

Sumário: 1. Introdução – 2. Os Tribunais de Contas e o Plano Nacional de Educação – 3. O monitoramento pelas cortes de contas como elemento indutor da melhoria na oferta de vagas na educação infantil: o case do TCE-RS; 3.1 Radiografia da Educação Infantil do TCE-RS: conectando o controle externo e o controle social; 3.2 O desenvolvimento do *software TC educa;* 3.3 O perfil da educação pública no RS – 4. Conclusão – 5. Referências.

1. INTRODUÇÃO[1]

O Brasil possui aproximadamente 1,5 milhão de crianças e adolescentes de 4 a 17 anos fora da escola, de acordo com dados da Pesquisa Nacional por Amostra de Domicílios Contínua (PNAD Contínua) de 2019, sabendo-se que, nessa idade, a Constituição estabelece que o ensino é obrigatório e gratuito, configurando direito público subjetivo. Já na faixa etária de zero a 3 anos, há cerca de 6,5 milhões de crianças não atendidas em creches. Um estudo do Fundo das Nações Unidas para a Infância (Unicef) indica que 20,3% das crianças e dos adolescentes de 4 a 17 anos têm o direito à educação violado, 13,8% estão em sala de aula, mas são analfabetos ou estão em atraso escolar, e que 6,5% não frequentam a escola. "O analfabetismo e o atraso escolar afetam 53% mais meninos do que meninas. E quem vive no quintil mais pobre da população tem quatro vezes mais privação do que os do quintil mais rico".[2]

Mesmo aqueles que conseguem acessar as redes de ensino apresentam níveis de aprendizagem insatisfatórios. De acordo com dados do Sistema de Avaliação da Educação Básica[3] (Saeb), de 2019, divulgados em setembro de 2020 pelo Ministé-

---

1. Artigo elaborado a partir da monografia "A Ação Indutora Dos Tribunais De Contas Na Política Pública Da Educação: A Experiência Do TCE-RS", concluída no ano de 2018. Alguns dados foram atualizados em relação ao que consta na obra original. É o caso, por exemplo, de dados da PNAD/IBGE e do Saeb/INEP, pesquisas divulgadas periodicamente.
2. UNICEF – Fundo das Nações Unidas para a Infância. *Pobreza na infância e na adolescência.* Brasília: Unicef, 2018, p. 10. Disponível em: https://www.unicef.org/brazil/pt/pobreza_infancia_adolescencia.pdf. Acesso em: ago. 2018.
3. O Saeb é uma avaliação aplicada pelo MEC e composta por questionários respondidos por professores, diretores e alunos, além de provas de Português e Matemática aplicadas a estudantes do 5º e 9º anos do

rio da Educação,[4] apenas 36% dos estudantes que concluem o ensino fundamental são proficientes em Português, enquanto apenas 18% são assim considerados em Matemática. Em relação aos alunos do Ensino Médio, esses percentuais são ainda piores: apenas 31% e 5% alcançaram proficiência em Português e em Matemática, respectivamente.[5]

Apesar de o Brasil possuir vinculações constitucionais na área da educação[6], elas não têm se mostrado capazes de transformar a realidade. Os dados traduzem um pouco da situação enfrentada nesse campo e demonstram a premente necessidade de mobilização de gestores públicos, dos órgãos de controle, da família, da sociedade e da comunidade escolar, entre outros atores importantes.

Aos Tribunais de Contas (TCs), cabe, mais do que analisar as políticas públicas na perspectiva da legalidade, monitorar o cumprimento das metas dos planos de educação e sua compatibilidade com o Plano Nacional, atuando também de forma pedagógica, contribuindo para a qualificação do planejamento e do gasto em educação, assim como para o alinhamento das estratégias, cumprindo, dessa forma, papel indutor decisivo na universalização do acesso e na melhoria da qualidade de ensino.

Se é verdade que não se pode imputar o quadro adverso antes delineado unicamente ao controle externo, também não se pode isentá-lo de uma parcela de responsabilidade. E é essa conscientização que tem levado a iniciativas como as que serão aqui narradas, numa dimensão de caráter prospectivo e fortemente indutor. Assim, pretende-se demonstrar, a partir do estudo de caso do Tribunal de Contas do Estado do Rio Grande do Sul (TCE-RS), a eficácia da ação indutora dos órgãos de controle quanto ao atendimento das metas dos planos de educação.

2. OS TRIBUNAIS DE CONTAS E O PLANO NACIONAL DE EDUCAÇÃO

A Constituição de 1988 prevê a absoluta prioridade ao direito à educação de crianças e adolescentes (art. 227, *caput*) e determina o estabelecimento por lei do Plano Nacional de Educação (PNE), com duração de 10 anos (art. 214). O comando foi concretizado, de forma inicial, com a Lei Federal 10.172/2001, vigente até 2011. O primeiro PNE não teve a necessária e imprescindível adesão de boa parte dos Estados e Municípios[7], trazendo, como consequência, limitações para a concretização

---

Ensino Fundamental e do 3º ano do Ensino Médio. A avaliação ocorre a cada dois anos e a última edição foi aplicada nos dias 21 de outubro e 1º de novembro de 2019, com mais de 5,6 milhões de estudantes envolvidos em todo o País. (BRASIL, 2020)

4.   QEDU é atualizado com dados do Saeb 2019. *Portal Iede*, fev. 2021. Disponível em:https://www.portaliede. com.br/qedu-e-atualizado-com-dados-do-saeb-2019/. Acesso em: 18 jun. 2021.

5. BRASIL. MEC – Ministério da Educação. *Instituto Nacional de Estudos e Pesquisas Educacionais Anísio Teixeira – Resultados Saeb*. 2020. Disponível em: https://www.gov.br/inep/pt-br/areas-de-atuacao/avaliacao-e-exames-educacionais/saeb/resultados. Acesso em: 18 jun. 2021.

6. A vinculação de recursos à manutenção e ao desenvolvimento do ensino se iniciou em 1934 e, exceto nas Cartas de 1937 e 1967/1969, sempre constou das nossas Leis Fundamentais. Tal garantia é tida por pioneira no mundo, dado, contudo, que não pode ser aqui atestado.

7. À época, apenas cerca de 30% dos Municípios e 12 Estados aprovaram os respectivos planos locais.

dos seus objetivos. As históricas dificuldades de financiamento, o número elevado de metas, a ausência de monitoramento efetivo e uma fiscalização insuficiente são alguns dos motivos apontados para a baixa aderência.

Gomes e Britto lembram que o PNE 2001-2011 não chegou a contribuir para a definição de uma política de Estado para o setor, ainda que possa ter inspirado e delineado alguns programas, ficando, em muito, apenas no papel.[8] Ultrapassada a vigência daquele Plano, foi editada a Lei Federal 13.005/2014 (PNE), para o período de 2014 a 2024. O Plano teve a adesão da quase totalidade dos entes federativos, que editaram seus respectivos planejamentos de educação em consonância com as diretrizes nacionais. Apenas um Estado (Rio de Janeiro) e três Municípios (Iaras, Ribeirão Preto e Vargem, todos no Estado de São Paulo) ainda não promulgaram seus planos de educação.[9]

O PNE2014-2024[10] contempla 20 metas e 254 estratégias, que estabelecem como diretrizes a erradicação do analfabetismo, a universalização do atendimento escolar, a superação das desigualdades educacionais, a melhoria da qualidade do ensino, a fixação de meta de aplicação de recursos públicos em educação em relação ao Produto Interno Bruto (PIB) e a valorização dos profissionais da área.

No artigo 8º, a Lei Federal 13.005/2014 determinou que os Estados, o Distrito Federal e os Municípios devem elaborar seus próprios planos ou adequar os já aprovados às determinações da norma federal, cujas disposições precisam ser observadas obrigatoriamente. As metas estabelecidas nos planos locais não podem prever percentuais inferiores ou prazos superiores aos fixados na política definida pelo PNE. O vasto arcabouço normativo, entretanto, não tem se mostrado capaz de assegurar uma educação inclusiva, sinônimo de equidade e de qualidade. Dados como os que ilustram o preâmbulo deste trabalho bem comprovam tal assertiva. E, assim, partindo da premissa de que inexiste política pública fora das balizas do orçamento – instrumento básico para concretização dos próprios direitos fundamentais – e que em relação a este deve incidir plenamente a atuação dos órgãos de controle externo, os Tribunais de Contas precisam se desincumbir com zelo, afinco, profissionalismo e celeridade em defesa da boa educação, tratada pela Lei Maior como direito público subjetivo quanto ao ensino obrigatório e gratuito dos 4 aos 17 anos (CR, art. 208, inc. I e § 1º). Para isso, deverão as Cortes de Contas agregar às suas funções de auditar e inspecionar, opinar, julgar e sancionar (dentre as principais contempladas expressamente na Carta Magna) também as tarefas de orientar e capacitar, colocando seus acervos técnicos a serviço desse objetivo. Não bastará aos TCs fiscalizar sem se

---

8. GOMES, Ana Valeska Amaral; BRITTO, Tatiana Feitosa de (Orgs.). *Plano Nacional de Educação*: construção e perspectivas. Brasília: Edições Câmara dos Deputados; Edições Técnicas do Senado Federal, 2015.

9. BRASIL. MEC – Ministério da Educação. *Elaboração e adequação dos Planos Subnacionais de Educação*. 2021. Disponível em: http://pne.mec.gov.br/18-planos-subnacionais-de-educacao/36-elaboracao-e-adequacao--dos-planos-subnacionais-de-educacao. Acesso em: 18 jun. 2021.

10. Disponível em: http://pne.mec.gov.br/18-planos-subnacionais-de-educacao/543-plano-nacional-de-educacao-lei-n-13-005-2014.

imiscuir nas esferas de competência dos poderes com legitimidade democrática para definir e priorizar: será necessário participar.

Embora os Tribunais de Contas não integrem as instâncias de execução e de monitoramento previstas expressamente no artigo 5º do PNE 2014-2024 (o que se mostra correto à luz do ordenamento constitucional), dadas as competências das quais são investidos, devem exercer o controle quanto à implementação dessa política pública. O artigo 70, *caput*, da Constituição Brasileira, destaca que cabe ao Tribunal de Contas a "fiscalização contábil, financeira, orçamentária, operacional e patrimonial" dos entes federativos e unidades da administração direta e indireta, assim como de qualquer pessoa física ou jurídica que utilize, arrecade, guarde, gerencie ou administre recursos públicos.

A estratégia 20.4 do PNE, por sua vez, determina a esses órgãos de controle que concorram para fortalecer os mecanismos e instrumentos que assegurem "a transparência e o controle social na utilização dos recursos públicos aplicados em educação". Grande parte das metas constantes do PNE delimita finalidades objetivas e quantificáveis, para as quais é possível a construção de medidas e indicadores de monitoramento. Atualmente, os órgãos de controle se utilizam de diferentes ferramentas para medir o cumprimento de metas do PNE, mas de forma isolada e sem padronização.

A maioria das ações está centrada na realização de auditorias, de conformidade (com foco no princípio da legalidade) e operacionais, na área da educação[11], cujo propósito é avaliar a eficiência e efetividade dos projetos governamentais e dos recursos públicos destinados à consecução dos planos de educação. Além disso, a temática educacional é analisada em processos de contas, podendo redundar na exigência de planos de ação ou mesmo na celebração de Termos de Ajustamento de Gestão nos Tribunais que prevejam essa possibilidade.

Em 2017, um projeto-piloto foi desenvolvido pelo TCE-RS para analisar a situação dos planos de educação nos Municípios gaúchos.[12] Em uma pesquisa que contou com a adesão de 483 Municípios (97% dos 497), observou-se que 37% dos Municípios estabeleceram prazos de cumprimento de metas superiores aos previstos no PNE; que pelo menos 16% dos Municípios deixaram de instituir metas e estratégias que deveriam ser de reprodução obrigatória (em alguns casos, mais de um terço não as havia instituído); e que apenas 5,2% das localidades adotaram metas intermediárias. O estudo também identificou que 61,3% (296) dos Municípios informaram ter remunerado os professores acima do piso do magistério no ano de

---

11. De acordo com a Organização Internacional de Entidades Fiscalizadoras Superiores (Intosai), a auditoria operacional preocupa-se em verificar a economia, a eficiência e a eficácia, além da efetividade das políticas, dos programas e dos projetos públicos e de órgãos ou entidades governamentais.

12. TCE-RS – Tribunal de Contas do Estado do Rio Grande do Sul. *Análise dos planos de educação dos Município dos RS*. Porto Alegre, 2017. Disponível em: https://portal.tce.rs.gov.br/portal/page/portal/tcers/publicacoes/estudos/estudos_pesquisas/An%C3%A1lise_dos_planos_de_educa%C3%A7%C3%A3o_%C3%BAltima_vers%C3%A3o.pdf. Acesso em: jun. 2021.

2016. Levantamento realizado pelo Ministério da Educação (MEC) verificou que menos da metade dos Municípios brasileiros participantes declarou cumprir o piso em 2016,[13] o que demonstra maior aderência dos entes do RS ao piso em relação à média nacional.

Por fim, o diagnóstico apontou que os valores remuneratórios máximos e mínimos indicam grandes diferenças no RS, já que o maior salário, de R$ 5.516,44, corresponde a 241% do valor médio de R$ 2.290,77, enquanto o menor, R$ 669,07, equivale a apenas 29% dele. Comparando a parcela dos 20% maiores salários (média de R$ 2.609,43) com a dos 20% menores (média de R$ 1.997,14), contudo, obtém-se uma diferença mais suave: a primeira corresponde a 114% da média; e a segunda, a 87%.

O questionário foi colocado à disposição dos demais Tribunais de Contas brasileiros, possibilitando a obtenção de um panorama nacional a respeito dos planos de educação. Como forma de superar as diferentes interpretações e metodologias utilizadas pelos Tribunais de Contas para fiscalizar as metas educacionais, foi instituída uma Comissão Temática no âmbito da Associação dos Membros dos Tribunais de Contas do Brasil (Atricon) para definir diretrizes de controle sobre as despesas com educação.

Nesse sentido, a Resolução 13/2015, editada pela Atricon, previu "a criação de um sistema de alertas a serem expedidos regularmente aos jurisdicionados que se encontrarem em risco de não atingirem as metas previstas nos planos de educação, assim como aos entes que, efetivamente, não as tenham alcançado".[14]

Posteriormente, em 03 de março de 2016, a Atricon e o Instituto Rui Barbosa (IRB) firmaram acordo com o Ministério da Educação e o Fundo Nacional de Desenvolvimento da Educação (FNDE), tendo por objeto o estabelecimento de formas de cooperação em relação à execução dos planos de educação e à utilização de instrumentos de monitoramento que concorram para a transparência e a efetividade do controle social na utilização dos recursos públicos aplicados em educação.

Visando a atender os instrumentos normativos, o Instituto Rui Barbosa e a Atricon instituíram, em abril de 2016, um Grupo de Trabalho (GT Atricon-IRB), com representantes de ambas as entidades, para elaboração de parâmetros nacionais de controle das metas dos planos de educação. O esforço da equipe resultou na aprovação de um relatório final, ratificado no V Encontro dos Tribunais de Contas, em novembro de 2016, no qual, entre outras medidas, recomendou-se a adoção de um sistema de monitoramento de caráter nacional pelas Cortes de Contas.

---

13. TERRA. *Maioria das cidades não pagou piso dos professores em 2016.* 12 jan. 2017. Disponível em: https://noticias.terra.com.br/educacao/menos-da-metade-dos-municipios-declararam-cumprir-o-piso-dos-professores-em-2016,338fc62bc209c3a3005a5ca19aaf006b3p2isl3d.html. Acesso em: 17 jan. 2017.
14. ATRICON. *Resolução 13/2015.* 2015. Disponível em: http://www.atricon.org.br/wp-content/uploads/2015/09/Resolu%C3%A7%C3%A3o-Atricon-n.-03-diretrizes-educa%C3%A7%C3%A3o-%C3%BAltima-vers%-C3%A3o.pdf. Acesso em: jul. 2018.

A partir de então, o Grupo de Trabalho delineou um *software* para monitoramento *on-line* e com emissão de alertas aos gestores em relação ao descumprimento das metas e estratégias do PNE pelos seus entes. Por meio de uma parceria entre os Tribunais de Contas dos Estados do Mato Grosso do Sul e do Rio Grande do Sul para definição dos requisitos, e posteriormente do Tribunal de Contas do Estado de Minas Gerais, que criou o sistema para finalização das especificações e desenvolvimento, foi disponibilizado à sociedade o sistema *TC educa*, lançado em 22 de novembro de 2017 no XXIX Congresso dos Tribunais de Contas do Brasil, sob a inspiração de um case de monitoramento de sucesso do TCE-RS: a *Radiografia da Educação Infantil*.

3. O MONITORAMENTO PELAS CORTES DE CONTAS COMO ELEMENTO INDUTOR DA MELHORIA NA OFERTA DE VAGAS NA EDUCAÇÃO INFANTIL: O CASE DO TCE-RS

O Tribunal de Contas do Estado do Rio Grande do Sul, a partir de 2008, passou a acompanhar de forma mais aprofundada o desempenho dos Municípios em situação considerada de maior criticidade quanto ao oferecimento de vagas em creches e pré-escolas. A iniciativa foi deflagrada a partir de representação do Ministério Público de Contas (MPC), que, um ano antes, havia apresentado o estudo "Educação Infantil: a primeira infância relegada à sua própria (má) sorte".[15] A pesquisa abordou aspectos estratégicos relacionados à Educação Infantil no Brasil com ênfase na análise dos dados relativos ao Rio Grande do Sul à época. E esses informes demonstravam que as políticas públicas relacionadas à oferta de matrículas em estabelecimentos voltados ao atendimento da Educação Infantil não apresentavam resultados suficientes para o cumprimento das metas fixadas no PNE.

Tomando por base dados oficiais (basicamente os Censos Escolar e do IBGE), passou-se a mensurar a oferta de vagas na Educação Infantil pelos Municípios gaúchos à luz da meta estabelecida pelo então vigente Plano Nacional de Educação (Lei Federal 10.172/2001). Em face da verdadeira dramaticidade do quadro que já se antevia, o foco inicial envolveu basicamente o aspecto quantitativo, ou seja: o número de crianças de zero a 6 anos[16] de cada Município e as matrículas efetivadas nas redes pública e particular. Esse trabalho, que passou a ser denominado *Radiografia da Educação Infantil*, inicialmente não adotou o formato de procedimento de auditoria. Entretanto, seus números passaram a ser amplamente divulgados e compartilhados com atores institucionais e da sociedade, gerando um processo de cobrança de providências em relação à gravidade dos dados.

---

15. MPC-RS – Ministério Público de Contas do Rio Grande do Sul. *Educação Infantil: a primeira infância relegada à sua própria (má) sorte*. 2007. Disponível em: https://www.mprs.mp.br/media/areas/infancia/arquivos/educacaoinfantil.pdf. Acesso em: set. 2018.

16. Até o advento de EC 59/2009, a Educação Infantil ia até os 6 anos. Desde então, compreende a faixa de zero a 5 anos.

A AÇÃO INDUTORA DOS TRIBUNAIS DE CONTAS NA POLÍTICA PÚBLICA DA EDUCAÇÃO | **67**

Conforme acima referido, a escolha da Educação Infantil como foco decorreu de um cenário preocupante no âmbito local, que sinalizava para o não cumprimento do PNE então vigente. Com efeito, a meta fixada era o atendimento, em creche, até 2011, de 50% das crianças com até 3 anos, e de 80% daquelas de 4 a 6 anos (pré-escola). Mas os dados então disponíveis indicavam, no RS, respectivamente, taxas de 9,84% e de 37,37%.

Aqui, um outro recorte: conforme menção anterior, vários estudos acerca dos motivos que levaram ao baixo desempenho em relação à maioria das metas daquele Plano indicaram que alguns dos problemas envolveram a falta de instâncias de monitoramento e de ações de acompanhamento e de fiscalização[17]. E uma projeção da mesma pesquisa do MPC informava que, se fosse mantida a taxa de crescimento de vagas então verificada, o atendimento de 30% (percentual inferior à própria meta de então) das crianças brasileiras em creches seria alcançado só em 2029; e, no RS, apenas em 2047. Para o ensino pré-escolar, a matrícula de 60% das crianças do País se daria em 2010; e, no Estado, somente em 2093.

A partir dos substratos desse estudo, o MPC do Rio Grande do Sul, por meio da Representação 31/2007, requereu ao TCE-RS que incluísse como item obrigatório de verificação, durante as suas auditorias, o atendimento à Educação Infantil.

Como metodologia de fiscalização, o TCE-RS priorizou a análise nos Municípios com situação mais crítica nessa área, e, ao longo do tempo, ampliou o número de entes de forma gradual: em 2008, eram apenas 16 os Municípios fiscalizados; em 2016, esse número chegou a 227 entes.

A partir do ano de 2008, gradativamente, passou-se a inserir a matéria como capítulo obrigatório nos processos de prestação de contas dos respectivos prefeitos. Assim, além dos apontamentos "normais" relativos à gestão dessa política pública, um exame específico passou a constar em cada exercício. Dessa abordagem tem resultado a expedição de alertas, recomendações e multas. E, mais recentemente, vem sendo determinada aos gestores cujos Municípios estejam em situação de descumprimento da atual Meta 1 (ou em risco de tal ocorrer) a apresentação de planos de ação nos quais deverão constar as medidas adotadas e a serem implementadas com vistas à superação do quadro constatado.

Como epílogo desse processo, em 20 de junho de 2018, o TCE-RS editou a Resolução 1.093, que normatiza todos os procedimentos da Corte no controle das ações de educação, compreendendo, basicamente:

a) a análise da aplicação material de recursos na manutenção e desenvolvimento do ensino, nos termos dos artigos 70 e 71 da Lei Federal 9.394, de 1996;

b) a fiscalização da aplicação dos recursos do Fundo de Manutenção e Desenvolvimento da Educação Básica e Valorização dos Profissionais da Educação – Fundeb;

---

17. Nesse particular, o Plano ora vigente (Lei Federal 13.005/2014) contempla mecanismos que o seu antecedente não previu. E os órgãos de controle também incidem mais objetiva e eficazmente.

c) o acompanhamento das 20 metas e 254 estratégias do PNE e dos planos estadual e municipais de educação, quanto ao cumprimento ou risco de descumprimento dos percentuais e dos prazos estabelecidos nacionalmente, e dos respectivos planos de ação apresentados pelos Administradores para seu atingimento;

d) o exame do cumprimento do artigo 26-A da Lei Federal 9.394, de 1996;

e) a verificação da compatibilização dos orçamentos destinados à consecução do PNE e dos planos estadual e municipais;

f) a verificação do pagamento do piso salarial nacional aos profissionais do magistério público da educação básica;

g) o exame e a deliberação do TCE-RS quanto ao disposto nos artigos 212 da Constituição da República e 202 da Constituição Estadual permanecerá sendo efetivado no âmbito dos respectivos processos de contas (Art. 7º, § 2º);

h) o exame e a deliberação do TCE-RS quanto aos atos de gestão, como licitações, contratos, despesas e outros dessa natureza, continuarão sendo processados no âmbito dos processos de contas próprios (Art. 7º, § 3º);

i) a autuação dos processos de que trata o artigo 3º desta Resolução poderá se dar de forma escalonada entre os exercícios de 2018 a 2020, observada a seguinte proporção: pelo menos 50% dos Municípios e Secretaria Estadual da Educação em 2018; e os demais Municípios distribuídos entre os exercícios de 2019 e 2020 (art. 8º).[18]

A autuação e a distribuição dos processos observarão critérios de relevância e criticidade, considerada esta, sobretudo, em razão do não atendimento ou do risco de não cumprimento das metas do PNE e dos planos locais de educação (art. 8º, § 2º). Essa nova sistemática de fiscalização também permitirá que o TCE-RS emita alertas aos gestores quando forem configuradas tais ocorrências. A metodologia de fiscalização vigorará até 2024, quando se encerra o prazo do PNE.

De forma complementar às atividades de fiscalização, o TCE-RS realiza um trabalho pedagógico constante, visando a auxiliar os administradores públicos. Na publicação de manuais direcionados aos jurisdicionados, orienta sobre uma série de assuntos afetos à questão orçamentária dos entes, focando nas áreas que apresentam maior incidência de problemas e irregularidades.

Nas auditorias realizadas pelo TCE-RS, entre as questões examinadas, estão: a análise dos aspectos referentes à receita municipal, verificando destacadamente o Fundeb; a situação socioeconômica dos munícipes, em especial o índice de pobreza das crianças de zero a 5 anos; a aplicação de recursos na Educação Infantil; a evolução no atendimento às crianças também de zero a 5 anos, e o número de vagas a serem criadas em creches e pré-escolas.

---

18. TCE-RS – Tribunal de Contas do Estado do Rio Grande do Sul. *Resolução 1.093/2018*. Porto Alegre, 2018. Disponível em: https://atosoficiais.com.br/tcers/resolucao-n-1093-2018-estabelece-. Acesso em: maio 2021.

3.1 Radiografia da Educação Infantil do TCE-RS: conectando o controle externo e o controle social

A partir de 2011, o TCE-RS começou a disponibilizar no seu portal na Internet o estudo *Radiografia da Educação Infantil*,[19] o qual detalha a situação dos Municípios gaúchos quanto ao acesso de crianças de zero a 5 anos a vagas em creches e pré-escolas.

Como resultado dessa ação de fiscalização, observou-se um aumento de 49,5% nas matrículas ofertadas entre 2008 e 2014 naqueles 45 Municípios auditados de forma contínua desde 2009, ao passo que, no mesmo período, os demais 452 apresentaram um aumento de 39%.

O levantamento mostrou, ainda, que os Municípios do RS aumentaram em 70% a capacidade de receber essas crianças desde 2008: o dobro em relação à média nacional. Verificou-se, também, o aumento gradual na aplicação dos recursos em Educação Infantil no período de 2008 a 2016, incremento que, em boa medida, consoante evidências reunidas pelo TCE-RS, se deu em decorrência da fiscalização da Corte.

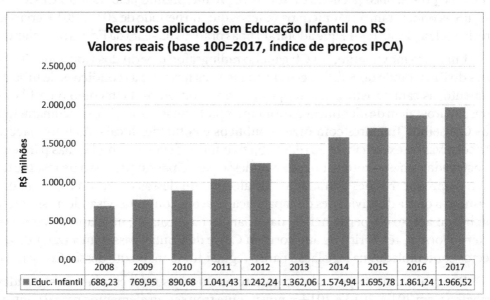

Fonte: Direção de Controle e Fiscalização do TCE-RS.

Avançando nesse processo, o TCE-RS passou a analisar, em 2015, também a duração da carga horária das creches e das pré-escolas, em atenção à preocupação de que a criação de novas vagas na Educação Infantil não derivasse, eventualmente, da redução da jornada daquelas já existentes. Além disso, desenvolveu-se uma análise individualizada dos Municípios, com dados socioeconômicos, número de matrículas (com exposição de metas e de vagas a criar) e recursos destinados à Educação Infantil.

---

19. TCE-RS – Tribunal de Contas do Estado do Rio Grande do Sul. *Radiografia da educação infantil*. Porto Alegre, 2011. Disponível em: http://www1.tce.rs.gov.br/portal/page/portal/tcers/publicacoes/estudos/estudos_pesquisas/educacao_infantil. Acesso em: set. 2018.

Como consequência dessa série de medidas, o Rio Grande do Sul deixou a 19ª posição no ranking nacional de atendimento à Educação Infantil, em 2008, passando a ocupar o 7º lugar em 2017. De acordo com os resultados do trabalho (edição de 2018), as maiores dificuldades para cumprir os objetivos se encontravam nos grandes Municípios e regiões periféricas. Os números revelaram que um conjunto de apenas 26 Municípios (incluindo Porto Alegre, Alvorada, Viamão, Canoas, Caxias do Sul e Pelotas, por exemplo) precisava abrir 106 mil das 156 mil vagas pendentes.

Outro desdobramento importante dessa mobilização do TCE-RS em relação à Educação Infantil foi o estabelecimento de diversas relações e articulações interinstitucionais, além do contato com organizações da sociedade.

Uma primeira parceria envolveu a utilização, pelo Ministério Público do Rio Grande do Sul, sobretudo por parte dos Promotores da Infância e da Juventude, da Radiografia da Educação Infantil como referencial para cobrar a adoção de providências por parte dos gestores locais[20], principalmente visando à oferta de vagas em creches e pré-escolas. Já em 2015, foi entregue um prêmio pelo qual o TCE-RS e o MP-RS reconheceram 52 Municípios gaúchos que, no período de 2011 a 2014, criaram creches, além de outros 44 que adotaram boas práticas na seara da Educação Infantil.

Em outro movimento, o TCE gaúcho radiografou o perfil dos Conselhos Tutelares do Rio Grande do Sul.[21] O estudo analisou as formas e as condições de funcionamento, as características da composição dos Conselhos, bem como o perfil dos conselheiros, além de identificar os principais problemas e o nível de relacionamento dos Conselhos Tutelares com órgãos públicos e entidades locais. As informações são relativas ao exercício de 2014. O objetivo foi evidenciar os problemas para que a sociedade tomasse conhecimento e pudesse participar do processo de resolução, além de provocar ações voltadas ao fortalecimento dessas estruturas. O trabalho permitiu a oferta de atividades de capacitação e ações conjuntas visando a assegurar também o acesso e a permanência das crianças na escola. E, no plano do controle externo formal, relatórios de auditoria da Corte de Contas passaram a tratar de aspectos contemplados na legislação para o regular funcionamento desses Conselhos.

De igual forma se procedeu com o tema do transporte escolar. Três grandes trabalhos, em 2012, 2013 e 2014,[22] novamente trouxeram elementos para o controle exercido pela própria Casa e pela sociedade. Fez-se também uma Radiografia do Transporte Escolar Público no Estado do Rio Grande do Sul, detalhando-se a situação relativa a aspectos como a idade da frota dos veículos utilizados, cumprimento das normas de segurança e perfil dos condutores.

---

20. Com a assinatura de Termos de Ajustamento de Conduta (TAC) e o ajuizamento de Ações Civis Públicas.
21. TCE-RS – Tribunal de Contas do Estado do Rio Grande do Sul. *Diagnóstico dos Conselhos Tutelares do RS*. Porto Alegre, 2015. Disponível em: http://www1.tce.rs.gov.br/portal/page/portal/noticias_internet/textos_diversos_pente_fino/diagnosticopdf.pdf. Acesso em: ago. 2018.
22. TCE-RS – Tribunal de Contas do Estado do Rio Grande do Sul. *Estudos e pesquisas*. Porto Alegre, 2022. Disponível em: https://portalnovo.tce.rs.gov.br/cidadao/estudos-e-pesquisas/. Acesso em: 25 fev. 2022.

Nesse contexto, porém, pode-se dizer que o evento mais expressivo e simbólico foi a primeira audiência pública do Estado acerca da Educação Infantil. Promovida pelo TCE-RS em 05 de dezembro de 2012, reuniu especialistas em educação, gestores, controladores e representantes da sociedade. As discussões e proposições desse evento podem ser encontradas na Informação 13/2014 do Serviço de Apoio e Suporte Operacional e Técnico do TCE-RS (Anexo C), revelando, em síntese, a existência de um significativo défice de vagas, a necessidade de investimentos na área como fator determinante na geração de igualdade social e a premência da adequação das peças orçamentárias aos planos de educação.

Todas as edições dos estudos tiveram ampla divulgação nos canais de comunicação do TCE-RS e na imprensa. A cobertura oferecida pelos veículos de comunicação do Rio Grande do Sul criou uma agenda pública de debates em torno do tema. A exposição dos dados sobre o atendimento à Educação Infantil foi um fator relevante ao exercício do controle social.

De acordo com Oliveira, o acompanhamento pelo cidadão das instâncias decisórias depende de que ele tenha acesso a informações governamentais. "Somente dotado de conhecimento e, também, envolto por uma cultura de cidadania e exercendo a participação popular, ele será capaz de acionar mecanismos de responsabilização dos gestores públicos." Isso porque não se controla o que não se conhece.[23]

A organização e a exposição das informações auxiliam a sociedade a identificar possíveis deficiências e necessidades. Ao acessar as informações, a população tem melhores condições de pressionar as instâncias locais a adotar mecanismos que assegurem o atendimento adequado à educação. Além disso, os dados informados subsidiam a produção de conteúdos pela mídia: esse fator reforça o mecanismo de participação popular.

A visibilidade gerada é considerada um fator psicológico que pode estimular o dirigente a adotar práticas da boa gestão. "Em grande parte, os vícios da administração pública devem-se à sigilosidade, cuja redução, além da efetividade do controle, principia com a maior visibilidade".[24] Dessa forma, a publicação e a divulgação das informações quanto ao atendimento do planejamento em educação pode ser um fator de motivação para que os gestores adotem providências.

3.2   O desenvolvimento do *software TC educa*

Diante dos resultados positivos alcançados com a fiscalização do TCE-RS, buscou-se levar a experiência de monitoramento, a partir de metodologia quantitativa, para um projeto nacional de fiscalização e acompanhamento permanente, com uti-

---

23. OLIVEIRA, Priscila Pinto de. *A influência da imprensa no processo de ampliação da transparência no TCE-RS*. 2012. 121 f. Dissertação (Mestrado em Ciências Sociais) – Pontifícia Universidade Católica do Rio Grande do Sul, Porto Alegre, 2012.

24. MARTINS JÚNIOR, Wallace Paiva. *Transparência administrativa*: publicidade, motivação e participação popular. São Paulo: Saraiva, 2004, p. 32.

lização das mesmas bases de dados. Foi então que o Grupo de Trabalho Atricon-IRB desenvolveu o *software TC educa*. A ferramenta pode ser utilizada tanto pelos Tribunais de Contas, para subsidiar sua atuação na área, quanto por quaisquer interessados em relação à matéria.

O *software* possibilita a visualização da situação das metas ali inseridas, de acordo com os respectivos indicadores, apresentando os percentuais do Brasil, do Estado ou do Município selecionado, viabilizando também uma comparação entre eles. Além disso, demonstra o histórico da meta escolhida.

O *TC educa* permite verificar se as ações previstas nos planos de educação estão sendo atendidas. O sistema também tem o objetivo de propiciar a emissão de alertas aos gestores cujos entes estejam descumprindo alguma meta do plano de educação ou apresentem avanço anual médio insuficiente ao seu atendimento no prazo estipulado. Tais alertas também poderão ser enviados às instâncias de monitoramento previstas nos planos de educação, bem como a atores institucionais como Conselhos (da Criança e do Adolescente, de Educação, do Fundeb, Tutelares e outros), Defensoria Pública, Poder Legislativo e Ministério Público, além de agentes e organizações da sociedade civil. A ferramenta pode ser acessada em: tceduca.irbcontas.org.br.

Atualmente[25], o *software* contempla informações referentes às Metas 1, 2 e 3, que tratam das taxas de atendimento nas três etapas da Educação Básica: a Meta 1 determina a universalização do acesso de crianças de 4 e 5 anos à Educação Infantil até 2016 e prevê o atendimento de pelo menos 50% daquelas de zero a 3 anos em creches até 2024; a Meta 2 define a universalização do Ensino Fundamental de 9 anos para toda a população de 6 a 14 anos, além de exigir que pelo menos 95% dos alunos concluam essa etapa na idade recomendada, até 2024; e, por fim, a Meta 3 previu que até 2016 deveria se dar a universalização do acesso de jovens de 15 a 17 anos à escola, estabelecendo que 85% deles estejam matriculados no Ensino Médio até 2024. As metas foram selecionadas por serem consideradas as mais críticas dentro da Educação Básica, seja por estarem aquém quanto ao atendimento, seja por já terem prazos de cumprimento ultrapassados. As demais passíveis de serem quantificáveis no sistema serão inseridas ao longo do tempo.

3.3   O perfil da educação pública no RS

A partir do lançamento do software TC educa, o TCE-RS passou a disponibilizar para a população as informações referentes ao atendimento de crianças e jovens na rede de ensino pública de forma instantânea, não necessitando mais da atualização da *Radiografia da Educação Infantil*, antes lançada anualmente pela Instituição. Os dados ficam disponíveis no *software* na *internet* para o acesso dos cidadãos e do corpo técnico responsável pela fiscalização na área.

---

25. O texto original da monografia foi atualizado, de forma a contemplar a informação acerca da Meta 2 que, à época, não estava disponível no *software*.

A AÇÃO INDUTORA DOS TRIBUNAIS DE CONTAS NA POLÍTICA PÚBLICA DA EDUCAÇÃO

Os dados do *TC educa*, em conjunto com as informações do Censo Escolar e do Sistema de Informações sobre Orçamentos Públicos em Educação (Siope), possibilitaram a elaboração, pelo Grupo Atricon-IRB, do *Perfil da Educação Pública no RS*, que identificou, entre outras informações, que apenas 115 Municípios gaúchos universalizaram o atendimento em pré-escola para a população de 4 e 5 anos, e que 150 já disponibilizam 50% das vagas em creches para a população de zero a 3 anos. A partir do cruzamento de dados, foi possível indicar o investimento médio por aluno no Estado. Elaborado pelo Grupo Atricon-IRB, o estudo revela que ele alcança R$ 6.903,73 na Educação Infantil e, no Ensino Fundamental, R$ 9.728,47, enquanto que, em países da Organização para a Cooperação e Desenvolvimento Econômico, esses valores chegam a US$ 8.900,00 e US$ 8.700,00 respectivamente. As informações em relação aos Ensinos Fundamental e Médio, apesar de serem abordadas pelo *Perfil*, não serão exploradas neste trabalho, já que a proposta é centralizar os dados ligados à Educação Infantil.[26]

Em relação à infraestrutura, o estudo aponta os percentuais de escolas que possuem, por exemplo, quadra esportiva, laboratório de informática, biblioteca, rede pública de abastecimento de água e sala de professor. O *Perfil* destaca que, nas escolas de Educação Infantil, 32,97% (1.304) oferecem berçário; 46,47% (1.838) possuem acessibilidade a pessoas com necessidades especiais; 43,64% (1.726) contam com rede pública de esgoto; 70,59% (2.792) possuem banheiros adaptados para a Educação Infantil; 79,44% (3.142 escolas) dispõem de parque infantil; e 80,05% (3.166) têm acesso à rede pública de abastecimento de água.

Outro dado interessante é o recorte realizado pela pesquisa que identifica, a partir dos dados do Siope, os 20 Municípios que mais investem por aluno da Educação Infantil no Estado, e aqueles que efetuam os menores aportes financeiros.

O estudo apurou que, em relação à infraestrutura, os 20 Municípios com maior investimento por aluno concentram 0,91% das escolas de Educação Infantil do Estado (36). O maior gasto por aluno se reflete na infraestrutura das escolas, com médias bem superiores às do Estado: "54% com berçário; 70% com acessibilidade; 88% com banheiro adaptado para a educação infantil; 94% com parque infantil".[27] Apesar do investimento superior, nesses Municípios não foi constatado um maior atendimento ao PNE. "Dos 20 Municípios que mais investiram por aluno da educação infantil em 2017, apenas 4 (20%) universalizaram a oferta de vagas em pré-escola e apenas 8 (40%) estão em situação regular quanto à oferta de vagas em creches".[28]

---

26. ATRICON, Associação dos Membros dos Tribunais de Contas do Brasil; IRB, Instituto Rui Barbosa. *Perfil da educação pública no Rio Grande do Sul*: educação infantil e ensinos fundamental e médio. Porto Alegre: Grupo Técnico Atricon-IRB, 2018.

27. ATRICON, Associação dos Membros dos Tribunais de Contas do Brasil; IRB, Instituto Rui Barbosa. *Perfil da educação pública no Rio Grande do Sul*: educação infantil e ensinos fundamental e médio. Porto Alegre: Grupo Técnico Atricon-IRB, 2018, p. 14.

28. ATRICON, Associação dos Membros dos Tribunais de Contas do Brasil; IRB, Instituto Rui Barbosa. *Perfil da educação pública no Rio Grande do Sul*: educação infantil e ensinos fundamental e médio. Porto Alegre: Grupo Técnico Atricon-IRB, 2018, p. 15.

Os Municípios que apresentaram menor investimento por aluno também não universalizaram a oferta de vagas em pré-escola, e apenas 5 (25%) estão em situação regular quanto à disponibilização de matrículas em creches. Os dados foram amplamente divulgados para a sociedade, com 30 inserções em mídia espontânea, gerando debate e um tensionamento positivo. O editorial do jornal Zero Hora, de 03 de agosto de 2018, afirma que os resultados do estudo devem servir de alerta a gestores públicos e à sociedade sobre o esforço que precisa ser feito em âmbito estadual e municipal para garantir o cumprimento das metas do Plano Nacional de Educação.[29]

Nesse contexto, contribuiria decisivamente para a garantia de financiamento adequado e, ao mesmo tempo, para a transparência do processo, a definição do *Custo Aluno Qualidade* (CAQ), que tem raiz constitucional (art. 211) e vem mencionado na Lei de Diretrizes e Bases da Educação Nacional (LDB) desde 1996, sendo que, com o vigente PNE, se colocou de forma clara e com data-limite para sua implementação: 2017. A partir desse referencial, ter-se-ia condições de assegurar os recursos que faltam e, ao mesmo tempo, propiciar um controle mais seguro e de resultados, seja pelos organismos de Estado ou pela sociedade. O *Custo Aluno Qualidade Inicial* (CAQi), primeiro passo nesse processo, deveria ter sido adotado até 2016.

Todavia, o que se tem até aqui é quase nada, na medida em que o Ministério da Educação, na época, não avançou nessa agenda, chegando mesmo a descumprir decisão do Tribunal de Contas da União a respeito (Acórdão 618/2014, que determinou, em 19-03-2014, o prazo de 90 dias para a edição dos padrões mínimos de qualidade do ensino).

Mas, independentemente dessa regulação (CAQ), há a necessidade de se aprofundar o controle em relação a temas de ordem verdadeiramente primária: aspectos básicos que ainda se repetem na gestão dos recursos vinculados à manutenção e ao desenvolvimento do ensino.

4. CONCLUSÃO

O resultado obtido pelo Rio Grande do Sul por meio das iniciativas de fiscalização e de estímulo ao controle social lançadas pelo Tribunal de Contas demonstra o potencial dos órgãos de controle no sentido de induzir os gestores públicos a priorizar o atendimento na Educação Básica. A partir da Radiografia, é possível verificar, como já mencionado, que o Rio Grande do Sul saiu do 19º lugar e, em 2016, passou a ocupar a 7º posição no *ranking* nacional de atendimento à Educação Infantil. Mas é preciso progredir, sobretudo sob o aspecto qualitativo.

Particularmente quanto aos Municípios, há ainda pontos básicos a serem enfrentados, como a necessidade de os gestores privilegiarem os investimentos na Educação

---

29. ZERO HORA. *Carências na educação*, 2018. Disponível em:https://gauchazh.clicrbs.com.br/opiniao/noticia/2018/08/carencias-na-educacao-cjkd4x6wd008001pi2oimnjw2.html. Acesso em: set. 2018.

Infantil e no Ensino Fundamental, conforme determinado na Constituição e na Lei de Diretrizes e Bases da Educação. Para justificar essa afirmação, dados do Tribunal de Contas do Estado Rio Grande do Sul apontam que, em 2017, mais da metade dos Municípios gaúchos aplicaram recursos nos Ensinos Médio e Superior, mesmo não tendo cumprido plenamente com suas obrigações constitucionais na Educação Infantil. A par da infringência às normas de regulação, essa prática evidencia falta de foco na eleição de prioridades.

Apesar da incontestável escassez de recursos públicos e da crise financeira vivida pelos Municípios – e devido a elas – é necessário investir na boa gestão dos recursos, respeitando-se as prioridades e o planejamento das ações. Além de diagnósticos cuidadosos e do acompanhamento efetivo da execução dos planos de educação, a busca por soluções nessa área, já marcada por deficiências crônicas, passa por atuações multidisciplinares.

Nesse ponto, a ferramenta lançada pelos Tribunais de Contas também auxilia os dirigentes e a população a mapear a situação. Ao constatar riscos, o sistema permite disparar alertas aos administradores dos entes que tiverem baixo desempenho na concretização do plano ou que apresentarem média anual de avanço insuficiente ao atendimento da meta no prazo estipulado. Eventual omissão na correção de rumos poderá repercutir no exame das contas do gestor, conforme definição de cada Tribunal. Outros poderes e órgãos, como o Legislativo, o Ministério Público e o Conselho de Educação, poderão ser comunicados a respeito de forma automática. As informações coletadas ficarão, igualmente, disponíveis a qualquer cidadão.

A transcendência do exame estrito de legalidade para o controle da implementação da própria política desenhada no Plano Nacional de Educação, mediante aferição da oferta de vagas, da qualidade da prestação do serviço, da ampliação da rede pública, da qualificação dos profissionais da educação e da garantia do piso remuneratório, entre outros elementos relevantes, constituiu importante aspecto indutor na atuação dos Tribunais de Contas.

Para ofertar educação que atenda às necessidades da população, é preciso que o poder público planeje as ações na área. Um dos principais mecanismos para se assegurar a efetividade das metas e estratégias definidas para a educação é a inserção da matéria no contexto dos planos plurianuais (PPA), das leis de diretrizes orçamentárias (LDO) e das leis orçamentárias anuais (LOA), entre outros.

Os Municípios devem estar compromissados com a divulgação e a apropriação do conteúdo dos planos orçamentários, com o estímulo à participação social, com o acompanhamento e o monitoramento da sua execução e com o planejamento de suas políticas de acordo com o que está previsto nos documentos sancionados. A Constituição Brasileira, no artigo 227, garante à criança o direito à educação como prioridade absoluta. Dessa forma, as iniciativas voltadas à oferta do serviço pelo poder público devem ser realizadas com primazia, a fim de que se concretize a máxima de que "lugar de criança é no orçamento público".

Reconhecendo que é mesmo falso o dilema entre insuficiência de recursos versus má gestão, é preciso enfrentar o quadro com coragem, dados confiáveis, evidências e na perspectiva da responsabilização de todos aqueles que se omitem ou negligenciam a prestação do direito fundamental à educação de qualidade. Os Tribunais de Contas podem estimular a reflexão, subsidiar as discussões políticas e os debates acadêmicos, e permitir que se estabeleça a cobrança de resultados, a partir de bases consistentes, em relação à gestão educacional.

Os órgãos de controle não devem se limitar ao exame de conformidade do ato à norma, não sendo também suficiente, embora imprescindível, sua incursão no terreno dos resultados auferidos: será preciso dialogar, determinar e orientar, cumprindo os múltiplos papéis que modernamente se reconhece e se exige dos Tribunais de Contas. No contexto que evoca a figura do "melhor amigo do homem", tais instituições deverão mesclar as figuras do cão de caça (aqui, na perspectiva da apuração e da sanção), do cão de guarda (que vigia, fiscaliza, monitora) e do cão guia (que auxilia o agente a alcançar seu objetivo).

5. REFERÊNCIAS

ATRICON, Associação dos Membros dos Tribunais de Contas do Brasil; IRB, Instituto Rui Barbosa. *Perfil da educação pública no Rio Grande do Sul*: educação infantil e ensinos fundamental e médio. Porto Alegre: Grupo Técnico Atricon-IRB, 2018.

ATRICON. *Resolução 13/2015*. 2015. Disponível em: http://www.atricon.org.br/wp-content/uploads/2015/09/Resolu%C3%A7%C3%A3o-Atricon-n.-03-diretrizes-educa%C3%A7%-C3%A3o-%C3%BAltima-vers%C3%A3o.pdf. Acesso em: jul. 2018.

BRASIL. MEC – Ministério da Educação. *Elaboração e adequação dos Planos Subnacionais de Educação*. 2021. Disponível em: http://pne.mec.gov.br/18-planos-subnacionais-de-educacao/36-elaboracao--e-adequacao-dos-planos-subnacionais-de-educacao. Acesso em: 18 jun. 2021.

BRASIL. MEC – Ministério da Educação. *Instituto Nacional de Estudos e Pesquisas Educacionais Anisio Teixeira – Resultados Saeb*. 2020. Disponível em: https://www.gov.br/inep/pt-br/areas-de-atuacao/avaliacao-e-exames-educacionais/saeb/resultados. Acesso em: 18 jun. 2021.

GOMES, Ana Valeska Amaral; BRITTO, Tatiana Feitosa de (Orgs.). *Plano Nacional de Educação*: construção e perspectivas. Brasília: Edições Câmara dos Deputados; Edições Técnicas do Senado Federal, 2015.

MARTINS JÚNIOR, Wallace Paiva. *Transparência administrativa*: publicidade,

motivação e participação popular. São Paulo: Saraiva, 2004.

MPC-RS – Ministério Público de Contas do Rio Grande do Sul. *Educação Infantil*: a primeira infância relegada à sua própria (má) sorte. 2007. Disponível em: https://www.mprs.mp.br/media/areas/infancia/arquivos/educacaoinfantil.pdf. Acesso em: set. 2018.

OLIVEIRA, Priscila Pinto de. *A influência da imprensa no processo de ampliação da transparência no TCE-RS*. 2012. 121 f. Dissertação (Mestrado em Ciências Sociais) – Pontifícia Universidade Católica do Rio Grande do Sul, Porto Alegre, 2012.

QEDU é atualizado com dados do Saeb 2019. *Portal Iede*, fev. 2021. Disponível em: https://www.portaliede.com.br/qedu-e-atualizado-com-dados-do-saeb-2019/. Acesso em: 18 jun. 2021.

TCE-RS – Tribunal de Contas do Estado do Rio Grande do Sul. *Análise dos planos de educação dos Município dos RS*. Porto Alegre, 2017. Disponível em: https://portal.tce.rs.gov.br/portal/page/portal/

tcers/publicacoes/estudos/estudos_pesquisas/An%C3%A1lise_dos_planos_de_educa%C3%A7%-
C3%A3o_%C3%BAltima_vers%C3%A3o.pdf. Acesso em: jun. 2021.

TCE-RS – Tribunal de Contas do Estado do Rio Grande do Sul. *Diagnóstico dos Conselhos Tutelares do RS*. Porto Alegre, 2015. Disponível em: http://www1.tce.rs.gov.br/portal/page/portal/noticias_internet/ textos_diversos_pente_fino/diagnosticopdf.pdf. Acesso em: ago. 2018.

TCE-RS – Tribunal de Contas do Estado do Rio Grande do Sul. *Estudos e pesquisas*. Porto Alegre, 2022. Disponível em: https://portalnovo.tce.rs.gov.br/cidadao/estudos-e-pesquisas/. Acesso em: 25 fev. 2022.

TCE-RS – Tribunal de Contas do Estado do Rio Grande do Sul. *Radiografia da educação infantil*. Porto Alegre, 2011. Disponível em: http://www1.tce.rs.gov.br/portal/page/portal/tcers/publicacoes/estudos/estudos_pesquisas/educacao_infantil. Acesso em: set. 2018.

TCE-RS – Tribunal de Contas do Estado do Rio Grande do Sul. *Resolução 1.093/2018*. Porto Alegre, 2018. Disponível em: Erro! A referência de hiperlink não é válida.https://atosoficiais.com.br/tcers/resolucao-n-1093-2018-estabelece-. Acesso em: mai. 2021.

TERRA. *Maioria das cidades não pagou piso dos professores em 2016*. 12 jan. 2017. Disponível em: https://noticias.terra.com.br/educacao/menos-da-metade-dos-municipios-declararam-cumprir-o-piso-dos--professores-em-2016,338fc62bc209c3a3005a5ca19aaf006b3p2isl3d.html. Acesso em: 17 jan. 2017.

UNICEF – Fundo das Nações Unidas para a Infância. *Pobreza na infância e na adolescência*. Brasília: Unicef, 2018. Disponível em: https://www.unicef.org/brazil/pt/pobreza_infancia_adolescencia.pdf. Acesso em: ago. 2018.

ZERO HORA. *Carências na educação*, 2018. Disponível em:https://gauchazh.clicrbs.com.br/opiniao/noticia/2018/08/carencias-na-educacao-cjkd4x6wd008001pi2oimnjw2.html. Acesso em: set. 2018.

DE BRESSER AOS DIAS ATUAIS: CAMINHOS E DESAFIOS DO TERCEIRO SETOR

Dimas Ramalho

Conselheiro do Tribunal de Contas do Estado de São Paulo, coordenador dos Cursos de Pós-Graduação *latu sensu* em Direito da UNINOVE (Universidade Nove de Julho) e professor licenciado da UNIARA (Universidade de Araraquara). Foi membro do Ministério Público do Estado de São Paulo, deputado estadual e federal.

Sumário: Introdução – 1. A mudança de paradigma na administração pública – 2. Processo de publicização – 3. A adaptação do setor de serviços essenciais não exclusivos ao novo paradigma – 4. Âmbito legal – 5. Âmbito cultural – 6. Outras barreiras ao modelo gerencial e a inafastabilidade da lógica política – 7. Considerações finais – 8. Referências bibliográficas.

INTRODUÇÃO

Turbulência política e crise econômica são fatores com potencial para estremecer os fundamentos de uma nação, sobretudo se ambos estiverem atrelados. É natural, portanto, que os brasileiros venham se questionando há alguns anos sobre a eventual necessidade de uma reforma no alicerce e nas estruturas do Estado.

No intuito de vislumbrar caminhos, o presente artigo se propõe a fazer uma breve retrospectiva da trajetória brasileira rumo à modernização da administração pública nas últimas décadas e a analisar, especificamente, a inserção do Terceiro Setor no âmbito dos serviços essenciais e não exclusivos do Estado, para tentar identificar os principais avanços e dificuldades.

O texto adota como marco teórico o Plano Diretor de Reforma do Aparelho de Estado, proposto em 1995 pelo então ministro da Administração Federal e Reforma do Estado, Luiz Carlos Bresser Pereira. Trata-se de uma iniciativa valiosa, baseada em um amplo diagnóstico que foi capaz de nortear a agenda de aprimoramento da gestão pública.

Inicialmente, o trabalho revisita conceitos básicos usados no referido Plano, como a administração pública gerencial e o processo de publicização. Em seguida, são expostos os pontos considerados relevantes na adaptação do setor de serviços essenciais e não exclusivos, tanto no âmbito legal quanto no cultural. Na sequência, o artigo aponta críticas e obstáculos à implementação do novo modelo de administração pública; e, por fim, apresenta reflexões sobre as perspectivas atuais.

1. A MUDANÇA DE PARADIGMA NA ADMINISTRAÇÃO PÚBLICA

Sob a influência de uma grave crise fiscal e a consequente perda de efetividade do Estado, o Plano Diretor de Reforma do Aparelho do Estado buscou referências internacionais para propor uma mudança de paradigma na gestão pública brasileira.

O projeto deflagrado no primeiro mandato do presidente Fernando Henrique Cardoso (1995-1998) quis impulsionar a transição do modelo burocrático de administração para o modelo gerencial, no intuito de reconstruir o Estado enquanto espaço público e de aumentar sua capacidade de governar com eficiência e eficácia. A proposta atestou a obsolescência da administração pública burocrática, originária do Estado liberal do século XIX, que tentou, à época, superar o patrimonialismo predominante em uma máquina centrada, até então, na vontade deliberante dos detentores do Poder. Para tanto, o Estado burocrático tinha como preocupação central a ordem e a segurança jurídico-administrativa das relações, mediante o formalismo procedimental, suficiente para garantir a impessoalidade e combater privilégios e corrupção, o que exigia controles administrativos rígidos de todo e qualquer processo. Esse foco no controle de distorções, no entanto, acabou trazendo como efeito colateral uma estrutura voltada para si mesma e incapaz de atender da forma desejada às novas funções absorvidas pelo Estado ao longo do século XX.

EVOLUÇÃO DOS MODELOS DE ADMINISTRAÇÃO PÚBLICA

PATRIMONIALISTA   =>   BUROCRÁTICO   =>   GERENCIAL

(herança colonial)   (fruto do Estado Liberal)   (fim do séc. XX)

Já a administração pública gerencial surge como superação ou resposta (a depender da corrente que a interprete) ao modelo burocrático, em um contexto de globalização e crise do Estado, na segunda metade do século passado. O novo paradigma trouxe métodos clássicos do setor privado, como a fixação de metas e foco no resultado, com maior autonomia aos gestores. "A diferença fundamental está na forma de controle, que deixa de basear-se nos processos para concentrar-se nos resultados." (BRESSER PEREIRA, 1995) Essa mudança de chave, tanto no aspecto institucional-legal quanto no aspecto cultural, era o objetivo geral da proposta apresentada, há 25 anos, pelo então ministro.

2. PROCESSO DE PUBLICIZAÇÃO

O projeto de reforma do aparelho do Estado previu a reformulação de todos os setores, passando pela profissionalização da cúpula do funcionalismo e pela continuidade da privatização de atividades voltadas exclusivamente ao mercado. Contudo, restringiremos o objeto deste trabalho ao setor de serviços essenciais e não exclusivos, aquele em que o Estado convive com a iniciativa privada na prestação de serviços sociais em áreas como saúde, educação, cultura e pesquisa científica.[1]

A opção metodológica decorre do simbolismo atribuído por Bresser Pereira ao setor no contexto da reforma. Ao tratar especificamente dos serviços essenciais e não exclusivos, o projeto previu um Plano Nacional de Publicização, para transferir essas atividades da estrutura estatal às mãos do Terceiro Setor em forma de Organizações Sociais. Esse tipo de entidade surgiu anos depois com um desenho institucional que buscava garantir o controle social dos serviços e do uso dos recursos públicos por meio de Conselhos de Administração, que teriam, entre seus integrantes, membros da comunidade local e do Estado, obrigatoriamente.

O pressuposto ideológico impunha ao Estado continuar custeando serviços ligados aos direitos fundamentais dos cidadãos, porém, de forma mais eficiente, agora por meio de entidades que comporiam o setor público não estatal, um espaço intermediário entre o Estado e o mercado.

Esse processo representaria de forma exemplar a migração do modelo burocrático para o modelo gerencial. Em vez de prestar os serviços diretamente, empregando servidores públicos e processos supercontrolados (essencialmente lentos), o Estado passaria a subsidiar entidades sem fins lucrativos, com maior autonomia e agilidade para prestá-los, com qualidade e eficiência. Caberia ainda ao Estado planejar as ações, controlar sua execução e avaliar, junto com a sociedade, os resultados, a partir de relatórios de desempenho e prestações de contas.

O programa de publicização, nas palavras de Bresser Pereira (1998), representava "uma alternativa ao estatismo, que pretende tudo realizar diretamente pelo Estado, e à privatização, pela qual se pretende tudo reduzir à lógica do mercado e do lucro privado". Na prática, o processo exigiria a extinção da entidade estatal até então responsável pelo serviço, ou retração dos órgãos da Administração Direta, com consequente absorção por Organizações Sociais criadas por pessoas físicas sob o regime de direito privado. Essas Organizações Sociais poderiam receber recursos, bens e servidores públicos em cessão, por meio de um contrato de gestão, em troca do cumprimento de metas e da elevação na qualidade do serviço.

3. A ADAPTAÇÃO DO SETOR DE SERVIÇOS ESSENCIAIS NÃO EXCLUSIVOS AO NOVO PARADIGMA

A construção de um espaço público não estatal a partir das Organizações Sociais, que assumiriam gradativamente os serviços públicos de saúde, educação, cultura, ciência e tecnologia, era, portanto, estratégica e simbólica para o início da transformação do modelo burocrático em um modelo gerencial de administração pública.

---

1. Ao expor o escopo de seu projeto, Bresser Pereira faz uma distinção conceitual para esclarecer que 'aparelho do Estado' é a estrutura organizacional constituída pelo governo, por um corpo de funcionários e pelos militares. O 'Estado', por sua vez, é mais abrangente, pois inclui o sistema constitucional-legal, que possui o monopólio da violência legal, de legislar e de tributar uma população.

O que se observou ao longo dos anos foi, de fato, uma forte inserção do Terceiro Setor nessas áreas, mas de forma bem menos ordenada do que a planejada no processo de publicização, seja por questões legais ou culturais.

4. ÂMBITO LEGAL

A normatização das Organizações Sociais (Lei das OSs, 9.637/98) e, logo em seguida, das Organizações da Sociedade Civil de Interesse Público (Lei das OSCIPs, 9.790/99) buscou lançar, no final dos anos 1990, as bases legais para a transferência dos serviços essenciais e não exclusivos das mãos do Estado para o Terceiro Setor. Ambas as leis previram desenhos institucionais complexos, além de instrumentos jurídicos específicos, para que o setor público fizesse transferências de recursos. O objetivo era diferenciar as entidades que conseguissem a titulação, para padronizar o tratamento legal entre elas e estabelecer mecanismos de controle.

Desde então, no entanto, a relação entre o Estado e as entidades prestadoras dos serviços sociais não ficou restrita às figuras das OSs e das OSCIPs. Barreiras burocráticas, como os inúmeros requisitos legais de qualificação, fizeram com que o setor buscasse caminhos muitas vezes improvisados. O resultado foi uma absorção das atividades, em grande parte, por organizações sem o devido credenciamento e o formato imaginados.

As duas décadas que se seguiram foram marcadas pela ausência de uma legislação estruturante e abrangente para o Terceiro Setor. As transferências de recursos aos prestadores de serviço de interesse público utilizaram majoritariamente instrumentos jurídicos inadequados ou insuficientemente regulados, como convênios, criados, em princípio, para descentralização das atividades da Administração Federal para os Entes Federados (Decreto-Lei nº 200 de 25.02.1967) e, posteriormente, estendendo-se às entidades privadas sem fins lucrativos (Decreto nº 93.872, de 23.12.1986). Isso contribuiu para a insegurança jurídica e para a falta de homogeneidade nos critérios de escolha das entidades parceiras e na definição de suas práticas de gestão e de prestação de contas.

Em consequência desse cenário, o setor inteiro enfrentou a estigmatização resultante de um processo de escrutínio que incluiu duas Comissões Parlamentares de Inquérito no Congresso Nacional, em 2002 e 2007, para investigar irregularidades na destinação de recursos públicos a Organizações Não Governamentais. A exposição do Terceiro Setor evidenciou a insegurança jurídico-legislativa existente, estimulando o debate que resultou em uma proposta de regulamentação e, finalmente, nas Leis 13.019/2014 e 13.204/2015, o chamado MROSC (Marco Regulatório das Organizações da Sociedade Civil), em vigor desde o início de 2016.

Para aperfeiçoar o ambiente jurídico e institucional das relações entre organizações da sociedade civil e o Estado, a nova legislação criou instrumentos apropriados para a transferência de recursos públicos, a exemplo do termo de colaboração e do termo de fomento (obviamente, excepcionando-se as hipóteses expressamente previstas), independentemente de titulação ou certificação das entidades, o que significou uma revisão da proposta original de Bresser Pereira para ampliar a legitimação das relações do Estado para com todo o setor.

> As experiências do termo de parceria da Lei das OSCIPs e do contrato de gestão da Lei das Organizações Sociais foram analisadas e consideradas, mas a avaliação geral era de que a exigência de titulação impunha restrições desnecessárias. Trabalhou-se, portanto, na criação de instrumentos voltados a formalizar a celebração de parcerias com um universo mais amplo de organizações, de objetos e formas de execução mais transversais, aproximando-os da realidade das organizações (SECRETARIA-GERAL DA PRESIDÊNCIA DA REPÚBLICA, 2015, p. 72).

Outro importante avanço normativo em relação às parcerias está relacionado à democratização e transparência no acesso aos recursos. Ficou consolidada a regra do chamamento público, em que se privilegia a isonomia na seleção das entidades para a execução de serviços vinculados a políticas públicas. A norma também prevê comissões de monitoramento e avaliação, responsáveis por apoiar gestores das entidades e, eventualmente, corrigir rumos. Integrado por ao menos um servidor da administração pública, o colegiado retoma de forma adaptada a ideia original do Plano de Bresser Pereira, que se preocupava em manter as atividades sob a observação direta do Estado e da sociedade.

Também vale destacar o papel atribuído às plataformas digitais, que elevaram exponencialmente, neste século, o potencial de efetivação do controle social. Diferentes dispositivos do MROSC estabelecem a internet como instrumento de publicização, exigindo, dentre outras coisas, que informações detalhadas sobre todas as parcerias firmadas sejam disponibilizadas tanto nas páginas oficiais do ente estatal quanto nas das organizações da sociedade civil. A legislação também determina à administração que viabilize o acompanhamento *on-line* da liberação dos recursos públicos e ofereça canais de representação sobre eventual aplicação irregular.

Nesse sentido, ainda, merece registro a contribuição dada pela Lei Federal n° 12.527/2011, mais conhecida como *Lei de Acesso à Informação*, cujo art. 2° dispõe que os dispositivos da norma devem ser aplicados, no que couber, às entidades do terceiro setor quanto às atividades realizadas mediante repasse. O parágrafo único do mesmo artigo não deixa dúvida de que a expressão "no que couber" abrange, no mínimo, a obrigatoriedade de dar publicidade ativa da "parcela dos recursos públicos recebidos e à sua destinação, sem prejuízo das prestações de contas", conforme defendi em artigo publicado (em 2018) por ocasião dos seis anos da vigência da lei.

5. ÂMBITO CULTURAL

Para além das barreiras e omissões legais, o processo de adaptação do setor de serviços essenciais não exclusivos sofreu também influxo cultural, cujas causas e consequências são mais difusas, mas não menos impactantes. A estrutura estatal, as entidades do Terceiro Setor e a própria sociedade foram consideradas como atores vívidos e interativos no modelo gerencial de administração pública imaginado no Plano Diretor, o que exigiria a implantação de novos métodos e práticas.

Por parte do setor público, a transição para o modelo com foco nos resultados acabou se revelando bastante difícil e lento, sobretudo pela falta de parâmetros e ferramentas que permitissem uma aferição e uma avaliação objetivas e fidedignas dos resultados do trabalho realizado pelas entidades do Terceiro Setor.

Como observa a própria publicação da Secretaria-Geral da Presidência sobre o MROSC, a priorização dos resultados exige dos órgãos públicos conhecimento avançado sobre custos, métodos e indicadores para que existam condições de se saber se o valor repassado pelo Estado é justo e adequado ao programa em questão e à região analisada (p. 113 e 114). A adaptação necessita, portanto, mais do que reforma da moldura jurídica da relação institucional. Demanda uma nova mentalidade de quem presta o serviço e de quem o controla, inclusive a adoção de práticas administrativas de coleta e análise de dados, criação de indicadores, mecanismos de acompanhamento e também de responsabilização no controle *a posteriori*.

Em relação ao papel e engajamento da sociedade nesse processo, pode-se dizer que há um longo caminho a ser percorrido para que se alcance um grau satisfatório de participação comunitária no controle das políticas públicas executadas pelo Terceiro Setor a partir de recursos públicos. A mudança envolve desde a avaliação concomitante dos usuários – principais fiscais do serviço usufruído – até a disponibilidade ostensiva de dados de gestão e financeiros para a comunidade.

Segundo Motta (2013), o processo de transição para o novo modelo de administração pública sofre forte influência dos valores e crenças que permeiam o contexto cultural. Por isso, o sistema gerencial, conforme o autor, teve maior aderência em países tradicionalmente menos legalistas e formalistas, como Inglaterra, EUA e Nova Zelândia, onde já havia um domínio do "pragmatismo gerencial" mesmo antes das respectivas reformas do aparelho estatal. Essa influência da tradição cultural também poderia explicar parcialmente a limitada participação do cidadão brasileiro no monitoramento e controle dos serviços públicos. Afinal, trata-se de um país marcado, em grande medida, pelo persistente patrimonialismo na gestão pública e patriarcalismo na entrega de bens e serviços, sem apropriação, por legitimidade, pelos cidadãos. Apesar de reconhecer o pioneirismo do diagnóstico realizado por Bresser Pereira, Abrucio (2007) aponta certa dificuldade do então ministro em "traduzir politicamente" as transformações internacionais para as "peculiaridades brasileiras".

6. OUTRAS BARREIRAS AO MODELO GERENCIAL E A INAFASTABILIDADE DA LÓGICA POLÍTICA

Boa parte dos obstáculos que o Brasil enfrentou, em qualquer esfera de governo ou Poder da República, durante essa tentativa de migração para o modelo gerencial, provavelmente decorre não só do contexto nacional, mas da natural complexidade de adaptação dos princípios do setor privado à máquina estatal.

A diferença de finalidade dos dois setores é fundamental para se entender essas dificuldades. Enquanto a iniciativa privada está atenta a qualquer inovação e oportunidade capaz de elevar sua produtividade e seu lucro, o setor público depende de consensos para efetivar qualquer guinada, a partir de processos legislativos ou atos normativos oriundos de um governo sujeito às pressões políticas setoriais.

Além disso, soa ingênuo considerar que o gestor público, em geral, não seja mais eficiente por desconhecer métodos modernos de administração. Mais razoável é entender que sua função não permite que se vislumbrem somente resultados, uma vez que recaem permanentemente sobre seus ombros conflitos políticos, além da limitação crônica de recursos financeiros diante de planejamentos carentes de ferramentas sólidas. A chave parece residir na forma de integração desses instrumentos gerenciais privados ao setor público, o qual sempre estará vinculado à lógica política. Tal influência, porém, deveria ser mais limitada às diretrizes gerais e menos às práticas administrativas cotidianas. A inevitabilidade dessa contradição é exposta no clássico de Dwight Waldo, *O Estado Administrativo*, de 1948, relembrado por Motta:

> A legítima função política é fazer funcionar as organizações públicas, segundo diretrizes, democraticamente conquistadas em eleições, e não se imiscuir no seu funcionamento. Impor diretrizes políticas no expediente das organizações públicas é o preço que se paga para se ter democracia fora dele (2013).

Em suma, as eventuais dificuldades que possam surgir em razão da prevalência da política na gestão da esfera pública não devem ser vistas como obstáculos a serem removidos, mas como elementos integrantes e constitutivos da democracia. Cabe ao governante e ao gestor administrar conflitos e pressões da melhor forma possível, lançando mão cada vez mais das ferramentas próprias do setor privado, trazidas pelo modelo gerencial de administração pública, que podem otimizar processos e economizar recursos na prestação de serviços ao cidadão.

7. CONSIDERAÇÕES FINAIS

Repassados os principais pontos que marcaram a tentativa de reforma do aparelho estatal, especificamente no setor de serviços essenciais e não exclusivos do Estado, podemos tentar entender até que ponto o objetivo da publicização proposta no Plano Diretor de Reforma do Aparelho de Estado foi alcançado e quais os caminhos que ainda podem ser trilhados para aprimorá-la.

Em relação aos ganhos em eficiência e eficácia dos serviços públicos, tão esperados com a forte entrada do Terceiro Setor nas áreas sociais, cabe dizer que ainda são modestos em relação ao seu potencial. A transição para um cenário de alta qualidade e economicidade depende de maior institucionalização das relações entre Estado e organizações da sociedade civil e da construção de melhores mecanismos de controle, capazes de avaliar o desempenho das entidades parceiras e de orientar as futuras decisões dos órgãos do Estado.

A necessária moldura legal parece estar disponível com o MROSC, restando aos órgãos de controle interno e externo a responsabilidade de zelar por sua correta implementação nas novas parcerias. A importância do marco regulatório pode ser resumida pela observação de Abrucio (2007), segundo o qual "nenhum ente privado ou ONG fará melhor que o Estado caso não seja regulado".

Já a desejada aproximação da sociedade aos serviços públicos, para que o cidadão os fiscalize diretamente, também teve avanços pontuais. No entanto, uma mudança estrutural e mesmo cultural dificilmente ocorrerá apenas com medidas formais, como a criação de assentos para membros da comunidade em um conselho fiscal ou de administração.

O tema poderia ser mais bem trabalhado a partir de instrumentos já existentes e muitas vezes subestimados, como os conselhos setoriais de políticas públicas e as ouvidorias, conforme já expusemos anteriormente (2016).

Poucas vezes viveu-se um período tão turbulento e, ao mesmo tempo, tão oportuno para estimular o uso desses canais de participação direta, uma vez que a própria sociedade demanda mais atenção e espaço na cena política, seja nas ruas ou em plataformas digitais. Colocar esses canais à disposição de todos aqueles que tenham interesse em contribuir e participar da formulação e do controle das políticas públicas parece ser o caminho mais apropriado e natural para o Estado canalizar a pressão popular e conduzir uma reforma consistente.

8. REFERÊNCIAS BIBLIOGRÁFICAS

ABRUCIO, Fernando Luiz. Trajetória Recente da Gestão Pública Brasileira: um balanço crítico e a renovação da agenda de reformas. *Revista de Administração Pública*, Rio de Janeiro, v. 41, n. spe, 2007. Disponível em: http://www.scielo.br/scielo.php?script=sci_ arttext&pid=S0034-76122007000700005&lng=en&nrm=iso&tlng=pt. Acesso em: 8 jun. 2020.

BRESSER PEREIRA, Luiz Carlos. As Organizações Sociais. In: *Reforma do Estado para a Cidadania*. São Paulo: Editora 34, 1998. cap. 13. p. 234-250.

BRESSER PEREIRA, Luiz Carlos. *A Reforma do Estado dos anos 90: Lógica e Mecanismos de Controle*. Caderno 1, 5. ed. Brasília: Ministério da Administração Federal e Reforma do Estado, Secretaria da Reforma do Estado, 1997.

BRESSER PEREIRA, Luiz Carlos. As Organizações Sociais. *Folha de S. Paulo*, São Paulo, 22 maio 1995. Disponível em: http://www1.folha.uol.com.br/fsp/1995/5/22/opiniao/9.html. Acesso em: 09 jul. 2020.

MINISTÉRIO DA ADMINISTRAÇÃO FEDERAL E REFORMA DO ESTADO. *Organizações Sociais*. Caderno 2, 5. ed. Brasília: Secretaria da Reforma do Estado, 1998. Disponível em: http://www.bresserpereira.org.br/Documents/MARE/OS/caderno2.pdf. Acesso em: 8 jul. 2020.

MINISTÉRIO DA ADMINISTRAÇÃO FEDERAL E REFORMA DO ESTADO. *Plano Diretor da Reforma do Aparelho do Estado*. Brasília: Secretaria da Reforma do Estado, 1995. Plano aprovado pela Câmara da Reforma do Estado da Presidência da República em setembro de 1995. Disponível em: http://www.biblioteca.presidencia.gov.br/publicacoes-oficiais/ catalogo/fhc/plano-diretor-da-reforma-do-aparelho-do-estado-1995.pdf/view. Acesso em: 8 jul. 2020.

MOTTA, Paulo Roberto de Mendonça. O Estado da Arte da Gestão Pública. *Revista de Administração de Empresas,* São Paulo, 2013, v. 53, n. 1. Disponível em: http:// www.scielo.br/scielo.php?script=sci_arttext&pid=S0034-75902013000100008. Acesso em: 08 jul. 2020.

RAMALHO, Dimas Eduardo. O Subestimado Papel dos Conselhos Municipais de Políticas Públicas, *JOTA*, 29 out. 2016. Disponível em: https://jota.info/artigos/o-subestimadopapel-dos-conselhos--municipais-de-politicas-publicas-29102016. Acesso em: 08 jul. 2020.

RAMALHO, Dimas. Seis Anos de Lei de Acesso à Informação e o Terceiro Setor. *JOTA*, 16 maio 2018. Disponível em: https://www.jota.info/opiniao-e-analise/artigos/seis-anosde-lei-de-acesso-a-infor-macao-e-o-terceiro-setor-16052018. Acesso em: 09 jul. 2020.

SECRETARIA-GERAL DA PRESIDÊNCIA DA REPÚBLICA. *Marco Regulatório das Organizações da Sociedade Civil*: A Construção da Agenda no Governo Federal – 2011 a 2014. Brasília, 2015. Disponível em: http://www.participa.br/articles/public/0016/8824/ 04.12.15_MROSC_ArquivoComple-to_Capa_Miolo.pdf. Acesso em: 08 jul. 2020.

LEGISLAÇÃO:

BRASIL. *Lei 9.637, de 15 de maio de 1998*. Dispõe sobre a qualificação de entidades como organizações sociais, a criação do Programa Nacional de Publicização, a extinção dos órgãos e entidades que menciona e a absorção de suas atividades por organizações sociais, e dá outras providências. Diário Oficial da República Federativa do Brasil, Brasília, 18 mai. 1998. Disponível em: http://www.planalto.gov.br/ccivil_03/leis/L9637.htm. Acesso em: 08 jun. 2020.

BRASIL. *Lei 9.790, de 23 de março de 1999*. Dispõe sobre a qualificação de pessoas jurídicas de direito privado, sem fins lucrativos, como Organizações da Sociedade Civil de Interesse Público, institui e disciplina o Termo de Parceria, e dá outras providências. Diário Oficial da República Federativa do Brasil, Brasília, 24 mar. 1999. Disponível em: http://www.planalto.gov.br/ccivil_03/leis/L9790.htm. Acesso em: 08 jun. 2020.

BRASIL. *Lei 12.527/2011, de 18 de novembro de 2011*. Regula o acesso a informações previsto no inciso XXXIII do art. 5º, no inciso II do § 3º do art. 37 e no § 2º do art. 216 da Constituição Federal; altera a Lei nº 8.112, de 11 de dezembro de 1990; revoga a Lei nº 11.111, de 5 de maio de 2005, e dispositivos da Lei nº 8.159, de 8 de janeiro de 1991; e dá outras providências. Diário Oficial da República Federativa do Brasil, Brasília, 18 nov. 2011. Disponível em: http://www.planalto.gov.br/ccivil_03/_ato2011-2014/2011/ lei/l12527.htm. Acesso em: 08 jun. 2020.

BRASIL. *Lei 13.019, de 31 de julho de 2014*. Estabelece o regime jurídico das parcerias entre a administração pública e as organizações da sociedade civil [...]. Diário Oficial da República Federativa do Brasil, Brasília, 1 ago. 2014. Disponível em: http://www. planalto.gov.br/ccivil_03/_ato2011-2014/2014/lei/l13019.htm. Acesso em: 08 jun. 2020.

BRASIL. *Lei 13.204, de 14 de dezembro de 2015*. Altera a Lei 13.019, de 31 de julho de 2014. Diário Oficial da República Federativa do Brasil, Brasília, 15 dez.2015. Disponível em: http://www.planalto.gov.br/ccivil_03/_ato2015-2018/2015/lei/l13204. htm. Acesso em: 08 jun. 2020.

A NOVA ERA DA SÚMULA 347 NO SUPREMO TRIBUNAL FEDERAL

Edloy Menezes

Mestre em Direito, professor convidado da Universidade Nove de Julho – UNINOVE, assessor de Conselheiro junto ao Tribunal de Contas do Estado de São Paulo.

Sumário: 1. Introdução – 2. A atividade dos Tribunais de Contas e a validação pelo Supremo Tribunal Federal do controle de constitucionalidade – 3. Conclusão – 4. Referências.

---

1. INTRODUÇÃO

Muito vem se debatendo sobre a possibilidade dos Tribunais de Contas exercerem o controle de constitucionalidade das normas quando do exercício de sua atividade, em especial depois da ordem constitucional inaugurada com a Constituição de 1988. Assim, no ordenamento constitucional então vigente, o Supremo Tribunal Federal editou a Súmula 347, franqueando aos Tribunais de Contas o controle de constitucionalidade. No entanto, vozes se levantam dentro da própria Corte mostrando a necessidade de uma revisita e de uma nova interpretação ao tema, sem, contudo, limitar a própria atuação das Cortes de Contas em suas relevantes atividades, as quais têm fundamento calcado diretamente no texto constitucional.

Não é de hoje que se conclui que o controle de legalidade exercido pelo Tribunal de Contas dos atos e procedimentos da Administração Pública direta e indireta de todas as esferas da federação deve ser entendido em sua amplitude. Portanto, a análise dos atos e procedimentos da Administração Pública necessita ser realizada em face de todo o ordenamento jurídico e, sobretudo, à luz da compatibilidade vertical com a Constituição Federal, já que, havendo desrespeito, o ato em confronto pode ser tido como inexistente, fulminado de validade e, dependendo do grau de eficácia, sem quaisquer efeitos jurídicos.

Sintetizando a ideia, Mileski[1] ensina que a ampliação da análise jurídica decorre do princípio da legalidade, segundo o qual a fiscalização contábil, financeira e orçamentária a ser realizada com base na verificação da constitucionalidade das leis e demais atos administrativos, com o objetivo de que seja preservado o ordenamento jurídico que foi esculpido pela ordem constitucional então vigente.

---

1. "Em decorrência dessa amplitude de análise jurídica que advém da aplicação do princípio da legalidade, a fiscalização contábil, financeira e orçamentária também deve ser efetuada mediante um exame de constitucionalidade das leis e dos atos administrativos, no sentido de preservar a ordem jurídica determinada constitucionalmente." MILESKI, Hélio Saul. O controle da gestão pública. São Paulo: *Revista dos Tribunais*, 2003, p. 247.

2. A ATIVIDADE DOS TRIBUNAIS DE CONTAS E A VALIDAÇÃO PELO SUPREMO TRIBUNAL FEDERAL DO CONTROLE DE CONSTITUCIONALIDADE

Ainda sob a regência da Constituição de 1946, o Supremo Tribunal Federal, em súmula, com publicação em 13/12/1963, consagrou: "Súmula 347. O Tribunal de Contas, no exercício de suas atribuições, pode apreciar a constitucionalidade das leis e dos atos do Poder Público."[2]

Portanto, de forma taxativa e direta, foi assegurado o exercício do controle de constitucionalidade pelo Tribunal de Contas, sendo tal entendimento oriundo da decisão no Recurso em Mandado de Segurança (RMS) 8.372/CE, publicado em 26/04/1962[3], no qual foi feita uma distinção em relação à não aplicação de leis que fossem inconstitucionais e a declaração de inconstitucionalidade em si mesma, quando então se apontou que a primeira é obrigação de qualquer Tribunal ou órgão de poder do Estado.

É importante explicitar que o entendimento fixado pelo Supremo Tribunal Federal não concedeu ao Tribunal de Contas amplo e irrestrito controle de constitucionalidade de leis ou atos normativos do poder público (até porque tal função é afeta ao Poder Judiciário, o qual não é integrado pelas Cortes de Contas), mas, ao contrário, abriu a possibilidade de lhe serem negadas as aplicações quando inconstitucionais durante o exercício das funções que lhe forem atribuídas constitucionalmente.

Com relação ao tema, Mileski[4] leciona que ao conferir tais atribuições aos Tribunais de Contas, sobretudo quando possibilita negar execução aos textos em análise, o objetivo é impedir a continuidade de sua aplicação, evitando e prevenindo prejuízos de natureza jurídica, econômica e financeira que poderiam advir da subsunção prática da norma.

Portanto, nas palavras de Luiz Henrique Lima[5], "o controle de constitucionalidade exercido pelo Tribunal de Contas é o controle incidental ou difuso, político, repressivo, com efeitos *inter partes,* referentes aos processos submetidos a sua apreciação e relativo a matérias de sua competência".

---

2. SÚMULAS DO STF. In: *Vade Mecum Saraiva Compacto.* 17. ed. São Paulo: Saraiva, 2017, p. 1.697.

3. STF. Plenário. RMS 8.372/CE. Não ofende a direito líquido e certo o ato do Tribunal de Contas que nega registro a aposentadoria fundada em lei revogada. Recurso não provido. Brasília: DJ, Seção 1. 26 abr. 1962.

4. "Logicamente que apreciar a constitucionalidade não significa poderes para decretar a inconstitucionalidade das leis e dos atos do poder público. Contudo, como qualquer decisão decorrente de avaliação jurídica deve, necessariamente, repercutir num efeito prático, pois, se assim não fosse, tratar-se-ia de uma decisão inócua, pode-se afirmar que a apreciação de constitucionalidade realizada pelo Tribunal de Contas, embora não possa produzir a retirada do mundo jurídico das leis e atos analisados, opera o efeito de negar executoriedade aos textos examinados, obstando a continuidade de sua utilização, no sentido de evitar os decorrentes prejuízos de natureza jurídica, econômica e financeira." – MILESKI, Hélio Saul. *O controle da gestão pública.* São Paulo: *Revista dos Tribunais,* 2003, p. 248.

5. LIMA, Luiz Henrique. *Controle externo*: teoria, legislação, jurisprudência e mais 450 questões. Rio de Janeiro: Elsevier, 2008, p.159.

Diz-se controle de constitucionalidade incidental ou difuso, pois a Corte de Contas analisa a matéria constitucional no caso concreto em preliminar do mérito, seja nos processos de contas, no julgamento das prestações ou nas tomadas, bem como naqueles relacionados com atos de pessoal sujeitos a registro e de atos administrativos em geral.

Denomina-se *controle de constitucionalidade político* aquele que é feito de forma extrajudicial, decorrendo do fato de não ser o Tribunal de Contas integrante do Poder Judiciário.

Ainda em decorrência da própria característica do controle constitucional difuso, os efeitos da decisão são limitados apenas às partes, quando então ocorre apenas o afastamento do ato normativo tido como inconstitucional, o que não gera sua retirada do ordenamento jurídico.

Não se pode deixar de se considerar que a totalidade das vertentes desse controle de constitucionalidade exercido pelo Tribunal de Contas, por serem abrangentes a apenas casos concretos, não se revestem da qualidade de definitividade, pois suas decisões são passíveis de controle por parte do Poder Judiciário em razão do sistema de jurisdição una adotado pelo Brasil.

Portanto, em decorrência da competência atribuída aos Tribunais de Contas por força do inciso X do art. 71 da Constituição Federal, estes têm o dever, em casos concretos, de não aplicar uma lei por considerá-la inconstitucional e, ainda, sustar atos praticados com base em preceitos normativos inconstitucionais, o que acarreta um controle de constitucionalidade incidental, considerando-se a possibilidade do controle de legitimidade, conforme leciona Ricardo Lobo Torres[6]. No entanto, este tema vem sendo revisitado e examinado pelo Supremo Tribunal Federal.

Toda problemática surgiu quando o Tribunal de Contas da União, entendendo que um procedimento licitatório simplificado[7] violaria disposições constitucionais, determinou que a Petrobrás se abstivesse de adotá-lo[8]. Em decorrência da decisão da Corte de Contas (Acórdão 39/2006 – processo TC-008.210/2004-7), a matéria foi submetida à apreciação do Supremo Tribunal Federal, tendo tido uma decisão mo-

---

6. "A inconstitucionalidade das leis *in abstracto* não a decretam o Tribunal de Contas nem os órgãos de controle externo ou interno, posto que, além de não exercerem função jurisdicional, limitam-se a apreciar casos concretos. Mas a inconstitucionalidade dos atos administrativos pode ser reconhecida *in casu* pelos órgãos de controle, que se negarão a aprova-los ou a dar quitação aos responsáveis, alinhando-se com a lei e a Constituição. [...] A declaração incidental da inconstitucionalidade tornou-se evidente no texto de 1988, mercê da possibilidade do controle de legitimidade." – TORRES, Ricardo Lobo, 1991 apud WILLEMAN, Mariana Montebello. Controle de constitucionalidade por órgãos não jurisdicionais. *Fórum Administrativo* – FA, Belo Horizonte, ano 12, n. 139, set. 2012, on-line. Disponível em: https://www.forumconhecimento. com.br/periodico/124/21000/36095?searchpage=1&keywords=null. Acesso em: 20 out. 2020
7. Art. 67 da Lei federal 9.478/1997, com regulamento no Decreto 2.745/98.
8. Acórdão 39/2006 – Tribunal de Contas da União com base na Sumula 347 do Supremo Tribunal Federal determinou que a Petrobrás adotasse os artigos 22 e 23 da Lei federal 8.666/93 em seus processos de licitação e não mais as regras contidas em seu procedimento licitatório próprio – Decreto 2.745/1998, regulamento da Lei federal 9.478/99.

nocrática, em 22 de março de 2006, tomada pelo Ministro Gilmar Mendes nos autos do Mandado de Segurança 25.888/DF, o qual invoca textualmente a necessidade de reavaliação da Súmula 347 sob a óptica do ordenamento constitucional inaugurado com a promulgação da carta política de 1988, conforme decisão[9] do próprio no referido Mandado de Segurança 25.888/DF.

Nesta linha, a então decisão monocrática operada pelo referido ministro se baseia na ampliação do rol de legitimados para provocar o controle concentrado e abstrato de constitucionalidade, fazendo com que, conforme suas palavras: "até mesmo pleitos tipicamente individuais sejam submetidos ao Supremo Tribunal Federal mediante ação direta de inconstitucionalidade".

Pode-se destacar pela referida decisão que o Supremo Tribunal Federal, mesmo apresentando apenas uma decisão monocrática, acabou por indicar a necessidade de uma revisitação à Súmula 347, com base na nova ordem constitucional.

É relevante o posicionamento do Supremo Tribunal Federal no julgamento do MS 35.410 MC no sentido de acabar demonstrando o propósito de ser revisitada a súmula em questão. Neste processo, em síntese, em decisão monocrática do Ministro Alexandre de Moraes, foi decidido que é inconcebível a hipótese que o Tribunal de Contas da União, órgão sem qualquer função jurisdicional, permanecesse exercendo controle difuso de constitucionalidade nos julgamentos de seus processos, sob o pretenso argumento de que lhe seja permitida tal prerrogativa em virtude do conteúdo da Súmula 347 do STF, editada em 1963, cuja subsistência ficou comprometida pela promulgação da Constituição Federal de 1988.

---

9. "Assim, a declaração de inconstitucionalidade, pelo Tribunal de Contas da União, do art. 67 da Lei 9.478/97, e do Decreto 2.745/98, obrigando a Petrobrás, consequentemente, a cumprir as exigências da Lei 8.666/93, parece estar em confronto com normas constitucionais, mormente as que traduzem o princípio da legalidade, as que delimitam as competências do TCU (art. 71), assim como aquelas que conformam o regime de exploração da atividade econômica do petróleo (art. 177).

Não me impressiona o teor da Súmula 347 desta Corte, segundo o qual '*o Tribunal de Contas, no exercício de suas atribuições, pode apreciar a constitucionalidade das leis e dos atos do Poder Público*'. A referida regra sumular foi aprovada na Sessão Plenária de 13.12.1963, num contexto constitucional totalmente diferente do atual. Até o advento da Emenda Constitucional 16, de 1965, que introduziu em nosso sistema o controle abstrato de normas, admitia-se como legítima a recusa, por parte de órgãos não-jurisdicionais, à aplicação da lei considerada inconstitucional.

No entanto, é preciso levar em conta que o texto constitucional de 1988 introduziu uma mudança radical no nosso sistema de controle de constitucionalidade. Em escritos doutrinários, tenho enfatizado que a ampla legitimação conferida ao controle abstrato, com a inevitável possibilidade de se submeter qualquer questão constitucional ao Supremo Tribunal Federal, operou uma mudança substancial no modelo de controle de constitucionalidade até então vigente no Brasil. Parece quase intuitivo que, ao ampliar, de forma significativa, o círculo de entes e órgãos legitimados a provocar o Supremo Tribunal Federal, no processo de controle abstrato de normas, acabou o constituinte por restringir, de maneira radical, a amplitude do controle difuso de constitucionalidade. A amplitude do direito de propositura faz com que até mesmo pleitos tipicamente individuais sejam submetidos ao Supremo Tribunal Federal mediante ação direta de inconstitucionalidade. Assim, o processo de controle abstrato de normas cumpre entre nós uma dupla função: atua tanto como instrumento de defesa da ordem objetiva, quanto como instrumento de defesa de posições subjetivas.

Assim, a própria evolução do sistema de controle de constitucionalidade no Brasil, verificada desde então, está a demonstrar a necessidade de se reavaliar a subsistência da Súmula 347 em face da ordem constitucional instaurada com a Constituição de 1988."

A necessidade de uma "renovada aplicabilidade da Súmula 347 do STF"[10], além de outros julgados da Corte[11], acabou se revelando no voto do Ministro Alexandre de Moraes (quando das razões de decidir colhidas no MS 35.410 MC[12]), que aler-

---

10. Expressão usada pelo Ministro Gilmar Mendes quando do julgamento monocrático nos autos do MS 25.888/DF.

11. STF. Mandado de Segurança. MS 29.123 MC, Rel. Min. Gilmar Mendes, julgado em 2/9/2010. Brasília, STF, 2010.; STF. Mandado de Segurança. MS 28.745 MC, Rel. Min. Ellen Gracie, julgado em 6/5/2010, Brasília, STF, 2010; STF. Mandado de Segurança. MS 27.796 MC, Rel. Min. Carlos Britto, julgado em 27/1/2009. Brasília, STF, 2009; STF. Mandado de Segurança. MS 27.337, Rel Min. Eros Grau, julgado em 21/5/2008. Brasília, STF, 2008; STF. Mandado de Segurança. MS 26.783 MC-ED, Rel. Min. Marco Aurélio, julgado em 5/12/2011. Brasília, STF, 2011; STF. Mandado de Segurança. MS 27.743 MC, Rel. Min. Cármen Lúcia, julgado em 1º/12/2008. Brasília, STF, 2008.

12. "Os fundamentos que afastam do Tribunal de Contas da União – TCU a prerrogativa do exercício do controle incidental de constitucionalidade são semelhantes, *mutatis mutandis*, ao mesmo impedimento, segundo afirmei, em relação ao Conselho Nacional de Justiça – CNJ (DIREITO CONSTITUCIONAL. 33. Ed. São Paulo: Atlas, 2017, p. 563 e seguintes): O exercício dessa competência jurisdicional pelo CNJ acarretaria triplo desrespeito ao texto maior, atentando tanto contra o Poder Legislativo, quanto contra as próprias competências jurisdicionais do Judiciário e as competências privativas de nossa Corte Suprema. O desrespeito do CNJ em relação ao Poder Judiciário se consubstanciaria no alargamento de suas competências administrativas originárias, pois estaria usurpando função constitucional atribuída aos juízes e tribunais (função jurisdicional) e ignorando expressa competência do próprio Supremo Tribunal Federal ("guardião da Constituição"). A declaração incidental de inconstitucionalidade ou, conforme denominação do Chief Justice Marshall (1 Chanch 137 – 1803 – Marbury v. Madison), a ampla revisão judicial, somente é permitida de maneira excepcional aos juízes e tribunais para o pleno exercício de suas funções jurisdicionais, devendo o magistrado garantir a supremacia das normas constitucionais ao solucionar de forma definitiva o caso concreto posto em juízo. Trata-se, portanto, de excepcionalidade concedida somente aos órgãos exercentes de função jurisdicional, aceita pelos mecanismos de freios e contrapesos existentes na separação de poderes e não extensível a qualquer outro órgão administrativo (cf. Henry Abraham, Thomas Cooley, Lawrence Baum, Bernard Shawartz, Carl Brent Swisher, Kermit L. Hall, Jethro Lieberman, Herman Pritchett, Robert Goldwin, entre outros). (…) Não bastasse a configuração do desrespeito à função jurisdicional e a competência exclusiva do STF, essa hipótese fere as funções do Legislativo, pois a possibilidade do CNJ declarar a inconstitucionalidade de lei ou ato normativo do poder público incidentalmente em seus procedimentos administrativos atentaria frontalmente contra os mecanismos recíprocos de freios e contrapesos (*check and balances*) estabelecidos no texto constitucional como pilares à Separação de Poderes, e que se consubstancia em cláusula pétrea em nosso sistema normativo, nos termos do artigo 60, parágrafo 4º, III, da Constituição Federal, pois ausente a necessária legitimidade constitucional a que esse, ou qualquer outro órgão administrativo, possa afastar leis devidamente emanadas pelo Poder Legislativo. (…) Trata-se da efetivação da ideia de Hans Kelsen, exposta por este em artigo publicado em 1930 (Quem deve ser o guardião da Constituição?), onde defendeu a existência de uma Justiça constitucional como meio adequado de garantia da essência da Democracia, efetivando a proteção de todos os grupos sociais – proteção contramajoritária – e contribuindo com a paz social, pois a Assembleia Nacional Constituinte consagrou nosso Poder Judiciário, no exercício da função jurisdicional, como guardião final do texto constitucional, e o Supremo Tribunal Federal como seu maior intérprete, protegendo essa escolha com o manto da cláusula pétrea da separação de Poderes (Constituição Federal, artigo 60, parágrafo 4º, III). Haveria nessa hipótese inaceitável subversão constitucional, pois o texto constitucional não prevê essa competência jurisdicional ao Conselho Nacional de Justiça, que, igualmente, não se submete às regras de freios e contrapesos previstas pela Constituição Federal ao Supremo Tribunal Federal para interpretar seu texto (legitimidade taxativa, pertinência temática, cláusula de reserva de plenário, quórum qualificado para modulação dos efeitos, quórum qualificado para edição de súmulas vinculantes, entre outros), e que acabam por ponderar, balancear e limitar esse poder. A Constituição Federal não permite, sob pena de desrespeito aos artigos 52, inciso X, 102, I, "a" e 103-B, ao Conselho Nacional de Justiça o exercício do controle difuso de constitucionalidade, mesmo que, repita-se, seja eufemisticamente denominado de competência administrativa de deixar de aplicar a lei vigente e eficaz no caso concreto com reflexos para os órgãos da Magistratura submetidos ao procedimento administrativo, sob o argumento de zelar pela observância dos princípios da administração pública e pela legalidade dos atos administrativos praticados por membros ou órgãos do Poder Judiciário, pois representaria usurpação de função jurisdicional, invasão à competência exclusiva do Supremo Tribunal Federal e desrespeito ao Poder Legislativo. (*Direito Constitucional*. 33. ed. São Paulo: Atlas, 2017, p. 563 e seguintes)."

tou, com isso, que o raciocínio a ser aplicado para o afastamento da prerrogativa do controle incidental de constitucionalidade pelo Tribunal de Contas da União seria o mesmo aplicável ao Conselho Nacional de Justiça); e que, se isto fosse possível, ocorreria desrespeito à Constituição Federal, uma vez que a competência para validação de normas em face do ordenamento constitucional deve ser exercida por órgãos que detenham função jurisdicional, o que não é o caso, e que "consubstanciaria no alargamento de suas competências administrativas originárias", com violação da função constitucional que é concedida aos juízes e tribunais. Em outras palavras, o controle de constitucionalidade seria atributo inerente e somente pertinente aos organismos constitucionais que sejam dotados da função jurisdicional. Portanto, pode-se perceber pelo voto que há nítida definição que os Tribunais de Contas não teriam função jurisdicional.

Em posição recente adotada pelo Supremo Tribunal Federal sobre a questão, o Ministro Alexandre de Morais, Relator, seguido pelo Ministro Gilmar Mendes, reafirmou os fundamentos de outrora nos autos dos processos 35.410, 35.490, 35.494, 35.498, 35.500, 35.836, 35.812 e 35.824, Mandados de Segurança[13] impetrados contra ato do Tribunal de Contas da União, que afastou integralmente a aplicação dos §§ 2º e 3º dos arts. 7º e 17 da Lei 13.464/2017 aos casos submetidos àquela Corte de Contas.

Assim, não seria possível que o Tribunal de Contas da União afastasse a incidência de uma lei com suporte na Súmula 347 do STF, pois estaria a ultrapassar suas competências constitucionais previstas no artigo 71 da Constituição Federal, inclusive com usurpação do que é atribuído aos Poderes Legislativo e Judiciário e do próprio Supremo Tribunal Federal, último ator a ditar a interpretação constitucional, inclusive com transcendência dos efeitos da decisão, já que deveria ser observada por toda a Administração Pública Federal.

Considerando os votos dos Ministros Alexandre de Moraes e Gilmar Mendes, a Súmula 347 está superada, devendo ser revista pelo Supremo Tribunal Federal.

Por outro lado, no mesmo julgamento, os Ministros José Roberto Barroso e Edson Fachin, mesmo em partes acompanhando o voto do Ministro Relator, votaram pela manutenção da Súmula 347, diferenciando a não aplicação de lei inconstitucional por parte de órgãos administrativos no caso concreto de declaração de inconstitucionalidade.

Já a Ministra Rosa Weber, reconhecendo que o Tribunal de Contas da União não pode fazer fiscalização da validade de lei em caráter abstrato, votou pela possibilidade de afastamento da aplicação concreta de dispositivo legal reputado inconstitucional quando a matéria tratada concretamente já estiver pacificada na Suprema Corte, mas com a manutenção da súmula.

O Ministro Marco Aurélio votou de forma contrária ao voto do Ministro Alexandre de Moraes, no sentido da validade integral da súmula.

---

13. STF. Plenário, Rel. Min. Alexandre de Moraes, julgado em 12 abr. 2021.

Por outro lado, os demais Ministros votaram acolhendo os argumentos do Relator, sem quaisquer ressalvas.

3. CONCLUSÃO

Como se pode deduzir, o tema se mostra altamente polêmico e merece acompanhamento por parte dos operadores do Direito que militam nesta seara, já que, por ora, ainda não foi proposta a revisão formal da referida Súmula 347 do Supremo Tribunal Federal.

Porém, pelos sinais emitidos e, em especial, pela nova composição da Corte (já que o Ministro Marco Aurélio não mais integra o Colegiado), a revisitação do tema poderá ocorrer em breve. Por outro lado, a pacificação sobre o assunto tem que ocorrer para que haja segurança jurídica nas decisões dos Tribunais de Contas, pois, se assim não for, suas relevantes atividades oriundas do próprio texto constitucional poderiam ficar prejudicadas, já que, para a execução de seu mister, a discussão da constitucionalidade ou não de ato normativo às vezes é fundamental para a questão analisada.

4. REFERÊNCIAS

BONAVIDES, Paulo. *Curso de Direito Constitucional*. 35. ed., atual. São Paulo: Malheiros, 2020.

LIMA, Luiz Henrique. *Controle externo*: teoria, legislação, jurisprudência e mais 450 questões. Rio de Janeiro: Elsevier, 2008.

MENDES, Gilmar Ferreira; COELHO, Inocêncio Mártires; BRANCO, Paulo Gustavo Gonet. *Curso de Direito Constitucional*. 5. ed. São Paulo: Saraiva, 2010.

MILESKI, Hélio Saul. *O controle da gestão pública*. São Paulo: Revista dos Tribunais, 2003.

MORAES, Alexandre de. *Direito Constitucional*. 31. ed. São Paulo: Atlas, 2005.

SÚMULAS DO STF. In: *Vade Mecum Saraiva Compacto*. 17. ed. São Paulo: Saraiva, 2017.

Jurisprudência:

STF. Plenário. RMS 8.372/CE. Não ofende a direito líquido e certo o ato do Tribunal de Contas que nega registro a aposentadoria fundada em lei revogada. Recurso não provido. Brasília: DJ, Seção 1. 26 abr. 1962.

STF. Mandado de Segurança. MS 29.123 MC, Rel. Min. Gilmar Mendes, julgado em 02 set. 2010. Brasília, STF, 2010.

TRANSPARÊNCIA PASSIVA: A EVOLUÇÃO DA TRANSPARÊNCIA SOB DEMANDA NO ÂMBITO DOS MUNICÍPIOS DO ESTADO DO RIO GRANDE DO SUL

Elisa Cecin Rohenkohl

Auditora Pública Externa do Tribunal de Contas do Estado do Rio Grande do Sul, graduada em Ciências Jurídicas e Sociais, e especialista em Direito Tributário e Direito, Políticas Públicas e Controle Externo.

Sumário: 1. Introdução – 2. Direito de acesso às informações públicas – 3. Evolução da transparência passiva nos municípios do RS; 3.1. Existência de um e-SIC (atendimento pela internet); 3.2. Possibilidade de acompanhamento do pedido de acesso; 3.3. Exigência de identificação do solicitante sem inviabilizar ou dificultar o pedido de acesso; 3.4. Respostas aos pedidos no prazo legal; 3.5. Respostas em conformidade com o que foi solicitado – 4. Considerações finais – 5. Referências.

1. INTRODUÇÃO

Há aproximadamente um século, Louis Brandeis, juiz da Suprema Corte dos Estados Unidos da América, disse que a luz do sol era o melhor desinfetante. O magistrado referia-se aos benefícios da transparência no âmbito do sistema financeiro de seu país[1], mas a frase pode perfeitamente ser utilizada para ilustrar a dinâmica entre administradores e administrados das mais diversas nações nos dias atuais.

De fato, a ampliação progressiva do rol de direitos dos cidadãos e, consequentemente, do número de obrigações a serem adimplidas pelos governos, acabou por demandar o aumento das estruturas do Estado, em especial as do Poder Executivo, o que tornou a administração mais burocrática e fechada. De forma reativa, surgiu o direito de acesso à informação, buscando combater a cultura da opacidade instalada.

Seu marco moderno constitui na *Freedom of Information Act* (FOIA), promulgada em 1966 e aprimorada em 1974. A partir desse normativo, passou-se a exigir do Estado a criação de uma estrutura para se fazer o registro e a preservação das informações, bem como a regulamentação dos arquivos e sistemas de informação das agências.

No caso brasileiro, a origem do direito de acesso à informação remonta à Carta Imperial (1824) na forma de liberdade de expressão e comunicação. Mas é na Constituição de 1967, em pleno regime ditatorial militar, que o direito à informação emerge com tal denominação. Atualmente, para além da Constituição da República Federativa do Brasil de 1988, são fontes do direito de acesso à informação no Brasil

---

1. Tradução livre do original: "*Sunlight is said to be the best of disinfectants.*" (BRANDEIS, 1914, p. 92).

a Lei Complementar 101/2000 (Lei de Responsabilidade Fiscal – LRF), a Lei Federal 12.527/2011 (Lei de Acesso à Informação – LAI) e suas regulamentações nas esferas federal, estadual e municipal, bem como os princípios que orientam a produção normativa e norteiam a aplicação do referido direito no caso concreto.

Assim, embora a compreensão original desse direito estivesse relacionada com uma abstenção do Estado – a de não violar a liberdade de expressão –, seu conceito evoluiu e assumiu feições positivas, exigindo da Administração que atuasse na sua implementação, disponibilizando informações à sociedade.

Especificamente quanto à transparência passiva, trata-se da obrigação de o Poder Público fornecer informações sob demanda, a qual assume especial relevo em casos de impossibilidade fática, financeira e tecnológica de se disponibilizar todos os informes da Administração Pública de forma ativa, ou seja, sem necessidade de provocação. De outro lado, o excesso de informações, ironicamente, também pode se revelar um obstáculo ao direito de se informar, sendo importante que dados de uso muito restrito sejam disponibilizados sob demanda. Há ainda as situações em que o requerimento exige que os dados disponíveis sejam trabalhados para se obter o substrato desejado, o que, de igual modo, justifica que se dê acesso à informação mediante solicitação do interessado.

Foi com a positivação da transparência passiva na Lei de Acesso à Informação (LAI), que o direito à informação ganhou força e passou a ser efetivamente implementado nas três esferas de governo. Mas é seguro afirmar que o referido instituto ainda se encontra em fase de concretização, sendo importante que se acompanhe esse processo e se cobre evolução do Poder Público. Este estudo se propõe a fornecer subsídios para tanto.

Dessa forma, dada a importância do tema e da inexistência de levantamento sobre o comportamento da transparência passiva no âmbito dos Municípios do Rio Grande do Sul, desenvolveu-se o presente trabalho baseado em pesquisa bibliográfica, documental e de campo.

Buscou-se, a partir de exame doutrinário, legislativo e jurisprudencial, definir a forma modelar de atuação da Administração Pública no que diz respeito à transparência passiva no contexto brasileiro. Já a pesquisa de campo permitiu verificar se os entes locais, a partir da amostra selecionada, atendem ao que estabelece o referencial teórico, e se houve evolução na matéria em relação aos resultados obtidos em análise semelhante realizada no ano de 2015 pelo Tribunal de Contas do Estado do Rio Grande do Sul. Para tanto, foi realizada pesquisa quantitativa, utilizando-se o levantamento como estratégia de pesquisa, a observação participante como técnica de coleta de dados, e a indução como método de análise.

2. DIREITO DE ACESSO ÀS INFORMAÇÕES PÚBLICAS

Atualmente, são fontes do direito de acesso à informação a Constituição, a Lei Complementar 101/2000 (Lei de Responsabilidade Fiscal), a Lei Federal 12.527/2011

(Lei de Acesso à Informação) e suas regulamentações nas esferas federal, estadual e municipal, bem como os princípios que orientam a produção normativa e norteiam a aplicação do referido direito no caso concreto.

Porém, embora se constitua em um importante mandamento constitucional e legal, a transparência não é um fim em si mesma: trata-se de um mecanismo de efetivação do princípio democrático e de um importante instrumento auxiliar da gestão pública, tanto sob a perspectiva do administrador quando dos administrados.

Bento (2015, p. 49 a 51) explica que, sob a influência de ideologias intervencionistas, os governos foram pressionados, ao longo dos anos e em graus diversos, a prestar e administrar uma quantidade cada vez maior de serviços e bens públicos. A ampliação progressiva do escopo do Estado, por sua vez, conduziu a uma estrutura administrativa burocrática, o que constitui um desafio para a transparência. Considerando-se que o aumento do setor público significa expansão apenas do Executivo, representa também um obstáculo para a fiscalização realizada pelo Judiciário, Ministério Público, Tribunais de Contas e Legislativo, que não crescem na mesma medida. Outro fator de risco, segundo o autor, é a ampliação da discricionariedade, decorrente das políticas públicas, necessárias para executar todos esses serviços. E, quanto maior a discricionariedade, mais difícil é conhecer os critérios e os motivos reais das decisões do governo.

Assim, Bento refere que à expansão do aparelho burocrático correspondeu uma pressão da sociedade por mais transparência, não apenas como uma questão de legitimidade democrática, mas também em nome da eficiência na gestão.[2]

Quanto ao aspecto democrático, o autor menciona que a participação igualitária em procedimentos de tomada de decisão pressupõe que os agentes interessados sejam capazes de decidir racionalmente, o que, por sua vez, implica o acesso efetivo ao conhecimento relevante.[3]

O tema, conforme bem pontua Ohlweiler insere-se no âmbito do festejado direito à boa administração pública:

> É crível dizer, portanto, que a indicação de boa administração pública compreende-se como estruturante do núcleo da cidadania, contribuindo para reafirmar o protagonismo do cidadão nas relações com a Administração Pública, marcada pela legitimidade. Trata-se de aspecto significativo do direito à boa administração, reafirmar a permanente necessidade de se repensar as relações entre cidadãos e Estado e, de forma mais específica o direito de acesso às informações administrativas.[4]

---

2. Bento, Leonardo Valles. *Acesso a informações públicas*: princípios internacionais e o Direito brasileiro. Curitiba: Juruá, 2015, p. 51.
3. Bento, Leonardo Valles. *Acesso a informações públicas*: princípios internacionais e o Direito brasileiro. Curitiba: Juruá, 2015, p. 54 e 62.
4. OHLWEILER, Leonel Pires. A efetividade do acesso à informação e o direito à boa administração pública: questões hermenêuticas sobre a transparência na administração pública e a Lei 12.527/2011. In: SARLET, Ingo Wolfgang; Martos, José Antônio Montilla; Ruaro, Regina Linden (Coord.). [et al.] *Acesso à informação como direito fundamental e dever estatal*. Porto Alegre: Livraria do Advogado, 2016, p. 38.

Segundo Jaime Rodríguez-Arana Muñoz "a boa administração, ou o bom governo, aspira colocar no centro do sistema a pessoa e seus direitos fundamentais".[5] Nessa linha, conclui que:

> Por isso, a determinação dos objetivos das políticas públicas não pode operar-se realmente se não for a partir da participação cidadã. A participação cidadã configura-se como um objetivo público de primeira ordem, já que constitui a própria essência da democracia e, por isso, ocupa um lugar sobressalente entre os parâmetros centrais do bom governo e da boa administração; uma atuação pública que não persiga, que não procure um grau mais alto de participação cidadã, não contribui com o enriquecimento da vida democrática e se opera, portanto, em detrimento dos mesmos cidadãos aos quais se pretende servir. [...]
>
> Falar da participação como método é tratar da abertura do governo e da Administração Pública que a quer praticar, com vistas à sociedade. [...] E a primeira instrumentalização que exige uma disposição aberta é a comunicativa, a comunicação.[6]

Assim, sendo o cidadão o destinatário da atividade administrativa realizada pelo Estado (em sentido amplo), mormente quanto aos serviços e às políticas públicas, é imprescindível que seja chamado a participar da condução do Estado. E essa participação somente será efetiva e refletirá os reais anseios da sociedade se ele tiver acesso às informações necessárias para uma tomada de decisão consciente.

Conforme referido, a transparência não se revela apenas como pressuposto da legitimidade democrática da tomada de decisões, mas também enquanto instrumento de potencialização da eficiência na gestão pública, o que se dá essencial e eficazmente por meio do controle.

Bento explica que, como vivemos em sociedades complexas, diferenciadas e dinâmicas, quanto mais as ideias são expostas a debate aberto, maior é a probabilidade de se revelar, prevenir e corrigir falhas na regulação estatal.[7]

E, para além da questão relativa a erros não intencionais, o doutrinador lembra que a corrupção, o clientelismo e a captura, por meio dos quais há utilização da autoridade e dos recursos públicos (financeiros e organizacionais) para fins privados, também se inserem entre os principais riscos para a boa governança. Esclarece o mencionado autor que a solução encontrada pela engenharia constitucional foi a instituição de mecanismos de controle sobre os órgãos públicos, obrigando-os a prestar contas de seus atos à sociedade e também a outros órgãos públicos, ou seja, a praticar a transparência. Conclui que a democracia, juntamente com a divisão de poderes (*checks and balances*), – mecanismos designados pela palavra *accountability* na literatura internacional – são as garantias voltadas a uma administração em sintonia com o interesse público.[8]

---

5. MUÑOZ, Jaime Rodríguez-Arana. *Direito fundamental à boa Administração Pública*. Belo Horizonte: Fórum, 2012, p. 34 e 38.
6. MUÑOZ, Jaime Rodríguez-Arana, loc. cit.
7. Bento, Leonardo Valles. *Acesso a informações públicas*: princípios internacionais e o Direito brasileiro. Curitiba: Juruá, 2015, p. 51.
8. Ibid., p. 55-57.

A propósito do controle externo, Ohlweiler lembra que, mesmo a atuação dita "discricionária" da Administração, é passível de fiscalização:

"[...] ainda dentro desse viés, vale referir a possibilidade de controlar a atividade da Administração Pública, sob o ponto de vista da constitucionalidade de suas decisões, do exercício da competência para a organização, além da interpretação de regras procedimentais da atuação administrativa".[9]

Já quanto à participação da sociedade na condução da gestão pública, tem-se o voto e a pressão social como instrumentos de controle democrático e social. No que diz respeito ao primeiro, Bento frisa que a assimetria informacional é circunstância que tolhe dos cidadãos a possibilidade de selecionar os melhores políticos (ligada à função prospectiva do voto, quando se escolhe o melhor administrador baseado em sua campanha) e conservá-los fiéis ao interesse público (ligada à função retrospectiva do voto, a partir da qual é realizado um balanço da gestão anterior e feita a escolha por mantê-lo no poder ou eleger um político da oposição).[10]

No particular, vale trazer a lição de Márcio Tadeu Guimarães Nunes, no sentido de que, na perspectiva de que os recursos públicos são finitos, e as demandas da sociedade, infinitas, o acesso à informação permite que o cidadão tenha conhecimento sobre quais são as premissas adotadas pelo Estado quando da alocação dos referidos recursos:

Explique-se: a aplicação da Lei 12.527/11 pode ser direcionada para trazer maior transparência aos gastos públicos em setores de relevância ímpar, como segurança pública e saúde. Sabe-se que os recursos são finitos, a despeito de a demanda pela efetivação de direitos ser infinita, mister, portanto, implementar o maior grau de transparência possível, de forma a se visualizar, com nitidez, exatamente quais são os verdadeiros "custos dos direitos".

[...]

Atenta a este fato, a LAI permite, através de sues instrumentos, que *o cidadão tenha conhecimento sobre quais as premissas adotadas pelo Estado quando da alocação de recursos destinados à segurança pública.*

A Lei 12.527/11, indo ao encontro dos anseios sociais, permite que os cidadãos tenham acesso a dados específicos: por exemplo, quanto o Estado gasta com segurança pública em cada bairro? Quanto se gasta, no Brasil, com *prevenção, combate e manutenção da estrutura* da segurança pública? Ainda: sabendo-se que o sistema carcerário é ineficiente, quanto cada presidiário custa aos cofres públicos?[11] (grifos do autor)

Registra-se que, nesse caso, o acesso à informação pode servir como um aliado do "bom administrador" que, premido de recursos, se vê na posição de priorizar

---

9. OHLWEILER, Leonel Pires. A efetividade do acesso à informação e o direito à boa administração pública: questões hermenêuticas sobre a transparência na administração pública e a Lei 12.527/2011. In: SARLET, Ingo Wolfgang; Martos, José Antônio Montilla; Ruaro, Regina Linden (Coord.). [et al.] *Acesso à informação como direito fundamental e dever estatal.* Porto Alegre: Livraria do Advogado, 2016, p. 54 a 61.

10. Bento, Leonardo Valles. *Acesso a informações públicas*: princípios internacionais e o Direito brasileiro. Curitiba: Juruá, 2015, p. 54 a 61.

11. NUNES, Márcio Tadeu Guimarães. *Lei de Acesso à Informação*: reconstrução da verdade histórica, ambientes regulatórios e o direito à intimidade. São Paulo: Quartier Latin, 2013, p. 60/61.

algumas demandas em detrimento de outras. Por meio da transparência, pode justificar suas escolhas e buscar a compreensão da sociedade quanto aos direitos cujas implementações ficaram em segundo plano.

Por fim, relativamente ao que se convencionou chamar de *accontability* social, ou seja, o engajamento cívico dos cidadãos na formulação de políticas públicas, inclusive sob a forma de reivindicações, pressão, protestos e denúncias, Bento destaca a atuação de três grupos de atores, a qual igualmente não subsiste sem o acesso à informação: as associações civis (mais profissionalizadas, são consideradas a elite da sociedade civil, e sua abordagem costuma ser guiada por uma visão sistêmica que busca propor soluções para problemas estruturais), os movimentos sociais (surgem de setores diretamente afetados pela privação de acesso a direitos, com demandas mais pontuais) e o jornalismo investigativo e de denúncia (dá visibilidade às reivindicações da sociedade e divulga as irregularidades por ele mesmo constatada).[12]

Sobre a transparência como pressuposto inarredável do controle social, destaca-se excerto da decisão do Ministro Celso de Mello proferida monocraticamente no Mandado de Segurança 27141 em 22-02-2008, quando se discutia a omissão sobre o acesso a informações referentes à utilização de bens e valores gerenciados pelo Presidente da República:

> No Estado Democrático de Direito, não se pode privilegiar o mistério, porque a supressão do regime visível de governo compromete a própria legitimidade material do exercício do poder. A Constituição republicana de 1988 dessacralizou o segredo e expôs todos os agentes públicos a processos de fiscalização social, qualquer que seja o âmbito institucional (Legislativo, Executivo ou Judiciário) em que eles atuem ou tenham atuado.
>
> Ninguém está acima da Constituição e das leis da República. Todos, sem exceção, são responsáveis perante a coletividade, notadamente quando se tratar da efetivação de gastos que envolvam e afetem a despesa pública. Esta é uma incontornável exigência de caráter ético-jurídico imposta pelo postulado da moralidade administrativa.
>
> Sabemos todos que o cidadão tem o direito de exigir que o Estado seja dirigido por administradores íntegros, por legisladores probos e por juízes incorruptíveis, que desempenhem as suas funções com total respeito aos postulados ético-jurídicos que condicionam o exercício legítimo da atividade pública. O direito ao governo honesto – nunca é demasiado reconhecê-lo – traduz uma prerrogativa insuprimível da cidadania.

Portanto, mais do que uma obrigação explícita de ordem constitucional e legal, a exigência de se conceder o mais amplo acesso à informação à sociedade decorre do próprio Estado Social e Democrático de Direito, seja como um instrumento de legitimação da atuação da Administração Pública, seja como pressuposto intrínseco ao exercício do controle, em especial o externo e o social.

Partindo-se da conjuntura até aqui desenhada, é de se destacar, então, a importância da transparência passiva, objeto do presente estudo.

---

12. Bento, Leonardo Valles. *Acesso a informações públicas*: princípios internacionais e o Direito brasileiro. Curitiba: Juruá, 2015, p. 62.

Zancaner afirma que "o dever de divulgação de informações públicas, independentemente de solicitação, é denominado de transparência ativa, ao passo que a prestação de informações públicas, a pedido do interessado, é chamado de *transparência passiva*" (grifos do autor).[13] Citando Durán Martinez, Zancaner refere que a doutrina reconhece na transparência passiva o exercício de um típico direito subjetivo, já que, uma vez formulada a petição em tal sentido, gera-se uma obrigação para o Estado de entregar a informação solicitada, observadas as exceções legais.[14]

Sua importância, para além de todas as ponderações já realizadas até aqui, emerge no contexto da impossibilidade fática, financeira e tecnológica de se disponibilizar todos os informes da Administração Pública de forma ativa.

De outro lado, o excesso de informações, ironicamente, também pode se revelar um obstáculo ao direito de se informar, sendo pertinente que dados de uso muito restrito sejam disponibilizados sob demanda, diminuindo a dificuldade de se acessar os informes mais importantes em meio a outros tantos de pouco interesse coletivo.

Há ainda as situações em que o requerimento exige a manipulação dos dados disponíveis para se obter a informação desejada. Nessas circunstâncias, o acesso à transparência há de ser pontual (isto é, realizado após a demanda específica do cidadão) diante da inviabilidade de se prever e disponibilizar de forma ativa a conclusão de todas as associações de dados disponíveis no órgão ou entidade.

Para dotar de efetividade o direito à informação sob demanda, a Lei 12.527/2011 estabeleceu a criação de serviço de informações ao cidadão (SIC) nos órgãos e entidades do poder público, visando ao atendimento e à orientação do público, à comunicação sobre a tramitação de documentos nas suas respectivas unidades e ao protocolo de documentos e requerimentos de acesso a informações (artigo 9º).[15]

Para Bento, o fato de a LAI obrigar a Administração Pública a estruturar o referido serviço "constitui o acesso à informação não apenas numa rotina administrativa, mas em um autêntico serviço público, que deve ser gerenciado por um setor específico no organograma do órgão ou entidade pública".[16] Ademais, refere, o SIC previne "a situação em que o interessado é obrigado a peregrinar pelos vários setores de um órgão em busca da informação que desejada". Por fim, o autor conclui que:

---

13. Zancaner, Weida. *Lineamentos sobre a Lei de Acesso à Informação*. *In*: VALIM, Rafael; MALHEIROS, Antonio Carlos; BACARIÇA, Josephina (Coord.). [et al.]. *Acesso à informação pública*. Belo Horizonte: Fórum, 2015, p. 41.

14. Zancaner, Weida. *Lineamentos sobre a Lei de Acesso à Informação*. *In*: VALIM, Rafael; MALHEIROS, Antonio Carlos; BACARIÇA, Josephina (Coord.). [et al.]. *Acesso à informação pública*. Belo Horizonte: Fórum, 2015, p. 41.

15. BRASIL. Lei 12.527, de 18 de novembro de 2011. *Regula o acesso a informações previsto no inciso XXXIII do art. 5º, no inciso II do § 3º do art. 37 e no § 2º do art. 216 da Constituição Federal; altera a Lei 8.112, de 11 de dezembro de 1990; revoga a Lei 11.111, de 5 de maio de 2005, e dispositivos da Lei 8.159, de 8 de janeiro de 1991; e dá outras providências*. Disponível em: http://www.planalto.gov.br/ccivil_03/_ato2011-2014/2011/lei/l12527.htm. Acesso em: 20 maio 2018.

16. Bento, Leonardo Valles. *Acesso a informações públicas*: princípios internacionais e o Direito brasileiro. Curitiba: Juruá, 2015, p. 186-187.

[...] do ponto de vista organizacional, é importante que o gestor do SIC seja um servidor razoavelmente graduado, com poderes suficientes para requisitar dos demais órgãos da entidade as informações que estejam em seus respectivos domínios, quando forem objeto de solicitação, a fim de que os prazos de resposta aos pedidos sejam escrupulosamente cumpridos. Nos termos do art. 10 do Decreto 7.724/12, o SIC deverá ser instalado em unidade física identificada, de fácil acesso e aberta ao público. Convém ainda que este serviço conte com uma estrutura mínima de servidores, que tenham o domínio da legislação e sejam devidamente capacitados para atender e orientar os solicitantes, bem como disponha de telefone, computadores, impressoras, acesso à internet, e-mail próprio, etc.[17]

Em seus artigos 10 a 20, a lei regulou os procedimentos de pedidos de acesso à informação, sendo importante destacar os seguintes pontos:

O artigo inaugural do capítulo (artigo 10) estabelece que qualquer interessado poderá apresentar pedido de acesso a informações aos órgãos e entidades públicos, por qualquer meio legítimo, destacando-se, aqui, a ausência de formalismos para o manejo do requerimento. A lei prevê apenas que o pedido deve conter a especificação da informação requerida e a identificação do requerente, sendo que, quanto à última, não pode haver exigências que inviabilizem a solicitação. Também há vedação expressa no sentido de que a Administração exija os motivos determinantes do pedido de acesso.

Ainda em relação a este dispositivo, é interessante registrar a obrigatoriedade dirigida aos órgãos e entidades do poder público de viabilizar alternativa de encaminhamento das solicitações por meio de seus sítios oficiais na *internet*. Note-se que aqui, diferentemente do que foi previsto para a transparência ativa, não há qualquer exceção para os Municípios com população de menos de 10 mil habitantes.

Quanto ao prazo de atendimento, a regra é o acesso imediato, quando possível, ou em período não superior a 20 dias, prorrogável por mais 10, mediante justificativa expressa e cientificação do requerente (artigo 11, *caput* e § 1º e § 2º).

A resposta é também disciplinada no artigo 11, segundo o qual o órgão ou a entidade deverá: 1) conceder o acesso e, se for necessário pela natureza do pedido, comunicar a data, local e modo para se realizar a consulta, efetuar a reprodução ou obter a certidão; 2) recusar a solicitação, indicando as razões de fato ou de direito que o levaram a negar, total ou parcial, do acesso pretendido, bem assim informando sobre a possibilidade de recurso; 3) comunicar que não possui a informação, indicar, se for do seu conhecimento, o órgão ou a entidade que a detém, ou, ainda, remeter o requerimento a esse órgão ou entidade, cientificando o interessado da remessa de seu pedido de informação. (artigo 11, *caput* e § 1º e § 4º)

Nos parágrafos 3º e 6º do mesmo dispositivo, a lei estabelece que, estando a informação disponível para consulta pública, basta que a Administração indique o modo de acesso. A regra vai ao encontro da observação de Bento de que, quanto

---

17. Bento, Leonardo Valles. *Acesso a informações públicas*: princípios internacionais e o Direito brasileiro. Curitiba: Juruá, 2015, p. 186-187.

melhor for a transparência ativa do ente, menos se exigirá da Administração em sede de transparência passiva.[18]

Os artigos 15 a 20 versam sobre a possibilidade de recurso. Interposto no prazo de 10 dias da ciência da negativa de acesso, a autoridade hierarquicamente superior à que exarou a decisão impugnada deverá se manifestar no prazo de 5 dias. No caso da União, o requerente também poderá recorrer à Controladoria-Geral da União (artigos 15 e 16). O Poder Legislativo, o Poder Judiciário e o Ministério Público deverão regulamentar os procedimentos de revisão de decisões denegatórias de recursos (artigo 18). Os últimos dois deverão também informar ao Conselho Nacional de Justiça e ao Conselho Nacional do Ministério Público, respectivamente, as decisões que, em grau de recurso, negarem acesso às informações de interesse público (artigo 19).

De todo o exposto, depreende-se a importância da transparência como instrumento de gestão, controle e democracia, justificando que se confira a máxima eficácia ao correspondente direito fundamental de acesso às informações públicas. Nessa linha, é necessário que a Administração disponibilize, preferencialmente de forma ativa, todas as informações por ela produzidas e custodiadas, as quais devem se apresentar íntegras, compreensíveis e acessíveis. Em não sendo possível assim proceder, deve alcançar os informes sob demanda. Para tanto, é imprescindível que o Poder Público se estruture adequadamente, a fim de que forneça, tempestivamente, as informações apropriadas ou recuse adequadamente os pedidos nos casos de sigilos legalmente estabelecidos, informando os motivos e a possibilidade de recurso.

3. EVOLUÇÃO DA TRANSPARÊNCIA PASSIVA NOS MUNICÍPIOS DO RS

O presente estudo teve por objetivo avaliar o nível de transparência passiva no âmbito dos Municípios do Estado do Rio Grande do Sul no ano de 2018. E, ao se reproduzir pesquisa já realizada pelo Tribunal de Contas do Estado do Rio Grande do Sul em 2015, buscou-se averiguar se houve evolução nessa seara.[19]

Assim, procurando manter o referencial comparativo, delimitou-se a amostra em 99 dos 497 Poderes Executivos municipais do Rio Grande do Sul que foram agraciados pela Corte de Contas em 2014 com o "Prêmio Boas Práticas de Transparência na *Internet*".[20] Trata-se dos entes que, no referido exercício, apresentaram o melhor desempenho em relação à transparência ativa, independentemente do tamanho da respectiva população.

---

18. Bento, Leonardo Valles. *Acesso a informações públicas*: princípios internacionais e o Direito brasileiro. Curitiba: Juruá, 2015, p. 167-168.

19. RIO GRANDE DO SUL. Tribunal de Contas do Estado. *Relatório dos Resultados da Avaliação da Transparência Passiva no RS – Prêmio Mendes Ribeiro Filho. 2015*. Disponível em http://www1.tce.rs.gov.br/portal/page/portal/noticias_internet/textos_diversos_pente_fino/relatorio_premio_mendes_ribeiro.pdf. Acesso em: 20 mai. 2018.

20. RIO GRANDE DO SUL. Tribunal de Contas do Estado. *Avaliação dos Portais do RS. 2014*. Disponível em http://portal.tce.rs.gov.br/portal/page/portal/tcers/publicacoes/estudos/avaliacao_portais_rs. Acesso em: 20 mai. 2018.

Assim, no período de março a maio de 2018, foram enviadas três perguntas para cada um dos 99 Executivos, por meio de seus e-SICs[21], sem a identificação do motivo do envio. A análise das respostas foi feita com base no que dispõe a Lei Federal 12.527/2011, notadamente em seus artigos 10 a 15. Os critérios extraídos dos referidos dispositivos contemplaram a análise objetiva da existência de um serviço virtual de atendimento ao cidadão, da possibilidade de acompanhamento do pedido, da exigência de identificação do solicitante sem inviabilizar o pedido, do envio de resposta dentro dos prazos legais e, por fim, da conformidade do conteúdo das respostas com a lei.

Os procedimentos e a metodologia de pesquisa foram fundamentalmente reproduzidos. Entretanto, para além do lapso temporal transcorrido entre os levantamentos, estes se distinguem quanto às perguntas realizadas:

Quadro 1– Quadro comparativo entre as solicitações realizadas
no ano de 2015 e no ano de 2018

Tipo de pedido	Solicitação realizada em 2015	Solicitação realizada em 2018
A) Pedido que deve ser deferido, por se tratar de informação notoriamente pública.	Acesso à lista nominal de estagiários que atuam junto à Prefeitura, bem como à lista nominal de servidores que ocupam cargos em comissão, indicando o respectivo cargo que exercem.	Acesso à identificação das 10 pessoas físicas ou jurídicas com os maiores débitos inscritos em dívida ativa no Município.
B) Pedido que deve ser indeferido, por se tratar de informação sigilosa.	Acesso à lista nominal de todos os servidores que pagam pensão alimentícia descontada diretamente de seus contracheques, devendo constar ao lado de cada nome o respectivo percentual do desconto em folha (incidente sobre a remuneração).	Quanto aos 10 autos de lançamento de maior valor lavrados em 2017, acesso à identificação dos contribuintes (nome e CPF/CNPJ) e dos respectivos montantes (o valor de cada lançamento).
C) Pedido referente a informação que não era de titularidade do Município.	Acesso aos nomes das empresas privadas, situadas no Município, que foram autuadas pela Fundação Estadual de Proteção Ambiental, em 2015.	Acesso à identificação das 10 pessoas físicas ou jurídicas com os maiores débitos inscritos em dívida ativa no Estado do Rio Grande do Sul.

Fonte: Pesquisa "Relatório dos Resultados da Avaliação da Transparência Passiva no RS – Prêmio Mendes Ribeiro Filho" realizada pelo Tribunal de Contas do Estado do Rio Grande do Sul e pesquisa realizada pela autora.

A seguir, serão apresentados os comparativos entre os resultados obtidos na avaliação realizada pelo Tribunal de Contas do Estado do Rio Grande do Sul em 2015 e aqueles extraídos, em 2018, do presente estudo.

3.1. Existência de um e-SIC (atendimento pela internet)

Conforme se depreende dos gráficos abaixo, houve uma queda de cinco pontos percentuais na quantidade de Municípios que disponibilizam um link autônomo des-

---

21. Todas as demandas foram efetuadas nos exatos termos que um cidadão comum faria, ou seja, acessando o *site* do Município e enviando o pedido pelos canais disponíveis.

tinado à transparência passiva na página principal do seu portal ou na seção relativa à transparência. Ainda assim, a maioria dos entes locais continua atendendo ao quesito.

É interessante notar que, nos formulários dos pedidos[22], em nenhum caso houve o condicionamento do envio da solicitação ao preenchimento de campo referente aos respectivos motivos. Tampouco se verificou a utilização de outros canais (por exemplo, *Fale conosco* ou Ouvidoria) para a prestação do serviço de informação ao cidadão.

Gráfico 1– Comparativo referente ao quesito *existência de um e-SIC* nas pesquisas dos anos de 2015 e 2018.

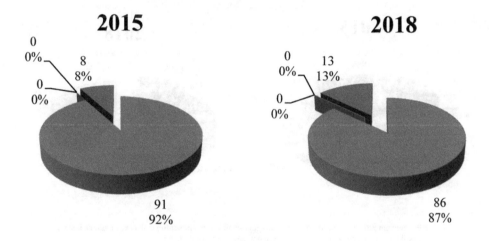

■ Existência de link autônomo que se destine à solicitação de informações e que esteja disponibilizado na página principal ou dentro da seção relativa à transparência.

■ Existência de link autônomo que se destine à solicitação de informações e que esteja disponibilizado em local diverso dos referidos acima (a exemplo da utilização dos canais "fale conosco" ou "ouvidoria" para fins de solicitações feitas com base na LAI).

▨ Existência dos meios acima referidos, porém, condicionando a efetivação do pedido à prévia exposição dos motivos que justificam o pleito.

■ Ausência de qualquer dos meios acima referidos.

Fonte: Pesquisa "Relatório dos Resultados da Avaliação da Transparência Passiva no RS – Prêmio Mendes Ribeiro Filho" realizada pelo Tribunal de Contas do Estado do Rio Grande do Sul e pesquisa realizada pela autora.

3.2. Possibilidade de acompanhamento do pedido de acesso

Considerando-se o universo dos Municípios que presta o serviço de informação ao cidadão por meio da *internet* (de 99 entes, 91 em 2015 e 86 em 2018), observa-se

---

22. Conforme se verá mais adiante, a exigência indevida de justificativa ocorreu após a formulação dos pedidos. Nesses casos, o Município fez contato, condicionando a entrega da informação à declinação dos motivos que ensejaram a solicitação.

uma sensível evolução no que diz respeito à possibilidade de acompanhamento do pedido de acesso. De fato, houve uma queda de 369% na quantidade de entes que não ofereciam tal serviço.

Essa melhoria não foi apenas quantitativa: houve, de forma quase proporcional, o aumento do percentual de Municípios que, além de permitirem a consulta sobre o andamento da demanda pelo portal, também enviam atualizações por e-mail.

Gráfico 2 – Comparativo referente ao quesito "possibilidade de acompanhamento do pedido de acesso" nas pesquisas dos anos de 2015 e 2018.

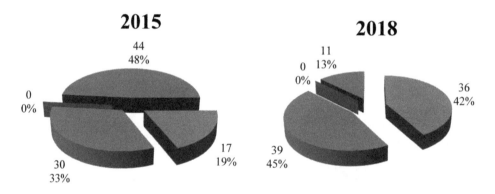

■ Recebimento de atualização do andamento por e-mail (ou instrumento similar) e, simultaneamente, possibilidade de acompanhar o andamento por meio de consulta a portal.

■ Recebimento de atualização do andamento apenas por e-mail (ou outro instrumento similar) e Recebimento de atualização do andamento apenas por meio de consulta a portal.

■ Ausência do serviço.

Fonte: Pesquisa "Relatório dos Resultados da Avaliação da Transparência Passiva no RS – Prêmio Mendes Ribeiro Filho" realizada pelo Tribunal de Contas do Estado do Rio Grande do Sul e pesquisa realizada pela autora.

3.3. Exigência de identificação do solicitante sem inviabilizar ou dificultar o pedido de acesso

Quanto à necessidade de se exigir identificação do solicitante sem obstar o pedido de acesso à informação, é possível verificar que o quesito tem sido atendido desde 2015 pelas municipalidades.

Gráfico 3 – Comparativo referente ao quesito "exigência de identificação do solicitante sem inviabilizar ou dificultar o pedido de acesso" nas pesquisas dos anos de 2015 e 2018.

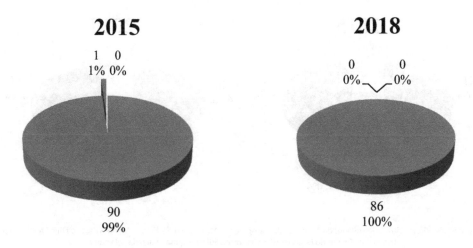

■ I - Exige documentos sem inviabilizar o pedido.
■ II - Permite a formulação do pedido, sem exigir identificação.
■ III - Exige documentos em excesso, inviabilizando o pedido.

Fonte: Pesquisa "Relatório dos Resultados da Avaliação da Transparência Passiva no RS – Prêmio Mendes Ribeiro Filho" realizada pelo Tribunal de Contas do Estado do Rio Grande do Sul e pesquisa realizada pela autora.

3.4. Respostas aos pedidos no prazo legal

Cotejando-se os resultados obtidos em 2015 e 2018, verifica-se que não houve diferença no que diz respeito ao cumprimento dos prazos estabelecidos pela Lei de Acesso à Informação, ou seja, o atendimento aos pedidos em no máximo 20 dias, prorrogáveis por mais 10, mediante justificativa e comunicação ao solicitante. Nos dois exercícios, pouco menos metade dos Municípios respondeu aos três pedidos de acesso de forma tempestiva.

Em particular, chama atenção a baixa taxa de observância ao item avaliado e a inexistência de evolução no decorrer dos últimos três anos.

A) Pedido que deve ser deferido

Gráfico 4 – Comparativo referente ao quesito "respostas aos pedidos no prazo legal – pedido que deve ser deferido (A)" nas pesquisas dos anos de 2015 e 2018.

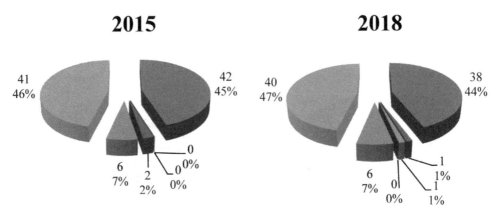

Fonte: Pesquisa "Relatório dos Resultados da Avaliação da Transparência Passiva no RS – Prêmio Mendes Ribeiro Filho" realizada pelo Tribunal de Contas do Estado do Rio Grande do Sul e pesquisa realizada pela autora.

B) Pedido que deve ser indeferido

Gráfico 5 – Comparativo referente ao quesito "respostas aos pedidos no prazo legal – pedido que deve ser indeferido (B)" nas pesquisas dos anos de 2015 e 2018.

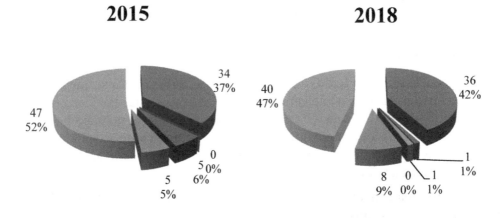

Fonte: Pesquisa "Relatório dos Resultados da Avaliação da Transparência Passiva no RS – Prêmio Mendes Ribeiro Filho" realizada pelo Tribunal de Contas do Estado do Rio Grande do Sul e pesquisa realizada pela autora.

C) Pedido de titularidade de outro órgão ou entidade

Gráfico 6 – Comparativo referente ao quesito "respostas aos pedidos no prazo legal – pedido de titularidade de outro órgão ou entidade (C)" nas pesquisas dos anos de 2015 e 2018.

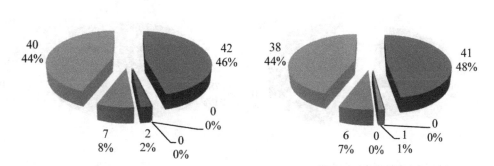

■ Resposta em prazo não superior a 20 dias.

■ Resposta em prazo superior a 20 dias, mas dentro do prazo de prorrogação de 10 dias, tendo o órgão apresentado justificativa expressa e comunicado previamente ao solicitante sobre a prorrogação.

■ Resposta em prazo superior a 20 dias, mas dentro do prazo de prorrogação de 10 dias, sem o órgão ter apresentado justificativa expressa para tanto, mas tendo comunicado previamente ao solicitante sobre a necessidade de prorrogação.

■ Resposta em prazo superior a 20 dias, mas dentro do prazo de prorrogação de 10 dias, sem o órgão ter apresentado justificativa expressa para tanto e sem ter comunicado previamente ao solicitante sobre a necessidade de prorrogação.

■ Resposta fora do prazo.

■ Ausência de resposta, o que inclui eventuais respostas dadas após o fechamento do período de avaliação.

Fonte: Pesquisa "Relatório dos Resultados da Avaliação da Transparência Passiva no RS – Prêmio Mendes Ribeiro Filho" realizada pelo Tribunal de Contas do Estado do Rio Grande do Sul e pesquisa realizada pela autora.

3.5. Respostas em conformidade com o que foi solicitado

O percentual de respostas consideradas corretas e em conformidade com os normativos pertinentes apresentou variações conforme o tipo de pergunta realizada, mas foi possível constatar, em maior ou menor grau, involução em relação ao quesito em todas elas.

A) Pedido que deve ser deferido

Somados os atendimentos integrais e parciais ao pedido A (aquele que, por versar sobre dado público, deveria ter sido respondido com o fornecimento das informações solicitadas) é possível verificar, em 2018, uma queda de 38 pontos percentuais em relação a 2015, ou seja, uma redução de 522% na taxa de observância ao quesito.

Gráfico 7 – Comparativo referente ao quesito "respostas em conformidade com o que foi solicitado – pedido que deve ser deferido (A)" nas pesquisas dos anos de 2015 e 2018.

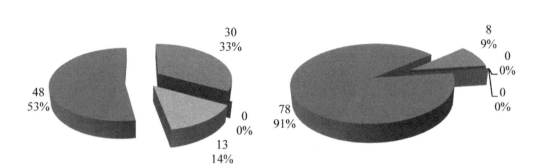

- Atende plenamente ao que foi solicitado.
- Atende de forma indireta.
- Atende parcialmente ao que foi solicitado.
- Indefere indevidamente ao que foi solicitado ou dá um retorno estranho ao que ao pedido.

Fonte: Pesquisa "Relatório dos Resultados da Avaliação da Transparência Passiva no RS – Prêmio Mendes Ribeiro Filho" realizada pelo Tribunal de Contas do Estado do Rio Grande do Sul e pesquisa realizada pela autora.

B) Pedido que deve ser indeferido

Quanto ao pedido B (aquele que deveria ter sido indeferido por versar sobre informação sigilosa), depreende-se que o exato procedimento prescrito pela lei continua sendo observado por apenas 2% dos entes locais. De outro lado, houve um leve crescimento (9 pontos percentuais) em relação ao número de Municípios que indeferiram o pedido sem apresentar justificativa: forneceram indevidamente a informação ou apresentaram retorno estranho ao que foi solicitado.

Gráfico 8 – Comparativo referente ao quesito "respostas em conformidade com o que foi solicitado – pedido que deve ser indeferido (B)" nas pesquisas dos anos de 2015 e 2018.

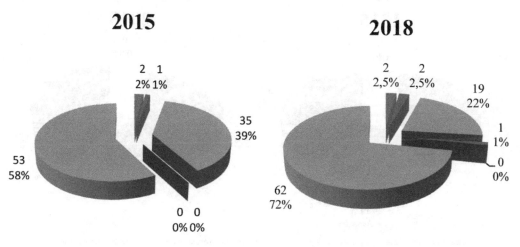

■ Indefere devidamente ao que foi solicitado, indicando as razões de fato ou de direito da recusa, total ou parcial, do acesso pretendido e a possibilidade de se recorrer, com a identificação da autoridade a quem o recurso deve ser dirigido.
■ Indefere ao que foi solicitado, indicando as razões de fato ou de direito da recusa e a possibilidade de se recorrer, mas sem a identificação da autoridade a quem o recurso deve ser dirigido.
■ Indefere ao que foi solicitado, indicando as razões de fato ou de direito da recusa, mas não informa sobre a possibilidade de se recorrer.
■ Indefere ao que foi solicitado, sem indicar as respectivas razões, mas informa sobre a possibilidade de recorrer, identificando a autoridade a quem o recurso deve ser dirigido.
■ Indefere ao que foi solicitado, sem indicar as respectivas razões, mas informa sobre a possibilidade de recorrer, não identificando, contudo, a autoridade a quem o recurso deve ser dirigido.
■ Apenas indefere ao que foi solicitado, fornece indevidamente a informação que deveria ser negada, ou, ainda, dá um retorno estranho ao que ao foi solicitado.

Fonte: Pesquisa "Relatório dos Resultados da Avaliação da Transparência Passiva no RS – Prêmio Mendes Ribeiro Filho" realizada pelo Tribunal de Contas do Estado do Rio Grande do Sul e pesquisa realizada pela autora.

C) Pedido de titularidade de outro órgão ou entidade

Por fim, relativamente ao pedido C (aquele que versava sobre informações custodiadas por outro ente, devendo haver, por esse motivo, a indicação de quem detém o dado, o encaminhamento do pedido ou, sendo possível, a entrega dos substratos solicitados), houve aumento de 12 pontos percentuais em relação aos Municípios que forneceram informações estranhas ao que foi solicitado. Na mesma linha, verificou-se a existência de queda de 9 pontos percentuais quanto aos entes que observaram integralmente as prescrições da Lei de Acesso à Informação no quesito.

Apesar da involução verificada, as variações não foram muito significativas.

Gráfico 9 – Comparativo referente ao quesito "respostas em conformidade com o que foi solicitado – pedido de titularidade de outro órgão ou entidade (C)" nas pesquisas dos anos de 2015 e 2018.

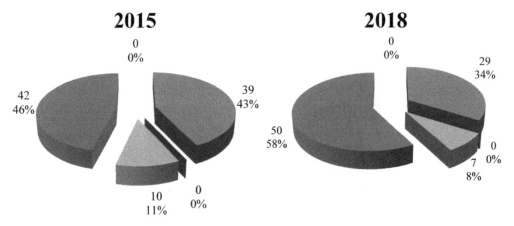

■ Comunica que não possui a informação, indicando, se for do seu conhecimento, o órgão ou a entidade que a detém, ou, ainda, remetendo o requerimento a esse órgão ou entidade, cientificando o interessado da remessa de seu pedido de informação.

■ Entrega a informação mesmo não sendo o titular

■ Apenas comunica que não possui a informação.

■ Entrega informação diversa, que não atende em nada ao solicitado.

Fonte: Pesquisa "Relatório dos Resultados da Avaliação da Transparência Passiva no RS – Prêmio Mendes Ribeiro Filho" realizada pelo Tribunal de Contas do Estado do Rio Grande do Sul e pesquisa realizada pela autora.

4. CONSIDERAÇÕES FINAIS

A exigência de se conceder o mais amplo acesso às informações públicas à sociedade decorre do próprio Estado Social e Democrático de Direito, seja como um instrumento de legitimação da atuação da Administração Pública, seja como pressuposto intrínseco ao exercício do controle, em especial o externo e o social. De fato, sem o conhecimento necessário, não pode o cidadão fazer escolhas racionais e conscientes. E, sendo-lhe tolhida a possibilidade de escolha, não pode exercer a democracia de forma a influenciar diretamente nos assuntos referentes à condução das coisas públicas, votando, ou, ainda, controlando e denunciando a má gestão.

A transparência consiste, pois, em um importante instrumento de gestão, controle e democracia. Como regra, a Administração deve disponibilizar, de forma ativa (isto é, sem necessidade de provocação) todas as informações por ela produzidas e custodiadas. É ainda necessário que estas sejam hospedadas no portal da instituição na *internet*[23], inclusive no formato de dados abertos, e se apresentem íntegras, compreensíveis e acessíveis.

---

23. Com exceção dos Municípios com população menor que 10 mil habitantes, que estão dispensados de disponibilizar seus informes na rede mundial de computadores (artigo 8º, § 4º, da Lei de Acesso à Informação).

Em não sendo possível assim proceder, o Poder, órgão ou entidade deve alcançar os informes sob demanda. De fato, opta-se pela transparência passiva quando circunstâncias de ordem fática, lógica, financeira ou tecnológica exigirem a disponibilização dos dados mediante solicitação do interessado. É o caso, por exemplo, da publicação de substratos de interesse particular e uso restrito: para evitar que o eventual excesso de informações impeça que as mais relevantes estejam ao fácil acesso dos cidadãos, justifica-se a implementação do direito em foco por meio da transparência passiva.

Dada a importância do tema, o Tribunal de Contas gaúcho desenvolveu, em 2015, um estudo abordando essencialmente o assunto em questão. A partir dos critérios examinados, o TCE-RS avaliou, no universo de Municípios pesquisados: a existência de um serviço virtual de atendimento ao cidadão, a possibilidade de acompanhamento do pedido, a exigência de identificação do solicitante sem inviabilizar o pedido, o envio de resposta dentro dos prazos legais e, por fim, a conformidade do conteúdo das respostas com a lei.

O levantamento foi realizado por meio de pedidos de acesso a informações realizados aos 99 entes agraciados, no ano anterior, com o *Prêmio Boas Práticas de Transparência na Internet*, isto é, uma distinção conferida aos Executivos locais que apresentaram desempenho exemplar no que dizia respeito à transparência ativa. Com isso, o TCE-RS buscou aprofundar o exame que já vinha sendo feito nos portais daqueles entes até aquele momento, verificando quais Municípios se destacavam concomitantemente na efetivação da transparência ativa e passiva.

Desde então, passaram-se três anos, não tendo sido editados novos estudos sobre o tema. Por esse motivo, e com o objetivo de verificar qual é a situação atual desses mesmos 99 Executivos quanto à transparência sob demanda e analisar se houve evolução nesse período, foi realizado o presente trabalho. Os procedimentos e a metodologia de pesquisa foram fundamentalmente reproduzidos. Entretanto, para além do lapso temporal transcorrido entre os levantamentos, estes acabaram por se distinguir quanto às perguntas realizadas, a fim de preservar a espontaneidade dos entes nas respostas por eles oferecidas.

Solicitou-se, então: a) acesso à identificação das 10 pessoas físicas ou jurídicas com os maiores débitos inscritos em dívida ativa no Município; b) quanto aos 10 autos de lançamento de maior valor lavrados em 2017, acesso à identificação dos contribuintes (nome e CPF/CNPJ) e dos respectivos montantes (o valor de cada lançamento); c) acesso à identificação das 10 pessoas físicas ou jurídicas com os maiores débitos inscritos em dívida ativa no Estado do Rio Grande do Sul.

Repisa-se que o primeiro pedido deveria ter sido deferido, por tratar de informação pública; o segundo, indeferido, uma vez que resultaria no fornecimento indevido de dados sigilosos; e o terceiro, respondido com o informe solicitado ou com a indicação de que a solicitação deveria ser encaminhada ao Executivo estadual, por versar sobre substratos produzidos e custodiados por aquele ente.

Especificamente quanto aos resultados obtidos em 2018, foi possível concluir que ainda há bastante espaço para melhoria, notadamente no que diz respeito à observância dos prazos prescritos pela Lei de Acesso à Informação para atendimento aos pedidos formulados, bem como à qualidade desses retornos.

Verificou-se que menos da metade dos Municípios que prestam o serviço de e-SIC atenderam às solicitações em no máximo 20 dias, prorrogáveis por mais 10, mediante justificativa e comunicação ao requerente (48% em relação aos pedidos A e C, e 44% no que diz respeito ao pedido B).

Ademais, apenas 9% dos pedidos que deveriam ter sido deferidos (A) resultaram no atendimento ao que foi solicitado, e 2% dos pedidos que deveriam ter sido indeferidos (B) assim o foram nos exatos termos da lei, isto é, com a indicação das razões de fato ou de direito da recusa ao acesso pretendido e a possibilidade de se recorrer, além da identificação da autoridade a quem a impugnação deveria ser dirigida. No que concerne aos pedidos de titularidade de outro ente (C), 58% dos Municípios que possuem e-SIC prestaram informação sem utilidade alguma e/ou em descompasso com o que foi solicitado.

De outro lado, cabe referir 100% dos e-SICs avaliados corretamente exigiram identificação do solicitante sem inviabilizar ou dificultar o pedido de acesso, e apenas 13% deles não possibilitaram o acompanhamento do trâmite da solicitação no órgão.

Na comparação entre os elementos coletados nos dois exercícios analisados, observou-se expressiva melhoria no quesito referente à possibilidade de acompanhamento dos pedidos de acesso: considerando-se o universo dos Municípios que presta o serviço de informação ao cidadão por meio da *internet*, houve uma queda de 369% na quantidade de entes que não viabilizaram o acompanhamento do trâmite da solicitação. Essa melhoria não foi apenas quantitativa: constatou-se a existência, de forma quase proporcional, do aumento do percentual de Municípios que, além de permitirem a consulta sobre o andamento da demanda pelo portal, também enviam atualizações por e-mail.

Em sentido oposto, chama a atenção o fato de que, em 2015, 91 dos 99 entes avaliados prestavam o serviço de e-SIC, disponibilizando link de acesso na página principal de seu portal ou na seção relativa à transparência. Já em 2018, esse número caiu para 86 Municípios, representando uma redução de 5 pontos percentuais no atendimento ao quesito correspondente.

Verificou-se, por fim, manutenção da baixa taxa de cumprimento da lei referente aos itens que, já em 2015, não eram observados de forma satisfatória pelos Municípios: tempestividade no atendimento, bem como resposta de acordo com o que foi solicitado e em atenção às normativas aplicáveis ao caso concreto.

Quanto ao primeiro aspecto, os resultados não apresentaram variações significativas, sendo que pouco menos da metade dos entes avaliados no quesito adotaram procedimentos modelares.

No tocante à qualidade dos retornos, houve redução no atendimento das exigências legais. A mais acentuada foi observada em relação ao pedido que, em razão de sua natureza, deveria ter sido atendido com o fornecimento das informações requeridas (A): houve queda de 24 pontos percentuais na taxa de atendimento, ou seja, 522% a menos em relação a 2015.

É de se consignar, entretanto, que a causa desse fenômeno pode ser, ao menos parcialmente, atribuída à maior complexidade dos questionamentos lançados nesta pesquisa. Isso também explicaria o fato de que, em 2018, nenhum Município alcançou o grau de excelência estabelecido pelo TCE-RS em 2015, quando, naquele ano, 16 entes fizeram jus a uma distinção por esse motivo.

Com efeito, os resultados, de modo geral, não apresentaram variações significativas, havendo até mesmo hipóteses de melhoria, como o já mencionado caso da "possibilidade de acompanhamento do trâmite do pedido". A drástica piora no desempenho verificada no critério de avaliação "respostas em conformidade com o que foi solicitado" foi, portanto, excepcional, e deve ser explicada pela interferência de outros fatores.

A conclusão aventada referente à complexidade dos questionamentos deduzidos em 2018 decorreu, essencialmente, do fato de que existe discussão judicial envolvendo o objetivo do pedido A. Deve ser frisado, não obstante, que as decisões majoritárias ratificam a possibilidade de fornecimento das informações no caso proposto. A análise qualitativa das respostas obtidas também aponta para a ausência de conhecimento técnico aprofundado dos responsáveis por solucionar as demandas: observou-se a existência de algumas respostas desconexas, e, conforme demonstram objetivamente os gráficos apresentados neste estudo, retornos incorretos e em descompasso com a Lei de Acesso à Informação e a legislação pertinente.

Tais fatos, por si sós, indicam a necessidade de que os servidores locais envolvidos no processo de fornecimento de informações públicas sejam adequadamente preparados para o desempenho dessa importante missão.

Em conclusão, constatou-se que, considerando-se os últimos três anos, não houve alterações significativas no nível de transparência passiva dos Municípios gaúchos avaliados, os quais, repisa-se, são aqueles que, em 2014, haviam se destacado no cumprimento da Lei de Acesso à Informação no que diz respeito à disponibilização de dados sem a necessidade de provocação do cidadão. Ou seja, cuida-se de entes locais que já se empenhavam a concretizar o direito à transparência. Disso decorre a possibilidade de que as taxas de atendimento à LAI sejam ainda inferiores no universo dos 497 Municípios do Estado do Rio Grande do Sul.

As exceções, positiva e negativa, referem-se respectivamente aos quesitos "possibilidade de acompanhamento dos pedidos" e "respostas em conformidade com o que foi solicitado".

Como produto do presente estudo, sugere-se às Municipalidades que envidem esforços no sentido da concretização da transparência, mormente no que toca à tempestividade das respostas aos pedidos realizados e à qualidade desses mesmos retornos, instruindo adequadamente o corpo técnico responsável pelos atendimentos. Ainda, propõe-se o aprofundamento da matéria referente à (falta de) capacitação dos servidores que operacionalizam o Serviço de Acesso à Informação como possível obstáculo à efetivação do direito fundamental à informação na sua plenitude.

5. REFERÊNCIAS

Bento, Leonardo Valles. *Acesso a informações públicas*: princípios internacionais e o Direito brasileiro. Curitiba: Juruá, 2015.

BRANDEIS, Louis D. *Other people's money and how the bankers use it*. New York: Frederick A. Stokes Company, 1914.

MUÑOZ, Jaime Rodríguez-Arana. *Direito fundamental à boa Administração Pública*. Belo Horizonte: Fórum, 2012.

NUNES, Márcio Tadeu Guimarães. *Lei de Acesso à Informação*: reconstrução da verdade histórica, ambientes regulatórios e o direito à intimidade. São Paulo: Quartier Latin, 2013.

OHLWEILER, Leonel Pires. A efetividade do acesso à informação e o direito à boa administração pública: questões hermenêuticas sobre a transparência na administração pública e a Lei 12.527/2011. In: SARLET, Ingo Wolfgang; Martos, José Antônio Montilla; Ruaro, Regina Linden (Coord.). [et al.] *Acesso à informação como direito fundamental e dever estatal*. Porto Alegre: Livraria do Advogado, 2016.

RIO GRANDE DO SUL. Tribunal de Contas do Estado. *Avaliação dos Portais do RS. 2014*. Disponível em http://portal.tce.rs.gov.br/portal/page/portal/tcers/publicacoes/estudos/avaliacao_portais_rs. Acesso em: 20 maio 2018.

RIO GRANDE DO SUL. Tribunal de Contas do Estado. *Relatório dos Resultados da Avaliação da Transparência Passiva no RS – Prêmio Mendes Ribeiro Filho. 2015*. Disponível em http://www1.tce.rs.gov.br/portal/page/portal/noticias_internet/textos_diversos_pente_fino/relatorio_premio_mendes_ribeiro. pdf. Acesso em: 20 maio 2018.

Zancaner, Weida. *Lineamentos sobre a Lei de Acesso à Informação*. In: VALIM, Rafael; MALHEIROS, Antonio Carlos; BACARIÇA, Josephina (Coord.). [et al.]. *Acesso à informação pública*. Belo Horizonte: Fórum, 2015.

LEGISLAÇÃO:

BRASIL. Constituição (1988). *Constituição da República Federativa do Brasil*. Disponível em: http://www.planalto.gov.br/ccivil_03/constituicao/constituicaocompilado.htm. Acesso em: 25 maio 2018.

BRASIL. *Lei 12.527, de 18 de novembro de 2011*. Regula o acesso a informações previsto no inciso XXXIII do art. 5º, no inciso II do § 3º do art. 37 e no § 2º do art. 216 da Constituição Federal; altera a Lei 8.112, de 11 de dezembro de 1990; revoga a Lei 11.111, de 5 de maio de 2005, e dispositivos da Lei 8.159, de 8 de janeiro de 1991; e dá outras providências. Disponível em: http://www.planalto.gov.br/ccivil_03/_ato2011-2014/2011/lei/l12527.htm. Acesso em: 20 maio 2018.

DA NECESSIDADE DE MAIOR DIVULGAÇÃO DAS POLÍTICAS PÚBLICAS PARA O TRATAMENTO ADEQUANDO DE CONFLITOS COMO MEIO DE DESAFOGAR O PODER JUDICIÁRIO

Julian Gutierrez Duran Neto

Advogado. Diretor adjunto do curso de Direito da UNINOVE. Mestrando em Direito e Especialista em Direito, Políticas Públicas e Controle Externo pela Universidade Nove de Julho (UNINOVE). Especialista em Direito do Trabalho pela Pontifícia Universidade Católica de São Paulo (COGEAE) – PUC/SP.

Sumário: 1. Introdução – 2. Da política pública de tratamento adequado dos conflitos – 3. Da morosidade da justiça – 4. Uma breve análise sobre a conciliação e a mediação realizadas pelo Tribunal de Justiça do Estado de São Paulo e pelo Tribunal Regional do Trabalho da 2ª Região; 4.1 Das estatísticas do Tribunal de Justiça do Estado de São Paulo; 4.2. Das Estatísticas do Tribunal Regional do Trabalho da 2ª Região – 5. Dados estatísticos do Conselho Superior da Justiça do Trabalho (CSJT) – 6. Dados estatísticos do Conselho Nacional de Justiça (CNJ) sobre conciliação – 7. Considerações finais – 8. Referências.

---

1. INTRODUÇÃO

Conforme já explanado acima, os meios consensuais de solução de controvérsia constituem uma das formas mais adequadas de se modificar a mentalidade da sociedade no sentido de que seja possível ter acesso ao Judiciário de uma forma pacífica, justa, em que as partes desempenhem papeis mais ativos na construção da busca para a melhor solução para ambas.

Ou seja, o objetivo é trazer à sociedade e, principalmente às partes e aos advogados, a consciência de que, além dos ganhos mútuos decorrentes da construção conjunta de uma solução ao conflito apresentado, o fato de não haver necessidade da imposição do cumprimento de uma sentença por uma terceira pessoa faz dos mecanismos consensuais de solução de controvérsias uma forma mais efetiva de soluções no Judiciário.

Trata-se, na verdade, de uma mudança cultural na forma de atuação, uma vez que os advogados são lapidados, desde a sua formação nos bancos acadêmicos, para a litigiosidade. Muitos operadores do Direito ainda não estão acostumados e, na maioria das vezes, sequer preparados para a utilização da conciliação e da mediação, sob o argumento de que tal procedimento atrapalharia ainda mais o andamento processual.

É importante termos em mente que a mediação e a conciliação não vieram para se sobrepor ao Poder Judiciário: ao contrário, foram criadas para somar forças e, assim, no decorrer do tempo, tentar modificar a cultura da sociedade em relação a recorrer à Justiça como uma regra. O objetivo é que a procura pelo Poder Judiciário se torne, cada vez mais, uma exceção e não a regra.

Assim, com a implementação de uma Política Pública efetiva de solução de conflitos, será possível alcançar uma nova postura pela busca de uma solução ágil e positiva de solução de controvérsias, sem desconsiderar a aplicação dos direitos e garantias constitucionais. No entanto, tais Políticas Públicas devem ter uma dimensão que abranja inclusive os bancos universitários do curso de Direito, cuja instituição é a porta de formação dos futuros profissionais.

2. DA POLÍTICA PÚBLICA DE TRATAMENTO ADEQUADO DOS CONFLITOS

Como é sabido, viver em sociedade é conviver com conflitos a todo momento. São problemas de relacionamento que se instauram a cada dia, e que, de forma geral, são levados para o Poder Judiciário para a busca de uma solução.

Infelizmente, o Estado não está preparado para lidar com um número cada vez mais elevado de processos distribuídos. Em decorrência disso, acaba oferecendo condições precárias e inversas à esperada solução de justiça, o que causa desânimo e um enfrentamento ainda maior entre as partes pela demora na resolução do conflito.

Ao levar um caso para o Poder Judiciário, já se tem uma premissa, ainda que velada: a de que foi iniciada à batalha, o conflito, a briga e a discussão. Com a distribuição da ação, o que se busca é acirrar ainda mais o conflito.

O que encontramos hoje em nosso país é uma circunstância extremamente crítica: os Tribunais possuem um fluxo elevado de entrada de processos cujos conflitos os magistrados não conseguem solucionar na mesma velocidade em que tais ações ingressam na instituição. Ou seja, torna-se custoso depender unicamente do Poder Judiciário para se ter a rápida solução de um conflito: a realidade é que existe excessivo volume de demanda e ausência de estrutura organizacional.

Assim, com a mudança de conceito e paradigma é que se busca o estímulo ao diálogo e franca comunicação, pois será da mudança do paradigma que surgirão os métodos consensuais de solução de conflitos, como a mediação e a conciliação.

Com a redação da Lei nº 13.105, de 16 de março de 2015, que instituiu o Código de Processo Civil, combinado com a Resolução 125/10 do Conselho Nacional de Justiça e demais alterações posteriores, podemos admitir que, em respeito ao anseio social, houve o reconhecimento de que a sociedade precisa e visa buscar soluções alternativas de conflitos.

O Poder Judiciário e, principalmente, a sociedade já não suportam mais a demora para que se tenha a efetiva satisfação jurisdicional, nem toleram ter que lidar com a alta litigiosidade em nossos tribunais.

DA NECESSIDADE DE MAIOR DIVULGAÇÃO DAS POLÍTICAS PÚBLICAS **121**

No entanto, para que haja uma efetiva melhoria nesse cenário, as Políticas Públicas de soluções alternativas de conflitos devem buscar uma maior divulgação visando alcançar uma mudança de mentalidade quanto à solução de conflitos.

Deve ficar claro e cristalino que aquele que necessitar solucionar um conflito, terá a oportunidade de expor suas aflições sem qualquer tipo de julgamento; que as partes envolvidas serão ouvidas e terão a oportunidade de satisfazer seus interesses e suas expectativas; e que poderão, de forma conjunta, suavizar suas desavenças e resolver seus problemas.

É providencial citar um trecho do livro *Justiça – o que é fazer a coisa certa*, do Prof. Michael J. Sandel, que vem ao encontro da essência da Resolução 125 do CNJ e do Novo Código de Processo Civil, que assim diz:

> *"Quando duas pessoas fazem livremente um acordo, ambas ganham. Se o acordo as favorece sem que ninguém seja prejudicado, ele aumenta a felicidade geral".*

Os problemas do nosso Poder Judiciário somente aumentam, acarretando desgastes e desconfortos aos litigantes e as demais partes envolvidas em um processo judicial. Assim, as Políticas Públicas devem incentivar a solução de conflitos por outros mecanismos, visando, dentre outros benefícios, diminuir as burocracias administrativas que somente fazem arrastar o processo por anos e anos sem uma solução.

Em contrapartida, não se pode ignorar a previsão em nossa Carta Magna do acesso à Justiça. É importante destacar que, por ser um meio alternativo de solução de conflito, não exclui acesso ao Poder Judiciário. Ou seja, existem compatibilidades em ambas as alternativas.

No entanto, quanto mais se investir em educação e orientação da população sobre uma possibilidade de solucionar seus problemas de uma forma menos desgastante, rápida e eficiente e, muitas vezes, menos onerosa, menos demandas serão levadas futuramente à Justiça, que poderá então atender questões relevantes a toda a sociedade.

3. DA MOROSIDADE DA JUSTIÇA

Muito ainda se questiona e se discute sobre uma utilização de maior escala dos métodos alternativos de solução de conflitos como uma das formas de se amenizar a crise do Judiciário quanto à demora na prestação jurisdicional. Entendo que o Estado, em sua totalidade, deve promover e incentivar Políticas Públicas de métodos alternativos de soluções de controvérsias; mas, para que isso ocorra, a própria instituição deve admitir a sua atual fragilidade no sentido de não conseguir ser ágil e efetiva na prestação jurisdicional.

Boa parte da demora e da efetiva prestação jurisdicional ocorre pelo fato de ali tramitarem inúmeros casos sem relevância social, os quais poderiam e deveriam ser solucionados sem a intervenção de um juiz.

A demora excessiva para que se tenha uma efetiva decisão judicial, em tese, constitui uma violação de diretos fundamentais daqueles que necessitam se socorrer da Justiça. Podemos destacar no âmbito de proteção dos direitos fundamentais, o disposto no art. 5º, inciso LXXVIII da Constituição Federal que trata da duração razoável do processo. Tal proteção, inclusive, está prevista na *Declaração Universal de Direitos do Homem* ao dispor sobre a agilidade de se buscar as jurisdições nacionais quando houver violações aos direitos fundamentais reconhecidos pela Constituição ou pela lei[1]; na *Convenção Europeia dos Direitos do Homem* (1950) em artigo específico aos direitos à liberdade e à segurança, especialmente quando determina que o julgamento deve ser feito em um prazo razoável; e na *Convenção Americana sobre Direitos Humanos* (1969), em tópico de proteção judicial que dispõe que toda pessoa tem direito a um recurso simples e rápido para a sua garantia[2]. Ou seja, em todas essas normativas é possível identificar que deve existir celeridade e rapidez quando se recorre ao Judiciário.

A utilização de métodos alternativos de solução de conflitos não se contrapõe à possibilidade do jurisdicionado procurar a instituição pertinente: ao contrário, esse acesso sempre será devido e possível, mas como a última alternativa, e não a primeira. Ou seja, a regra deveria ser, primeiramente, se buscar uma solução alternativa, para posteriormente bater às portas da Justiça.

Assim, necessita-se de uma mudança de postura e de paradigma, tanto do Poder Judiciário, como da sociedade, dos advogados e das faculdades de Direito para a adoção dos métodos alternativos. O Estado deve promover ações de divulgação ampla e incansável dessas Políticas Públicas como um caminho mais simples, ágil, rápido, efetivo e constitucional para a solução de conflito, o que por sua vez contribuirá para o desafogamento da instituição.

Por sua vez, os operadores do Direito, em especial os advogados, deveriam ser os primeiros a buscar métodos alternativos de solução de conflitos. O Código de Ética e Disciplina da OAB[3], no inciso VI, parágrafo único do artigo 2º, assim dispõe:

> *Art. 2º. O advogado, indispensável à administração da Justiça, é defensor do Estado democrático de direito, da cidadania, da moralidade pública, da Justiça e da paz social, subordinando a atividade do seu Ministério Privado à elevada função pública que exerce.*
>
> *Parágrafo único. São deveres do advogado:*
>
> *...*
>
> *VI – Estimular a conciliação entre os litigantes, prevenindo, sempre que possível, a instauração de litígios;*

---

1. Artigo 8º Toda a pessoa tem direito a recurso efetivo para as jurisdições nacionais competentes contra os atos que violem os direitos fundamentais reconhecidos pela Constituição ou pela lei.
2. Artigo 7º. Item 6. Toda pessoa privada da liberdade tem direito a recorrer a um juiz ou tribunal competente, a fim de que este decida, sem demora, sobre a legalidade de sua prisão ou detenção e ordene sua soltura se a prisão ou a detenção forem ilegais. Nos Estados-Partes cujas leis preveem que toda pessoa que se vir ameaçada de ser privada de sua liberdade tem direito a recorrer a um juiz ou tribunal competente a fim de que este decida sobre a legalidade de tal ameaça, tal recurso não pode ser restringido nem abolido. O recurso pode ser interposto pela própria pessoa ou por outra pessoa.
3. Publicado no Diário da Justiça, Seção I, do dia 01 mar. 95, p. 4.000/4004.

Ou seja, existem previsões legais nas mais variadas áreas do Direito. No entanto, há a necessidade de estímulos do Poder Público, de Órgãos de Classe, Associações e das faculdades para que esses conceitos sejam aplicados, pois somente a legislação não é capaz de modificar um comportamento enraizado por anos na sociedade. Urge, em suma, uma mudança no conceito e na formação do profissional do Direito. Ao se ensinar um advogado a defender os direitos de seus clientes, deve-se ter em mente que essa defesa não depende exclusivamente de uma decisão do Poder Judiciário, podendo ser alcançada por meios alternativos de solução de conflitos.

4. UMA BREVE ANÁLISE SOBRE A CONCILIAÇÃO E A MEDIAÇÃO REALIZADAS PELO TRIBUNAL DE JUSTIÇA DO ESTADO DE SÃO PAULO E PELO TRIBUNAL REGIONAL DO TRABALHO DA 2ª REGIÃO

O Tribunal de Justiça do Estado de São Paulo, assim como o Tribunal Regional do Trabalho da 2ª Região, vem incentivando a prática da utilização de meios alternativos de solução de conflitos para os processos em andamento nestes tribunais.

4.1 Das estatísticas do Tribunal de Justiça do Estado de São Paulo

O Tribunal de Justiça do Estado de São Paulo, através do Núcleo Permanente de Métodos Consensuais de Solução de Conflitos (NUPEMEC), junto aos seus Centros Judiciários de Solução de Conflitos e Cidadania (CEJUSC), prestam auxílio a qualquer cidadão na tentativa de solução de um problema, sem a necessidade de uma decisão judicial[4].

No entanto, a divulgação desses serviços ainda é restrita aos operadores do Direito, e com divulgação de seus esclarecimentos e de suas cartilhas no *site* do Tribunal de Justiça, sem qualquer divulgação mais ampla, difusa e aberta para a população. Em outras palavras, a procura pelos Centros Judiciários de Solução de Conflitos e Cidadania seria maior se existisse uma proposta de divulgação desses serviços para toda população.

O Tribunal de Justiça em seu *site*[5] apresentou as estatísticas gerais na *Semana Nacional da Conciliação* de 2017. E pelo relatório apresentado, os números poderiam ter sido melhores se tivesse havido uma divulgação maior no Estado de São Paulo.

Pelas estatísticas apresentadas durante o período de 2014 até 2017, não se percebe um aumento significativo do número de audiências que são designadas. Mesmo assim, os números são satisfatórios pela quantidade de acordos homologados, vejamos:

---

4. TRIBUNAL DE JUSTIÇA DO ESTADO DE SÃO PAULO. *Conciliação e Mediação*: estatísticas. São Paulo: TJSP, 2021. Disponível em: www.trtsp.jus.br/institucional. Acesso em: 2018.
5. TRIBUNAL DE JUSTIÇA DO ESTADO DE SÃO PAULO. *Conciliação e Mediação*: estatísticas. São Paulo: TJSP, 2021. Disponível em: www.trtsp.jus.br/institucional. Acesso em: 2018.

2014

TOTAL DE AUDIÊNCIAS DESIGNADAS	36.690
Total de audiências realizadas	25.578
Total de acordos homologados	13.056
Total de valores dos acordos homologados	R$ 45.094.487,03

Fonte: Tribunal de Justiça (2017)

2015

Total de audiências designadas	43.975
Total de audiências realizadas	24.171
Total de acordos homologados	11.638
Total de valores dos acordos homologados	R$ 81.627.611,06

Fonte: Tribunal de Justiça (2017)

2016

Total de audiências designadas	35.190
Total de audiências realizadas	24.069
Total de acordos homologados	10.204
Total de valores dos acordos homologados	R$ 48.700.758,43

Fonte: Tribunal de Justiça (2017)

2017

Total de audiências designadas	36.046
Total de audiências realizadas	23.406
Total de acordos homologados	9.702
Total de valores dos acordos homologados	R$ 70.090.159,75

Fonte: Tribunal de Justiça (2017)

4.2. Das Estatísticas do Tribunal Regional do Trabalho da 2ª região

Por sua vez, o Tribunal Regional do Trabalho da 2ª Região, seguindo a ideia de desafogar as ações em andamento, dispõe do *Núcleo Permanente de Métodos Consensuais de Solução de Disputa* junto às unidades do Centro Judiciário de Métodos Consensuais de Solução de Disputas (CEJUSC-JT).

Com a entrada em vigor da Lei 13.467/2017, que promoveu a modernização trabalhista no País, estabeleceu-se a possibilidade de homologação do acordo extrajudicial. Com base nos artigos 855-B e 855-E da CLT, as partes são estimuladas a fazer o acordo fora do juízo e apresentar a petição para homologação em uma Vara do Trabalho que, por sua vez, envia os autos para o Centro Judiciário de Métodos Consensuais de Solução de Disputas (Cejusc-JT-2), que analisará o pedido de homologação[6].

---

6. TRIBUNAL DE JUSTIÇA DO ESTADO DE SÃO PAULO. *Conciliação e Mediação*: estatísticas. São Paulo: TJSP, 2021. Disponível em: www.trtsp.jus.br/institucional. Acesso em: 2018.

DA NECESSIDADE DE MAIOR DIVULGAÇÃO DAS POLÍTICAS PÚBLICAS **125**

Igualmente ao comentado acima em relação do Tribunal de Justiça de São Paulo, a divulgação é feita apenas aos operadores do Direito, exclusivamente em seu *site*, mantendo apenas as chamadas para a realização das semanas de conciliação. Por conseguinte, não há uma divulgação ampla e aberta aos demais setores da sociedade, o que restringe, a meu ver, uma utilização melhor e mais clara sobre o método de solução alternativa para solução de conflitos.

Como dito, existe ainda uma restrição quanto à divulgação desses dados, sendo que o Centro Judiciário de Métodos Consensuais de Solução de Disputas (CEJUSC--JT), através do Núcleo Permanente de Métodos Consensuais de Solução de Disputa, não disponibiliza os números estatísticos dos trabalhos e acordos realizados.

5. DADOS ESTATÍSTICOS DO CONSELHO SUPERIOR DA JUSTIÇA DO TRABALHO (CSJT)

O Conselho Superior da Justiça do Trabalho (CSJT) foi criado pela Emenda Constitucional 45/2004 e é o órgão responsável pela supervisão administrativa, orçamentária, financeira e patrimonial dos 24 Tribunais Regionais do Trabalho e das Varas do Trabalho e suas jurisdições.

O CSJT divulgou em seu *site*[7] que a 4ª Semana Nacional da Conciliação Trabalhista, realizada de 21 a 25 de maio de 2018 em todo o País, bateu o recorde: os acordos homologados somaram mais de R$ 818.000.000,00. Nos cinco dias do evento, os 24 Tribunais Regionais do trabalho realizaram 25.783 conciliações.

Verifica-se que a utilização dos meios alternativos vem crescendo cada vez mais, mostrando-se eficazes e adequados para as partes resolverem seus problemas de modo consensual, mais eficiente, célere e viável.

Pelas estatísticas informadas no *site*[8], a Justiça do Trabalho, até maio de 2018, havia realizado 118.423 conciliações nas Varas do Trabalho dos 24 Tribunais Regionais do Trabalho e suas jurisdições. Ou seja, diante dos números apresentados, verifica-se a necessidade de se criar e manter uma cultura de conciliação e não de litígio.

Os dados fornecidos pelo CNJ[9] revelam que, por mais que a Justiça do Trabalho se esforce para reduzir o tempo médio de duração do processo tanto para os Tribunais Regionais do Trabalho (TRTs) quanto para o Tribunal Superior do Trabalho (TST),

---

7. CONSELHO SUPERIOR DA JUSTIÇA DO TRABALHO. *Recorde na semana nacional da conciliação trabalhista*. 2017. Disponível em: http://www.csjt.jus.br/noticias-lancamento1/-/asset_publisher/ECs3/content/recorde-na-semana-nacional-da-conciliacao-trabalhista-com-r-818-milhoes-em-acordos?redirect=%2Fweb%2FC SJT%2Finicio. Acesso em: 30 maio 2018.
8. TRIBUNAL SUPERIOR DO TRABALHO. *Estatística*. 2017. Disponível em: http://www.tst.jus.br/web/estatistica/jt/conciliacoes. Acesso em: 30 maio 2018.
9. CONSELHO NACIONAL DE JUSTIÇA. *Tribunais estabelecem metas específicas*. Disponível em: http://www.cnj.jus.br/noticias/cnj/84179-tribunais-estabelecem-metas-especificas-para-cumprir-em-2017. Acesso em: 30 de maio de 2018.

os TRTs, na primeira instância da Justiça do Trabalho, possuem um tempo médio de duração de 200 a 300 dias na fase de conhecimento.

Já no Tribunal Superior do Trabalho (TST), o tempo médio observado é de 410 dias de tramitação do processo entre o andamento inicial e a baixa. Vejamos a tabela comparativa de metas dos anos de 2016 e 2017 fornecida pelo CNJ:

2016	2017
Tribunais Regionais e Juízes do Trabalho	**Tribunais Regionais e Juízes do Trabalho**
Reduzir o tempo médio de duração do processo, em relação a 2014: • Na fase de conhecimento, para o 1º grau: • Em 1% para os TRTs com prazo médio de até 200 dias; • Em 2% para os TRTs com prazo médio acima de 200 dias. Para o 2º grau: • Em 1% para os TRTs com prazo médio de até 200 dias; • Em 2% para os TRTs com prazo médio de 201 a 300 dias; • Em 6% para os TRTs com prazo médio acima de 300 dias.	Reduzir o tempo médio de duração do processo, em relação a 2016: • Na fase de conhecimento do 1º grau: • Em 2% para os TRTs com prazo médio de até 200 dias; • Em 4% para os TRTs com prazo médio acima de 200 dias. No 2º grau: • Em 2% para os TRTs com prazo médio de até 200 dias; • Em 4% para os TRTs com prazo médio de 201 a 300 dias; • Em 9% para os TRTs com prazo médio acima de 300 dias.
Tribunal Superior do Trabalho	**Tribunal Superior do Trabalho**
• Reduzir para 431 dias o tempo médio de tramitação entre o andamento inicial e a baixa do processo. • Elevar para 66% o grau de satisfação dos clientes sobre os serviços prestados pelo TST.	• Reduzir para 410 dias o tempo médio de tramitação entre o andamento inicial e a baixa do processo. • Alcançar 67% o grau de satisfação dos clientes sobre os serviços prestados pelo TST.

Fonte: CNJ (2017)

Ou seja, métodos alternativos são bem mais céleres e eficazes para se buscar a rápida solução do conflito.

6. DADOS ESTATÍSTICOS DO CONSELHO NACIONAL DE JUSTIÇA (CNJ) SOBRE CONCILIAÇÃO

O Conselho Nacional de Justiça (CNJ) é uma instituição pública que visa aperfeiçoar o trabalho do sistema judiciário brasileiro, principalmente no que diz respeito ao controle e à transparência administrativa e processual[10].

Dentre as suas funções podemos destacar o desenvolvimento de políticas voltadas à maior eficiência dos serviços judiciais através da busca de melhores práticas e celeridade junto à atividade jurisdicional em todo o País.

Ou seja, o CNJ desenvolve e coordena vários programas[11] de âmbito nacional que priorizam diversas áreas do Direito, em especial no que tange à solução de conflitos por meio da conciliação e mediação.

O CNJ vai medir, especialmente, a quantidade de conciliação e mediação realizadas em todos os tribunais do nosso país, de forma que seja possível saber se as políticas públicas estão surtindo efeitos.

---

10. CONSELHO NACIONAL DE JUSTIÇA. *Quem somos*. Disponível em http://www.cnj.jus.br/sobre-o-cnj/quem-somos-visitas-e-contatos. Acesso em: 30 de maio de 2018.
11. CONSELHO NACIONAL DE JUSTIÇA. *Programas e ações*. Disponível em: http://www.cnj.jus.br/programas-e-acoes. Acesso em: 30 maio 2018.

Vejamos os dados trazidos pelo CNJ em seu *site*[12]:

> *Conforme verificamos por meio do CNJ, o Índice de Conciliação é o indicador que computa o percentual de decisões e sentenças homologatórias de acordo em relação ao total de decisões terminativas e de sentenças.* **Em 2015, o universo era de 27,2 milhões de decisões.** *O novo dado permite que o país tenha ideia da contribuição – em termos estatísticos – da importância das vias consensuais de solução de conflito para a diminuição da litigiosidade brasileira. A entrada em vigor do novo Código de Processo Civil (Lei n 13.105, de 16 de março de 2015), prevendo as audiências prévias de conciliação e mediação como etapa obrigatória para todos os processos cíveis, deve aumentar esses percentuais. No entanto, seus efeitos só serão sentidos no próximo Relatório, em 2017.*
>
> **Comparativo –** De acordo com os números coletados, o índice de conciliação na Justiça Estadual foi de 9,4%, com 1,8 milhão de sentenças finalizadas com acordo. A Justiça do Trabalho está melhor colocada, com 25,3% das sentenças e decisões obtidas dessa forma (resultado de 1 milhão de acordos). *A explicação do alto número de acordos na Justiça Trabalhista pode estar no próprio rito processual desse ramo, onde a tentativa de conciliação entre as partes ocorre em audiência antes de concluído o processo judicial. A Justiça Federal vem com apenas 3% das sentenças (105 mil casos).*
>
> *Os baixos índices de conciliação apresentados pela Justiça Federal estão ligados ao perfil das demandas deste ramo de Justiça, em sua maioria conflitos que têm por objeto matérias envolvendo Direito Previdenciário, Tributário ou Administrativo, onde o poder público é um dos polos da relação jurídica processual, impondo entraves à celebração de acordos por conta da disseminação da ideia de indisponibilidade do interesse público pelo particular. Os Tribunais Superiores aparecem com menos de 0,03% (apenas 203 casos) e a Justiça Militar estadual não registrou nenhuma sentença homologatória de acordo.*

Índice de Conciliação no Poder Judiciário

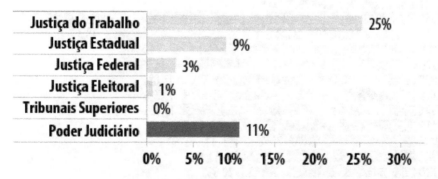

Fonte: CNJ (2018)

---

12. CONSELHO NACIONAL DE JUSTIÇA. *Relatório da justiça em números*. Disponível em: http://www.cnj.jus.br/noticias/cnj/83676-relatorio-justica-em-numeros-traz-indice-de-conciliacao-pela-1-vez. Acesso em: 30 maio 2018.

Ranking dos Tribunais por ramo de Justiça – O índice de homologação de acordos apresentado pelos tribunais brasileiros revela o envolvimento e o investimento das cortes na efetivação da Política Nacional de Tratamento de Conflitos, iniciada no CNJ em 2010 e consolidada, este ano, por meio da edição da Lei de Mediação (Lei 13.140/2015) e do Novo Código de Processo Civil (Lei 13.105/2015). Na Justiça Estadual, dentre os tribunais de grande porte, a corte do Rio de Janeiro (TJRJ) apresentou melhor índice (14%) em acordos homologados. Sergipe foi a corte de pequeno porte com melhor desempenho, alcançando 21,7%; e Bahia, dentre os de médio porte, está em primeiro lugar, solucionando 18% das sentenças por meio de acordo.

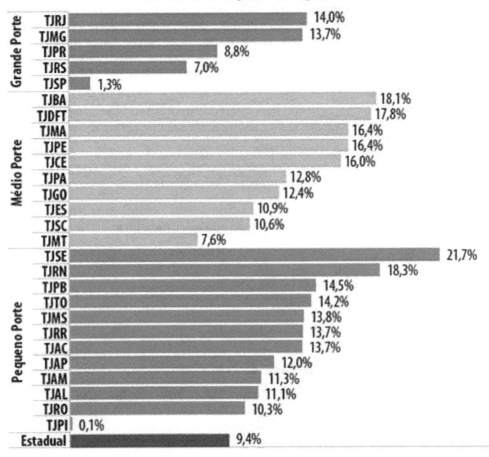

Fonte: CNJ (2018)

Justiça do Trabalho – Nos índices da Justiça Trabalhista, o TRT19 (Alagoas) se destaca por apresentar melhor índice de conciliação de 38,3%, enquanto os demais tribunais apresentam indicadores inferiores a 33%. O TRT20 (Sergipe) apresenta o menor índice entre os demais, com 15,5% do total de processos sentenciados.

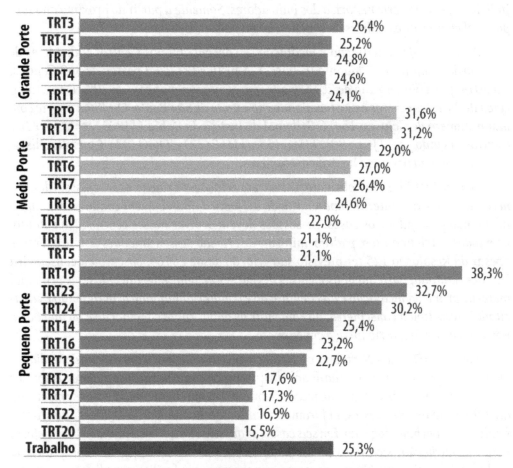

Fonte: CNJ (2018)

Fases – Os índices de conciliação também foram analisados e comparados em relação à fase em que o conflito se encontra. As conciliações apresentam melhores resultados na fase de conhecimento do 1º grau na Justiça do Trabalho (40% das sentenças solucionadas por homologação de acordo). Ainda nesse mesmo ramo de Justiça, na fase de execução esse índice cai para 5%. Na Justiça Estadual, durante a fase de conhecimento, o índice de conciliação chega a 14% e vai para 4%, na fase de Execução. Na Justiça Federal os índices variam de 5% (conhecimento) e 3% (execução).

Nos Juizados Especiais, onde a conciliação costuma ser mais utilizada, o índice de acordos na fase de conhecimento foi de 19% (Justiça Estadual) e de 6% (Justiça Federal). No 2º Grau, menos de 1% dos conflitos são solucionados por conciliação. Na Justiça do

Trabalho, a conciliação ocorre em 31% das sentenças de 1º grau, e em apenas 0,3% das de 2º grau. Na Justiça Estadual, o número varia de 10% (1º grau) a 0,2% (2º grau). Na Justiça Federal, a variação é menor: 4% e 1%, respectivamente. Vale ressaltar que, por ser o primeiro ano de coleta dos índices de conciliação no Sistema de Estatística do Poder Judiciário, não há série histórica dos indicadores. Somente a partir do próximo ano será possível comparar os índices de conciliação no país.

As sessões de conciliação e mediação se concentram nos Centros Judiciários de Solução de Conflitos e Cidadania (Cejuscs). A Justiça Estadual passou de 362 Cejuscs, em 2014, para 649, no ano de 2015, o que representa um aumento de 79%. Desse total, cerca de 24% dos centros estão localizados no estado de São Paulo. O TJSP é a corte com maior número de Cejuscs: 154. O Tribunal de Justiça da Bahia (TJBA), conta com 107 Centros; seguido pelo TJCE (90), TJMG (55), TJMT (32) e TJGO (32). Consulte a listagem completa na pesquisa Justiça em Números.

"Desde 2010 há uma obrigatoriedade em relação à criação dos Cejuscs. Eles são necessários para manter a imparcialidade da Justiça, já que quem conduz uma conciliação não pode julgar os casos. As sessões devem ocorrer nesses centros. No entanto, nem todos os tribunais têm padrão uniforme de criação dessas unidades. E isso acontece apesar da Resolução 125 ter previsto sua criação desde 2010", observou a conselheira Daldice Santana, para quem os Cejuscs devem ser criados e fortalecidos. "A principal matéria-prima da mediação e da conciliação é o material humano bem treinado e capacitado", ressaltou a conselheira, ao comentar os dados sobre conciliação e mediação da nova edição do Relatório Justiça em Números.

Mediação Digital – Neste ano, o CNJ desenvolveu e apresentou um sistema de Mediação Digital para permitir a realização de acordos pré-processuais entre consumidores, empresas e instituições financeiras. Lançado recentemente, o sistema conta com 55 casos de mediação digital em andamento. Desses, 11 foram concluídos sem homologação de juízes e dois foram finalizados com homologação. Em seis casos, as questões foram encaminhadas aos Cejuscs para uma mediação física. Para o conselheiro Carlos Eduardo Dias, que também apresentou os dados do Justiça em Números, esse novo sistema, que facilita a mediação e a conciliação na Justiça brasileira, merece ter seu uso mais estimulado. "Tem um funcionamento simples, bloqueia manifestações hostis e ainda pode submeter a questão à apreciação de um magistrado. É um sistema muito interessante, mas que ainda está subutilizado", afirmou. A plataforma digital está prevista na Emenda 2, da Resolução CNJ 125/2010.

Regina Bandeira

Agência CNJ de Notícias

Desta forma, verificamos que, apesar da baixa divulgação das políticas públicas de solução de conflitos, os números e os percentuais somente aumentam. É possível constatar que as pessoas já não querem depender unicamente do Poder Judiciário para ter satisfeitas as suas demandas: estão cada vez mais à procura de soluções alternativas e rápidas para dirimir os seus problemas.

7. CONSIDERAÇÕES FINAIS

Considerando-se a postura da sociedade atual, em que combates e discussões se iniciam a cada momento, observa-se, ainda que de forma tímida, que o surgimento e a consolidação de novos métodos de resolução de conflitos alternativos ao tradicional acesso ao Poder Judiciário vêm trazendo grandes vantagens (conforme demonstrado em dados estatísticos) ao nosso sistema jurídico.

Trata-se de meios de solução de conflitos mais céleres e, portanto, mais eficazes em relação ao Poder Judiciário. Ou seja, estes métodos visam trazer para a sociedade novos mecanismos para solucionar seus problemas sem a necessidade do ingresso de ações judiciais assim como buscar a solução mais rápida e eficiente para aqueles processos que estão em andamento.

Em contrapartida, verifica-se a necessidade de ocorrer uma mudança de paradigma e de conceito quanto a esses métodos. O Poder Público necessita se empenhar em criar e divulgar com mais ênfase suas Política Públicas para a implementação de mecanismos alternativos de solução de conflitos sem a interferência direta do Poder Judiciário. Por sua vez, os Tribunais também necessitam realizar maiores divulgações, assim como os profissionais do Direito e o ensino universitário precisam cooperar com essa nova forma de resolução de problemas.

Ou seja, resta agora à sociedade diminuir a cultura de litigiosidade e trazer para a sua realidade esta nova forma solucionadora de conflitos. A implementação de Políticas Públicas mais eficientes, amplas, eficazes e de grande divulgação em âmbito nacional permitirá, de certo modo, um grande avanço no processo de desenvolvimento e de mudança dessa cultura junto ao povo brasileiro.

Por fim, podemos finalizar esse artigo com as palavras proferidas pelo Ministro Cezar Peluso[13] durante o Seminário sobre Mediação e Conciliação de Conflitos Judiciais, em São Paulo no ano de 2011, que assim destacou: *"A conciliação é a pacificação de conflitos"*.

8. REFERÊNCIAS

AZEVEDO, André Gomma; CARVALHO e SILVA, Cyntia Cristina de. Autocomposição, processos construtivos e a advocacia: breves comentários sobre a atuação de advogados em processos autocompositivos. *Revista do Advogado*, São Paulo, ano XXVI, n. 87.

BACELLAR, Roberto Portugal. *Juizados especiais:* a nova mediação para processual. São Paulo: Revista dos Tribunais, 2003.

BÊRNI, Duílio Ávila. *Teoria dos jogos:* jogos de estratégia, estratégia decisória, teoria da decisão. Rio de Janeiro: Reichmann & Affonso, 2004.

BRASIL. Constituição (1988). *Constituição Federal do Brasil.* Brasília, DF: Senado, 1988.

---

13. MATIAS, Beth. *A conciliação é a pacificação de conflitos.* SEBRAE: ASN, 2011. Disponível em: http://www.sp.agenciasebrae.com.br/sites/asn/uf/SP/a-conciliacao-e-a-pacificacao-de-conflitos-diz-peluso,69a135edabc16410VgnVCM1000003b74010aRCRD. Acesso em: 30 maio 2018.

BURBRIDGE, R. Marc. (et alii). *Gestão de negociação*: como conseguir o que se quer sem ceder o que não se deve. 2. ed. São Paulo: Saraiva, 2007.

CALMON, Petrônio. *Fundamentos da mediação e da conciliação*. Rio de Janeiro: Forense, 2007.

CARAM, María Elena; EILBAUM, Diana Teresa; ROSOLÍA, Matilde. *Mediación*: diseño de una práctica. Buenos Aires: Histórica, 2006.

CARVALHO e SILVA, Cyntia Cristina de; AZEVEDO, André Gomma. Autocomposição, processos construtivos e a advocacia: breves comentários sobre a atuação de advogados em processos autocompositivos. *Revista do Advogado*, São Paulo: Associação dos Advogados de São Paulo, ano XXVI, n. 87.

CEZAR-FERREIRA, Verônica A. da Motta. *Família, separação e mediação*: uma visão psicojurídica. 2.ed. São Paulo: Método, 2004.

CONSELHO NACIONAL DE JUSTIÇA. *Programas e ações*. 2017. Disponível em: http://www.cnj.jus.br/programas-e-acoes. Acesso em: 30 maio 2018.

CONSELHO NACIONAL DE JUSTIÇA. *Relatório da justiça em números*. 2017. Disponível em: http://www.cnj.jus.br/noticias/cnj/83676-relatorio-justica-em-numeros-traz-indice-de-conciliacao-pela-1-vez. Acesso em: 30 maio 2018.

CONSELHO NACIONAL DE JUSTIÇA. *Tribunais estabelecem metas específicas*. 2017. Disponível em: http://www.cnj.jus.br/noticias/cnj/84179-tribunais-estabelecem-metas-especificas-para-cumprir--em-2017. Acesso em: 30 maio 2018.

CONSELHO SUPERIOR DA JUSTIÇA DO TRABALHO. *4ª Semana nacional da conciliação trabalhista*. Disponível em Erro! A referência de hiperlink não é válida.http://www.csjt.jus.br/noticias-lancamento1/-/asset_publisher/ECs3/content/recorde-na-semana-nacional-da-conciliacao-trabalhista--com-r-818-milhoes-em-acordos?redirect=%2Fweb%2FCSJT%2Finicio. Acesso em: 30 maio 2018.

CONSELHO NACIONAL DA JUSTIÇA E EMENDAS. *Resolução 125*. Brasília, DF: CNJ, 2010.

CONSELHO NACIONAL DA JUSTIÇA. *Manual de Mediação Judicial*. Brasília, DF: CNJ, 2009.

CONSELHO NACIONAL DE JUSTIÇA. *Quem somos*. 2015. Disponível em Erro! A referência de hiperlink não é válida.http://www.cnj.jus.br/sobre-o-cnj/quem-somos-visitas-e-contatos>. Acesso em: 30 maio 2018.

FREDIE Didier Jr. *Curso de Direito Processual Civil:* mediação e conciliação. Salvador-Bahia: Editora jus Podivm, 2015

FIORELLI, José Osmir; MALHADAS JR., Carlos Julio Olivé; MORAES, Daniel Lopes de. *Psicologia na mediação*: inovando a gestão de conflitos interpessoais e organizacionais. São Paulo: LTr, 2004.

FISHER, Roger; URY, William; PATTON, Bruce. *Como Chegar ao SIM*: a negociação de acordos sem concessões. Rio de Janeiro: Imago, 2005.

GARCEZ, José Maria Rossani. Negociação. ADRS. *Mediação*. Conciliação e arbitragem. 2. ed. Rio de Janeiro: Lumen Juris, 2004.

GRINOVER, Ada Pellegrini; WATANABE, Kazuo; LAGRASTA, Caetano (Coord.).

Mediação e gerenciamento do processo: revolução na prestação jurisdicional: guia prático para a instalação do setor de conciliação e mediação. São Paulo: Atlas, 2007.

LAGRASTA, Valéria Ferioli. O gerenciamento de casos. In: FREITAS, Vladimir Passos de, FREITAS, Dario de Almeida Passos (Coord.). *Direito e administração da Justiça*. Curitiba: Juruá, 2006.

MATIAS, Beth. *A conciliação é a pacificação de conflitos*. SEBRAE: ASN, 2011. Disponível em: http://www.sp.agenciasebrae.com.br/sites/asn/uf/SP/a-conciliacao-e-a-pacificacao-de-conflitos-diz-peluso,69a-135edabc16410VgnVCM1000003b74010aRCRD. Acesso em: 30 maio 2018.

NOVO CPC. *Artigo 334 CPC a 342 CPC*: da audiência de conciliação ou mediação. São Paulo: Saraiva, 2015.

NOVO CPC. *Artigo 165 CPC a 175 P.Ú do CPC*: dos conciliadores e mediadores judiciais. São Paulo: Saraiva, 2015.

TRIBUNAL DE JUSTIÇA DO ESTADO DE SÃO PAULO. *Dados de conciliação e mediação*. Disponível em <http://www.tjsp.jus.br/Conciliacao/Conciliacao/Estatistica> acesso em: 30 maio 2018.

TRIBUNAL SUPERIOR DO TRABALHO. *Percentual de Conciliações Realizadas na Justiça do Trabalho*. Disponível em: Erro! A referência de hiperlink não é válida.http://www.tst.jus.br/web/estatistica/jt/conciliacoes. Acesso em: 30 maio 2018.

TRIBUNAL SUPERIOR DO TRABALHO. *Estatística*. 2017. Disponível em: http://www.tst.jus.br/web/estatistica/jt/conciliacoes. Acesso em: 30 maio 2018.

TRIBUNAL DE JUSTIÇA DO ESTADO DE SÃO PAULO. *Conciliação e Mediação*: estatísticas. São Paulo: TJSP, 2021.

A ATUAÇÃO DO MINISTÉRIO PÚBLICO DO ESTADO DE SÃO PAULO NA IMPLANTAÇÃO E EXECUÇÃO DE POLÍTICAS PÚBLICAS

Lucas Degiovani

Bacharel em Direito pela Universidade de Ribeirão Preto. Especialista em Direito, Políticas Públicas e Controle Externo pela Universidade Nove de Julho. Oficial de Promotoria no Ministério Público do Estado de São Paulo.

Sumário: 1. Introdução; 1.1. Breves considerações acerca da participação do Ministério Público nas políticas públicas – 2. Dos resultados da pesquisa aplicada; 2.1. Do método de pesquisa e população abrangida; 2.2. Das respostas fornecidas pelas promotorias; 2.3. Atuação individual das Promotorias de Justiça que geraram resultados positivos; 2.3.1. Promotoria de Justiça de Pedregulho; 2.3.2. 1ª Promotoria de Justiça de São Joaquim da Barra; 2.3.3. 2ª Promotoria de Justiça de São Joaquim da Barra; 2.3.4. 2ª Promotoria de Justiça de Orlândia; 2.3.5. 3ª Promotoria de Justiça de Franca – 3. Conclusões – 4. Referências.

1. INTRODUÇÃO

Os órgãos da Administração Pública, de acordo com os ensinamentos de Hely Lopes Meireles (2012), se utilizam de seu poder discricionário para a prática de atos administrativos com liberdade na escolha de sua conveniência, oportunidade e conteúdo, e implementando uma determinada política pública com o objetivo de garantir direitos aos cidadãos e atender aos interesses da coletividade.

Por outro lado, é certo que, ao praticar atos para a implementação das políticas públicas, a Administração é influenciada por diversos atores presentes no atual Estado Democrático de Direito; assim, a sociedade civil, os órgãos de controle, o Poder Legislativo, o Judiciário e também o Ministério Público (MP) participam efetivamente desse processo.

Atendendo ao mandamento constitucional, o MP desempenha papel de extrema relevância na sociedade contemporânea como garantidor dos direitos fundamentais e sociais dos cidadãos. Seja na área da educação, saúde pública, social, ambiental ou qualquer outra, as políticas públicas adotadas pelos diversos órgãos da Administração (federais, estaduais e municipais) acabam por influenciar na atuação do Ministério Público.

É nessa esfera que o presente estudo busca levantar dados acerca da atuação dos órgãos de execução do Ministério Público no tocante à implantação, acompanhamento e execução de políticas públicas.

Em que nível se dá a atuação do Ministério Público na elaboração das políticas públicas nas mais diversas áreas em âmbito local? Como a atuação do Ministério

Público pode trazer benefícios à população? Quais são os fatores facilitadores que auxiliam a atuação do MP e o que interfere negativamente?

Os fatores a serem analisados são, entre outros: a efetividade da participação do MP na gestão das políticas públicas, a presença ou ausência dos mecanismos para aprimorar sua atuação, a existência de órgãos técnicos disponíveis e suficientes para auxiliar o Promotor de Justiça, a adequação do número de servidores da instituição em relação à garantia de um bom atendimento, e a necessidade de realização de capacitações técnicas.

Cada vez mais é possível observar a participação do Ministério Público na gestão de políticas públicas. A título de exemplo, em 26 de janeiro de 2017 foi instaurado o Procedimento Administrativo de Acompanhamento na Promotoria de Justiça de Direitos Humanos de São Paulo/SP (Área de Inclusão Social) para acompanhar a prestação de serviço assistencial às pessoas em situação de rua em contexto de zeladoria urbana, em defesa desse público de condição vulnerável, considerando a edição do Decreto Municipal nº 57.581/2017 pelo então Prefeito João Doria, pois, de acordo com este novo ato normativo, os guardas-civis poderiam retirar os cobertores e pertences da população de rua.

Para levantar os dados a que se propõe o presente estudo, foram enviados 34 questionários aos Promotores de Justiça que integram a microrregião da cidade de Franca, no interior do Estado de São Paulo, próxima à divisa com Minas Gerais. Ao final, seis Promotores enviaram suas respostas.

1.1. Breves considerações acerca da participação do Ministério Público nas políticas públicas

O art. 127 da Constituição Federal define o Ministério Público como "instituição permanente, essencial à função jurisdicional do Estado, incumbindo-lhe a defesa da ordem jurídica, do regime democrático e dos interesses sociais e individuais indisponíveis".

A definição constitucional atribuiu ao Ministério Público grande relevância no rol das instituições que estruturam o Estado Democrático de Direito, elevando-o à base de sustentação de um de seus fundamentos, qual seja, o do princípio da dignidade da pessoa humana. A efetiva implementação e o cumprimento dos direitos sociais, conforme previstos no art. 6º da CF/88, concretizados pelos gestores por meio da implantação e execução das mais diversas políticas públicas, devem ser acompanhados pela referida Instituição.

Nesse contexto, merece destaque a atuação do Ministério Público do Estado de São Paulo, comentada pelo professor Leonardo Augusto Alves[1], Promotor de

---

1. GONÇALVES, Leonardo Augusto. O Ministério Público e a tutela dos direitos sociais. In: *Âmbito Jurídico*, Rio Grande, IX, n. 35, dez 2006. Disponível em:

A ATUAÇÃO DO MINISTÉRIO PÚBLICO DO ESTADO DE SÃO PAULO **137**

Justiça, que retrata que, no mínimo, desde o ano de 2006, a instituição paulista já atuava de forma específica e institucionalizada nas questões de acompanhamento de políticas públicas.

Naquele ano, o Grupo de Estudos "Roberto Gugliotti", que congrega os Promotores de Justiça das Comarcas das regiões de Assis e Ourinhos (SP), estabeleceu o seguinte tema para análise e discussão: "A participação do Ministério Público na formulação e no cumprimento das políticas públicas". Após ampla discussão do tema, aprovou as diversas conclusões, dentre as quais: "4. Assim, quando o membro do Ministério Público atua na formulação e no cumprimento de políticas públicas, que atendam aos direitos sociais, está defendendo o regime democrático; 6. O Promotor de Justiça deve atuar como articulador da mobilização e fomento dos organismos sociais e dos Conselhos Municipais na formulação das políticas públicas;9. O Ministério Público deve atuar não só na busca da implementação das políticas públicas especificamente definidas, mas também visando garantir a qualidade do respectivo serviço público."

Por essas e outras razões, o Ministério Público do Estado de São Paulo instituiu o Centro de Apoio Operacional Cível e de Tutelar Coletiva (CAO-Cível) que possui atuação em diversas áreas, como por exemplo, saúde pública, educação, direitos humanos, idosos, infância e juventude, habitação e urbanismo.

Esses grupos especializados dão suporte e orientação aos órgãos de execução do Ministério Público, inclusive desencadeando ações conjuntas e articuladas com abrangência estadual e nacional. Algumas delas visam exatamente fiscalizar as políticas públicas executadas pelos gestores, com vistas a melhorar sua qualidade e cobrar eficiência e efetividade daqueles que as implementam.

Dentre os vários instrumentos que o Promotor de Justiça detém para efetivamente acompanhar a implantação e execução de políticas públicas, insere-se o inquérito civil. E equivocamente, quando se pensa no objeto do inquérito civil, a primeira coisa que vem à mente é a ideia de que sua função é exclusivamente a de instruir uma futura inicial de ação civil pública. No entanto, a função do inquérito civil vai muito mais além: ele visa, na verdade, fornecer ao Ministério Público subsídios para que possa formar seu convencimento sobre os fatos; e, sendo necessário, identificar e empregar os melhores meios, sejam eles judiciais ou extrajudiciais, para a defesa dos interesses metaindividuais em questão.

Nessa seara, merece destaque a atuação extrajudicial do Ministério Público. Por reiteradas vezes, revela-se ser muito mais vantajoso, ao invés de partir desde o princípio para a resolução das questões colocadas pela via judicial, buscar a solução amigável, por meio da composição entre as partes, inclusive com a possibilidade de firmar-se um termo de compromisso e ajustamento de conduta, também conhecido

---

http://www.ambitojuridico.com.br/site/index.php/abrebanner.php?n_link=revista_artigos_leitura&artigo_id=1492&revista_caderno=4. Acesso em: jun. 2018.

como TAC, um instrumento extremamente útil para resolver questões afetas ao tema das políticas públicas.

É mister esclarecer que, quando o Ministério Público firma um TAC, não significa que renunciou à exigência de algum direito, mas que, diante das circunstâncias peculiares do caso concreto, a formalização de um acordo em que as partes se comprometem a efetivar direitos à sociedade tem mais eficácia do que a propositura de uma ação judicial.

Nesse sentido, o inquérito civil também se presta a angariar elementos e informações para que o compromisso de ajustamento de conduta possa ser firmado de maneira a melhor atender aos interesses coletivos.

Além do inquérito civil e dos termos de compromisso, o órgão ministerial também pode valer-se da realização de reuniões e audiências públicas. A participação popular na atuação do Ministério Público ganha especial relevância, mormente nos dias atuais em que a informação é ampla e rapidamente veiculada nos meios de comunicação e redes sociais. Diversas ações realizadas pela instituição têm como origem uma denúncia, sugestão ou reclamação de cidadãos que levaram determinada situação ao conhecimento do MP. Ainda, a resolução da problemática passa necessariamente pela fase de discussão com os atores envolvidos no processo, dentre eles, justamente a população afetada diretamente por aquela política pública.

Não obstante, existe ainda a possibilidade de expedição de recomendações e outros mecanismos que contribuem para a atuação junto aos órgãos de execução de políticas públicas.

No âmbito do Ministério Público do Estado de São Paulo, o Procurador Geral de Justiça Dr. Márcio Fernando Elias Rosa, em 15 de outubro de 2015, editou o Ato Normativo nº 934/15-PGJ-CPJ-CGMP[2], que criou dois procedimentos que passaram a ser utilizados para acompanhamento de políticas públicas: o Procedimento Administrativo de Fiscalização (PAF) e o Procedimento Administrativo de Acompanhamento (PAA).

Da leitura do referido diploma normativo, extrai-se a nítida importância dada pelo órgão de cúpula do Ministério Público paulista ao tema das políticas públicas. Vejamos: "CONSIDERANDO a necessidade de disciplina do procedimento administrativo de fiscalização de entidades e de fundações, de *acompanhamento de organismos públicos de tutela de direitos e de políticas públicas, de interesse direto da atuação funcional*; Art. 4º - O Procedimento Administrativo de Acompanhamento é destinado a situações que não constituam objeto de procedimentos específicos, em especial: *II – acompanhamento de políticas públicas; III – acompanhamento legislativo;*

---

2. ATO NORMATIVO 934/15-PGJ-CPJ-CGMP, de 15 de outubro de 2015. Disponível em: http://www.mpsp. mp.br/portal/page/portal/corregedoria_geral/Atos/Ato%20Normativo%20n%C2%BA%20934-15-PGJ-CPJ-CGMP.pdf. Acesso em: 01 jun. 2018, às 16:08.

A ATUAÇÃO DO MINISTÉRIO PÚBLICO DO ESTADO DE SÃO PAULO **139**

IV – acompanhamento de atividades dos organismos públicos tutela de direitos e de políticas públicas, de interesse direto da atuação funcional. (...) (grifei).

Diante do que se expõe, percebe-se a importância da atuação do Ministério Público no tocante à implantação e acompanhamento das políticas públicas, razões estas que motivaram o presente estudo que pretende analisar os aspectos práticos dessa atuação ministerial.

2. DOS RESULTADOS DA PESQUISA APLICADA

2.1. Do método de pesquisa e população abrangida

Para a realização do estudo, no mês de abril de 2018, foram enviados questionários previamente elaborados aos Promotores de Justiça do Ministério Público do Estado de São Paulo lotados em Promotorias na Área Regional de Franca/SP.

Foram abrangidas as seguintes comarcas (entre parênteses as cidades que também compõem a respectiva comarca): **Altinópolis** (Santo Antônio da Alegria); **Batatais**; **Franca** (Cristais Paulista; Ribeirão Corrente; São José da Bela Vista e Restinga); **Guaíra**; **Guará**; **Igarapava** (Aramina e Buritizal); **Ipuã**; **Ituverava**; **Miguelópolis**; **Morro Agudo**; **Nuporanga** (Sales Oliveira); **Orlândia**; **Patrocínio Paulista** (Itirapuã); **Pedregulho** (Jeriquara e Rifaina) e **São Joaquim da Barra**. No total são 15 comarcas, 26 cidades e 34 Promotores de Justiça, distribuídos da seguinte forma:

Comarca	Cidades abrangidas	Número de Promotores de Justiça	População abrangida (aprox.)
Altinópolis	Altinópolis e Santo Antônio da Alegria	1	22.984
Batatais	Batatais	3	61.040
Franca	Franca, Cristais Paulista, Ribeirão Corrente, São José da Bela Vista e Restinga	13	373.817
Guaíra	Guaíra	2	40.053
Guará	Guará	1	20.977
Igarapava	Igarapava, Aramina e Buritizal	2	39.798
Ipuã	Ipuã	1	15.752
Ituverava	Ituverava	2	41.206
Miguelópolis	Miguelópolis	1	21.852
Morro Agudo	Morro Agudo	1	31.923
Nuporanga	Nuporanga e Sales de Oliveira	1	18.840
Orlândia	Orlândia	2	42.996
Patrocínio Paulista	Patrocínio Paulista e Itirapuã	1	20.586
Pedregulho	Pedregulho, Jeriquara e Rifaina	1	23.399
São Joaquim da Barra	São Joaquim da Barra	2	50.520
TOTAL		**34**	**825.743**

Após a conclusão do questionário, foram selecionados, para a realização da entrevista, alguns Promotores de Justiça dentre os que haviam elencado ações do MP viabilizadoras de benefícios significativos para determinada população.

2.2. Das respostas fornecidas pelas promotorias

Enviaram respostas ao questionário seis Promotores de Justiça, distribuídos da seguinte forma:

i *Promotor de Justiça de Pedregulho* (Promotoria única – cumulativa).

ii *1º Promotor de Justiça de São Joaquim da Barra* (atribuições: cível, criminal, juizado especial cível e criminal, execução criminal, júri, corregedoria da polícia judiciária e presídios, eleitoral, patrimônio público, consumidor, corregedoria de registros públicos).

iii *2º Promotor de Justiça de São Joaquim da Barra* (atribuições: criminal, cível, juizado especial cível e criminal, infância e juventude, meio ambiente, habitação e urbanismo, direitos humanos, saúde pública, idoso).

iv *1º Promotor de Justiça de Orlândia* (atribuições: cível, criminal, juizado especial cível e criminal, execução criminal, infância e juventude, júri, patrimônio público, consumidor)

v *2º Promotor de Justiça de Orlândia* (atribuições: cível, criminal, juizado especial cível e criminal, infância e juventude, meio ambiente, habitação e urbanismo, corregedoria da polícia judiciária e presídios, direitos humanos, saúde pública, idoso, eleitoral).

vi *3º Promotor de Justiça de Franca* (atribuições nas áreas: cível, saúde públicas e fundações).

Em resposta às três primeiras perguntas do questionário (de 01 a 03), de qualificação do interlocutor, verificou-se que uma Promotoria de Justiça (Pedregulho) é única e cumulativa (agrega todas as atribuições do Ministério Público em apenas um Promotor de Justiça); duas (Orlândia e São Joaquim da Barra) possuem dois Promotores de Justiça que dividem as atribuições; e, por fim, uma última Promotoria (Franca) é de entrância final, ou seja, é uma Promotoria de Justiça especializada, com menor número de atribuições e maior volume de processos e procedimentos dentro dessas atribuições específicas. Cabe salientar que na Comarca de Franca/SP existem 13 Promotores de Justiça repartindo as atribuições do Ministério Público.

As demais respostas (de nº 04 a 19) foram analisadas conforme demonstrado a seguir. A fim de melhor facilitar a compreensão, utilizou-se as seguintes abreviações:

a) Promotoria de Justiça de Pedregulho (PJ PED)

b) 1ª Promotoria de Justiça de São Joaquim da Barra (1a PJ SJB)

c) 2ª Promotoria de Justiça de São Joaquim da Barra (2a PJ SJB)

d) 1ª Promotoria de Justiça de Orlândia (1a PJ ORL)

e) 2ª Promotoria de Justiça de Orlândia (2a PJ ORL)

f) 3ª Promotoria de Justiça de Franca (3a PJ FRA)

QUESTÃO 4: A Promotoria de Justiça possui atuação junto aos órgãos públicos locais ou regionais no tocante à implementação e acompanhamento de políticas públicas afetas à sua área de atribuições?

	PJ PED	1a PJ SJB	2a PJ SJB	1a PJ ORL	2a PJ ORL	3a PJ FRA
Sim	X	X	X		X	X
Não				X		

Verifica-se que apenas uma Promotoria de Justiça (1ª de Orlândia) informou não atuar junto à implementação e acompanhamento de políticas públicas, revelando que a maioria dos Promotores de Justiça avaliados no âmbito desta pesquisa atua nessa área.

QUESTÃO 5: Quais instrumentos a Promotoria de Justiça utiliza para acompanhar/fiscalizar políticas públicas?

	PJ PED	1a PJ SJB	2a PJ SJB	1a PJ ORL	2a PJ ORL	3a PJ FRA
PPIC - Procedimento preparatório de inquérito civil						X
Inquérito Civil	X		X		X	X
Termo de Ajustamento de Conduta	X	X	X		X	X
Reuniões	X	X	X		X	X
Audiências Públicas						X
Acordos de cooperação						
Outros						X

Verifica-se que todos os que afirmaram atuar no acompanhamento de políticas públicas recorrem aos instrumentos de reunião e termos de ajustamento de conduta. Apenas uma Promotoria não utiliza o inquérito civil.

A 3ª Promotoria de Justiça de Franca faz uso de quase a totalidade dos instrumentos elencados, além de ter especificado, em "outros", que se utiliza do PAF e do PAA mencionados anteriormente. Percebe-se que é uma instituição com atuação importante no tema.

QUESTÃO 6: Quantos procedimentos instaurados há atualmente em trâmite na Promotoria de Justiça com o objetivo de acompanhar/fiscalizar políticas públicas (em abril/2018)?

	PJ PED	1a PJ SJB	2a PJ SJB	1a PJ ORL	2a PJ ORL	3a PJ FRA
Representações	X					2
PPIC						3
Inquérito Civil	X	2	3		2	17
Outros		1	1			3

A 3ª Promotoria de Justiça de Franca indicou que possui 3 processos em "outros" (PAA e PAF). Os dados referem-se a abril de 2018.

QUESTÃO 7: No tocante à atuação da Promotoria de Justiça com relação ao acompanhamento de políticas públicas, ela se dá:

	PJ PED	1a PJ SJB	2a PJ SJB	1a PJ ORL	2a PJ ORL	3a PJ FRA
Prioritariamente de forma repressiva				X		
Prioritariamente de forma preventiva	X		X			X
Tanto de forma preventiva quanto de forma repressiva		X			X	

Apenas uma Promotoria de Justiça informou atuar prioritariamente de forma repressiva, o que demonstra ser uma tendência da atualidade em relação à atuação do Ministério Público, privilegiando a atuação que pretende prevenir irregularidades e ampliar os benefícios das políticas públicas ao invés de não só punir, mas de tentar reparar o prejuízo concretizado.

QUESTÃO 8: Em que fases do ciclo das políticas públicas se dá a atuação da Promotoria de Justiça? (Pode marcar mais que um):

	PJ PED	1a PJ SJB	2a PJ SJB	1a PJ ORL	2a PJ ORL	3a PJ FRA
Planejamento e formulação das políticas públicas	X					X
Execução das políticas públicas	X					X
Controle e avaliação		X	X	X	X	X
Responsabilização por eventuais irregularidades		X	X	X	X	

Verifica-se que a maioria atua na fase de controle e avaliação, e também quanto à responsabilização por eventuais irregularidades, enquanto ainda poucos atuam na fase de planejamento e execução das políticas públicas.

QUESTÃO 9: Na visão do Promotor de Justiça, numa escala de 0 a 5, quais são os pontos que prejudicam a atuação da Promotoria de Justiça no tocante ao acompanhamento da execução e implementação de políticas públicas? (0=não prejudica em nada; 5= prejudica muito):

	PJ PED	1a PJ SJB	2a PJ SJB	1a PJ ORL	2a PJ ORL	3a PJ FRA	Soma dos quesitos
Falta de funcionários na Promotoria de Justiça	0	4	5	3	4	0	16
Falta de equipamentos de tecnologia	0	4	5	0	2	0	11

	PJ PED	1a PJ SJB	2a PJ SJB	1a PJ ORL	2a PJ ORL	3a PJ FRA	Soma dos quesitos
Falta de apoio de órgãos técnicos da própria instituição	0	4	5	2	5	3	19
Falta de apoio de órgão técnicos externos ao MP	0	4	5	4	4	3	20
Excesso de serviço	0	5	5	2	5	5	22
Acúmulo de atribuições	0	5	5	4	5	5	24
Outros	X					X	

Nessa questão as respostas foram bem variadas. A Promotoria de Justiça de Pedregulho apontou como "outros" a "*omissão e vontade política do Poder Executivo*". Já a 3ª Promotoria de Justiça de Franca destacou o "*subfinanciamento da saúde pública*" como outro problema. As questões que mais pontuaram foram o acúmulo de atribuições e o excesso de serviço como fatores que prejudicam a atuação dos Promotores.

QUESTÃO 10: Na visão do Promotor de Justiça, numa escala de 0 a 5, quais são os pontos que auxiliam a atuação da Promotoria de Justiça no acompanhamento da execução e implementação de políticas públicas? (0=não auxilia em nada; 5= auxilia muito):

	PJ PED	1a PJ SJB	2a PJ SJB	1a PJ ORL	2a PJ ORL	3a PJ FRA	Soma dos quesitos
Número adequado de funcionários na Promotoria de Justiça	5	5	5	3	4	5	27
Existência de equipamentos de tecnologia	5	5	5	1	2	5	23
Apoio de órgãos técnicos da própria instituição	5	5	5	3	5	3	26
Apoio de órgão técnicos externos ao MP	5	5	5	4	4	5	28
Inexistência de sobrecarga de serviço	4	5	5	4	5	3	26
Inexistência de acúmulo de atribuições	4	5	5	4	5	2	25
Outros							

Complementar à pergunta anterior, este questionamento busca identificar o que pode auxiliar a atuação do Promotor de Justiça. Maior pontuação recebeu o item "*apoio de órgãos técnicos externos ao MP*", indicando a existência de uma maior necessidade de integração entre o Ministério Público e os órgãos que o auxiliam em relação à implementação de políticas públicas.

QUESTÃO 11: A Promotoria de Justiça utiliza as ferramentas, relatórios, fiscalizações e conclusões do Tribunal de Contas do Estado de São Paulo em sua atuação no acompanhamento de políticas públicas?

	PJ PED	1a PJ SJB	2a PJ SJB	1a PJ ORL	2a PJ ORL	3a PJ FRA
Sim, frequentemente					X	
Sim, ocasionalmente	X	X	X	X		
Não						X

Apenas uma Promotoria de Justiça mencionou não utilizar os relatórios do Tribunal de Contas em sua atuação, o que demonstra que existe uma tendência do Ministério Público a manter o diálogo com a Corte de Contas, havendo inclusive espaço para que sejam implementadas ações conjuntas.

QUESTÃO 12: A Promotoria de Justiça tem conhecimento do índice IEG-M do Tribunal de Contas do Estado de São Paulo e utiliza os seus relatórios e dados para auxiliar em sua atuação no tocante ao acompanhamento das políticas públicas municipais?

	PJ PED	1a PJ SJB	2a PJ SJB	1a PJ ORL	2a PJ ORL	3a PJ FRA
Não teve contato com o IEG-M	X		X			X
Tem conhecimento do IEG-M, mas nunca utilizou os dados fornecidos		X		X	X	
Utiliza os dados do IEG-M em sua atuação						

As respostam demonstram que metade das Promotorias de Justiça nunca tiveram contato com o Índice de Efetividade da Gestão Municipal (IEG-M) do Tribunal de Contas do Estado de São Paulo (TCESP) e nenhuma delas utiliza os dados disponibilizados em sua atuação no acompanhamento das políticas públicas.

O índice IEG-M demonstra uma atuação inovadora do TCESP no sentido de acompanhamento das gestões municipais. O fato de muitos órgãos do MP não conhecerem a ferramenta (a qual, mais do que interessante, é eficaz na avaliação das políticas públicas no âmbito dos municípios) demonstra ser necessária uma maior divulgação e comunicação entre os referidos órgãos de controle, com vistas a aprimorar a atuação de ambos neste cenário.

QUESTÃO 13: A Promotoria de Justiça já atuou no sentido de acompanhar a execução dos trabalhos dos Conselhos Municipais na implementação das políticas públicas nas diversas áreas?

Apenas a 1ª PJ ORL informou não ter atuado junto aos Conselhos Municipais. As demais, apontaram atuação no seguinte sentido:

- PJ PED: Idoso
- 1a PJ SJB: Infância e Idoso, em substituição ao 2º Promotor de Justiça.
- 2a PJ SJB: Infância
- 2a PJ ORL: Conselho dos direitos das crianças e adolescente, e Saúde
- 3a PJ FRA: Saúde

QUESTÃO 14: A Promotoria de Justiça já precisou manejar Ação Civil Pública para obrigar o Poder Público a implementar ou aprimorar determinada Política Pública?

	PJ PED	1a PJ SJB	2a PJ SJB	1a PJ ORL	2a PJ ORL	3a PJ FRA
Não		X		X	X	
Sim. Em qual ocasião e área?	Educação (cuidador de deficientes)		Infância			Saúde

Metade das Promotorias de Justiça já precisou ingressar com ação civil pública para obrigar o poder público a adotar determinada medida, o que demonstra que a judicialização se faz bastante presente no cotidiano da atuação ministerial.

QUESTÃO 15: Numa escala de 0 a 3, a Promotoria de Justiça desta comarca se comunica com outras Promotorias de Justiça para nortear e trocar experiências acerca da sua atuação no acompanhamento de Políticas Públicas locais ou regionais?

	PJ PED	1a PJ SJB	2a PJ SJB	1a PJ ORL	2a PJ ORL	3a PJ FRA
Nunca						
Ocasionalmente	X	X	X	X	X	X
Frequentemente						
Sempre						

As respostas demonstram que há espaço para aprimorar a comunicação entre as Promotorias de Justiça de diferentes comarcas do Estado.

QUESTÃO 16: Na opinião do Promotor de Justiça, com base em sua experiência e atuação, os melhores resultados são obtidos mediante a atuação:

	PJ PED	1a PJ SJB	2a PJ SJB	1a PJ ORL	2a PJ ORL	3a PJ FRA
Judicial - Propositura de ação para obrigar o Poder Público						
Extrajudicial - Reuniões, acordos, firmar TAC e demais formas de atuação	X	X	X	X	X	X

A totalidade das Promotorias de Justiça indicou que os melhores resultados são obtidos quando a atuação se dá extrajudicialmente, ou seja, mediante acordos, reuniões, termos de compromisso, dentre várias outras formas e instrumentos.

Os dados revelam a nova tendência a que se propõe o Ministério Público a atuar, com enfoque mais resolutivo do que punitivo, visando promover o bem-estar social e atender aos anseios da sociedade.

QUESTÃO 17: A Promotoria de Justiça realiza visitas/inspeções em órgãos públicos para acompanhar a execução de políticas públicas?

	PJ PED	1a PJ SJB	2a PJ SJB	1a PJ ORL	2a PJ ORL	3a PJ FRA
Não				X		
Sim, apenas as visitas obrigatórias		X			X	
Sim, além das obrigatórias, realiza visitas a órgãos públicos ocasionalmente	X		X			
Sim, além das obrigatórias, realiza visitas a órgãos públicos frequentemente						X

Apenas uma Promotoria de Justiça não realiza visitas a órgãos públicos. De outra maneira, também apenas uma delas realiza visitas com frequência.

QUESTÃO 18: Em alguma ocasião já foi necessário propor ação judicial para garantir a execução de TAC firmado com órgão público para garantir a implementação/execução de determinada política pública?

	PJ PED	1a PJ SJB	2a PJ SJB	1a PJ ORL	2a PJ ORL	3a PJ FRA
Não	X	X	X	X	X	X
Sim						
Sim, mais de uma vez						
Sim, mais de cinco vezes						

A totalidade das Promotorias de Justiça informou que nunca precisaram executar termos de compromisso para obrigar o órgão público a executar determinada política pública.

Por consequência, é possível deduzir que: nenhum ou poucos termos são firmados, ou então, quando firmados, os órgãos compromissários cumprem fielmente os seus termos, de maneira que não surge a necessidade de buscar junto ao Poder Judiciário uma medida coercitiva para cumprimento do acordo.

QUESTÃO 19: Relate de forma breve dois casos em que a Promotoria de Justiça tenha atuado no tocante ao acompanhamento/implementação de políticas públicas de forma a gerar resultados positivos.

A ATUAÇÃO DO MINISTÉRIO PÚBLICO DO ESTADO DE SÃO PAULO **147**

As respostas para a questão 19 estão subdivididas a seguir, individualmente para cada uma das Promotorias de Justiça que responderam ao questionário.

Apenas o 1º Promotor de Justiça de Orlândia não respondeu ao questionamento, considerando que, na resposta da questão de número 4, informou que não possui atuação junto aos órgãos públicos locais ou regionais no que diz respeito à implementação e acompanhamento de políticas públicas afetas à sua área de atuação.

2.3. Atuação individual das Promotorias de Justiça que geraram resultados positivos

2.3.1. *Promotoria de Justiça de Pedregulho*

A Promotoria de Justiça de Pedregulho apontou dois casos em que a atuação do Ministério Público gerou resultados positivos: o primeiro deles tem relação com a implantação do Conselho do Idoso e do Fundo Municipal do Idoso; o segundo abordou o tema da contratação de cuidadoras para alunos portadores de deficiência.

2.3.2. *1ª Promotoria de Justiça de São Joaquim da Barra*

A 1ª Promotoria de Justiça de São Joaquim da Barra apontou dois casos em que a atuação do Ministério Público gerou resultados positivos.

No primeiro, relatou que foi firmado um Termo de Ajuste e Compromisso (TAC) para padronização da fiscalização dos eventos públicos na cidade, a fim de garantir a segurança necessária, com intercambio prévio de informações entre os órgãos responsáveis e delimitação de prazo e providências a serem tomadas preventivamente.

A demanda surgiu após a atuação da Promotoria de Justiça em diversas ocasiões em que era necessário buscar junto ao Poder Judiciário local uma ordem liminar para impedir a realização de eventos em edificações que não possuíam o Auto de Vistoria do Corpo de Bombeiros (AVCB), quando então não eram cumpridas as regras de segurança contra incêndio, colocando em risco a população que frequentaria tais locais.

Após a assinatura do termo de acordo e compromisso, cujos signatários foram o Ministério Público, o Município de São Joaquim da Barra, a Polícia Militar e o Corpo de Bombeiros, ficou estabelecido que as medidas necessárias para impedir a realização dos eventos irregulares seriam adotadas de ofício pelos órgãos que detêm o poder de polícia para coibir as práticas mencionadas, além de prever o intercâmbio das informações entre as instituições para agilizar todo o processo.

No segundo caso de atuação, foi mencionado que houve a propositura de Ação Civil Pública e realização de reuniões visando melhorar a qualidade do transporte público municipal, a fim de observar estritamente as regras estabelecidas pelo Código de Defesa do Consumidor (CDC).

2.3.3.   2ª Promotoria de Justiça de São Joaquim da Barra

A 2ª Promotoria de Justiça de São Joaquim da Barra apontou dois casos em que a atuação do Ministério Público gerou resultados positivos.

Em primeiro lugar, mencionou a atuação no sentido de melhorar o gerenciamento e repasse de valores à proteção dos idosos da comarca que se encontram acolhidos nas Instituições de Longa Permanência para Idosos (ILPI) situadas no município. Após a instauração de inquérito civil para tratar do tema e realizadas diversas reuniões com o Chefe do Poder Executivo local, foi alcançado o acordo, formalizado em um TAC, que ampliou o repasse de verbas do município às duas entidades locais.

No segundo caso, relatou que foi desenvolvido pelo Promotor de Justiça uma campanha de arrecadação de recursos para doação ao Conselho Municipal dos Direitos da Criança e Adolescente (CMDCA) através de desconto no imposto de renda a ser recolhido pelos contribuintes locais.

Por fim, mencionou que havia em curso uma atuação para garantir o aprimoramento da estrutura da Rede Protetiva Municipal de Proteção a Crianças e Adolescentes em situação de risco, e posteriormente formalizado um TAC com a previsão de diversas melhorias nos serviços que o município deverá implementar.

2.3.4.   2ª Promotoria de Justiça de Orlândia

A 2ª Promotoria de Justiça de Orlândia apontou dois casos em que a atuação do Ministério Público gerou resultados positivos.

No primeiro caso, mencionou que a atuação do *parquet* impactou diretamente na implantação do serviço de acolhimento institucional para crianças e adolescentes em situação de risco, por parte da Prefeitura local, que antes eram encaminhadas para outro município.

O segundo caso mencionado foi a atuação no sentido de elaborar o Plano Municipal de Medidas Socioeducativas em Meio Aberto, com vistas a garantir e efetivar os direitos dos adolescentes, bem como a promover uma responsabilização por seus atos levando em conta seu desenvolvimento integral.

2.3.5.   3ª Promotoria de Justiça de Franca

A 3ª Promotoria de Justiça de Franca apontou dois casos em que a atuação do Ministério Público gerou resultados positivos.

A primeira intervenção se deu no âmbito do Comitê Gestor da Santa Casa de Franca/SP. Fruto de consenso mínimo emancipador, construído sobre a mediação do Ministério Público junto à Secretaria Estadual de Saúde, Município de Franca e Santa Casa de Franca, no contexto do inquérito civil nº 14.0722.0006319/2012-9, visou suprir reclamações dirigidas aos participantes nos termos seguintes: a) Estado de São Paulo e Município de Franca: ausência de transparência da administração da Fundação Santa Casa; b) Santa Casa de Franca: no que tange ao financiamento deficiente das ações de saúde.

O segundo caso mencionado foi o Projeto de Intervenção "Rede de Saúde Mental Francana", implantado por meio do Processo Administrativo de Acompanhamento (PAA) nº 62.0722.0002403/2017. Entre as diversas iniciativas adotadas, destaca-se a constituição e funcionamento do Grupo Condutor da Rede de Atenção Psicossocial (RAPS) Municipal, no qual são discutidas e deliberadas as ações e estratégias de atuação das políticas públicas de saúde mental.

3. CONCLUSÕES

O presente estudo pretendeu levantar informações quanto ao aspecto prático da atuação do Ministério Público do Estado de São Paulo, considerando a microrregião de Franca/SP, referente à implantação e acompanhamento das políticas públicas executadas pelos órgãos públicos e privados locais, no âmbito das atribuições de cada Promotoria de Justiça participante.

Para o Ministério Público, atuar no âmbito da implementação, execução e controle de políticas públicas é algo relativamente novo, inspirado principalmente no texto constitucional de 1988.

Se olharmos para o histórico do Ministério Público, há não muito tempo, a instituição não possuía grande parte das atribuições que hoje defende com afinco.

O perfil de atuação dos Promotores de Justiça tem evoluído com a sociedade contemporânea de maneira a atender aos anseios dos cidadãos. Frequentemente são veiculadas na mídia notícias acerca das medidas adotadas por representantes do MP, em especial no que tange à prevenção e não mais exclusivamente aos recursos repressivos.

A pesquisa demonstrou essa tendência. Dos participantes, apenas um respondeu que não possui atuação na área de políticas públicas. Todos os demais relataram que participam nesse contexto, inclusive apontando casos em que a atuação gerou resultados positivos tanto ao Ministério Público quanto à população atendida, que é a finalidade precípua deste órgão cuja missão institucional traduz-se na defesa da democracia e cidadania.

Notou-se também com o referido estudo que, no caso da Promotoria de Franca, comarca de entrância final em que existem vários cargos de Promotores de Justiça atuando de maneira mais segmentada e especializada, há uma maior participação no tema *políticas públicas*. É necessário ressaltar que a Promotoria de Justiça que respondeu o questionário possui apenas atribuições na área cível, em especial na saúde pública e no acompanhamento das entidades constituídas sob a forma de fundação.

Por óbvio, em uma Promotoria de Justiça em que a atuação é direcionada a um único fim, a atuação será mais eficiente. Nas cidades maiores e mais populosas, os órgãos judiciais e ministeriais tendem a se organizar de forma mais compartimentada e especializada, o que privilegia a atuação em temas específicos.

Ao contrário, nas comarcas menores, em especial naquelas em que há apenas um Promotor de Justiça e um Juiz para cuidar de todos os casos submetidos à sua apreciação, a atuação no tema específico das políticas públicas tende a ser de menor relevância.

Outro aspecto identificado, que se mostra relevante, é a percepção dos Promotores de Justiça de que a atuação extrajudicial e preventiva tende a alcançar melhores benefícios. Também é uma tendência que se mostra mais presente na sociedade atual.

A população geral que, na verdade, é tutelada pelo Ministério Público, bem como por todos os demais órgãos públicos, busca efetividade e resolutividade. Não deseja saber se o poder público adotou determinada medida por ordem judicial, por liberalidade ou por acordo firmado com o MP, mas sim obter o serviço público prestado de maneira eficiente e atencioso às suas necessidades.

Nesse contexto, a atuação extrajudicial, mediante resolutiva em reuniões e acordos, tem se mostrado como mais benéfica e efetiva na superação das demandas que surgem no cotidiano das Promotorias de Justiça.

De outra maneira, a pesquisa apontou que a participação do Ministério Público tanto na fase de planejamento das políticas públicas, como na de elaboração da agenda, discussão e propositura da resolutiva para os problemas detectados ainda é tímida, e que há espaço para ser ampliada.

Outro ponto que merece destaque é a percepção dos Promotores de Justiça de que, para auxiliar a atuação do Ministério Público no tema de políticas públicas, é necessário um maior apoio de órgãos técnicos externos à própria instituição.

O cenário aponta para a tendência de haver uma maior intercomunicação entre os diversos atores que gravitam na implantação de políticas públicas, com troca de informações, experiências, casos de sucesso e caminhos para suplantarem os problemas que se repetem em todas as cidades do Brasil.

Além disso, tudo indica que as Promotorias de Justiça participantes nunca haviam tido contato com o Índice de Efetividade da Gestão Municipal (IEG-M)[3] instituído pelo Tribunal de Contas do Estado de São Paulo, ou não haviam utilizado os dados fornecidos em sua atuação no tema *políticas públicas*.

O IEG-M, instituído pelo TCESP de maneira inovadora (e, inclusive, tendo já sido replicado em diversos outros Estados da Federação), é uma ferramenta poderosa para avaliação das políticas públicas executadas pelos entes municipais. Abrange

---

3. *O IEGM/TCESP é o índice de desempenho da Corte de Contas paulista, composto por 07 índices setoriais, consolidados em um único índice por meio de um modelo matemático que, com foco na análise da infraestrutura e dos processos dos entes municipais, busca avaliar a efetividade das políticas e atividades públicas desenvolvidas pelos seus gestores. Disponível em https://iegm.tce.sp.gov.br/help.html. Acesso em: 1º jun. 2018 às 17:02.*

as seguintes 07 áreas: Educação, Saúde, Planejamento, Gestão Fiscal, Ambiental, Proteção dos Cidadãos e Governança de Tecnologia da Informação.

Ainda, demonstrando a qualidade do referido indicador, recentemente o Tribunal de Contas de São Paulo divulgou que o IEG-M será utilizado pela Organização das Nações Unidas (ONU) como um instrumento para medir o avanço na implementação dos Objetivos do Desenvolvimento Sustentável no Brasil.[4]

Os resultados da pesquisa apontam que os dados do IEG-M podem ser mais bem aproveitados pelos órgãos de execução do Ministério Público com vistas a aprimorar o processo de acompanhamento das políticas públicas, em especial no âmbito municipal.

Por fim, é imperioso mencionar os resultados positivos obtidos mediante a ação pontual dos Promotores de Justiça em casos específicos elencados no estudo.

Verificou-se que o Ministério Público tem atuado positivamente quando o assunto é implantação de determinadas políticas públicas. As ações mencionadas demonstram que há espaço para esse tipo de atuação e que frequentemente a atuação preventiva e mais abrangente alcança melhores resultados que a ação meramente repressiva, pontual e específica.

De outra maneira, há também espaço para aprimorar a atuação do Ministério Público de forma coordenada e regionalizada.

No ano de 2016, foi editada a Lei Complementar 1.279/2016[5], que modifica a Lei Orgânica do Ministério Público para possibilitar a implantação das Promotorias de Justiça Regionais, cuja atuação poderá transcender os limites geográficos de apenas uma comarca.

Com base na referida lei, será possível implantar Promotorias de especialidade regional, alterando o modelo atual que estabelece Promotorias de Justiça com atuação local. A atuação regionalizada, segundo a justificativa apresentada na ocasião pela Procuradoria-Geral de Justiça, deve conferir mais eficiência para o tratamento de temas comuns a diversos municípios ao mesmo tempo, admitindo a especialização e melhor atendimento ao interesse público. Temas como saúde, educação e meio ambiente poderão ser objeto da atuação dessas futuras Promotorias de Justiça.

Conclui-se que existe uma tendência de cada vez mais ser ampliada a atuação do Ministério Público no tema de políticas públicas. Várias iniciativas que apontam nesse sentido foram identificadas, seja a atuação individual dos Promotores de Justiça, seja a atuação institucionalizada e a forma de intercomunicação do MP com os demais órgãos que gravitam no universo da implantação e execução de políticas públicas.

---

4. *Criado pelo Tribunal, IEGM vai ser usado pelas Nações Unidas*. Matéria publicada no site do TCESP. Disponível em: https://www4.tce.sp.gov.br/6524-criado-pelo-tribunal-iegm-vai-ser-usado-pelas-nacoes-unidas. Acesso em: 01 jun. 2018, às 17:20.

5. *Promotorias de Justiça Regionais poderão ser criadas*. Matéria publicada no site oficial do Ministério Público do Estado de São Paulo. Disponível em: http://www.mpsp.mp.br/portal/page/portal/noticias/noticia?id_noticia=14506269&id_grupo=118 acesso em: 01/06/2018, às 18:03.

O presente estudo, ainda que de maneira embrionária, alcançou o seu propósito de demonstrar que o tema faz parte do cotidiano do Ministério Público contemporâneo e merece maior aprofundamento, com a realização de novas pesquisas, levantamento de dados, identificação de casos de sucesso e divulgação dos resultados positivos obtidos.

4. REFERÊNCIAS

GONÇALVES, Leonardo Augusto. O Ministério Público e a tutela dos direitos sociais. In: *Âmbito Jurídico*, Rio Grande, IX, n. 35, dez 2006. Disponível em: http://www.ambito-juridico.com.br/site/index.php?n_link=revista_artigos_leitura&artigo_id=1492. Acesso em: jan. 2017.

ISMAIL, Mona Lisa Duarte Abdo Aziz. O papel do Ministério Público no controle de políticas públicas. In: *Boletim Científico ESMPU*, Brasília, a. 13, n. 42-43, p. 179-208, jan.-dez. 2014.

MEIRELLES, Hely Lopes. *Direito Administrativo Brasileiro*. 38. ed. São Paulo: Malheiros, 2012.

MORAES, Alexandre de. *Direito Constitucional*. 11. ed. São Paulo: Editora Atlas, 2002

LEGISLAÇÃO:

BRASIL, Constituição (1988). *Constituição da República Federativa do Brasil*. Brasília, DF: Senado, 1988.

SÃO PAULO. *Ato Normativo 934/15-PGJ-CPJ-CGMP*, de 15 de outubro de 2015. Disponível em: http://www.mpsp.mp.br/portal/page/portal/corregedoria_geral/Atos/Ato%20Normativo%20n%C2%BA%20934-15-PGJ-CPJ-CGMP.pdf Acesso em: 1º jun. 2018, às 16:08.

DEFENSORIA PÚBLICA DO ESTADO DE SÃO PAULO E A PARTICIPAÇÃO DA SOCIEDADE CIVIL NA FORMULAÇÃO DE SUAS POLÍTICAS PÚBLICAS

Maria Lindineide de Oliveira Zaccarelli

Pós-graduada em Direito, Políticas Públicas e Controle Externo; Pós-graduada em Gestão Pública; Pós-graduada em Gestão Estratégica da Comunicação; MBA em Gestão da Qualidade e Produtividade; MBA em Marketing; MBA em Finanças e Controladoria; Bacharel em Administração; Superior Tecnológico em Gestão Pública; Superior Tecnológico em Processos Gerenciais; Superior Tecnológico em Marketing e Comunicação Promocional. Tem experiência na área administrativa, com ênfase na gestão de contratos e processos. Atuante na Defensoria Pública do Estado de São Paulo/Coordenadoria de Comunicação Social e Assessoria de Imprensa/Oficiala/Função Gerência /Área administrativa.

Sumário: 1. Introdução – 2. Defensoria pública do Estado São Paulo (DPE/SP); 2.1. Instituição da DPE/SP; 2.2. Princípios institucionais; 2.2.1. Princípio da unidade; 2.2.2. Princípio da indivisibilidade; 2.2.3. Princípio da independência funcional; 2.3. Áreas de atuação; 2.3.1. Área cível; 2.3.2. Área da tutela coletiva; 2.3.3. Área criminal; 2.3.4. Área da Infância e Juventude; 2.3.5. Área de execução criminal; 2.4. Núcleos especializados; 2.5. Atribuições institucionais; 2.6. Autonomia/independência funcional; 2.7. Defensores; 2.8. Condução administrativa; 2.9. Público-alvo; 2.9.1. Direitos das pessoas que buscam atendimento; 2.10. Qualidade na execução das funções; 2.11. Participação social; 2.11.1. Conferência e Pré-Conferências; 2.11.1.1. VI Ciclo de Conferências; 2.11.1.2. Plano de Atuação; 2.12. Momento Aberto das Reuniões do Conselho Superior; 2.13. Ouvidoria Geral – 3. Considerações Finais – 4. Referências.

1. INTRODUÇÃO

A DPE/SP foi criada pela Lei Complementar Estadual 988 de 09 de janeiro de 2006, e se caracteriza por prestar assistência jurídica integral e gratuita em todos os graus de jurisdição aos cidadãos declarados com insuficiência de recursos para custear os honorários de um advogado e as despesas processuais.

O surgimento da DPE/SP aconteceu em virtude das múltiplas vozes que constituem a sociedade civil, as quais clamaram por uma instituição livre e independente na defesa dos direitos dos necessitados.

A participação social na organização de políticas públicas é um meio democrático, legitimado na Constituição Federal de 1988 e essencial para a proteção dos direitos humanos.

O envolvimento da sociedade civil com a DPE/SP perpassou pela sua criação e implementação: atualmente as manifestações sociais contribuem na propositura de soluções para os problemas relacionados ao acesso à Justiça.

Esta pesquisa limitou-se a estudar a DPE/SP no contexto geral, com ênfase na participação da sociedade civil na formulação de suas políticas públicas e nos mecanismos de participação social.

Os objetivos do estudo consistem em esboçar um panorama da instituição, discutir a institucionalização da participação social nas atividades de planejamento, controle e gestão das políticas públicas desenvolvidas, e identificar os mecanismos de participação por ela ofertados para integrar-se com a sociedade civil.

A pesquisa justifica-se em decorrência da importância do tema, uma vez que a intervenção social fortalece a cidadania e garante que direitos fundamentais previstos no ordenamento constitucional sejam efetivados, entre eles, o direito de acesso à Justiça.

Este artigo baseou-se em obras já tornadas públicas em função do interesse pelo assunto por outros pesquisadores.[1]

2. DEFENSORIA PÚBLICA DO ESTADO SÃO PAULO (DPE/SP)

A DPE/SP é uma instituição permanente cuja função, como expressão e instrumento do regime democrático, é oferecer às pessoas necessitadas, de forma integral e gratuita, a orientação jurídica, a promoção dos direitos humanos e a defesa, em todos os graus, judicial e extrajudicial, dos direitos individuais e coletivos[2].

2.1. Instituição da DPE/SP

Apesar de prevista desde 1988 pela Constituição Federal, o Estado de São Paulo esperou quase 18 anos para instituir sua própria Defensoria.

Em 2002, São Paulo assistiu à criação de um Movimento pela Defensoria Pública que acabou envolvendo nada menos que 440 (quatrocentos e quarenta) instituições e deu início à organização de petições e manifestações públicas, além da busca de apoio para a causa em setores importantes da comunidade jurídica e do sistema político.[3]

A pressão feita por diversos setores da sociedade civil culminou com a promulgação da Lei Complementar 988, de 09 de janeiro de 2006 (atualizada até a Lei Complementar 1.315, de 11 de janeiro de 2018), que dispõe sobre a organização da Defensoria Pública do Estado de São Paulo (DPE/SP) nos termos dos artigos 1º, 3º, 5º, inciso LXXIV e 134 da Constituição da República e artigos 103 e 104 da Constituição do Estado de São Paulo, e que, além disso, define suas atribuições e institui o regime jurídico dos integrantes da carreira de Defensor Público.[4]

Até então, o serviço de assistência jurídica gratuita à população carente era feito pela Procuradoria de Assistência Judiciária (PAJ), criada por lei estadual em 1947.

---

1. MARCONI, M. A; LAKATOS, E. M. Fundamentos de metodologia científica. (5. ed.). São Paulo: Atlas, 2003.
2. Disponível em: https://www.defensoria.sp.def.br/dpesp/Default.aspx?idPagina=2868. Pesquisado em: 14 nov. 2019.
3. Disponível em: http://www.ipea.gov.br/sites/mapadefensoria/a-defensoria-publica. Pesquisado em: 16 nov. 2019 às 15h14m
4. Disponível em: https://www.defensoria.sp.def.br/dpesp/Default.aspx?idPagina=2869. Pesquisado em: 15 nov. 2019 às 14h30m.

A PAJ era um sub-órgão da Procuradoria Geral do Estado, instituição prevista para prestar serviços jurídicos ao Governo do Estado.

Apesar de a PAJ ter conquistado enorme reconhecimento em função da qualidade de sua atuação perante o Judiciário, a criação da Defensoria Pública foi um marco histórico, a partir do qual a população carente do Estado passou a ser atendida por uma instituição autônoma e independente.

A DPE/SP é instituição permanente, essencial à função jurisdicional do Estado, e tem por finalidade a tutela jurídica integral e gratuita, individual e coletiva, judicial e extrajudicial dos necessitados, assim considerados na forma da lei.

No desempenho de suas funções, A DPE/SP terá como fundamentos de atuação a prevenção dos conflitos e a construção de uma sociedade livre, justa e solidária, a erradicação da pobreza e da marginalidade, e a redução das desigualdades sociais e regionais.

2.2. Princípios institucionais

São princípios institucionais da DPE: unidade, indivisibilidade e independência funcional.

2.2.1. Princípio da unidade

O princípio da unidade é um conjunto de normas fundamentais e interdependentes, uma vez que a Defensoria Pública opera como um todo, sem facção ou fragmento. Se houvesse a ruptura de qualquer princípio, não haveria sistema e nem existiria unidade. A unidade consiste, pois, na realização integrada, contínua e permanente de todos os mecanismos inerentes à atuação do Defensor Público.[5]

2.2.2. Princípio da indivisibilidade

Como o próprio nome indica, o princípio da indivisibilidade remete a tudo aquilo que não pode ser dividido, tendo o adjetivo *indiviso* o sentido de referência a vários indivíduos ao mesmo tempo.[6]

A Defensoria Pública compõe-se de defensores públicos e assistidos, e a sua razão de ser consiste no fato de que suas normas fundamentais e o funcionamento de seus órgãos não podem sofrer qualquer descontinuidade. Uma vez deflagrada a atuação do defensor público, sua assistência jurídica deverá ser prestada até atingir o objetivo, mesmo nos casos de impedimento, férias, afastamento ou licença, pois, nesses casos, a lei prevê a substituição ou designação de outro defensor público, garantindo assim o princípio da continuidade e eficiência do serviço público introduzido no art. 37 da Carta Magna pela Emenda Constitucional, 19/98.[7]

---

5. GALLIEZ, P. *Princípios Institucionais da Defensoria Pública*. (3. ed). Rio de Janeiro: Lumen Juris, 2009.
6. GALLIEZ, P. **Princípios Institucionais da Defensoria Pública**. (3. ed). Rio de Janeiro: Lumen Juris, 2009.
7. GALLIEZ, P. *Princípios Institucionais da Defensoria Pública*. (3. ed). Rio de Janeiro: Lumen Juris, 2009.

2.2.3. Princípio da independência funcional

O princípio da independência funcional é o mais valioso, pois assegura a plena liberdade de ação do defensor público perante todos os órgãos da administração pública, especialmente, o Judiciário. O princípio em destaque elimina qualquer possibilidade de hierarquia diante dos demais agentes políticos do Estado, incluindo os magistrados, promotores de justiça, parlamentares, secretários de estado e delegados de polícia. Trata-se de um princípio indisponível, inarredável diante de qualquer situação ou pretexto, cabendo ao defensor público, mediante postura adequada, impor-se pela educação, respeito e firmeza.[8]

2.3. Áreas de atuação

As áreas de atuação da DPE/SP são: área cível, área Tutela Coletiva, área criminal, área da Infância e Juventude e área de execução criminal.[9]

2.3.1. Área cível

Trata-se de extenso campo que compreende ações na área do Direito Civil, Direito de Família e de Sucessões, Direito do Consumidor, Direito Urbanístico, Direito Ambiental, Direito à Saúde e Garantias Constitucionais, entre outras.

2.3.2. Área da tutela coletiva

A DPE/SP possui a prerrogativa legal de oferecer ações civis públicas na defesa coletiva das pessoas carentes. Esse instrumento pode ser manejado em diversas áreas do Direito, tais como Habitação, Urbanismo, Saúde, Meio Ambiente e Defesa do Consumidor. A lei prevê também que a DPE/SP promova termos de ajustamento de conduta (acordos extrajudiciais com força legal) para garantir que as demandas dessa natureza sejam resolvidas rapidamente e sem necessidade de um processo judicial.

2.3.3. Área criminal

A atuação na área criminal corresponde essencialmente à defesa das pessoas acusadas, de forma ampla e abrangente. A DPE/SP promove não apenas a defesa em primeira instância, mas maneja todos os recursos cabíveis, tendo atuação marcante perante o STJ e o STF. Também é possível a atuação em defesa da vítima, especialmente nas hipóteses de Juizados Especiais ou de aplicação da Lei Maria da Penha (proteção contra mulheres vítimas de violência doméstica).

---

8. GALLIEZ, P. *Princípios Institucionais da Defensoria Pública*. (3. ed). Rio de Janeiro: Lumen Juris, 2009.
9. Disponível em: https://www.defensoria.sp.def.br/dpesp/Default.aspx?idPagina=2870. Acessado em 17 nov. 2019 às 18h23m.

2.3.4. Área da Infância e Juventude

A atuação perante os Juízos da Infância e Juventude concentra-se na defesa de crianças e adolescentes acusados de terem cometido atos infracionais ou cumpridores de medidas socioeducativas por determinação judicial (internação, liberdade assistida, serviços comunitários, entre outras). Outros casos incluem o atendimento de problemas relacionados a crianças e adolescentes que vivem em abrigos, assim como de pedidos de adoção ou de guarda e demais disposições relativas ao Estatuto da Criança e do Adolescente.

2.3.5. Área de execução criminal

É a área responsável pela defesa de cidadãos que estejam cumprindo pena após condenação judicial pelo cometimento de um crime. Inclui a formulação de diversos pedidos, tais como: progressão de regime, liberdade condicional, indulto, defesa em faltas disciplinares, além de outros relativos aos tratamentos dispensados dentro do sistema penitenciário.[10]

Todos os presídios do Estado são visados por uma Coordenadoria de Execução Criminal da DPE/SP, tendo-se em vista a atribuição da instituição de fiscalizar as unidades prisionais e garantir o respeito aos direitos das pessoas detidas. Para isso, os defensores promovem vistorias (uma prerrogativa funcional prevista em lei) e recebem denúncias.

A DPE/SP é responsável, ainda, por administrar os convênios que mantêm advogados/as de entidades que prestam auxílio gratuito dentro dos presídios. E atua em qualquer espécie de caso que seja de competência da Justiça estadual, sempre na defesa de uma pessoa ou de um grupo de pessoas carentes.

Após atuar em um processo na Justiça Paulista, contudo, a DPE/SP é responsável por todos os recursos necessários, e até mesmo em sede dos Tribunais Superiores; para isso, possui representação própria na cidade de Brasília. A lei que a instituiu prevê, inclusive, que recorra às Cortes Internacionais quando for o caso.

Sendo assim, não existe uma fixação prévia sobre quais casos a DPE/SP pode atuar, uma vez que a competência da Justiça estadual é extremamente ampla e abarca a maior parte dos problemas jurídicos vivenciados pelas pessoas que a ela recorrem.

2.4. Núcleos especializados

A DPE/SP conta com a existência de Núcleos Especializados – de natureza permanente – cujo objetivo é promover uma atuação estratégica da instituição em áreas de sensível importância.[11]

---

10. Disponível em: https://www.defensoria.sp.def.br/dpesp/Default.aspx?idPagina=2870. Pesquisado em: 17 nov. 2019 às 18h23m.

11. Disponível em https://www.defensoria.sp.def.br/dpesp/Default.aspx?idPagina=3145. Pesquisado em: 17 nov. 2019 às 18h00m.

Os Núcleos coordenam os debates e materiais produzidos pelos defensores públicos em sua área respectiva, fornecendo qualquer suporte técnico necessário. Também propõem ações judiciais e acionam Cortes Internacionais quando necessário. Cada um deles possui cargos de coordenação – com dedicação exclusiva – e uma equipe de Defensores integrantes.

As competências dos Núcleos estão previstas na Lei Complementar Estadual 988 de 2006, sendo: compilar e remeter informações técnico-jurídicas, sem caráter vinculativo, aos Defensores Públicos; propor medidas judiciais e extrajudiciais para a tutela de interesses individuais, coletivos e difusos, e acompanhá-las, agindo isolada ou conjuntamente com os Defensores Públicos, sem prejuízo da atuação do Defensor Natural; realizar e estimular o intercâmbio permanente entre os Defensores Públicos, objetivando o aprimoramento das atribuições institucionais e a uniformidade dos entendimentos ou teses jurídicas; realizar e estimular o intercâmbio com entidades públicas e privadas, bem como representar a instituição perante conselhos e demais órgãos colegiados, por qualquer de seus membros, mediante designação do Defensor Público-Geral do Estado; atuar e representar junto ao Sistema Interamericano dos Direitos Humanos propondo as medidas judiciais cabíveis; prestar assessoria aos órgãos de atuação e de execução da DPE/SP; coordenar o acionamento de Cortes Internacionais.[12]

Atualmente, a DPE/SP conta com nove Núcleos: Núcleo Especializado de Cidadania e Direitos Humanos; Núcleo Especializado de Infância e Juventude; Núcleo Especializado de Habitação e Urbanismo; Núcleo de Segunda Instância e Tribunais Superiores; Núcleo Especializado de Situação Carcerária; Núcleo de Promoção e Defesa dos Direitos das Mulheres; Núcleo Especializado de Combate à Discriminação, Racismo e Preconceito; Núcleo Especializado dos Direitos da Pessoa Idosa e da Pessoa com Deficiência; e Núcleo Especializado de Defesa do Consumidor.[13]

2.5. Atribuições institucionais

São atribuições institucionais da DPE/SP, dentre outras: prestar aos necessitados orientação permanente sobre seus direitos e garantias; informar, conscientizar e motivar a população carente, inclusive por intermédio dos diferentes meios de comunicação, a respeito de seus direitos e garantias fundamentais; representar em juízo os necessitados, na tutela de seus interesses individuais ou coletivos, no âmbito civil ou criminal, perante os órgãos jurisdicionais do Estado e em todas as instâncias, inclusive os Tribunais Superiores; manter comissões permanentes para formular e acompanhar propostas de elaboração, revisão e atualização legislativa; prestar atendimento interdisciplinar; promover: a mediação e conciliação extrajudicial entre as

---

12. Disponível em: https://www.defensoria.sp.def.br/dpesp/Default.aspx?idPagina=3145. Pesquisado em: 18 nov. 2019 às 20h55m.
13. Disponível em: https://www.defensoria.sp.def.br/dpesp/Default.aspx?idPagina=3145. Pesquisado em: 18 nov. 2019 às 21h05m.

partes em conflito de interesses, a tutela dos direitos humanos em qualquer grau de jurisdição, inclusive perante os sistemas global e regional de proteção dos Direitos Humanos, a tutela individual e coletiva dos interesses e direitos da criança e do adolescente, do idoso, das pessoas com necessidades especiais e das minorias submetidas a tratamento discriminatório, a tutela individual e coletiva dos interesses e direitos do consumidor necessitado, a tutela do meio ambiente, no âmbito de suas finalidades institucionais, a tutela dos interesses dos necessitados no âmbito dos órgãos ou entes da administração estadual e municipal, direta ou indireta, ação civil pública para tutela de interesse difuso, coletivo ou individual homogêneo, a orientação e a representação judicial das entidades civis que tenham dentre as suas finalidades a tutela de interesses dos necessitados, desde que não disponham de recursos financeiros para a atuação em juízo, a tutela dos direitos das pessoas necessitadas, vítimas de qualquer forma de opressão ou violência, trabalho de orientação jurídica e informação sobre direitos humanos e cidadania em prol das pessoas e comunidades carentes, de forma integrada e multidisciplinar, a tutela das pessoas necessitadas, vítimas de discriminação em razão de origem, raça, etnia, sexo, orientação sexual, identidade de gênero, cor, idade, estado civil, condição econômica, filosofia ou convicção política, religião, deficiência física, imunológica, sensorial ou mental, cumprimento de pena, ou em razão de qualquer outra particularidade ou condição; atuar nos estabelecimentos policiais, penais e de internação, inclusive de adolescentes, visando a assegurar à pessoa, sob quaisquer circunstâncias, o exercício dos direitos e garantias individuais; atuar como Curador Especial nos casos previstos em lei; assegurar aos necessitados, em processo judicial ou administrativo, o contraditório e ampla defesa, com os meios e recursos a ela inerentes; atuar nos Juizados Especiais Cíveis e Criminais; integrar conselhos federais, estaduais e municipais cujas finalidades lhe sejam afetas, nos termos da lei; contribuir no planejamento, elaboração e proposição de políticas públicas que visem a erradicar a pobreza e a marginalização e a reduzir as desigualdades sociais; receber, analisar, avaliar e encaminhar consultas, denúncias ou sugestões apresentadas por entidades representativas da sociedade civil, no âmbito de suas funções.[14]

2.6. Autonomia/independência funcional

A autonomia da DPE/SP é prevista pela Constituição Federal e é uma garantia para que os Defensores Públicos possam representar os direitos da população sem qualquer tipo de constrangimento. Internamente, cada membro da Defensoria possui independência funcional para seguir livremente sua convicção, em cada caso em que atua.

Os Defensores Públicos possuem várias prerrogativas, destacando-se: a independência funcional, o acesso irrestrito a estabelecimentos prisionais e de internação de adolescentes, o poder de requisitar documentos a órgãos públicos, o exame de autos

---

14. Disponível em: https://www.al.sp.gov.br/repositorio/legislacao/lei.complementar/2006/alteracao-lei.com-plementar-988-09.01.2006.html. Pesquisado em: 19 nov. 2019 às 12h32m.

sem procuração e a solicitação de auxílio de demais autoridades para o desempenho de suas funções, entre outros direitos.[15]Além disso, atuam de maneira institucional, mediante planejamento administrativo e intercâmbio de informações e teses jurídicas.

2.7. Defensores[16]

Os Defensores Públicos são pessoas de ambos os sexos, com formação em Direito e aprovadas em concurso público específico para prestar assistência jurídica gratuita nas áreas civil, família, criminal e execução criminal.

Atualmente, a DPE/SP conta com aproximadamente 750 Defensores Públicos que trabalham em 66 unidades espalhadas por 43 cidades. O atendimento abrange processos de alguns municípios que integram as mesmas comarcas, incluindo tanto as áreas de execução penal como as de medidas socioeducativas.[17]

2.8. Condução administrativa

A administração superior da DPE/SP é conduzida pela Defensoria Pública Geral – órgão dirigido por um Defensor ou Defensora nomeado/a pelo Governador – a partir de uma lista tríplice formada pelas pessoas que obtiverem mais votos em eleição com participação de toda a carreira.[18]

Seu principal órgão para tomada de decisões internas é o Conselho Superior da Defensoria Pública, formado por 5 membros natos e 8 membros eleitos diretamente pelos Defensores e Defensoras.[19]

Além dos Defensores, a DPE/SP conta com um quadro de apoio constituído por servidores e estagiários, e tem convênios firmados com a Ordem dos Advogados do Brasil (OAB)e outras instituições.[20]

2.9. Público-alvo

O Público-alvo da DPE/SP é constituído por pessoas que não têm condições financeiras para pagar um advogado. Em geral, são atendidas apenas as que contam com renda familiar de até três salários-mínimos por mês.

---

15. Disponível em: https://www.anadep.org.br/wtk/pagina/materia?id=15099. Pesquisado em: 20 nov. 2019 às 08h55m.
16. Disponível em: https://www.defensoria.sp.def.br/dpesp/Default.aspx?idPagina=2869. Acesso em: 15 nov. 2019 às 14h30m.
17. Disponível em: https://www.defensoria.sp.def.br/dpesp/Default.aspx?idPagina=2868. Pesquisado em: 21 nov. 2019 às 20h00m.
18. Disponível em: https://www.defensoria.sp.def.br/dpesp/Default.aspx?idPagina=2868. Pesquisado em: 21 nov. 2019 às 20h05m.
19. Disponível em: https://www.defensoria.sp.def.br/dpesp/Default.aspx?idPagina=2868. Pesquisado em: 21 nov. 2019 às 20h10m.
20. Disponível em: https://www.defensoria.sp.def.br/dpesp/Default.aspx?idPagina=5857. Pesquisado em: 22 nov. 2019 às 13h56m.

2.9.1. Direitos das pessoas que buscam atendimento

São direitos das pessoas que buscam atendimento na DPE/SP: a informação; a qualidade na execução das funções; a participação na definição das diretrizes institucionais e no acompanhamento da fiscalização das ações e projetos desenvolvidos pela Instituição, da atividade funcional e da conduta pública dos membros e servidores. O direito à informação consubstancia-se sobre: o horário de funcionamento dos órgãos da DPE/SP; o tipo de atividade exercida em cada órgão, sua localização exata e a indicação do responsável pelo atendimento ao público; os procedimentos para acesso a exames, formulários e outros dados necessários à execução das funções; a tramitação dos procedimentos administrativos e dos processos judiciais em que figure como interessado; as decisões proferidas e a respectiva motivação, inclusive opiniões divergentes, constantes dos procedimentos administrativos e dos processos judiciais em que figure como interessado; o acesso à Ouvidoria Geral, encarregada de receber denúncias, reclamações ou sugestões.[21]

2.10. Qualidade na execução das funções

O direito à qualidade na execução das funções exige dos membros e servidores da DPE/SP: urbanidade e respeito no atendimento às pessoas que buscam assistência; atendimento por ordem de chegada, assegurada prioridade a pessoas idosas, grávidas, doentes e portadoras de necessidades especiais; igualdade de tratamento, sendo vedado qualquer tipo de discriminação; racionalização na execução das funções; adequação entre meios e fins, vedada a imposição de exigências, obrigações, restrições e sanções não previstas em lei; cumprimento de prazos e normas procedimentais; fixação e observância de horário e normas compatíveis com o bom atendimento das pessoas que buscam a DPE/SP; adoção de medidas de proteção à saúde ou segurança das pessoas que buscam atendimento na DPE/SP; manutenção de instalações limpas, sinalizadas, acessíveis e adequadas ao serviço ou atendimento; observância dos deveres, proibições e impedimentos previstos nesta lei. [22]

2.11. Participação social

O direito de igualdade no tratamento é efetivado pela DPE/SP através da Conferência Estadual e das Pré-Conferências Regionais, do Plano Anual de Atuação e da Ouvidora-Geral, na forma da Lei Complementar 988, de 09 de janeiro de 2006 (atualizada até a Lei Complementar 1.315, de 11 de janeiro de 2018).

---

21. Disponível em: https://www.al.sp.gov.br/repositorio/legislacao/lei.complementar/2006/alteracao-lei.com-plementar-988-09.01.2006.html. Pesquisado em: 23 nov. 2019 às 10h26m.
22. Disponível em: https://www.al.sp.gov.br/repositorio/legislacao/lei.complementar/2006/alteracao-lei.com-plementar-988-09.01.2006.html. Pesquisado em: 24 nov. 2019 às 10h48m.

2.11.1. Conferência e Pré-Conferências

A Conferência e as Pré-Conferências são eventos promovidos pela DPE/SP, realizados a cada dois anos e que têm como objetivo ouvir e discutir com a população de todo o Estado não só os principais problemas enfrentados, mas também possíveis propostas de solução aos mesmos dentro das possibilidades de atuação da instituição.

O Ciclo de Conferências se divide em duas etapas: na primeira, são realizadas Pré-Conferências Regionais, abertas a toda população local, com o objetivo de discutir os problemas e formular propostas para atuação da Defensoria. Nas Pré-Conferências são eleitos/as delegados/as que representarão a região na etapa seguinte, a Conferência Estadual. Na Conferência Estadual todas as propostas regionais são debatidas pelos/as delegados/as. Ao final, são eleitas as propostas que irão orientar a formulação do Plano de Atuação da Defensoria Pública. Nas duas etapas as discussões são organizadas em 9 temas: Infância e Juventude; Promoção e Defesa dos Direitos da Mulher; Cidadania, Direitos Humanos e Meio Ambiente; Direitos do Consumidor; Direitos do Idoso e da Pessoa com Deficiência; Diversidade e Igualdade racial; Situação Carcerária; Habitação, Urbanismo e Conflitos Agrários; e Política de Atendimento e Educação em Direitos.[23]

Na Conferência Estadual são selecionadas as 30 melhores propostas que nortearam o Plano de Atuação da Defensoria para o biênio sequente e que serão monitoradas pela sociedade civil.

2.11.1.1. VI Ciclo de Conferências

Entre julho e novembro de 2017 foi realizado o VI Ciclo de Conferências da DPE/SP, e nesse evento foram selecionadas trinta propostas que estão norteando o Plano de Atuação da Instituição nos biênios (2018/2019). Entre as propostas aprovadas (nove), uma de cada temática será abrangida por este estudo:

Eixo *Cidadania, Direitos Humanos e Meio Ambiente*

Proposta 1. Atuar judicial e extrajudicialmente para implementação da coleta seletiva integral em todas as cidades do Estado, no sentido de obrigar o Poder Público a contratar cooperativas locais para a coleta seletiva, nos termos da Política Nacional de Resíduos Sólidos.

Resultado esperado após execução do Plano de Atuação: Mapeamento realizado e divulgado (por audiências públicas ou outros eventos), manual de atuação elaborado, e Poder Público provocado a implementar a Política Nacional de Resíduos Sólidos.

---

23. Disponível em: https://www.defensoria.sp.def.br/dpesp/Default.aspx?idPagina=6619. Pesquisado em: 25 nov. 2019 às 11h15m.

Eixo *Defesa da Diversidade e da Igualdade Racial*

Proposta 2 – Criar mecanismos que fomentem a atuação da Defensoria Pública nos casos de violência policial, especialmente motivada por discriminação racial, orientação sexual e identidade de gênero, bem como social.

Resultado esperado após execução do Plano de Atuação: Atuação nos casos de violência policial motivada por discriminação mapeada, estratégia de atuação conjunta definida, peças judiciais disponibilizadas e suporte prestado aos/às defensores/as.

Eixo *Direito do Consumidor*

Proposta 3 – Orientar e coibir, judicial e extrajudicialmente, práticas abusivas referentes a contratos de crédito consignado ofertados a pessoas idosas.

Resultado esperado após execução do Plano de Atuação: Cartilha elaborada e divulgada nas redes sociais da DPE/SP, atividades de educação em direitos realizadas (inclusive de forma descentralizada), mutirões, renegociações de dívidas realizadas, articulação com órgãos de defesa do consumidor iniciada, peças judiciais disponibilizadas e suporte prestado à atuação dos defensores, práticas abusivas identificadas e atuação judicial ou extrajudicial para combate a essas práticas iniciadas.

Eixo *Direito do Idoso e da Pessoa com Deficiência*

Proposta 4 – Cobrar dos municípios o cumprimento das leis de acessibilidade.

Resultado esperado após execução do Plano de Atuação: municípios onde há Unidade da Defensoria cobrados pelo cumprimento das leis de acessibilidade, mediante levantamento da legislação pertinente e da demanda por acessibilidade.

Eixo *Habitação, Urbanismo e Conflitos Agrários*

Proposta 5 – Regionalizar atendimento nas áreas de habitação, urbanismo e conflito agrário, em cada regional da Defensoria Pública, com a realização do mapeamento de todas as comunidades dos municípios que a compõem e com a criação de equipe multidisciplinar em áreas técnicas relacionadas, dentre as quais Engenharia, Arquitetura, Geologia, Antropologia, Sociologia, Psicologia, História, Assistência Social, entre outras ciências humanas, agrárias e sociais.

Resultado esperado após execução do Plano de Atuação: Atuação da Defensoria mapeada e manifestação sobre regionalização do atendimento em matéria de habitação e urbanismo apresentada ao Conselho Superior-DPE/SP.

Eixo *Infância e Juventude*

Proposta 6 – Atuar para que sejam criados Centros de Atenção Psicossocial para atendimento de crianças e adolescentes em sofrimento mental ou com necessidades em decorrência do uso de álcool, *crack* e outras drogas nos municípios de pequeno porte do Estado de São Paulo.

Resultado esperado após execução do Plano de Atuação: Mapeamentos produzidos, discussões com sociedade civil e Poder Público realizadas, estratégias de atuação judicial e extrajudicial definidas, e atuação para criação ou adequação do atendimento a crianças e adolescentes em sofrimento mental decorrente do uso de álcool e outras drogas em municípios de pequeno porte implementada.

Eixo *Política de Atendimento e Educação em Direitos Humanos*

Proposta 7 – Promover processo de formação continuada em direitos humanos para defensores/as públicos/as, servidores/as, estagiários/as e para população em geral, com ênfase na diversidade de gênero, na igualdade racial e na diversidade religiosa, bem como no respeito à integridade física e emocional do ser humano.

Resultado esperado após execução do Plano de Atuação: Atividades de educação em direitos e de capacitação nos temas de diversidade de gênero, igualdade racial, diversidade religiosa e respeito à integridade física e emocional do ser humano realizadas.

Eixo *Promoção e Defesa dos Direitos da Mulher*

Proposta 8 – Realizar levantamento de dados e mapeamento da rede assistencial de atendimento à mulher em situação de violência doméstica em todo o Estado e, se o caso, ajuizamento de Ação Civil Pública para pleitear a implementação de políticas públicas voltadas ao atendimento global da mulher em situação de violência doméstica, incluindo a criação de casas de passagem e abrigos.

Resultado esperado após execução do Plano de Atuação: Rede assistencial mapeada e divulgada, atuação estratégica definida e iniciada.

Eixo *Situação carcerária*

Proposta 9 – Atuar extrajudicialmente, seja por meio de parcerias, seja por meio de propostas legislativas, para fomentar a capacitação e a reinserção do/a egresso/a no mercado de trabalho.

Resultado esperado após execução do Plano de Atuação: Levantamento de informações sobre vagas e políticas de capacitação realizado, entraves à reinserção de egressos/as identificados, proposta de aprimoramento de políticas apresentada à SAP e atuação judicial ou extrajudicial implementada. Explana-se um exemplo das atividades desenvolvidas por eixo/proposta aprovada

Eixo	Proposta aprovada
Cidadania, Direitos Humanos e Meio Ambiente	Mobilizar a população em situação de rua e provocar o executivo para a criação e concretização de uma política municipal para a população em situação de rua em todos os municípios do Estado, a exemplo da Lei 12.316/97 da Capital.

Indicador: Número de atividades realizadas

Atividade	Responsáveis	Depende de órgão externo?	Prazo inicial	Prazo final
A. Mapear, nas cidades onde há unidade da Defensoria, da existência de política municipal para população em situação de rua ou projetos de Lei com o mesmo objeto.	NCDH GAI	Sim	Ago./18	dez/18
B. Consolidar e divulgar informações recolhidas na atividade A no *site* da Defensoria e por meio de audiências públicas ou outros eventos, de forma descentralizada.	NCDH GAI Unidades EDEPE	Não	jan./19	mai/19
C. Elaborar proposta de parâmetros mínimos para política pública para população em situação de rua, a partir das informações e discussões das atividades anteriores.	NCDH Assessoria Cível/GAI	Não	jun./19	set/19
D. Disponibilizar ou encaminhar o material produzido para Poderes Executivo e Legislativo municipais de todo o estado.	NCDH Primeira Subdefensoria-Geral	Não	out./19	dez/19
E. Remeter *e-mail* para os/as Coordenadores/as de cada unidade com material elaborado a partir das atividades A e C pertinente a sua cidade/competência territorial, incluindo eventuais respostas recebidas em razão da atividade D.	NCDH	Não	jun,/19	set/19

Resultado esperado

Políticas municipais mapeadas, informações divulgadas (por audiências públicas ou outros eventos), proposta de parâmetros mínimos para política pública elaborada, o material produzido disponibilizado ou encaminhado aos Poderes Executivo e Legislativo.

NCDH: Núcleo Especializado de Cidadania e Direitos Humanos

GAI: Grupo de Apoio Interdisciplinar

EDEPE: Escola da Defensora Pública do Estado

Primeira Subdefensoria-Geral

2.11.1.2. Plano de Atuação

O Plano de Ação é uma ferramenta de gestão muito utilizada para planejamento e acompanhamento de atividades importantes e necessárias à conquista de um resultado desejado, permitindo uma assistência a todo o processo de execução e facilitando, assim, o cumprimento das metas. [24]

2.12. Momento Aberto das Reuniões do Conselho Superior

O momento aberto é um espaço reservado à escuta da população nas reuniões do Conselho Superior da DPE/SP. Por esse meio de participação, usuários/as, movimentos sociais, organizações da sociedade civil ou interessados podem comparecer

---

24. Disponível em: https://gestaodesegurancaprivada.com.br/plano-de-acao-o-que-e-conceitos. Pesquisados em 11 set. 2019 às 08h15m.

às reuniões do Conselho e levar à Defensoria assuntos de interesse da sociedade. O Conselho se reúne às sextas-feiras pela manhã, na R. Boa Vista 200, em São Paulo.[25]

2.13. Ouvidoria Geral

A Ouvidoria acompanha a qualidade dos serviços prestados pela Defensoria e contribui para seu aprimoramento, podendo receber reclamações, sugestões ou opiniões sobre o atendimento da instituição. É um órgão da Defensoria ocupado por pessoa externa à instituição, escolhida pelo Conselho Superior a partir de indicações do Conselho Estadual de Defesa dos Direitos da Pessoa Humana (CONDEPE). A Ouvidoria conta, ainda, com um Conselho Consultivo formado por pessoas que componham organizações da sociedade civil e movimentos sociais. Além da principal porta de entrada em algumas unidades, a Ouvidoria conta com Subouvidores.[26]

3. CONSIDERAÇÕES FINAIS

O artigo foi construído com foco em três premissas: esboçar um panorama da Defensoria Pública do Estado de São Paulo, discutir a institucionalização da participação social nas atividades de planejamento, controle e gestão das políticas públicas desenvolvidas, e identificar os mecanismos de participação colocados à disposição pela instituição para integrar-se com a sociedade civil.

Constatou-se que o art. 134 da Constituição Federal determina que a Defensoria Pública é instituição permanente, essencial à função jurisdicional do Estado, incumbindo-lhe, como expressão e instrumento do regime democrático, fundamentalmente, a orientação jurídica, a promoção dos direitos humanos e a defesa, em todos os graus, judicial e extrajudicial, dos direitos individuais e coletivos, de forma integral e gratuita, aos necessitados.

Verificou-se que a assistência jurídica integral e gratuita é um direito do cidadão hipossuficiente de recursos, e que cabe ao Estado custear as despesas necessárias para que esse direito não seja violado, constante no artigo 5º da Constituição Federal, inciso LXXIV.

Mesmo com o ordenamento jurídico, o Estado de São Paulo demorou, conforme mencionado, dezoito anos para implementar a sua Defensoria, ficando o serviço de assistência jurídica gratuita à população carente até janeiro de 2006 sob a responsabilidade da Procuradoria de Assistência Judiciária (PAJ), sub-órgão da Procuradoria Geral do Estado, instituição prevista para prestar serviços jurídicos ao Governo do Estado.

---

25. Disponível em: https://www.defensoria.sp.def.br/dpesp/repositorio/0/20170427_Folder_VICiclo_FINAL. pdf. Pesquisado em: 29 nov. 2019 às 15h50m.
26. Disponível em: https://www.defensoria.sp.def.br/dpesp/repositorio/0/20170427_Folder_VICiclo_FINAL. pdf. Pesquisado em: 29 nov. 2019 às 16h58m.

Ora, deixar os direitos do cidadão de baixa renda nas mãos de um órgão vinculado ao governo gera insegurança jurídica, uma vez que os direitos fundamentais dos desprovidos de recursos são, em diversas situações, violados por ação ou omissão do próprio Estado. Assim, em 2002, surgiram vários movimentos em prol da criação da Defensoria Pública. O clamor social reivindicava uma instituição livre e independente para defender os direitos dos hipossuficientes. O governo paulista não resistiu à pressão social, e a DPE/SP foi instituída com a promulgação da Lei Complementar 988, de 09 de janeiro de 2006. Trata-se, portanto, de uma conquista da população carente, que hoje pode contar com uma instituição com autonomia administrativa e independência funcional.

As ações da DPE/SP são norteadas pela Constituição Federal e visam garantir os direitos fundamentais previstos no art. 5º/LXXIV. Sua atuação é ampla e envolve as áreas civil, criminal, execução criminal, infância e juventude e tutela coletiva.

Atualmente, a instituição conta com aproximadamente 750 Defensores Públicos que possuem dedicação exclusiva, ou seja, atuam unicamente na defesa dos necessitados, trabalhando em 66 unidades espalhadas por 43 cidades. Levando-se em conta que o Estado de São Paulo possui mais de 640 municípios, a atuação da instituição não abrange nem 10% das cidades, evidenciando a falta de investimento na sua expansão.

Para atender toda a população economicamente hipossuficiente, a DPE/SP firma convênios para prestação de assistência judiciária gratuita suplementar. Entre os convênios firmados, destaca-se o da Ordem dos Advogados do Brasil (OAB) que atua diretamente em todos os municípios que não têm a representação da instituição.

O desenvolvimento contínuo da DPE/SP acontece de forma organizada e coordenada com a participação social. Os debates promovidos com a população por meio da Conferência, Pré-conferências, Momento Aberto no Conselho Superior e Ouvidoria-Geral, contribuem para a formulação, execução e controle das políticas públicas prioritárias de atendimento, colaboram para a construção do plano de atuação, legitimam e aperfeiçoam a instituição como expressão e instrumento do regime democrático.

A relevância da existência da DPE/SP é simplesmente incontestável. Sua expansão é a melhor opção para se atingir eficiência, eficácia e efetividade nos serviços de acesso à Justiça prestados à população carente.

4. REFERÊNCIAS

ÁREA de Atuação. Disponível em: https://www.defensoria.sp.def.br/dpesp/Default.aspx?idPagina=2870. Acesso em 17 nov. 2019 às 18h23m.

ASSESSORIA de Convênios. Disponível em: https://www.defensoria.sp.def.br/dpesp/Default.aspx?idPagina=5857. Acesso em: 22 nov. 2019 às 13h56m.

BLOG GESTÃO DE SEGURANÇA PRIVADA. *Plano de ação, o que é? Como fazer. Aplicação, modelo.* 2019. Disponível em:https://gestaodesegurancaprivada.com.br/plano-de-acao-o-que-e-conceitos/. Acesso em 11 set. 2019 às 08h15m.

DEFENSORIA Pública de SP assume atendimento inicial à população de Itaquaquecetuba a partir de hoje. 2012. Disponível em: https://www.anadep.org.br/wtk/pagina/materia?id=15099. Acesso em: 20 nov. 2019. 08h55m.

DÚVIDAS Frequentes. 2019. Disponível em: https://www.defensoria.sp.def.br/dpesp/Default.aspx?idPagina=3094. Acesso em: 10 ago. 2019 às 14h50m.

EDEPE, Escola da Defensoria Pública do Estado de São Paulo. *Constituição da República Federativa do Brasil.* Texto consolidado até a emenda constitucional 69, de 29 de março de 2012.

EDEPE, Escola da Defensoria Pública do Estado de São Paulo. *Legislação da Defensoria Pública do Estado de São Paulo.*

GALLIEZ, P. *Princípios institucionais da Defensoria Pública.* 3. ed. Rio de Janeiro: Lumen Juris, 2009.

INFORMAÇÕES sobre Atendimento ao usuário da Defensoria. 2019. Disponível em:https://www.defensoria.sp.def.br/dpesp/Default.aspx?idPagina=3092. Acesso em: 10 ago. 2019 às 13h30m.

MARCONI, M. A; LAKATOS, E. M. *Fundamentos de metodologia científica.* 5. ed. São Paulo: Atlas, 2003.

MAPA da Defensoria Pública no Brasil. Disponível em: http://www.ipea.gov.br/sites/mapadefensoria/a--defensoria-publica. Acesso em: 16 nov. 2019 às 15h14m.

NOSSOS Serviços. 2019. Disponível em: https://www.defensoria.sp.def.br/dpesp/Default.aspx?idPagina=3151. Acesso em: 10/08/2019 às 15h20m.

NÚCLEOS Especializados. Disponível em: https://www.defensoria.sp.def.br/dpesp/Default.aspx?idPagina=3145. Acesso em: 17 nov. 2019 às 18h00m.

NÚCLEOS Especializados – Institucional. Disponível em: https://www.defensoria.sp.def.br/dpesp/Default.aspx?idPagina=3145. Acesso em: 18 nov. 2019 às 18h00m.

OLIVEIRA, R. *Gestão Pública: democracia e eficiência.* Rio de Janeiro: FGV, 2012.

PLANO de Atuação. 2019. Disponível em: https://www.defensoria.sp.def.br/dpesp/repositorio/0/Plano%20Atuacao%20VI%20Ciclo%20Conferencias.pdf. Acesso em: 09 set. 2019 às 13h05m.

QUEM somos. Disponível em: https://www.defensoria.sp.def.br/dpesp/Default.aspx?idPagina=2868. Acesso em: 21 nov. 2019 às 20h00m.

SAIBA mais sobre a Defensoria. Disponível em: https://www.defensoria.sp.def.br/dpesp/Default.aspx?idPagina=2869. Acesso em: 15 nov. 2019 às 14h30m.

VI CICLO de Conferências. 2019. Disponível em: https://www.defensoria.sp.def.br/dpesp/Default.aspx?idPagina=6246. Acesso em: 09 set. 2019 às 09h26m.

LEGISLAÇÃO:

LEI Complementar 988, de 09 de janeiro de 2006. Disponível em: https://www.al.sp.gov.br/repositorio/legislacao/lei.complementar/2006/alteracao-lei.complementar-988-09.01.2006.html Acesso em: 19 nov. 2019 às 12h32m.

O PROCESSO DE INSTITUCIONALIZAÇÃO DA POLÍTICA NACIONAL DE PROTEÇÃO E DEFESA CIVIL: NOVOS HORIZONTES PARA AS POLÍTICAS PÚBLICAS EM GESTÃO DE RISCO DE DESASTRE NO BRASIL

Maria Rita Rodrigues

Mestra e Doutoranda em Direito pela UERJ. Bolsista da CAPES. Especialista em Direito, Políticas Públicas e Controle Externo pela Uninove.

Sumário: 1. Risco, vulnerabilidade e desastre: conceituação e interdependência – 2. A construção do direito dos desastres no Brasil; 2.1. Antecedentes normativos e institucionais acerca da gestão de risco de desastres e da Defesa Civil; 2.2. Os marcos regulatórios anteriores à PNPDEC; 2.3. O processo de formulação da PNPDEC; 2.4. Do Poder Executivo Federal: o Grupo de Trabalho Especial do Ministério da Integração Nacional; 2.5. Do Poder Legislativo Federal: Câmara dos Deputados, Comissão Especial – medidas preventivas e saneadoras de catástrofes climáticas; 2.6. A PNPDEC: Lei 12.608/2012; 2.7. O Direito dos desastres e a conexão com outras áreas – 3. Considerações finais – 4. Referências.

1. RISCO, VULNERABILIDADE E DESASTRE: CONCEITUAÇÃO E INTERDEPENDÊNCIA

Risco, vulnerabilidade e desastres são elementos que, em alguma medida, se convergem. A concepção de *risco* experimentou grandes modificações ao longo dos tempos até alcançar a sua atual conotação, que lhe sugere a noção de uma possível ameaça que eventualmente pode se evidenciar ou não no plano concreto. Por não poucas circunstâncias, o risco é associado à concepção de perigo a qual se revela equivocada, na medida em que "risco é a probabilidade (mensurável) de um perigo transformar-se num desastre". (INPE, 2008).

É possível afirmar ainda que os riscos nem sempre são os mesmos. Em cada situação, em cada contexto, em cada ambiente e, até mesmo em cada tempo, o risco tem uma determinada *performance*, o que lhe concede um caráter extremamente *sui generis*.

Imagine-se uma longa viagem marítima, como a travessia por um certo oceano, feita por duas embarcações distintas, um navio e um barco a vela. É fato que as grandes ondas oceânicas são perigosas para ambas as embarcações. Todavia, o risco de afundamento é significativamente maior para o barco a vela, na medida em que a fragilidade da embarcação, ou em outras palavras, a vulnerabilidade da embarcação, apresenta influência direta no ímpeto do risco.

De acordo com o INPE (2008), pode-se "concluir que o risco é extremamente cambiante e apresenta uma dinâmica própria, que varia em função dos elementos naturais e sociais envolvidos no processo. Além disso, o risco não pode ser eliminado, mas pode ser gerenciado a tal ponto que se torne aceitável".

A maior ou menor gravidade de um desastre leva em consideração dois fatores específicos, a saber: o nível de vulnerabilidade da comunidade vitimada de um lado e, por outro, a capacidade de resiliência, ou seja, a de tolerar impactos negativos, sem que, entretanto, ocorra a alteração paralela das estruturas e identidades básicas.

Em que pese ao fato de se constatarem esforços teóricos no sentido de sistematizar os modelos de vulnerabilidade diante de um elemento que apresente um liame ao ideário de risco, as concepções mais aceitas e difundidas referem-se às propostas pelo UNISDR (Estratégia internacional das Nações Unidas para a redução de desastres) bem como pelo UNDP (Programa das Nações Unidas para desenvolvimento) que respectivamente defendem que "são condições estabelecidas por fatores ou processos físicos, sociais, econômicos e ambientais, que aumentam a suscetibilidade de uma comunidade ao impacto dos riscos e perigos"

Sendo também "a condição humana ou processo resultante de fatores físicos e sociais, econômicos e ambientais, que determinam a probabilidade e escala de danos causados pelo impacto de um determinado risco".

A partir da interpretação de ambas as acepções, é possível perceber que o conceito adotado pelo UNDP concebe a vulnerabilidade sob um viés que a relaciona não somente aos fatores físicos e ambientais, mas também à condição humana, associando-a, portanto, aos fatores antrópicos.

Pode-se afirmar que os desastres não podem ser compreendidos como fatores isolados no ambiente. Há que se levar em consideração a sua inter-relação com os elementos *risco* e *vulnerabilidade*. Risco e desastre não se confundem. *Risco* é a probabilidade de que ocorra um evento danoso, que provoque perdas humanas e materiais; e *evento danoso* é o desastre propriamente dito que, por sua vez, se concretiza na medida em que há vulnerabilidade ambiental ou social, a qual é entendida como a fragilidade ou a debilidade de um determinado sistema.

Independentemente do contexto, quando se traz à baila a temática dos desastres, a percepção inicial é a de que eles seriam, em sua essência, singularizados como naturais. No entanto, considerando-se que nascem da convergência dos fatores *risco* e *vulnerabilidade*, é imperiosa a compreensão de que a vulnerabilidade nem sempre se refere às fragilidades de cunho estritamente naturais. Na realidade, os desastres também consistem em fenômenos sociais, até porque existem os riscos que se originam de um evento natural, e igualmente existem os riscos que têm como origem a conduta humana.

A verdade é que nem sempre se faz possível determinar uma fronteira precisa entre os riscos de origem natural e os de origem humana: trata-se algo de difícil avaliação.

O PROCESSO DE INSTITUCIONALIZAÇÃO DA POLÍTICA NACIONAL DE PROTEÇÃO E DEFESA CIVIL **171**

Contudo, a assimilação da distinção acerca das origens seja do risco (considerando-se um evento ainda no campo das probabilidades) seja do desastre propriamente dito (levando-se em conta a consecução de um evento adverso no plano concreto que acarrete perdas humanas e materiais) é primordial.

A compreensão de tais diferenças serve como parâmetro para a identificação de determinadas más interpretações sobre os desastres. É que a concepção do desastre enquanto um elemento exclusivamente natural, de certa forma, contribui para uma visão fatalista, na medida em que acaba por guiar às posturas marcadas pela resignação e pelo conformismo.

A discussão dos desastres no bojo das Ciências Sociais é recente. A partir da década de 60 foi possível identificar uma corrente sociológica cujo objeto de pesquisa estava relacionado à investigação científica social dos desastres. Convém salientar que a investigação científica dos desastres no ramo das Ciências Sociais aplicadas (notadamente na esfera jurídica) é algo mais novo ainda, sobretudo porque o Direito se limitou, por um certo período de tempo, a encarar os desastres apenas sob o prisma da responsabilidade civil.

Além disso, os riscos de desastres se potencializam normalmente em áreas com altas densidades demográficas, tanto em razão do incremento populacional quanto em razão da concentração populacional em áreas de risco. Não há que se negar que as formas de ocupação do solo são responsáveis por um substancial incremento nos riscos e, consequentemente, nos custos resultantes dos desastres. "É a partir da ocupação de áreas especialmente vulneráveis que se tem uma intensificação das probabilidades e magnitudes de riscos de inundações, deslizamentos, terremotos, incêndios, entre outros". (CARVALHO, DAMACENA, 2013).

Especificamente no contexto brasileiro, as formas de ocupação do solo como um fator de vulnerabilidade aos desastres são significativamente relevantes. Isso porque tem se tornado muito comum a ocupação irregular de áreas de preservação ambiental, em especial aquelas localizadas às margens de rios e em encostas de morros. Ademais, igualmente se verifica a ocupação em áreas de risco iminente que, no entanto, não se situam legalmente em áreas gravadas como sendo de preservação ambiental. Esta realidade é reflexo do mercado imobiliário vigente, extremamente segregador, e que não alcança a maior parte da população, sobretudo nas grandes cidades.

Com efeito, é necessário desconstruir a ideologia preconceituosa, já por longo tempo arraigada na sociedade, pela qual morar em áreas de risco é uma simples escolha do indivíduo, quando na realidade se trata de uma ausência de outra opção de moradia, que atenda a todos os requisitos de uma habitação adequada e digna. Esta compreensão também se faz presente na geografia, tendo-se em vista que "os desastres naturais também são frutos das desarticulações socioambientais da atualidade, no âmbito dos processos de urbanização e globalização." (ZAMPARONI, 2014).

Tendo-se em vista tais questões, e considerando-se o contexto internacional, especificamente o desastre do Furacão Katrina, foi possível constatar que, no cômputo das vítimas, grande parte era constituída de pobres e negros. Não que furacões ou qualquer outro evento natural seja resultado da desigualdade social, mas os impactos provenientes desses eventos de elevada magnitude, acometem segmentos da sociedade de forma desigual. Nesse sentido, há que se levar em consideração aspectos como raça e pobreza, na medida em que configuram a exposição desigual ao risco.

Por todo o exposto, embora relativamente recente a incursão científica do estudo dos desastres pela seara das Ciências Sociais, é primordial que a temática dos riscos e desastres não seja articulada tão somente pela vertente das ciências naturais. Desse modo, é importante que se retire o qualitativo natural dos desastres, posto que contribui para a concepção de que o mundo é assim, e que, nesse sentido não há o que se possa fazer para evitar ou até mesmo minimizar os impactos adversos dos desastres. Outrossim, entender a construção social do risco implica a necessária remodelação da hermenêutica dos desastres naturais para desastres socioambientais.

2.   A CONSTRUÇÃO DO DIREITO DOS DESASTRES NO BRASIL

2.1.   Antecedentes normativos e institucionais acerca da gestão de risco de desastres e da Defesa Civil

Inobstante a ausência, até a década de 1940, de um órgão específico com o fito de zelar pela segurança humana, bem como pela proteção civil, o fato é que todas as Constituições do Brasil trataram em alguma medida, ainda que de modo raso e sintetizado, sobre a temática aqui em questão.

Ao se promover uma retrospectiva das abordagens relativas à gestão de risco de desastres transversalmente às normas constitucionais anteriores à Constituição Federal de 1988, fica claro que o tratamento dado então a esta matéria não era significativo, e tampouco se compunha da densidade e da consistência que o objeto necessita diante de sua relevância à própria manutenção da vida como um direito substancial.

Em outras palavras, o trato na questão da gestão de risco no seio das Constituições que antecederam a Carta de 1988 deu-se de forma tangencial. No entanto, o que se destacou foi a ausência de uma esfera institucional e organizada que fosse capaz de promover o atendimento à população impactada em uma eventual situação de desastre, o que só veio a se consubstanciar por volta do ano de 1942.

A força inspiradora para tanto veio do governo britânico que, em 1940, através da *Civil Defense Service*, trabalhava para minorar os constantes ataques ao seu território. Assim, o Brasil durante a Segunda Grande Guerra se encontrava apreensivo acerca da probabilidade de eventuais ataques externos, principalmente depois daquele que ocorrera em 1941 a Pearl Harbor. Além disso, era necessário promover uma resposta frente à quantidade abundante de navios brasileiros naufragados pelos submarinos militares alemães. Foi então que, em 1942 (por meio do Decreto Lei 4.716) se instituiu o Serviço de Defesa Passiva Antiaérea, o qual se converteu logo, em 1943 (por

O PROCESSO DE INSTITUCIONALIZAÇÃO DA POLÍTICA NACIONAL DE PROTEÇÃO E DEFESA CIVIL **173**

meio do Decreto Lei 5.861), no Serviço de Defesa Civil. Com o findar da guerra, em 1946, o Serviço de Defesa Civil foi desativado, por ter sido considerado dispensável.

Em razão de um crítico período de seca no Nordeste, em 1960 foi instituída a Lei 3.742 que regulamentava o auxílio federal em casos de prejuízos causados por fatores naturais. Nesse momento, se caracterizou "a mudança ocorrida na atenção destinada à proteção da população em função dos fatores existentes: o país saiu do foco de proteção frente a ataques oriundos da guerra e passou a dar atenção aos problemas gerados pelos desastres naturais". (CEPED/UFSC, 2014)

Na ocasião havia uma tímida inclinação no sentido de promover a cooperação interfederativa a fim de sanar os efeitos mais adversos. Outra medida aplicada àquela conjuntura foi o auxílio financeiro viabilizado através de empréstimos a juros reduzidos. Para os indivíduos considerados de baixa renda, foram concedidas doações em dinheiro, por meio de crédito extraordinário. "Observe que foi uma tomada de posição tímida, mas, com essa lei, o país passou a dar atenção aos problemas gerados por desastres naturais". (CEPED/UFSC, 2014).

Em razão de intensas chuvas e consequentes enchentes, no ano de 1966 a região impactada foi a Sudeste, notadamente o então Estado da Guanabara, hoje o Município do Rio de Janeiro. Em agosto do referido ano, instituiu-se o Decreto 59.124 que regulamentava o salário mínimo regional com o fito de acudir e dar assistência à população vitimada. Também como forma de resposta ao mesmo episódio catastrófico, o Estado da Guanabara instituiu, em 19 de dezembro de 1966, o Decreto Estadual 1.373, organizando, de forma pioneira, a primeira Comissão Central de Defesa Civil.

Em 1967, por meio do Decreto-Lei 200, foram estabelecidas diretrizes para a Reforma Administrativa, tendo sido institucionalizado o Ministério do Interior. O órgão tinha competência associada à assistência, amparo e socorro às populações investidas por algum tipo de desastres e que se encontrassem, por consequência, em estado de calamidade pública. Neste mesmo ano, foi semioutorgada uma nova Constituição, na qual os dispositivos referentes à gestão de risco de desastres ainda não eram tão contundentes.

Em 1969, por meio do Decreto-Lei 950, o Governo Federal reconheceu a necessidade de se arrecadar recursos financeiros para as ações de respostas aos desastres, diante do quê foi então instituído o Fundo Especial para Calamidades Públicas (FUNCAP). O CEPED/UFSC manifestou-se a respeito do assunto com a declaração: "Se na década de 1960 o Brasil passou a trabalhar adotando a filosofia assistencialista para fazer frente aos prejuízos oriundos de desastres, a década de 1970 foi caracterizada pela tentativa de consolidar a organização da defesa civil."

A Constituição de 1969, ou a Emenda à Constituição de 1967, a depender da corrente de entendimento, não inovou nos dispositivos concernentes ao tratamento dado à questão das calamidades públicas. Com efeito, em 1970, o Decreto 67.347 criou o Grupo Especial para Assuntos de Calamidades Públicas (GEACAP), que contava com pessoal preparado para o enfrentamento e resposta de situações adversas decorrentes de desastres ambientais. Além disso, pode-se dizer que o referido órgão foi o modelo do que nove anos depois veio a se constituir a Secretaria Especial da Defesa Civil (SEDEC), entidade vinculada ao Ministério do Interior e constituída pelo Decreto-Lei 83.839/1979.

2.2. Os marcos regulatórios anteriores à PNPDEC

De acordo com o *Atlas Brasileiro para Desastres Naturais*, quando se leva em consideração o número de afetados, são citadas a seca e a estiagem como os desastres mais perversos em razão de seus efeitos à sociedade ao passo que, ao se levar em conta o número de pessoas que vão a óbito, os desastres mais adversos são as inundações bruscas e o movimento de massa. "A região com maior número de mortos é a Sudeste, em parte devido à alta densidade demográfica." (GANEM, 2012)

Em que pese ao fato de haver fortes obstáculos no que tange à compilação de dados acerca de desastres socioambientais no Brasil (uma vez que não há um procedimento padronizado seja para a coleta e armazenagem de dados, seja na própria apresentação dos documentos), o histórico de ocorrências de desastres demonstra que, de fato, o Brasil não é imune aos eventos da natureza, notadamente aqueles cujos efeitos mais drásticos se articulam com a atuação ou omissão oriundas da atividade humana.

Malgrado a implementação da Política Nacional de Proteção e Defesa Civil, instituída pela Lei 12.608/2012, e consagrada como o marco regulatório para desastres no Brasil em razão das fortes chuvas que avançaram sobre a região serrana do estado do Rio de Janeiro em 2011, o fato é que episódios anteriores igualmente marcaram de modo negativo outros Municípios.

Além disso, diplomas legais anteriores à Lei 12.608/12 também já haviam regulamentado a temática dos riscos e dos desastres no Brasil; e, embora não sejam tais marcos regulatórios tão conhecidos e afamados (situação essa aliada ao fato de que seu advento no ordenamento jurídico pátrio não tenha implicado na possibilidade de instituição de uma *disaster law* assim como ocorreu com a PNPDEC), faz-se necessário o conhecimento de tais regulamentações a fim de se buscar compreender o porquê de tais normas não provocarem grandes efeitos e impressões quando se fala em desastres.

Por esta razão, procederemos a uma retrospectiva dos marcos regulatórios assim como do próprio processo de institucionalização e robustecimento da Defesa Civil no intervalo temporal que vai da Promulgação da Constituição de 1988 até o momento de instauração da Política Nacional de Proteção e Defesa Civil em 2012.

No mesmo ano de promulgação da Constituição Cidadã, foi instituído o Decreto 97.274, pelo qual se criou o Sistema Nacional da Defesa Civil (SNDEC). Por mais de duas décadas o SNDEC foi objeto de constantes alterações. No entanto, à ocasião de sua constituição, possuía como órgão central a Secretaria Especial de Defesa Civil (SEDEC), que se vinculava ao Ministério do Interior.

O Ministério do Interior foi extinto pela Lei 8.028/90, tendo sido convertido na Secretaria de Desenvolvimento Regional. Desse modo, tendo em vista a reorganização da pasta, a SEDEC passou a estar vinculada ao Ministério da Ação Social. De fato, "nos anos de 1990, a legislação sobre a defesa civil passou por uma série de revisões e sua estrutura foi disciplinada por diversos dispositivos legais". (FREITAS, 2014).

Com o advento da Lei 8.490/92, vieram novas reestruturações uma vez que a Secretaria de Desenvolvimento Regional foi transformada em Ministério da Integração Regional, à qual a SEDEC passou a se subordinar institucionalmente. Em 1993, o Sistema Nacional da Defesa Civil teve uma nova organização por meio do Decreto 895, o que acabou por alongar tanto a quantidade quanto as atribuições dos órgãos federais no Conselho Nacional da Defesa Civil (CONDEC).

No entanto, a institucionalização de uma Política Nacional da Defesa Civil só veio a se concretizar através da Resolução número 2 de 1994, originária do Conselho Nacional de Defesa Civil. Além disso, a referida Política Nacional da Defesa Civil tinha como enfoques principais a prevenção de desastres, a preparação para emergências e desastres, a resposta aos desastres e a reconstrução.

Já em janeiro de 1995, foi adotada com força de Lei a Medida Provisória 813, que tratava, entre outras coisas, da organização da Presidência da República e dos Ministérios. Da mencionada MP foi instituída então a Lei 9.649/98, que extinguiu o Ministério da Integração Regional, no qual estava vinculada a SEDEC. Além disso, criou a Secretaria Estadual de Políticas Regionais com as devidas atribuições da defesa civil, subordinada ao Ministério do Planejamento e Orçamento.

Nessa esteira, oriunda da Medida Provisória 1.911-8 de 1999, foi instituída a Lei 10.683/2003, responsável por estabelecer o Ministério da Integração Nacional, e instituir a Secretaria Nacional da Defesa Civil. Já em 2004, mais uma vez o Sistema Nacional de Defesa Civil foi reestruturado, dessa vez por força do Decreto 4.980, que também alterou os trâmites para decretação tanto do estado de calamidade pública quanto da situação de emergência.

No ano de 2008, a bacia hidrográfica do rio Itajaí foi o cenário de um dos piores desastres ocorridos em Santa Catarina em razão de inundações súbitas. Nessa ocasião o maior registro já reconhecido de chuvas incidiu para as cidades de Joinville e Blumenau, com aproximadamente 1.000 mm somente durante o mês de novembro. É preciso ressaltar que a média mensal corrente de chuvas para ambas cidades geralmente estava na faixa de 150 mm. O relatório de avaliação de danos da Defesa Civil Estadual aponta para o infortúnio de 110 óbitos, dos quais 97% se deram em razão de soterramento provindo dos deslizamentos de encostas.

O episódio do desastre no Vale do Itajaí foi responsável, de certa forma, por determinadas mudanças nos marcos regulatórios até então em vigor. Em setembro de 2009, a Portaria 887 do Ministério da Integração determinou que as ações de defesa civil passassem a ser caracterizadas como ações sociais. "O objetivo desta alteração foi facilitar a transferência de recursos para Estados e Municípios para as ações da

Defesa Civil, pois, mesmo que o ente estivesse inadimplente com a União poderia receber recursos." (FREIRE, 2014). Na realidade, a definição das ações de defesa civil enquanto ações sociais descontinuou as restrições impostas pela Lei 10.522/02[,] que, em seu artigo 26, se refere ao Cadastro Informativo de Créditos Não Quitados do setor público federal (Cadin).

Ainda sobre a transferência de recursos para ações de socorro e de assistência às vítimas, assim como para a reconstrução das áreas atingidas e o respectivo reestabelecimento de serviços essenciais, cabe mencionar a Medida Provisória 494/2010, que trata do Fundo Especial para Calamidades Públicas. A MP 494/2010 foi regulamentada pelo Decreto 7257/2010 que, por sua vez, expôs importantes definições inerentes ao direito dos desastres, tais como a própria concepção do que vem a ser desastre, defesa civil, situação de emergência e estado de calamidade pública, ações de socorro de assistência às vítimas e de reconstrução, dentre outras definições.

A MP 494 foi, em dezembro de 2010, convertida na Lei 12.340, e "estava muito focada nas ações de resposta e reconstrução, disciplinando de forma muito tênue a prevenção". (GANEM, 2012). Além disso, o que se percebe é que naquele momento era praxe legislar em matéria de direito dos desastres somente após a concretização de uma conjuntura dramática, seja em razão de fortes chuvas ou de secas. E, sobretudo, a fim de se apressar o repasse de recursos financeiros para as ações de resposta.

Já em 2011 foi implementada uma importante ferramenta na gestão dos riscos de desastres: o Decreto 7.513/2011 tratava do desenvolvimento de um Sistema Nacional de Monitoramento e Alertas de Desastres Naturais, pelo que então foi instituído o Centro Nacional de Monitoramento e Alertas de Desastres Naturais (Cemaden), cuja sede se encontra na cidade de São José dos Campos/SP, e que é vinculado ao Ministério da Ciência e Tecnologia.

2.3. O processo de formulação da PNPDEC

Contrariando o entendimento (de certa forma já arraigado na sociedade brasileira) de que o País é imunizado e inatingível pelos desastres naturais determinados acontecimentos, notadamente aqueles que sucederam entre os anos de 2008 e 2011, acabaram, em razão de sua grande magnitude, por impor a incorporação da temática na agenda de políticas públicas nacionais. Neste lapso temporal, ganharam notoriedade perante a sociedade os episódios ocorridos em Santa Catarina no ano de 2008, Pernambuco e Alagoas em 2010, e o da região serrana do Rio de Janeiro em janeiro de 2011.

Conforme já mencionado, severas inundações ocorreram em Santa Catarina em novembro de 2008, na bacia hidrográfica do Vale do Itajaí. Blumenau e Joinville tiveram um descomunal registro de chuvas, o que foi manifestado como um dos piores desastres da história da região. Inundações, enchentes e deslizamento de encostas afetaram radicalmente a população local; e, conforme dados apresentados

O PROCESSO DE INSTITUCIONALIZAÇÃO DA POLÍTICA NACIONAL DE PROTEÇÃO E DEFESA CIVIL **177**

pelo Banco Mundial no relatório de perdas e danos, salvo os 110 registros de mortes, a eventualidade deixou mais de 80 mil pessoas desalojadas e desabrigadas, 60 Municípios entraram em estado de emergência, e 14 Municípios decretaram situação de calamidade pública.

No tocante ao caso de Alagoas e Pernambuco, a situação ocorrida em junho de 2010 também envolveu a incidência de intensas chuvas na bacia dos rios Mundaú, Paraíba e Uma, impactando drasticamente cerca de 94 Municípios dos dois Estados nordestinos. Especificamente em Pernambuco, choveu em 24 horas 70% do volume total de chuvas estimada para o mês. A força da enchente teve o potencial para enternecer cidades inteiras, como foi o que aconteceu nos Municípios de Palmares e Barreiros.

Inobstante a magnitude do referido desastre, é possível concluir que as avarias humanas foram minimizadas, na medida em que 20 mortes foram registradas como *sequelas* do evento. Este "reduzido" número de óbitos (quando se considera a violenta grandiosidade do evento natural) é corolário da ação dos sistemas de alerta. Conforme informações do governo do Estado de Pernambuco, às 16 h do dia 17 de junho de 2010, o Laboratório de Meteorologia de Pernambuco (LAMEPE), emitiu o alerta ao governo do Estado que, duas horas depois, o repassou às Defesas Civis Municipais, requerendo a imediata desocupação das áreas de risco. (BANCO MUNDIAL, 2012)

O fenômeno meteorológico onda de leste, e que avançou sobre o Estado de Pernambuco chegou dias depois ao Estado de Alagoas ocasionando impactos negativos econômicos e sociais nos Municípios atingidos. De acordo com os dados levantados pelo Banco Mundial, foram cerca de 270 mil indivíduos afetados, dentre os quais 44 mil desalojados e mais de 28 mil desabrigados. Além disso, foi registrado o número de 1131 pessoas feridas e 36 óbitos.

Os acontecimentos tanto de Pernambuco quanto de Alagoas abrangeram uma soma considerável de Municípios de pequeno porte, grande parte com menos de 50.000 habitantes. E, nesse sentido, ainda evidenciou que, além do despreparo nas ações de resposta frente à ocorrência de desastres, há uma implacável necessidade de assistência e apoio tanto da esfera estadual como da federal a fim de que seja possível proceder à recuperação e reconstrução das comunidades acometidas.

Em janeiro de 2011, uma superabundante quantidade de chuvas provocou inundações e deslizamento impiedosos de terras na região serrana do Estado do Rio de Janeiro. O Banco Mundial destaca que entre as sete cidades impactadas (Areal, Bom Jardim, Nova Friburgo, São José do Vale do Rio Preto, Sumidouro, Petrópolis e Teresópolis), cerca de 300 mil pessoas foram atingidas, e documentadas 905 mortes, tendo sido considerado o pior desastre brasileiro dos últimos tempos.

Os três desastres então mencionados (Vale do Itajaí em 2008; Alagoas e Pernambuco em 2010; e o da região serrana do Estado do Rio de Janeiro em 2011), exigiram, de certa forma, uma mudança de conduta por parte do governo federal. Além disso, as três grandes tragédias ora referidas (com destaque para o acontecimento no Estado do Rio de Janeiro em 2011) foram o estopim para as iniciativas de restauração do arranjo do Sistema Nacional de Defesa Civil.

Os recorrentes desastres com aspectos catastróficos em território brasileiro ocasionaram uma resposta política para a gestão de risco de desastres no âmbito nacional: a aprovação da Lei 12.608/2012. Reitera-se, portanto, a amplitude do caso ocorrido na região serrana do Rio de Janeiro como força motriz para a instituição da Política Nacional de Proteção e Defesa Civil.

2.4. Do Poder Executivo Federal: o Grupo de Trabalho Especial do Ministério da Integração Nacional

Decorrido um mês da tragédia na região serrana do Estado do Rio de Janeiro em 2011, a matéria *gestão de risco de desastres* foi incorporada às agendas políticas federais no âmbito tanto do Poder Executivo quanto do Poder Legislativo.

A esse respeito, notadamente no que concerne às condutas oriundas do Poder Executivo Federal, em um primeiro momento, o Ministério da Integração Nacional instituiu o Grupo de Trabalho Especial (GTE). O compromisso do aludido grupo de trabalho era apresentar, em um lapso temporal de sessenta dias, um relatório que estabelecesse sugestões e diretrizes a fim de conduzir à modernização do Sistema Nacional de Defesa Civil.

> O Grupo de Trabalho Especial– GTE entende que as atividades de defesa civil devem se constituir numa política de Estado que denomine de "Proteção Civil". Esta Política de Estado deve se notabilizar pela continuidade de sua aplicação e pelas correções de rumo ditadas pela experiência, conforme recentemente consagrado em Relatório do Banco Mundial que analisou os casos de sucesso de políticas de enfrentamento de calamidades em todo o mundo.
>
> Na apresentação das conclusões do GTE se destacam as que resultam de consenso de seus membros e aquelas que, embora não consensuais, mereceram o apoio de grande maioria dos membros. (MIN, 2011, p. 3).

É importante consignar que não há manifestação no relatório do GTE quanto à metodologia de trabalho empregada pelos seus respectivos integrantes no que toca às recomendações e propostas ao final expostas. Todavia, o que se destaca no âmbito do GTE é uma mudança total de paradigma do Sistema Nacional de Defesa Civil, no sentido de que a instituição evolua propriamente para um modelo de Proteção Social.

O ideário de propor sugestões e diretrizes com o fito de implementar a modernização do Sistema Nacional de Defesa Civil adveio do Ministério da Integração Nacional, tendo em vista as constantes e habituais calamidades públicas que se anunciam sobretudo no período do verão. No entanto, dada a motivação comum para a criação do GTE, pode-se dizer que as conclusões apresentadas pelos membros do grupo não foram ao todo consensuais. Tanto é que, na exposição das conclusões do GTE, as considerações apoiadas com unanimidade se distinguem daquelas que,

O PROCESSO DE INSTITUCIONALIZAÇÃO DA POLÍTICA NACIONAL DE PROTEÇÃO E DEFESA CIVIL **179**

inobstante a não concordância da totalidade dos componentes do grupo, tiveram suporte de grande parte.

Por conseguinte, reitera-se o ideário principal do GTE, que se consubstanciou em uma verdadeira mutação do paradigma da defesa civil, de maneira a evolver-se da defesa civil para a proteção social. Desse modo, algumas disposições atuais e aspectos práticos precisam ser revistos, e, segundo o Ministério da Integração Social, "o primeiro é o caráter reativo que caracteriza a atuação da Defesa Civil". (MIN, 2011) Sabe-se que um trabalho de prevenção não está no desígnio da defesa civil, que reage prontamente e se mobiliza para atender áreas afetadas quando requisitado, ou seja, no momento em que o risco já se converteu em desastre, e em que perdas das mais variadas formas, consequentemente, já se concretizaram.

2.5. Do Poder Legislativo Federal: Câmara dos Deputados, Comissão Especial – medidas preventivas e saneadoras de catástrofes climáticas

No âmbito do Poder Legislativo, constituiu-se pela Câmara dos Deputados, em março de 2011, uma comissão especial cujo objetivo precípuo era a promoção de estudo e apresentação de propostas atinentes às medidas preventivas e saneadoras frente às catástrofes de natureza climática. Da formação da referida comissão especial é possível notar a preeminência da atuação de deputados oriundos das regiões do Sudeste e do Sul, notadamente originários de territórios já em outras ocasiões atingidos por desastres socioambientais.

As principais contribuições oferecidas pela comissão especial referem-se à elaboração de um compêndio dos projetos de lei em tramitação no Congresso Nacional referentes à legislação da defesa civil e demais temas afins, como legislações da ordem ambiental, urbanística, habitacional e de mudanças do clima. Além disso, incluem-se: um relatório final com uma proposta de Emenda à Constituição, o Projeto de Lei que institui o Estatuto da Proteção Civil, bem como uma indicação direcionada ao Ministério da Integração Nacional, na qual constam sugestões para o fortalecimento do Sistema Nacional da Defesa Civil.

No âmbito da Câmara dos Deputados, do total de 62 projetos de lei identificados no tocante às matérias de prevenção, mitigação, defesa civil e recursos, aproximadamente 58% referem-se às temáticas de prevenção e mitigação ao passo que, pelo mesmo raciocínio, no contexto do Senado Federal, foi um total de 31 projetos de lei, sendo que cerca de 68% dizem respeito às matérias de prevenção e mitigação de riscos. Entretanto, além dos projetos de lei identificados e compilados no bojo do relatório da Comissão Especial, paralelamente, tramitava na Câmara dos Deputados a Medida Provisória 547, de 11 de outubro de 2011, que visava alteração das leis 6.766/1979, 10.257/2011 e 12.340/2010, as quais correspondem, respectivamente, à Lei do Parcelamento do Solo Urbano, ao Estatuto da Cidade e a do Sistema Nacional de Defesa Civil.

De todo modo, as proposições legislativas levantadas pela Comissão Especial tratavam de mudanças pontuais em certos marcos regulatórios, e não havia, portanto, grande expressividade quando consideradas em um contexto, de certa forma, mais eloquente em termos de gestão de risco de desastres. "Não foi identificada nenhuma proposição abrangente que institua uma política nacional de proteção civil, que organize as competências dos três níveis da Federação e contemple ações de prevenção, preparação, resposta e reconstrução". (CÂMARA DOS DEPUTADOS, 2011, p. 45).

Dentre os trabalhos da Comissão Especial merece destaque o discurso da representante da CEPED/UFSC em 28 de setembro, no qual se percebe maior ênfase na questão da prevenção de desastres e no robustecimento da instituição da defesa civil:

> O Brasil tem muita dificuldade para atuar na prevenção. A gestão de risco envolve prevenção, preparação, resposta, que devem ser pensadas de forma sistêmica. A redução de riscos depende do fortalecimento das instituições de defesa civil, de mobilização social e de interceptabilidade, isto é, a articulação dos diferentes setores para preparar as pessoas. Sem a participação social, não há tecnologia capaz de enfrentar a situação. O problema de desastres deve ser enfrentado por todos os ministérios e por todas as pessoas, não é restrito aos agentes de defesa civil. No que diz respeito à prevenção, é preciso que as vontades se unam. Deve-se implantar uma política baseada na intersetorialidade. Os projetos de prevenção no País são isolados e provisórios. Suprem a demanda específica de um momento, não têm continuidade. Devem-se colocar em pauta, também, os direitos humanos e a questão da dignidade. Não é possível enfrentar riscos sem qualidade de vida. O que leva as pessoas a morar em área de risco? A proximidade com o centro de serviços. A legislação e a política de defesa civil devem se articular com outras políticas. A proteção civil será fortalecida quando houver união de esforços. (FURTADO, 2011, p. 61).

Além disso, cabe destacar que foram frutos da comissão especial de medidas preventivas e saneadoras para catástrofes climáticas três proposições específicas, quais sejam: a proposta de uma Emenda à Constituição; o Projeto de Lei que instituiu o Estatuto da Proteção Civil, PL 2.978/2011; e, por derradeiro, uma indicação a título de sugestões voltada ao Poder Executivo.

Em remate, concluem os trabalhos executados pela Câmara dos Deputados:

> Além disso, entendemos que a força principal da Política Nacional de Proteção Civil está no Município. Essa política deve ser descentralizada, pois tanto as ações preventivas quantos as do pós-desastre dependem, fundamentalmente, da eficiência das autoridades locais e do comportamento da população. A implantação de um sistema de informações e a elaboração de complexos estudos técnicos terão pouca ou nenhuma eficácia se não forem acompanhados de estruturação e capacitação municipal. Entretanto, os Municípios não hão de se preparar sozinhos, cabendo à União e aos Estados apoiar técnica e financeiramente os governos locais no bom desempenho de suas atribuições. (CÂMARA DOS DEPUTADOS, 2011, p. 102 e 103)

Nesse contexto, igualmente merece relevo a importância que é dada à figura do Município quando se trata da temática em comento, sobretudo tendo-se em vista a descentralização enquanto forma de Estado adotada pela Constituição Federal.

O PROCESSO DE INSTITUCIONALIZAÇÃO DA POLÍTICA NACIONAL DE PROTEÇÃO E DEFESA CIVIL **181**

2.6. A PNPDEC: Lei 12.608/2012

Em 11 de outubro de 2011, nos termos do art. 62 CF/88, foi editada a Medida Provisória 547. A moção inicial contou com a participação conjunta do Ministério da Justiça, Ministério do Meio Ambiente, Ministério da Integração Nacional e Ministério das Cidades. Pela apreciação do texto no qual os Ministérios envolvidos submetem à Presidência da República a exposição de motivos referentes à proposta da Medida Provisória, pode-se constatar que, de fato, não havia o desígnio de se construir um novo paradigma para o Sistema Nacional de Defesa Civil consubstanciado em uma Política Nacional de Proteção e Defesa Civil. No entanto, percebe-se a preocupação dos referidos Ministérios em estruturar uma abordagem integrada de gestão de riscos, com a necessidade de importantes ações no campo da prevenção, articulada nos três níveis de governo.

Ao que a MP 547/2011 estava prestes a perder a validade (em razão do decurso de tempo), houve a sua conversão na Lei 12.608/2012, instituindo-se a Política Nacional de Proteção e Defesa Civil, que se constitui como um novo marco regulatório para a gestão de risco de desastres no Brasil, ordenado, sobretudo, numa filosofia de proteção e de prevenção. Na realidade, a Lei 12.608/2012 é fruto não apenas da conversão em lei da MP 547/2011, mas também de determinados dispositivos resultantes do Projeto de Lei 2978/2011, que visava instituir o Estatuto da Proteção Civil, resultado da Comissão Especial da Câmara dos Deputados, destinada a efetuar estudo e apresentar proposta em relação às medidas preventivas e saneadoras diante de catástrofes climáticas.

> A recente 12.608/2012 incorporou grandes avanços no ordenamento jurídico nacional sobre gestão de desastres. A norma anterior, a Lei 12.340/2010, estava muito focada nas ações de resposta e reconstrução, disciplinando, de forma muito tênue a prevenção. A Lei 12.608/2012 resultou na incorporação de parcela do Projeto de Lei 2.978/2011, da Comissão Especial destinada a efetuar o estudo e apresentar propostas em relação às medidas preventivas e saneadoras diante de catástrofes climáticas, ao Projeto de Lei de Conversão da Medida Provisória 541, de 2011. *(sic)* (GANEM, 2012, p. 13).

A Política Nacional de Proteção e Defesa Civil (PNPDEC) entrou em vigor no dia dez de abril de 2012. Entre outras providências, a legislação referida dispõe sobre o Sistema Nacional de Proteção e Defesa Civil e o Conselho Nacional de Proteção e Defesa Civil; autoriza a criação de um sistema de monitoramento e informações de desastres; e, de modo sistemático, altera determinados dispositivos atinentes às Leis 12.340/2010, 10.257/2001, 6.766/1979, 8.239/1991 e 9.394/1996, as quais correspondem, respectivamente, à regulamentação sobre a transferência de recursos aos órgãos e entidades dos Estados, Distrito Federal e Municípios para execução de ações de prevenção em áreas de risco de desastres; ao Estatuto da Cidade; à Lei do Parcelamento do Solo Urbano; à Regulamentação sobre a Prestação do Serviço Alternativo ao Serviço Militar Obrigatório e às Diretrizes e Bases da educação nacional.

Apesar da grande expectativa em torno da PNPDEC, o diploma legal, quando entrou em vigência, carecia de regulamentação específica consoante previsão do parágrafo único do art. 1º. "As definições técnicas para aplicação desta Lei serão estabelecidas em ato do Poder Executivo" (BRASIL, 2012). Pelo que foi operacionalizado pelo Ministério da Integração Nacional, primeiramente ocorreu por meio da Instrução Normativa 01/2012; e com a revogação desta, com a Instrução Normativa 02/2016. Todavia, ainda que houvesse a necessidade de regulamentação posterior, é inegável que a decretação da PNPDEC proporcionou sobremaneira empoderamento aos órgãos das defesas civis.

Ademais, diversamente dos atos normativos que tratavam da temática *gestão de risco de desastres* anteriormente (como a Lei 12.340/2010 bem como seu respectivo Decreto regulamentador 7.257/2010), a grande exegese da PNPDEC se concentra[se] no ideário da prevenção: eis aí a mudança de paradigma. Isso porque as legislações predecessoras à PNPDEC, não obstante a louvável aspiração de reduzir a vulnerabilidade e, consequentemente, de estabelecer uma sociedade mais resiliente, limitaram, de certa forma, seus esforços à seara da resposta propriamente dita. Nessa senda, a essência da proteção e da prevenção pode ser reconhecida ao longo de todo corpo da Lei 12.608/2012 que (convém ressaltar) não negligenciou as demais ações do ciclo de gestão de risco de desastres, tais como mitigação, preparação, resposta e recuperação.

Por outro lado, igualmente merece relevo (dado que se trata de uma política nacional) a necessidade de uma articulação com todos os entes da federação.) Dessa forma, dispõe a PNPDEC sobre a repartição de competências, e elenca nos artigos 6º, 7º e 8º, respectivamente, as competências atribuídas por ela à União, aos Estados e aos Municípios. Outrossim, a competência comum aos três entes da federação, ou seja, as atribuições materiais e administrativas que podem ser executadas de modo simultâneo pelas três esferas de governo sem que exista eventual interferência da ação de um ente sobre outro, tem previsão legal no art. 9º, diante do quê convém salientar a competência para "desenvolver cultura nacional de prevenção de desastres, destinada ao desenvolvimento da consciência nacional acerca dos riscos de desastres no país". (BRASIL, 2012).

No tocante ao capítulo III da Lei 12.608/2012, encontra-se a regulamentação do Sistema Nacional de Proteção e Defesa Civil (SNPDC) e do Conselho Nacional de Proteção e Defesa Civil (CONPDC). A esse respeito importa registrar que a PNPDEC acabou, de certa forma, por minorar a relevância do CONPDC uma vez que, nos termos do art. 11, se trata de um órgão meramente consultivo, ao passo que as legislações antecedentes sobre a matéria conjeturavam o caráter deliberativo do Conselho Nacional de Defesa Civil. Assim, "o Conselho Nacional de Proteção e Defesa Civil, mesmo sendo um conselho com mais de 20 anos de existência, criado por meio do Decreto 97.274 de 1988, tem perdido força política em suas atribuições e atuação". (FREIRE, 2014, p. 71).

Com efeito, são nas disposições finais da Lei que se encontram as mudanças de maior envergadura sobretudo porque é especificamente nessa parte que a referida Lei impõe ingerência em outros marcos regulatórios das mais variadas searas. Aliás, tal

O PROCESSO DE INSTITUCIONALIZAÇÃO DA POLÍTICA NACIONAL DE PROTEÇÃO E DEFESA CIVIL | **183**

cânone guarda correlação com o parágrafo único do art. 3º, segundo o qual a PNPDEC deve se integrar às políticas de ordenamento territorial, desenvolvimento urbano, saúde, meio ambiente, mudanças climáticas, gestão de recursos hídricos, geologia, infraestrutura, educação, ciência e tecnologia e às demais políticas setoriais, tendo em vista a promoção do desenvolvimento sustentável. (BRASIL, 2012).

A Lei 12.340/2010 sofreu sucessivas alterações produzidas pela Lei 12.608/2012, as quais recaíram nos art. 4º e 5º, e propriamente na ementa da legislação. No entanto, foram posteriormente objeto de nova alteração, dessa vez por conta da Lei 12.983/2014, que dispõe sobre as transferências de recursos da União aos órgãos e entidades dos Estados, Distrito Federal e Municípios para execução de ações de prevenção em áreas de risco e de resposta, e recuperação em áreas atingidas por desastres, e sobre o Fundo Nacional para Calamidades Públicas, Proteção e Defesa Civil.

Além disso, a PNPDEC foi responsável por incorporar os artigos 3º-A, 3º-B e 5º-A à Lei 12.340/2010. Dessa forma, o art. 3º-A dispõe a respeito da incumbência atribuída ao Governo Federal para elaboração de um cadastro nacional de municípios com áreas suscetíveis à ocorrência de deslizamentos de grande impacto, inundações bruscas ou processos geológicos ou hidrológicos. Após um intervalo de nove anos, o governo federal aprovou o Decreto 10.692, de 3 de maio de 2021 que instituiu o referido cadastro de municípios com suscetibilidade à desastres.

No que concerne ao art. 3º-B, a legislação dispõe que, uma vez identificada a existência de ocupações em áreas de risco suscetíveis a ocorrências de deslizamentos de grande impacto, caberá ao Município adotar medidas para a redução do risco; e promover, quando necessário, a remoção das edificações e o reassentamento dos ocupantes em local seguro. Este é um dispositivo que trata de questão por demasia delicada. É preciso que a interpretação da norma ocorra no sentido de que as medidas estruturais ou não estruturais necessariamente devam ser executadas para que se minimizem os riscos e a remoção seja uma última e extrema medida. Tal exercício de hermenêutica é essencial no sentido de evitar que a PNPDEC seja usada como subterfúgio para remoções articuladas pelo mercado imobiliário.

2.7. O DIREITO DOS DESASTRES E A CONEXÃO COM OUTRAS ÁREAS

Corroborando este ideário de interdisciplinaridade, é necessário enfatizar a necessidade de inclusão, no Direito, da disciplina que trata dos desastres enquanto um ramo em construção e consolidação no ordenamento jurídico nacional, e sua relação com outras matérias que não somente o Direito ambiental. Nesse viés, ganha distinção o elo entre o Direito dos desastres e o Direito urbanístico brasileiro.

Sob este contexto de articulação com o Direito Urbanístico, vale relatar que, a partir da implementação da PNPDEC, o Estatuto da Cidade passou a contar com mais uma diretriz, isto é, sob a percepção de que a ordenação e o controle do uso do solo devem se consubstanciar de modo a evitar a exposição da população ao risco de desastres.

Outro ponto importante nesse sentido refere-se à exigência do plano diretor, nos termos do art. 41 e 42-A do Estatuto da Cidade. Desse modo, o plano diretor enquanto um importante instrumento da política urbana, se torna compulsório para aqueles municípios eventualmente incluídos no Cadastro Nacional de Municípios com áreas suscetíveis à ocorrência de deslizamentos de grande impacto, inundações bruscas ou processos geológicos ou hidrológicos correlatos.

A Lei 8.239/1991 também foi objeto de alteração promovida pela Lei 12.608/2012. A legislação remodelada regulamenta o art. 143 da Constituição acerca da prestação do serviço militar alternativo ao serviço militar obrigatório. O objetivo é que os indivíduos que aleguem escusa de consciência possam prestar o serviço militar alternativo, que compreende atividade de caráter administrativo, assistencial, filantrópico ou mesmo produtivo em substituição às atividades de caráter essencialmente bélica. Assim, o serviço militar alternativo ganha um novo encargo, na medida em que passa a incluir também o treinamento para intervenção em áreas atingidas por desastres, em situação de emergência ou em estado de calamidade.

Por derradeiro, até fevereiro de 2017, a alteração promovida pela PNPDEC à Lei de Diretrizes e Bases da Educação Nacional, ia no sentido de que os currículos do ensino médio e fundamental deveriam inserir princípios de proteção e defesa civil, além das doutrinas de educação ambiental em seus conteúdos obrigatórios, o que guardava estreita correlação com os princípios e diretrizes previstos pela Lei 12.608/2012. No entanto, este dispositivo perdeu a validade jurídica, com o advento da Lei 13.415/2017, pela qual o governo federal decretou a reforma do ensino médio.

Mais que uma mera renovação legislativa, é necessário que a PNPDEC apresente condições de efetuar no plano concreto todas as suas aspirações. Qualquer lei, por si só, apenas consegue alcançar a natureza transformadora a que se propõe quando aliada a válidas políticas públicas.

3. CONSIDERAÇÕES FINAIS

A consciência dessa nova realidade no contexto nacional, na qual os desastres não são mais vistos como fatalidades ou eventos excepcionais, vai paulatinamente sendo construída. A Terceira Conferência Mundial Sobre Redução de Risco de Desastres, realizada no Japão em 2015, em cujo ensejo foi instituído o Marco de Ação Sendai 2005/2030, foi o primeiro evento de grande porte dessa natureza que contou com a participação do Brasil. No entanto, o envolvimento da sociedade brasileira com a matéria sobreveio na retaguarda de uma série de acontecimentos dramáticos, notadamente o mencionado episódio de janeiro 2011 na região serrana do Rio de Janeiro.

O *megadesastre* (como ficou conhecido) foi resultado de uma grande intensidade de chuvas que causou inundações e deslizamentos de terras. O saldo de uma das maiores calamidades dos últimos tempos é plangente, segundo a avaliação de perdas e danos elaborada pelo Banco Mundial com apoio do governo do Estado do Rio de Janeiro. Foi um total de 304.562 afetados, sendo, só na cidade de Nova Friburgo, 180.000. A soma de desabrigados foi de 16.458; de mortos, 865; e de feridos, 2.351. Os números demonstram que este foi de fato um episódio catastrófico, uma vez que o EM DAT, contabiliza em sua pesquisa avançada os resultados por ano, e de acordo com a consulta da referida base de dados, somente no ano de 2011 foram computadas 978 mortes e 30.000 desabrigados nas nove ocorrências de desastres registradas no mesmo ano.

Diante dessa dramática situação, foi instituída a Lei 12.608/2012, elaborada ainda sob abalo emocional em razão do desastre na região serrana do Estado do Rio de Janeiro, numa conjuntura de comoção pública e (convém ressaltar), num ano de eleições municipais. O aludido diploma legal instituiu a Política Nacional de Proteção e Defesa Civil (PNPDEC), dispõe sobre o Sistema Nacional de Proteção e Defesa Civil (SINPDEC) e o Conselho Nacional de Proteção e Defesa Civil (CONPDEC), e autoriza a criação de um sistema de informações e monitoramento de desastres, além de alterar vários outros instrumentos normativos, como o Estatuto da Cidade (Lei 10.257/2001). Inobstante a Lei 12.608/12 remediar o vazio legislativo (na medida em que se constitui num marco regulatório para os desastres no Brasil), ainda não foi possível mensurar, na realidade, os resultados concretos apresentados pela PNPDEC.

Com efeito, o desastre na região serrana do Estado do Rio de Janeiro pode ser compreendido como o elemento central nessa mudança de paradigma, tendo-se em vista que sensibilizou a sociedade brasileira no sentido de compreender que o País não é inatingível. Nessa esteira, à luz do conhecimento que vem sendo construído internacionalmente, consolida-se um sentido jurídico para os desastres, assim como a necessidade de resposta que compete ao Poder Público conceder à população em termos de assistência e reconstrução. No entanto, esta construção só será factível na medida em que for possível avaliar a existência formal e a comprovação de condições legais, institucionais e econômicas atinentes à gestão de risco de desastres. Este é um ponto emergente no Brasil.

Embora a Lei 12.608/12 supra uma lacuna, uma vez que firma um marco regulatório quando se traz à baila a temática da gestão de risco de desastres, é inegável que legislações anteriores já tratavam da temática, como é o caso dos Decretos 7.257/2010, 4.217/2002 e 1.080/1994, os quais, no entanto, não vingaram no sentido de a população poder vislumbrar os seus efeitos práticos. Em que pese ao fato da ocorrência da ênfase, sobretudo midiática, que ocorreu no bojo do processo de instituição da PNPDEC, cabe consentir que, de fato, houve um empoderamento dos órgãos da Defesa Civil. Todavia ainda resta saber quais as repercussões e impactos oriundos do marco legal, o que só é possível na medida em que seja possível aferir as políticas públicas em gestão em relação ao risco de desastres.

4. REFERÊNCIAS

ALMEIDA, Paula Emília Gomes de. *A política nacional de proteção e defesa civil*: os desastres como problema político. Disponível em: https://www.ufrgs.br/sicp/wp-content/uploads/2015/09/ALMEIDA-Paula--Em%C3%ADlia-G.-A-Pol%C3%ADtica-Nacional-de-Prote%C3%A7%C3%A3o-e-Defesa-Civil-de-sastres-como-um-problema-po l%C3% ADtico.pdf. Acesso em: 20 nov. 2020.

BECK, Ulrich. *Sociedade de risco: rumo a uma outra modernidade*. 2. ed. São Paulo: Editora 34, 2013.

CARVALHO, Délton Winter de; DAMACENA, Fernanda Dalla Libera. *Direito dos Desastres*. Porto Alegre: Livraria do Advogado, 2013.

EM-DAT. The international Disaster Database. *Centre for Research on the Epidemiology of Disaster–CRED*. Disponível em: http://www.emdat.be/. Acesso em: 17 dez. 2016.

FREIRE, Ana Flávia Rodrigues. *A Política Nacional de Proteção e Defesa Civil e as ações do Governo Federal na gestão de risco de desastres*. 2014. 137f. Dissertação (Escola Nacional de Saúde Pública Sergio Arouca) – Fundação Oswaldo Cruz, Rio de Janeiro 2014.

FREITAS, Christiana Galvão Ferreira de. *Perspectivas e desafios à gestão de risco de desastres: uma análise sobre a configuração do Direito de Desastres no mundo e no Brasil*. 2014. 285 f. Tese de Doutorado (Faculdade de Direito) – Universidade de Brasília, Brasília, 2014.

APLICAÇÃO DO MARCO REGULATÓRIO DAS ORGANIZAÇÕES DA SOCIEDADE CIVIL AOS AUXÍLIOS, SUBVENÇÕES E CONTRIBUIÇÕES

Mariana Elizabeth Pae Kim

Bacharel pela Faculdade de Direito da Universidade de São Paulo. Especialista em Regime Próprio de Previdência Social pela Faculdade Damásio. Especialista em Direito, Políticas Públicas e Controle Externo pela Universidade Nove de Julho. Assessora Técnica do Tribunal de Contas do Estado de São Paulo.

Sumário: 1. Introdução – 2. Do fomento público e da relação de parceria entre o estado e a sociedade civil – 3. Da aplicação da Lei 4.320, de 17 de março de 1964 em face das novas disposições da Lei Federal 13.019, de 31 de julho de 2014; 3.1. Da Lei 4.320, de 17 de março de 1964: natureza jurídica e caraterísticas dos institutos; 3.1.1. Dos auxílios; 3.1.2. Das contribuições; 3.1.3. Das subvenções; 3.2. Divergências relativas às características de cada um desses institutos; 3.2.1. Quanto à exigência de lei específica para que haja repasse; 3.2.2. No tocante à contraprestação em bens e serviços da entidade beneficiária; 3.2.3. Quanto aos requisitos necessários à concessão do repasse, em especial, no caso das subvenções, às condições de funcionamento consideradas satisfatórias pelos órgãos oficiais de fiscalização; 3.2.4. Quanto à recepção das normas da Lei 4.320/64 em face da Constituição da República de 1988; 3.2.5. Da Lei Federal 13.019, de 31 de julho de 2014 – 4. Conclusão – 5. Referências.

1. INTRODUÇÃO

Um dos principais atores na execução das políticas públicas é a sociedade civil. Após a década de 1980, a relação entre o Estado e a sociedade civil tem se alterado, exigindo de ambos uma parceria cada vez maior. As deficiências na estrutura do Estado, aliadas às carências financeiras, impuseram o prestígio a essa parceria do Poder Público com entidades privadas sem fins lucrativos para viabilizar a implementação de importantes políticas e serviços, em áreas como educação, saúde, cultura, proteção e preservação ambiental, entre outras.

O cenário de insegurança jurídica e institucional para gestores públicos e entidades do Terceiro Setor face à profusão de normas consideradas imprecisas e obscuras, aplicáveis a essas parcerias, deu origem à elaboração e edição do denominado *Marco Regulatório das Organizações da Sociedade Civil* (MROSC), por meio da Lei 13.019, de 31 de julho de 2014, também conhecida como a *Nova Lei de Parcerias*, posteriormente alterada pela Lei Federal 13.204, de 14 de dezembro de 2015(e também, recentemente, pela Lei 14.027, de 20 de julho de 2020).

Essa lei buscou tornar essa relação mais segura, estimular uma gestão pública mais democrática, amparada em regras consolidadas (com ênfase na transparência das informações quanto às parcerias e aos repasses de recursos públicos) e no fortalecimento do controle da prestação de contas tanto pelo gestor como pelo controle interno e, finalmente, pelo Tribunal de Contas, propiciando, dessa forma, o combate à corrupção que, não raro, macula as parcerias e convênios do Poder Público com o Terceiro Setor.

Entretanto, mesmo após a publicação do MROSC, surgiram questionamentos referentes à aplicação dessa norma nas hipóteses de auxílios, subvenções e contribuições, uma vez que, na nova legislação, há menção expressa apenas quanto à subvenção social.

Dado que todos os entes da Federação, em todos os exercícios financeiros, possuem em suas leis orçamentárias previsão expressa de transferências de recursos públicos a título de auxílios, subvenções e contribuições, há que se definir com clareza as regras aplicáveis a esses institutos.

2. DO FOMENTO PÚBLICO E DA RELAÇÃO DE PARCERIA ENTRE O ESTADO E A SOCIEDADE CIVIL

O fomento público se tornou uma necessidade após as consequências deixadas por um Estado Liberal, caracterizado pelo "Estado mínimo", que causou profundas desigualdades entre os atores sociais, levando o Estado a intervir na ordem econômica e social. Estabeleceu-se, então, o que denominamos *Estado do Bem-Estar Social*, em que o Estado é o prestador de serviços públicos, inclusive de atividades econômicas a título de intervenção no domínio econômico. Em decorrência disso, surgiram críticas quanto à excessiva e ineficiente atuação do Estado, motivo pelo qual, logo após, foi necessária a participação social no controle de decisões e nos rendimentos da produção, por meio de Estado Social Democrático de Direito, consolidando, por todos os direitos antes conquistados, os direitos civis e políticos (do Estado Liberal), os direitos econômicos e sociais (do Estado Social) e os direitos difusos, relacionados à solidariedade (característicos do Estado Democrático). Todas as fases do Estado se refletiram desde a primeira Constituição de 1824, culminando na de 1988, nossa atual Constituição Cidadã.

Essencialmente, o fomento público, segundo a atual Constituição da República, é promovido tanto no âmbito da ordem econômica, previsto no Título VII, quanto da ordem social (Título VIII), numa multiplicidade de contextos, tendo sido alvo do nosso interesse o último título, que dispõe sobre a saúde, assistência, educação, cultura, desporto, ciência e tecnologia, dentre outros.

A propósito, nos concentraremos no fomento público ao Terceiro Setor[1] como beneficiário direto das medidas de fomento, por meio de transferências diretas ou

---

1. A origem da expressão *Terceiro Setor* vem dos Estados Unidos, na década de 1970 (*Third Sector*). A partir da década de 1980 passou a ser acolhida pelos cientistas sociais da Europa para designar aquelas entidades sem fins lucrativos que não se encontravam inseridas nem no primeiro setor, o Estado, e nem no segundo setor, o Mercado (HIGA, Alberto Shinji. *Terceiro setor: da responsabilidade civil do Estado e do agente fomentado.* Belo Horizonte: Editora Fórum, 2010.)

APLICAÇÃO DO MARCO REGULATÓRIO DAS ORGANIZAÇÕES DA SOCIEDADE CIVIL | **189**

disponibilização de bens e recursos públicos, ou seja, com ênfase no "meio econômico de fomento", segundo classificação de Jordana de Pozas[2] e conforme menção de José Vicente Santos de Mendonça[3].

Historicamente[4], a parceria do Estado com o Terceiro Setor no Brasil tem origem nos auxílios públicos concedidos às ações filantrópicas de Santas Casas de Misericórdia e destinados à área da saúde e à da educação, como orfanatos e colégios confessionais. Após, houve uma segunda fase, que compreende o período do Governo Vargas até a década de 60, com forte caráter intervencionista (Estado do Bem-Estar Social) sobre as entidades do Terceiro Setor. E, em seguida, por conta da limitação da participação popular e em decorrência da ditadura militar, a sociedade civil se fortaleceu em oposição ao Estado, culminando no crescimento das organizações não governamentais. Por fim, a quarta fase se inicia no final da década de 80, com a ampliação das manifestações da sociedade civil organizada em áreas que antes não possuíam destaque, como o meio ambiente, direitos humanos, direitos do consumidor, questões de raça, gênero etc.[5]

Mesmo em épocas de menor liberdade individual, o fomento público foi largamente utilizado, inclusive com previsões na Constituição de 1967, em seu art. 65, *caput*:

> Art. 65. É da competência do Poder Executivo a iniciativa das leis orçamentárias e das que abram créditos, fixem vencimentos e vantagens dos servidores públicos, <u>concedam subvenção ou auxílio</u> ou, de qualquer modo, autorizem, criem ou aumentem a despesa pública. (grifo do autor)

Ora, nesse contexto de reorganização e reforma da Administração Pública, a Lei 4.320, de 31 de março de 1964, foi aprovada ainda na gestão do Presidente João Goulart (democraticamente eleito e deposto pelo golpe de Estado de 1964), e colocada em prática pelo governo que o sucedeu, tendo sido sancionada sob a égide da Constituição Federal de 1946. Recepcionada pela Constituição de 1988, mostra-se

---

2. POZAS, Luís Jordana (1949). *Ensayo de una teoria del fomento en el Derecho Administrativo. Revista de Estudios Políticos*, 44.
3. MENDONÇA, José Vicente Santos de. *Uma teoria do fomento público: critérios em prol de um fomento público democrático, eficiente e não paternalista. Revista de Direito da Procuradoria Geral do Estado do Rio de Janeiro*, n. 65, 2010.
4. Há também, um estudo esclarecedor das fases normativas da relação de parceria entre o Estado e a sociedade civil, desde a promulgação da Constituição Cidadã de 1988 até a publicação da Lei Federal 13.019, de 31 de julho de 2014, foi feito de forma esquematizada por Paula RaccanelloStorto, subdividindo em cinco as fases (redemocratização, participação; contratualização; controle; organização) dessa relação de parceria, para melhor compreensão da evolução legislativa do fomento público do Brasil." (STORTO, Paula Raccanello. Questões de impacto federativo decorrentes do Marco Regulatório das Organizações da Sociedade Civil e a Lei 13.019/2014. *Revista de Direito do terceiro setor– RDTS*, Belo Horizonte, ano 10, n. 20, p. 9-25, jul./dez. 2016.)
5. BRAGA, Marcus Vinicius de Azevedo; VISCARDI, Pedro Ribeiro. Gestão estratégica do terceiro setor: uma discussão sobre accountability e o novo marco legal. *Revista de Direito do Terceiro Setor* [recurso eletrônico], Belo Horizonte, v. 10, n. 19, jan.-jun. 2016. Disponível em: https://dspace.almg.gov.br/retrieve/106424/Marcus%20Vin%c3%adcius.pdf. Acesso em: 16 ago. 2018.

aplicável até os dias atuais, demonstrando a qualidade técnica de seu texto, considerado bastante avançado para a época[6], pois regula, até hoje, a elaboração e a execução dos orçamentos públicos.

Os auxílios, subvenções e contribuições estão previstos nesse diploma legal, que ganha, aliás, maior importância, juntamente com a Lei de Responsabilidade Fiscal[7], face à evolução, em tempos recentes, do instituto do orçamento público, passando este a adquirir contornos de instrumento de planejamento programático de governo, com regras dispostas em nossa própria Constituição Federal (arts. 165 a 169), e objetivando, independentemente do cenário político, a concretização dos direitos fundamentais e a garantia do princípio democrático. Tal reconhecimento se efetiva não somente na doutrina, mas também na jurisprudência contemporânea, chancelada pelo próprio Supremo Tribunal Federal, face à tese levantada na Ação Direta de Inconstitucionalidade 4.663[8], ao conferir ao orçamento vinculação mínima em defesa desses direitos e na implementação de políticas públicas, a despeito de recente alteração produzida pela EC 86/2015 que, na contramão da decisão do STF, acabou por reforçar a tese do caráter meramente autorizativo do orçamento, imputando o caráter vinculativo apenas à execução das emendas parlamentares individuais[9].

Em todo caso, a importância dada às leis orçamentárias se evidenciou por ocasião da já mencionada revisão da jurisprudência do STF, a exemplo dos julgados ADI 2925/DF e ADI 4048 MC/DF, em que houve o controle concentrado de constitucionalidade.

As observações acima expostas se justificam na medida em que, da mesma forma, os auxílios, subvenções e contribuições nela previstos são institutos que não deveriam ser esquecidos com o advento do MROSC, mas que, por serem amplamente utilizados, devem se adequar a essas disposições sem que seus responsáveis deixem de observar as regras de elaboração do orçamento.

Passo à análise mais específica da matéria.

---

6. CONTI, José Maurício; PINTO, Élida Graziane. Lei dos orçamentos públicos completa 50 anos de vigência. *Consultor Jurídico*, 17 de março de 2014. Disponível em: http://www.conjur.com.br/2014-mar-17/lei-orcamentos-publicos-completa-50-anos-vigencia. Acesso em: 14 maio 2018.

7. BRASIL. *Lei Complementar 101, de 4 de maio de 2000*. Estabelece normas de finanças públicas voltadas para a responsabilidade na gestão fiscal e dá outras providências. *Diário Oficial da União*, Brasília, DF, 5 maio 2000. Disponível em: http://www.planalto.gov.br/ccivil_03/LEIS/LCP/Lcp101.htm Acesso em: 14 maio 2018.

8. Disponível em:http://portal.stf.jus.br/processos/downloadPeca.asp?id=289340736&ext=.pdf Acesso em: 14 maio 2018.

9. Vale fazer uma observação em face das recentes críticas feitas ao Poder Judiciário que estaria extrapolando sua função constitucional, na prática do denominado "ativismo judicial", interferindo em funções precípuas dos demais Poderes: faço lembrar que as emendas parlamentares individuais configuram ingerência nas leis de iniciativa do Poder Executivo.

APLICAÇÃO DO MARCO REGULATÓRIO DAS ORGANIZAÇÕES DA SOCIEDADE CIVIL | 191

3. DA APLICAÇÃO DA LEI 4.320, DE 17 DE MARÇO DE 1964 EM FACE DAS NOVAS DISPOSIÇÕES DA LEI FEDERAL 13.019, DE 31 DE JULHO DE 2014

3.1. Da Lei 4.320, de 17 de março de 1964: natureza jurídica e caraterísticas dos institutos

A seguir, um breve resumo das características de alguns dos institutos jurídicos previstos na Lei 4.320/64, também conhecida como *Lei Geral de Orçamentos*, *Lei dos Orçamentos Públicos*, *Lei de Normas Gerais de Direito Financeiro* ou ainda *Lei de Contabilidade Pública*.

3.1.1. Dos auxílios

Os auxílios estão previstos no art. 12, § 6º da Lei 4.320/64[10], sendo *transferências de capital derivadas diretamente de lei orçamentária*, que outras pessoas de direito público ou privado devam realizar, *independentemente de contraprestação direta em bens ou serviços*.

3.1.2. Das contribuições

As contribuições estão previstas, como regra geral, no artigo 12, §§ 2º e 6º da Lei 4.320/64, de cujo conteúdo destacamos:

a) podem ser classificadas como contribuições correntes ou de capital, sendo que:

   i) as *contribuições correntes*, em contraponto às subvenções sociais, são aquelas dotações para *despesas de custeio* destinadas a instituições públicas ou privadas que *não atuam* nas *áreas* reservadas a essas subvenções, *mas sim nas que não sejam de assistência social, saúde e educação*;

   ii) as *contribuições de capital* são dotações para <u>investimentos ou</u> *inversões financeiras* destinadas a pessoas de direito público ou privado, que derivam diretamente de *lei especial anterior*. Em outras palavras, esse tipo de transferência dependerá de lei anterior à própria lei orçamentária;

b) *também independem de contraprestação direta em bens e serviços*.

3.1.3. Das subvenções

Da leitura dos arts. 12, §§ 2º e 3º, 16 e 17 da Lei 4.320/64[11], temos as subvenções:

---

10. § 6º São *Transferências de Capital* as dotações para investimentos ou inversões financeiras que outras pessoas de direito público ou privado devam realizar, independentemente de contraprestação direta em bens ou serviços, constituindo essas transferências auxílios ou contribuições, segundo derivem diretamente da Lei de Orçamento ou de lei especialmente anterior, bem como as dotações para amortização da dívida pública.

11. § 2º Classificam-se como *Transferências Correntes* as dotações para despesas as quais não corresponda contraprestação direta em bens ou serviços, inclusive para contribuições e subvenções destinadas a atender à manutenção de outras entidades de direito público ou privado.

a) *podem ser sociais ou econômicas* (sendo que as subvenções econômicas, no presente estudo, não são objeto de análise);

b) são destinadas a *cobrir despesas de custeio* das entidades beneficiadas;

c) sua concessão visará à *prestação de serviços essenciais* na área de *assistência social, saúde e educação*;

d) sua concessão se dará sempre que a *suplementação de recursos de origem privada* aplicada aos objetivos da entidade beneficiária se revelar *mais econômica*;

e) a *base de cálculo para apurar o valor da concessão* são as unidades de serviços efetivamente prestados ou postos à disposição dos interessados, obedecidos os padrões mínimos de eficiência previamente fixados;

f) serão concedidas à entidade beneficiária, se suas *condições de funcionamento forem julgadas satisfatórias* pelos órgãos oficiais de fiscalização;

g) *também independem de contraprestação direta em bens e serviços*.

Na verdade, esses institutos diferem uns dos outros em relação às suas características. Cabe indagar, então, se seria possível exigir do fomentado, em prestações de contas, pelo controle interno ou externo, os mesmos requisitos. Por isso, passo a discorrer sobre algumas divergências relativamente a essas características para fins de aclaramento da matéria.

3.2. Divergências relativas às características de cada um desses institutos

3.2.1. *Quanto à exigência de lei específica para que haja repasse:*

A respeito da necessidade de lei específica para o repasse de recursos públicos ao Primeiro ou Terceiro Setor, segundo as disposições da *Lei 4.320/64*, constata-se que apenas na hipótese das *contribuições de capital* há essa exigência.

---

§ 3º Consideram-se *subvenções*, para os efeitos desta lei, as transferências destinadas a cobrir despesas de custeio das entidades beneficiadas, distinguindo-se como:

I – subvenções sociais, as que se destinem a instituições públicas ou privadas de caráter assistencial ou cultural, sem finalidade lucrativa;

II – subvenções econômicas, as que se destinem a emprêsas públicas ou privadas de caráter industrial, comercial, agrícola ou pastoril.

[...]

Art. 16. Fundamentalmente e nos limites das possibilidades financeiras a concessão de subvenções sociais visará a prestação de serviços essenciais de assistência social, médica e educacional, sempre que a suplementação de recursos de origem privada aplicados a esses objetivos, revelar-se mais econômica.

Parágrafo único. O valor das subvenções, sempre que possível, será calculado com base em unidades de serviços efetivamente prestados ou postos à disposição dos interessados obedecidos os padrões mínimos de eficiência prèviamente fixados.

Art. 17. Somente à instituição cujas condições de funcionamento forem julgadas satisfatórias pelos órgãos oficiais de fiscalização serão concedidas subvenções.

APLICAÇÃO DO MARCO REGULATÓRIO DAS ORGANIZAÇÕES DA SOCIEDADE CIVIL

Entretanto, no que tange aos requisitos vinculados à *Lei de Responsabilidade Fiscal*, em que pese ao fato de haver entendimento sobre a necessidade de lei específica em qualquer hipótese de auxílio, subvenção ou contribuição, defendo que, conforme esclarece Carlos Maximiliano em sua obra *Hermenêutica e Aplicação do Direito*[12], "não se presumem na lei, palavras inúteis. Devem-se compreender as palavras como tendo alguma eficácia. As expressões do Direito interpretam-se de modo que não resultem frases sem significado real, vocábulos supérfluos, ociosos, inúteis"[13]. Ainda, segundo o mesmo autor: "Interpretam-se estritamente as frases que estabelecem formalidades em geral, bem como as fixadoras de condições para um ato jurídico ou recurso judiciário". Ou seja, a exigência de lei específica para que haja transferência de valores, na interpretação do art. 26 da LRF, não pode ignorar o destino a ser dado a esse repasse, qual seja, para cobrir necessidades de pessoas físicas ou *déficits de pessoas jurídicas*, o que pressupõe desequilíbrio financeiro anterior à ingerência estatal.

> Art. 26. A destinação de recursos para, direta ou indiretamente, cobrir necessidades de pessoas físicas ou déficits de pessoas jurídicas deverá ser autorizada por lei específica, atender às condições estabelecidas na lei de diretrizes orçamentárias e estar prevista no orçamento ou em seus créditos adicionais.

Sendo assim, não creio que seja razoável a extensão do dispositivo para além desses objetivos, mesmo porque as subvenções sociais não se assemelham em nada ao instituto que a Lei de Responsabilidade Fiscal caracteriza em seu art. 26 que, numa interpretação lógica e sistemática, remete às normas de transferência de recursos públicos na forma de subvenções econômicas. Em regra, por sua natureza, estas servem para cobrir déficits de manutenção de pessoas jurídicas de direito privado. Tal entendimento é corroborado pela própria Exposição de Motivos da Lei de Responsabilidade Fiscal que, para justificar as regras desse Capítulo VI da LRF (na redação original do Projeto de Lei Complementar equivaleriam ao Título VII), faz remissão explícita às subvenções econômicas, não às sociais[14]:

> 26. O Título VII considera o inter-relacionamento entre finanças públicas e privadas. Nessa matéria, confere-se particular realce ao papel do poder público como agente normativo e sobretudo regulador da atividade econômica, nos termos do art. 174 da Constituição. Os dispositivos constantes desse Título disciplinam e restringem as transferências de recursos públicos para o setor privado, em especial sob a forma de capitalizações, subvenções econômicas e subsídios de preços públicos. Desse modo, a destinação e a utilização de recursos públicos para pessoas físicas ou jurídicas somente poderão ocorrer se vierem a ser expressamente autorizados em lei.

---

12. MAXIMILIANO, Carlos. *Hermenêutica e aplicação do Direito*. 19. ed. Rio de Janeiro: Forense, 2009. p. 167.
13. Ibid., p. 204.
14. BRASIL. Leis e Decretos. Projeto de Lei de Complementar n. 18, de 1999: regula o art. 163, incisos I, II, III e IV, e o art. 169 da Constituição Federal, dispõe sobre princípios fundamentais e normas gerais de finanças públicas e estabelece o regime de gestão fiscal responsável, bem assim altera a Lei Complementar 64, de 18 de maio de 1990. Disponível em: http://imagem.camara.gov.br/Imagem/d/pdf/DCD18MAR1999.pdf#page=110Acesso em: 16 ago. 2018.

Pode-se argumentar que a *mens legislatoris* não se sobrepõe à *mens legis*. De fato, mas, neste caso, julgo contraditória a destinação das subvenções sociais dispostas na Lei 4.320/64 (que visa à prestação de serviços essenciais de assistência social, médica e educacional, e não à cobertura de déficits) em face da previsão do art. 26, *caput* e seu § 2º da LRF, e entendo que a *mens legis* se aproxima da *mens legislatoris*, que faz remissão às subvenções econômicas.

Dessa forma, defendo que se exige lei específica anterior à lei orçamentária autorizando a destinação de recursos públicos apenas e tão somente quando houver transferência na forma de contribuições de capital; e, com o advento da LRF, de subvenções econômicas, as quais, como já mencionado anteriormente, não nos interessam para fins de exame do presente estudo.

Exemplo disso é o art. 73, parágrafo único da Lei 13.707/18, que abriga a LDO da União, dispondo que:

> A transferência de recursos a título de contribuição corrente, não autorizada em lei específica, dependerá de publicação, para cada entidade beneficiada, de ato de autorização da unidade orçamentária transferidora, o qual conterá o critério de seleção, o objeto, o prazo do instrumento e a justificativa para a escolha da entidade.

Ou seja, a lei prevê a hipótese de transferência de recursos a título de contribuição corrente não autorizada em lei específica sem que haja irregularidade alguma nisso, a não ser que inexista autorização da unidade orçamentária transferidora.

Aliás, a própria Constituição Federal conferiu especial destaque às despesas de capital, em consonância com a necessidade de lei específica exigida às contribuições de capital pela Lei 4.320/64, quando previu que as leis de diretrizes orçamentárias deveriam compreender as metas e prioridades da administração pública, incluindo as despesas de capital para o exercício financeiro subsequente, *in verbis*, no art. 165, § 2º:

> § 2º A lei de diretrizes orçamentárias compreenderá as metas e prioridades da administração pública federal, incluindo as despesas de capital para o exercício financeiro subsequente, orientará a elaboração da lei orçamentária anual, disporá sobre as alterações na legislação tributária e estabelecerá a política de aplicação das agências financeiras oficiais de fomento.

Assim, ressalto que, da mesma forma, a Lei 13.019/14 *não pode ignorar tratamento específico* que porventura seja previsto pela lei que concede a contribuição de capital.

A crítica que posso fazer a esse respeito, diante do quadro procedimental fático apresentado quando da concessão de recursos públicos ao Terceiro Setor pelos Entes Públicos, assenta-se na exigência de lei específica em qualquer caso, obrigando, ano a ano, na própria redação das leis de diretrizes orçamentárias, à identificação nominal dos beneficiários e dos valores a serem transferidos.

Isso gera dois problemas fundamentais:

a) Acaba por esvaziar a intenção da nova Lei de Parcerias que alçou o chamamento público a um instrumento fundamental para que se garanta a observância dos princípios da isonomia, da legalidade, da impessoalidade, da moralidade, da igualdade, da publicidade, da probidade administrativa, da vinculação ao instrumento convocatório, do julgamento objetivo e dos que lhes são correlatos.

Isso porque a Lei 13.019/14 previu a inviabilidade de competição entre as organizações da sociedade civil, na hipótese de a parceria decorrer de transferência *autorizada em lei na qual seja identificada expressamente a entidade beneficiária*, "inclusive quando se tratar da subvenção prevista no inciso I do § 3º do art. 12 da Lei 4.320, de 17 de março de 1964". A palavra *inclusive* faz deduzir que qualquer parceria em que haja transferência de valores autorizada em lei, ainda que não tenha natureza de subvenção social, inviabiliza a competição.

Significa, pois, na prática, que todos os entes públicos ficam autorizados a não promover o chamamento público, qualquer que seja o tipo de repasse, por ser de praxe editar leis específicas para a concessão de repasses públicos.

b) Consequentemente, a par das discussões sobre o orçamento impositivo, essa prática de edição de leis vinculativas de repasses, nominando especificamente os beneficiários, engessa o Executivo sobremaneira, impondo duras restrições à já pequena margem de discricionariedade para aplicação dos recursos para a implementação das políticas públicas, e que, muitas vezes, precisam de diversas adequações, conforme a necessidade da população.

3.2.2. No tocante à contraprestação em bens e serviços da entidade beneficiária:

Em todos os casos de auxílios, subvenções ou contribuições, <u>não se exige</u> contraprestação em bens e serviços da entidade beneficiária.

Isso *não retira a necessidade de esta realizar seu objeto* segundo seu estatuto, se for entidade sem fins lucrativos, *e tampouco a desobriga de prestar contas sobre a destinação* que foi dada ao recurso público recebido. A Constituição deixa claro, em seu parágrafo único do art. 70, que:

> Prestará contas qualquer pessoa física ou jurídica, pública ou privada, que utilize, arrecade, guarde, gerencie ou administre dinheiros, bens e valores públicos ou pelos quais a União responda, ou que, em nome desta, assuma obrigações de natureza pecuniária).

Oportuno é o esclarecimento feito por José Roberto Pimenta Oliveira[15]: "não se pode rotulá-las como atos de liberalidade estatal, não sendo também admissível, no atual Estado de Direito, a existência das denominadas subvenções puras, que Garri-

---

15. OLIVEIRA, José Roberto Pimenta. *Os princípios da razoabilidade e da proporcionalidade no Direito Administrativo brasileiro*. São Paulo. Malheiros Editores, 2006. p. 536.

do Falla define como outorgas graciosas, desacompanhadas de quaisquer cláusulas condicionais ou modais".

Ainda assim, a não exigência de contraprestação de bens e serviços é reiterada, no caso das contribuições, por exemplo, quando o Anexo II da Portaria Interministerial STN/SOF163/01 as define como "despesas orçamentárias às quais não correspondam contraprestação direta em bens e serviços e *não sejam reembolsáveis pelo recebedor, inclusive as destinadas a atender a despesas de manutenção* de outras entidades de direito público ou privado, observado o disposto na legislação vigente". (Grifo do autor).

Ora, os interesses dos partícipes não são contrapostos, como na relação contratual, mas recíprocos. Segundo Maria Sylvia Zanella Di Pietro, quanto às relações entre Terceiro Setor e Estado, trata-se de fomento, e não delegação de serviços públicos, em que o "Estado deixa a atividade na iniciativa privada e apenas incentiva o particular que queira desempenhá-la, por se tratar de atividade que traz algum benefício para a coletividade"[16].

Essas transferências servem para o patrocínio de atividades que tenham relevância social, com interesses recíprocos entre os partícipes, e não contrapostos, como na relação contratual.

Desta feita, não há que se exigir da entidade beneficiária de qualquer repasse público previsto na Lei 4.320/64 contraprestação nos mesmos moldes de um contrato, mas o atingimento, no geral, do objeto da concessão, conforme sua natureza, em prol do interesse público.

Conforme a lei, no caso das subvenções, a *base de cálculo para apurar o valor da concessão* são as unidades de serviços efetivamente prestados ou postos à disposição dos interessados, obedecidos os padrões mínimos de eficiência previamente fixados. Trata-se de definição do *quantum* da subvenção, *critério que orienta o valor* a ser concedido ao beneficiário e não o que o ente concessor deva contratar ou adquirir por unidade de serviços ou postos. O valor poderá ser independente dessas referências.

Assim, não entendo que se deva vincular, de forma estrita, as unidades de serviços às suas execuções, nos mínimos detalhes, sem que haja um julgamento quanto à globalidade do objeto do repasse, apenas com base no parágrafo único do art. 16 da Lei 4320/64.

A não exigência de contraprestação em bens e serviços da entidade beneficiária coaduna-se com a concepção de parceria com o Poder Público, em que há convergência de intenção, em contraposição com o conceito de *contrato*, em que se espera um produto de um lado e, do outro, o pagamento.

---

16. DI PIETRO, Maria Sylvia Zanella. *Parcerias na Administração Pública*: concessão, permissão, franquia, terceirização, parceria pública-privada e outras formas. 10. ed. São Paulo: Atlas, 2015, p. 248.

APLICAÇÃO DO MARCO REGULATÓRIO DAS ORGANIZAÇÕES DA SOCIEDADE CIVIL **197**

Maria Sylvia Zanella Di Pietro[17] ensina que *convênio* é um dos instrumentos de que o Poder Público se utiliza para associar-se quer com outras entidades públicas quer com entidades privadas. O acordo de vontades encontrado é marcado pela cooperação ou mútua colaboração.

Nos contratos, espera-se a entrega ou prestação de um produto em troca de remuneração, daí a importância de não se vincular o repasse público por meio de auxílios, subvenções e contribuições a uma contraprestação, não significando com isso que não se deva ter um planejamento por meio de um plano de trabalho, exigência, inclusive do MROSC.

3.2.3. Quanto aos requisitos necessários à concessão do repasse, em especial, no caso das subvenções, às condições de funcionamento consideradas satisfatórias pelos órgãos oficiais de fiscalização:

A Lei 4.320/64 confere discricionariedade aos órgãos oficiais de fiscalização para o julgamento das condições de funcionamento das entidades beneficiárias. A nova Lei de Parcerias, por sua vez, trouxe maior detalhamento a essas condições, nos termos de seu art. 33, inc. V, alínea c, *in verbis*:

Art. 33. Para celebrar as parcerias previstas nesta Lei, as organizações da sociedade civil deverão ser regidas por normas de organização interna que prevejam, expressamente:

V - possuir:

c) instalações, condições materiais e capacidade técnica e operacional para o desenvolvimento das atividades ou projetos previstos na parceria e o cumprimento das metas estabelecidas.

Também deixou claro que não se pode confundir a capacidade instalada da capacidade técnico-operacional, em seu § 5º.

§ 5º Para fins de atendimento do previsto na alínea c do inciso V, não será necessária a demonstração de capacidade instalada prévia.

Pelo conceito de *capacidade instalada*, seria exigido que a entidade já possuísse em sua estrutura todos os profissionais e equipamentos necessários para a execução de determinado Convênio antes mesmo que houvesse a realização do chamamento público. Sendo assim, a capacidade instalada prévia não é exigida, mas sim a capacidade técnico-operacional. Essa distinção é fundamental diante da própria natureza da parceria, pois, diferentemente de um contrato em que uma empresa contratada deve apresentar garantia em caso de inexecução face à necessária contraprestação em bens ou serviços, a entidade parceira prescinde desta, conforme já abordei acima.

Não se pode obrigar qualquer entidade sem fins lucrativos que queira fazer uma parceria com o Estado a ter uma capacidade instalada prévia sem que se tenha certeza

---

17. DI PIETRO, Maria Sylvia Zanella. *Direito Administrativo*. 30. ed. rev., atual. e ampl. Rio de Janeiro: Forense, 2017.

de que essa parceria se concretizará. No entanto, é imprescindível que a Administração Pública exija da beneficiária a comprovação de sua expertise.

3.2.4. *Quanto à recepção das normas da Lei 4.320/64 em face da Constituição da República de 1988:*

Já vimos que a Constituição Cidadã recepcionou a Lei de Orçamentos Públicos como lei complementar por dispor sobre normas gerais de Direito Financeiro.

Numa análise aprofundada do que seriam normas gerais de Direito Financeiro, Fernando Scaff faz o seguinte questionamento[18]: "Será que a Lei 4.320/64, editada no âmbito da Constituição de 1946, pode ainda ser considerada "norma geral de direito financeiro"?

E assim responde logo em seguida:

> Entendemos que sim, em razão da matéria por ela veiculada. No Título I estabelece preceitos gerais sobre a elaboração da lei do orçamento, e em seus diversos capítulos cria normas referentes à *classificação da receita, da despesa e das transferências*. (grifo do autor)

Ora, os auxílios, subvenções e contribuições estão previstos justamente nesse capítulo com previsão de regras quanto à *classificação das despesas*, seguindo-se com todas as suas subdivisões, a saber:

a) Classificação *como categoria econômica* (art. 12, *caput* da Lei 4.320/64);

b) Feita essa classificação por categoria econômica, a *despesa deve ser especificada por elementos* em cada unidade administrativa ou órgão de governo, nos termos do art. 13 do mesmo Diploma Legal.

Trata-se, pois, de *normas de finanças e contabilidade pública*, e que continuam a ser aplicadas. Como exemplo, o Estado de São Paulo contabiliza despesa de Convênio com as Santas Casas de Misericórdia, na área da saúde, com características de uma subvenção social da seguinte forma, segundo Tabela de Escrituração Contábil – Auxiliares, do Plano de Contas da AUDESP (Auditoria Eletrônica de São Paulo)[19]:

- Como categoria de despesa orçamentária: despesas correntes (código 3);

- Como grupo de despesa: outras despesas correntes (código 3);

- Como modalidade de aplicação: transferência a instituições privadas sem fins lucrativos - representa o somatório dos valores das despesas realizadas mediante transferência de recursos financeiros a entidades sem fins lucrativos que não tenham vínculo com a administração pública (código 33500000);

---

18. SCAFF, Fernando Facury. *O que são normas gerais de Direito Financeiro?*. In: MARTINS, Ives Grandra da Silva; MENDES, Gilmar Ferreira e NASCIMENTO, Carlos Valder do (Coord.). (Org.). *Tratado de Direito Financeiro*. São Paulo: Saraiva, 2013, v. 1, p. 30-44.

19. Documento que se encontra disponível em https://www.tce.sp.gov.br/audesp/documentacaoAcesso em: 30 de abr. de 2021.

APLICAÇÃO DO MARCO REGULATÓRIO DAS ORGANIZAÇÕES DA SOCIEDADE CIVIL **199**

- Como classificação econômica da despesa, no subitem: subvenções sociais (código 335043).

Eis um exemplo de aplicação da Lei 4.320/64 para demonstrar o enfoque na norma de contabilidade pública, mas que, obviamente, não poderia ser aplicado o MROSC por se tratar de Convênio cujas despesas têm natureza de subvenção social na área da saúde.

Desta feita, as *normas de finanças e contabilidade públicas* referentes às despesas de fomento em auxílios, subvenções e contribuições conferem ao administrador público a discricionariedade para realizá-las com ou sem a formalização de ajustes, como nesse exemplo em que foi feito um Convênio. Determinados entes, com base apenas em lei específica, empenham as despesas. Note-se que a competência para legislar sobre Direito Financeiro é concorrente, nos termos do art. 24, I da Constituição Federal.

Ou seja, *a natureza da despesa não se confunde necessariamente com a denominação de eventual ajuste formalizado*. É com essa confusão que se pretende acabar por meio do MROSC, exigindo-se, por fim (com as exceções previstas nessa mesma lei), a formalização de todo e qualquer ajuste por meio do termo de colaboração ou termo de fomento, ou mesmo acordo de cooperação.

É importante destacar, neste momento, que tais *normas de finanças e contabilidade públicas* estão *atreladas a normas de Direito Administrativo*, sobre as quais foram estabelecidas exigências e características dos auxílios, subvenções e contribuições que já mencionamos acima no item 3.1. e seus subitens.

Entendo, assim, que também nesse ponto (uma vez que não se encontram revogadas as disposições da Lei 4.320/64), o MROSC, que abriga eminentemente regras de Direito Administrativo, *complementa aquela* no que couber, ou seja, é aplicado de forma supletiva àquela norma.

Passo a outro exemplo: na hipótese de uma *contribuição corrente* para cobrir despesas de custeio *na área do meio ambiente*, o código para classificação econômica da despesa a ser utilizado seria 335041. A formalização desse ajuste, entretanto, exigiria, além da observância de todos os requisitos do MROSC, o respeito às peculiaridades das contribuições correntes constantes da Lei 4.320/64, quais sejam, a não obrigatoriedade de contraprestação direta em bens e serviços e o enquadramento do objeto social da entidade em áreas que não sejam de assistência social, saúde e educação.

Há que se questionar, por outro lado, se o fato da Lei 4.320/64 possuir natureza de lei complementar produz, de algum modo, prejuízos à aplicação do MROSC.

Apesar da existência de teses defendendo a superioridade hierárquica das leis complementares em face das leis ordinárias, atualmente prevalece o entendimento de que não existe tal hierarquia. Segundo o STF, não há hierarquia entre essas espécies normativas, devendo a distinção entre elas ser aferida em face da Constituição, considerando-se o campo de atuação de cada uma delas, conforme julgado do RE n. 518.672-AgR: (**Aqui vai ser incluída uma citação?**)

Diante disso, em não havendo hierarquia entre as leis, novamente, entendemos que não há empecilhos para sua aplicação conjunta.

3.2.5.   Da Lei Federal 13.019, de 31 de julho de 2014

Podemos verificar que a nova Lei de Parcerias se preocupou em excluir de seu âmbito grande parte das hipóteses regidas por lei especial sobre determinadas espécies de repasse, visando resguardar o tratamento desigual a situações desiguais, quais sejam, aquelas relacionadas em seu artigo 3°, incisos I a VII[20].

Desta feita, não se aplicam as leis específicas decorrentes de:

* tratados, acordos e convenções internacionais;

* contratos de gestão;

* termos de parceria;

* na área da cultura, temos de compromisso relacionados às ações da Política Nacional de Cultura Viva;

* na área da educação, transferências do:

    – PAED (Programa de Complementação ao Atendimento Educacional Especializado às Pessoas Portadoras de Deficiência);

    – PNAE (Programa Nacional de Alimentação Escolar); e

    – PDDE (Programa Dinheiro Direto na Escola);

* na área da saúde, qualquer ajuste com o Terceiro Setor.

Concluo que *as prestações de contas devem respeitar as peculiaridades e natureza de cada espécie de repasse*.

---

20. Art. 3° Não se aplicam as exigências desta Lei:

I – às transferências de recursos homologadas pelo Congresso Nacional ou autorizadas pelo Senado Federal naquilo em que as disposições específicas dos tratados, acordos e convenções internacionais conflitarem com esta Lei;

II – (revogado);

III – aos contratos de gestão celebrados com organizações sociais, desde que cumpridos os requisitos previstos na Lei 9.637, de 15 de maio de 1998;

IV – aos convênios e contratos celebrados com entidades filantrópicas e sem fins lucrativos nos termos do § 1° do art. 199 da Constituição Federal;

V – aos termos de compromisso cultural referidos no § 1° do art. 9° da Lei 13.018, de 22 de julho de 2014;

VI – aos termos de parceria celebrados com organizações da sociedade civil de interesse público, desde que cumpridos os requisitos previstos na Lei 9.790, de 23 de março de 1999;

VII – às transferências referidas no art. 2° da Lei 10.845, de 5 de março de 2004, e nos arts. 5° e 22 da Lei 11.947, de 16 de junho de 2009;

A aplicação do novo regime jurídico tem como objetivo complementar as normas já existentes, não havendo impedimento à observância conjunta tanto da Lei Geral de Orçamentos Públicos quanto do MROSC. O legislador infraconstitucional não incluiu nas hipóteses de inaplicabilidade do novo regime jurídico as transferências previstas na Lei 4.320/64, e a lei mencionou e excepcionou a exigência do chamamento público à subvenção social, se autorizada em lei específica.

Como já exposto em item 3.2.1., o MROSC não mencionou expressamente os auxílios e as contribuições, sejam as correntes ou as de capital. Mas, repito, a palavra *inclusive* constante da redação do art. 31, inc. II dessa nova Lei de Parcerias, dá a entender que abarca os repasses de toda natureza.

Realmente, *não há incompatibilidade das leis: a atual complementa a anterior*.

Note-se, ainda, que as Leis de Diretrizes Orçamentárias[21] de diversos entes da Federação têm se reportado à obrigatoriedade da observância do conjunto de disposições legais aplicáveis à transferência de recursos para o setor privado, incluindo-se, daí, a nova Lei de Parcerias.

Quanto ao *chamamento público*, ressalto novamente que o novo regime jurídico o excepciona se houver prévio credenciamento, conforme seu art. 30, inc. VI:

> Art. 30. A administração pública poderá dispensar a realização do chamamento público:
>
> VI – no caso de atividades voltadas ou vinculadas a serviços de educação, saúde e assistência social, desde que executadas por organizações da sociedade civil previamente credenciadas pelo órgão gestor da respectiva política.

O *caput* desse artigo, aliás, prevê que essa dispensa é facultativa. Pode, pois, o ente da Administração exercer o direito de não dispensar e obrigar ao chamamento público.

Não haverá chamamento, entretanto, se for caso de *inexigibilidade*, isto é, na hipótese de *inviabilidade de competição*, prevista no art. 31 da Lei 13.019/15.

- em razão da natureza singular do objeto da parceria,
- ou se as metas somente puderem ser atingidas por uma entidade específica, especialmente quando:
  - houver previsão expressa em acordo, ato ou compromisso internacional, quanto à instituição que utilizará os recursos;
  - houver lei autorizativa[22] identificando expressamente a entidade beneficiária.

---

21. Exemplo: LDO de 2017 de São Paulo, Lei 16.291/2016.
22. Ou seja, entendo que, na prática, dificilmente haverá chamamento público em subvenção social, uma vez que a grande maioria dos repasses é concedida com fundamento em leis autorizativas em que são identificadas expressamente as beneficiárias, por força de determinação dos Tribunais de Contas, justamente em face do entendimento de que, em qualquer hipótese de repasse, seria obrigatória lei autorizativa, como já vimos acima.

Assim, no que se refere a este estudo, se for caso de subvenção social autorizada em lei específica, na qual seja identificada expressamente a entidade beneficiária, nem mesmo haverá chamamento público. E a palavra *inclusive* constante desse inciso II autoriza que também não haverá competição se o repasse público tiver natureza de auxílio ou contribuição concedidos por lei específica.

O gestor público não terá o ônus de fazer o chamamento público, mas certamente deverá justificar o motivo de sua ausência, conforme art. 32, *caput* da Lei de Parcerias:

> Art. 32. Nas hipóteses dos arts. 30 e 31 desta Lei, a ausência de realização de chamamento público será justificada pelo administrador público.

É importante consignar que *a dispensa e a inexigibilidade de chamamento público não afastam a aplicação dos demais dispositivos da nova Lei*, conforme § 4º desse artigo. Ou seja, as previsões do novo regime devem ser cumpridas, ainda que se trate de subvenção social, de auxílios ou contribuições.

Enfim, não por outro motivo, para se destacar que os auxílios, as subvenções e as contribuições devam ter suas concessões e respectivas prestações de contas realizadas sob as determinações do MROSC, cito, para fins de ilustração, o fato de o Tribunal de Contas do Estado de São Paulo (conforme seus artigos 146 e 176 das Instruções 01/2020, voltados, respectivamente ao âmbito estadual e municipal), ter exigido a formalização de termo de colaboração ou termo de fomento:

> As transferências voluntárias a Organizações da Sociedade Civil (OSC), com classificação econômica de subvenções, auxílios e contribuições, nos termos da Lei Federal 4.320, de 17 de março de 1964, serão realizadas exclusivamente mediante formalização de termo de colaboração ou termo de fomento[23].

A despeito de todo esse estudo, na prática, ainda não vislumbro grande impacto em termos orçamentários-financeiros dos entes da Administração Direta ou Indireta da Administração Pública, com o advento do MROSC. Os resultados quanto à efetividade dessa lei provavelmente serão verificados a médio e longo prazo. Numa visão mais abrangente, a preservação das leis específicas que preveem outros instrumentos jurídicos como os contratos de gestão, termos de parceria, convênios de saúde, bem como as acobertadas por normas internacionais, ou mesmo a questão da exigência de lei anterior nominando os beneficiários a que me referi acima, levam-me a deduzir que a parte mais vultosa dos recursos públicos destinados ao Terceiro Setor não se destinarão à elaboração de termos de colaboração ou termos de fomento. Desconfio, pois, que, sem desmerecer a boa intenção do legislador, que ele não consiga atingir, em sua totalidade, o fim desejado.

O aspecto que considero inovador no MROSC é a resposta institucional dada aos atuais escândalos de corrupção, propondo-se a evitar possíveis desvios, por meio

---

23. BRASIL. Tribunal de Contas do Estado de São Paulo. *Instruções 01/2020*. Disponível em: https://www.tce. sp.gov.br/sites/default/files/legislacao/Instru%C3%A7%C3%B5es_01-2020.pdf Acesso em: 30 abr. 2021.

de seu novo modelo de *accountability*, principal problema que se constatava nos auxílios, subvenções e contribuições, analisados por Marcus Vinicius de Azevedo Braga e Pedro Ribeiro Viscardi, em seu artigo *Gestão estratégica do terceiro setor: uma discussão sobre accountability e o novo marco legal*. A obra, além das diversas críticas procedentes, ainda aborda os mecanismos de *accountability* horizontal, que *correspondem à ação de órgãos com o dever de fiscalizar as parcerias realizadas pelas organizações (a lei traz dispositivos que facilitam a atuação dessas instituições de accountability*, entre eles, o Controle Interno, o Controle Externo e o Ministério Público), bem como de *accountability* vertical, por meio da interação com a população, como, por exemplo, os Conselhos específicos de caráter fiscalizador e consultivo[24].

4. CONCLUSÃO

Até que haja expressa revogação da Lei 4.320/64 (passível de ocorrência no futuro diante de um projeto de lei em trâmite no Congresso Nacional nesse sentido), nos termos das normas de Direito Financeiro nela consignadas, concluo possível a aplicação do MROSC nas hipóteses de auxílios, subvenções e contribuições, pois não há incompatibilidade das leis, sendo que a mais recente, que abriga normas preponderantemente de Direito Administrativo, complementa a anterior.

Há, no entanto, que se respeitar os limites e características, segundo a natureza de cada despesa expressa na Lei 4.320/64, tais como a desnecessidade de vinculação a uma contraprestação direta em bens ou serviços, ou mesmo a obrigatoriedade de lei específica para a contribuição de capital.

Reforço, por fim, a importância do MROSC no fortalecimento da sociedade civil, da participação social na implementação das políticas públicas, transparência na aplicação dos recursos públicos, melhor controle dos gastos, combate à corrupção e primazia dos resultados em favor dos interesses da coletividade, assim como a defesa dos direitos fundamentais.

5. REFERÊNCIAS

BRAGA, Marcus Vinicius de Azevedo; VISCARDI, Pedro Ribeiro. Gestão estratégica do terceiro setor: uma discussão sobre accountability e o novo marco legal. *Revista de Direito do Terceiro Setor* [recurso eletrônico], Belo Horizonte, v. 10, n. 19, jan./jun. 2016. Disponível em: https://dspace.almg.gov.br/retrieve/106424/Marcus%20Vin%c3%adcius.pdf. Acesso em: 16 ago. 2018.

CARVALHO FILHO, José dos Santos. *Manual de Direito Administrativo*. 30. ed. rev., atual. e ampl. São Paulo: Atlas, 2016.

---

24. BRAGA, Marcus Vinicius de Azevedo; VISCARDI, Pedro Ribeiro. Gestão estratégica do terceiro setor: uma discussão sobre accountability e o novo marco legal. *Revista de Direito do Terceiro Setor* [recurso eletrônico], Belo Horizonte, v. 10, n. 19, jan.-jun. 2016. Disponível em: https://dspace.almg.gov.br/retrieve/106424/Marcus%20Vin%c3%adcius.pdf. Acesso em: 16 ago. 2018.

CONTI, José Maurício; PINTO, Élida Graziane. *Lei dos orçamentos públicos completa 50 anos de vigência. Consultor Jurídico*, 17 de março de 2014. Disponível em: http://www.conjur.com.br/2014-mar-17/lei-orcamentos-publicos-completa-50-anos-vigencia. Acesso em: 14 maio 2018.

DI PIETRO, Maria Sylvia Zanella. *Parcerias na Administração Pública*: concessão, permissão, franquia, terceirização, parceria pública-privada e outras formas. 10. ed. São Paulo: Atlas, 2015, p. 248.

DI PIETRO, Maria Sylvia Zanella. *Direito Administrativo*. 30. ed. rev., atual. e ampl. Rio de Janeiro: Forense, 2017.

FERREIRA, Francisco Gilney Bezerra de Carvalho; OLIVEIRA, Claudio Ladeira. O orçamento público no Estado constitucional democrático e a deficiência crônica na gestão das finanças públicas no Brasil. *Sequência: Estudos Jurídicos e Políticos*, Florianópolis, v. 38, n. 76, p. 183-212, 2017.

HIGA, Alberto Shinji. *A construção do conceito da atividade administrativa de fomento*. Disponível em: http://editorarevistas.mackenzie.br/index.php/rmd/article/view/4741 Acesso em 22 maio 2018.

HIGA, Alberto Shinji. Terceiro Setor: *Da responsabilidade civil do Estado e do agente fomentado*. Belo Horizonte: Editora Fórum, 2010.

MAXIMILIANO, Carlos. *Hermenêutica e Aplicação do Direito*. 19. ed. Rio de Janeiro: Forense, 2009.

MILESKI, Helio Saul. *O controle da gestão pública*. São Paulo: Editora Revista dos Tribunais, 2003.

OLIVEIRA, José Roberto Pimenta. *Os princípios da razoabilidade e da proporcionalidade no Direito Administrativo brasileiro*. São Paulo. Malheiros Editores, 2006.

REIS, Heraldo da Costa. *Subvenções, contribuições e auxílios. Revista de Administração Municipal-Municípios,* Rio de Janeiro, v. 54, n. 268, p. 56, out.-dez. 2008.

SCAFF, Fernando Facury. *O que são normas gerais de Direito Financeiro?*. In: MARTINS, Ives Grandra da Silva; MENDES, Gilmar Ferreira e NASCIMENTO, Carlos Valder do (Coord.). (Org.). *Tratado de Direito Financeiro*. São Paulo: Saraiva, 2013. v. 1, p. 30-44.

STORTO, Paula Raccanello. Questões de impacto federativo decorrentes do Marco Regulatório das Organizações da Sociedade Civil e a Lei 13.019/2014. *Revista de Direito do Terceiro Setor – RDTS,* Belo Horizonte, ano 10, n. 20, p. 9-25, jul./dez. 2016.

VALIM, Rafael. *A subvenção no Direito Administrativo brasileiro*. São Paulo: Contracorrente, 2015.

JURISPRUDÊNCIA:

BRASIL. Supremo Tribunal Federal. RE 518.672-AgR. 2ª Turma. Rel. Min. Joaquim Barbosa. Decisão em 19/06/2009. Disponível em: http://www.stf.jus.br. Acesso em: 24 maio 2018.

LEGISLAÇÃO:

BRASIL. Lei Complementar 101, de 4 de maio de 2000. Estabelece normas de finanças públicas voltadas para a responsabilidade na gestão fiscal e dá outras providências. *Diário Oficial da União*, Brasília, DF, 5 maio 2000. Disponível em: http://www.planalto.gov.br/ccivil_03/LEIS/LCP/Lcp101.htm Acesso em: 14 maio 2018.

BRASIL. *Leis e Decretos. Projeto de Lei de Complementar n. 18, de 1999*: regula o art. 163, incisos I, II, III e IV, e o art. 169 da Constituição Federal, dispõe sobre princípios fundamentais e normas gerais de finanças públicas e estabelece o regime de gestão fiscal responsável, bem assim altera a Lei Complementar 64, de 18 de maio de 1990. Disponível em: http://imagem.camara.gov.br/Imagem/d/pdf/DCD18MAR1999.pdf#page=110 Acesso em: 16 ago. 2018.

BRASIL. Tribunal de Contas do Estado de São Paulo. *Instruções 01/2020*. Disponível em: https://www.tce.sp.gov.br/sites/default/files/legislacao/Instru%C3%A7%C3%B5es_01-2020.pdf Acesso em: 30 abr. 2021.

O CONTRATO DE FOMENTO PÚBLICO EMPRESARIAL: BREVES CONSIDERAÇÕES A RESPEITO DE UMA OPORTUNIDADE PERDIDA

Rafael Hamze Issa

Doutor e Mestre em Direito do Estado pela Faculdade de Direito da Universidade de São Paulo (FDUSP). Pesquisador visitante na Université Paris II – Panthéon-Assas (2018-2019). Professor convidado na Uninove. Assessor Técnico no TCESP.

Sumário: Introdução – 1. Contornos jurídicos da atividade administrativa de fomento empresarial; 1.1. A atividade administrativa de fomento; 1.2. O fomento administrativo a empreendimentos empresariais e seus desafios – 2. O contrato de fomento público empresarial do PPP MAIS: a tentativa de fixação de regras gerais para a operacionalização do fomento – 3. Conclusão – 4. Bibliografia.

INTRODUÇÃO

Uma das formas de atuação do Estado no âmbito econômico é implementada pelo incentivo de atividades privadas que gerem resultados positivos para a coletividade. É a função de *incentivo*, mencionada no art. 174, *caput*, da Constituição Federal, importante para o direcionamento não coativo da economia, por meio da adesão espontânea dos particulares.

No entanto, a ausência de uma lei nacional que estipule as regras gerais de tal instituto parece representar obstáculo à expansão de ações dessa natureza de um modo mais global. A falta de regras claras parece vetar o avanço de medidas de fomento empresarial e, com isso a possibilidade de a coletividade usufruir de medidas que a beneficiem.

Uma tentativa de criar uma norma geral para o fomento público empresarial foi o contrato de fomento público empresarial, previsto no PPP MAIS, mas que acabou não sendo convertido em lei[1]. A intenção de tal proposição legislativa era a de estipular regras gerais aos estímulos que a administração pública pode conceder para o desenvolvimento de atividades empresariais.

A relevância da proposta estava tanto na constituição de uma legislação geral sobre a matéria, inexistente no Brasil, quanto na fixação de regras que viessem a conferir maior segurança jurídica às partes envolvidas, bem como prever meios de acompanhamento dos resultados alcançados com as ações de fomento. Tais propostas,

---

1   Outros dispositivos de tal anteprojeto acabaram por ser integrados na Lei 13.334/17, que estipulou o PPI, Programa de Parcerias para Investimentos.

se convertidas em lei, trariam importantes melhorias ao tema em apreço, permitindo, a nosso ver, maior desenvolvimento da matéria.

É a respeito desta proposta que trata o presente texto.

1. CONTORNOS JURÍDICOS DA ATIVIDADE ADMINISTRATIVA DE FOMENTO EMPRESARIAL

1.1. A atividade administrativa de fomento

1. Em obra clássica do direito administrativo nacional, Carlos Ari Sundfeld[2] apontou para a necessidade de reconstrução da teoria da ação administrativa, calcada em três setores de atuação do Estado: **(i)** a administração gestora, que corresponde à atuação do Estado enquanto sujeito ativo de prestação de serviços e utilidades à coletividade (serviços públicos, atividades econômicas, emissão de moeda, representação estrangeira do Estado); **(ii)** a administração fomentadora, pela qual o Estado estimula os privados a atuarem de determinada forma, sem que haja a utilização pelo Poder Público de mecanismos de coerção ou imperatividade; e **(iii)** a administração ordenadora, que corresponde à função de regulação das atividades privadas, mediante a utilização de mecanismos de autoridade.

Em nosso sentir, tal colocação do fomento entre a prestação de serviços públicos e a função de regulação, feita pelo professor acima citado, retrata exatamente as características da função fomentadora: o meio termo entre a atuação direta do Estado em determinada atividade e a inibição ou estímulo dos particulares à adoção de determinada conduta de interesse da coletividade[3].

2. No entanto, se esta característica geral do fomento permite uma primeira identificação dogmática desta função, ela traz, ao mesmo tempo, três ordens de desafios para os estudiosos de seus aspectos jurídicos.

3. Em primeiro plano, as dificuldades começam pelo estabelecimento de relacionamento público-privada para o alcance de finalidades públicas, sem a utilização dos tradicionais meios estatais para tratar desta relação: a ideia de comando e sanção, calcada na imperatividade estatal. Na realidade, a ideia geral do fomento se baseia na autonomia da vontade para o engajamento do particular em atividades que interessam à coletividade e que, por esta razão, são estimuladas pelo

---

2. *Direito administrativo ordenador*, 2003, p. 16-17.

3. De acordo com Luis Jordana de Pozas, em um dos primeiros estudos a respeito do fomento administrativo: "La acción de fomento es una vía media entre la inhibición y el intervencionismo del Estado, que pretende conciliar la libertad con el bien común mediante la influencia indirecta sobre la voluntad del individuo para que quiera lo que conviene para la satisfacción de la necesidad pública que se trate. Podríamos definirla como la acción de la Administración encaminada a proteger o promover aquellas actividades, etabelecimientos o riquezas debidos a los particulares y que satisfacen necesidades públicas o se estiman de utilidad general, sin usar de la coacción ni crear servicios públicos". (Ensayo de uma teoria del fomento en el derecho administrativo. *Revista de Estudios Politicos*, n. 48, 1949, p. 46).

O CONTRATO DE FOMENTO PÚBLICO EMPRESARIAL **207**

Estado, o que demanda dos estudiosos desta função outra chave de análise para a sua operacionalização[4].

Com efeito, na execução do fomento, não há o manejo de poderes sancionadores do Estado para o alcance da finalidade de interesse coletivo almejada pela administração pública com a política pública implementada pelo fomento. Ao contrário da atividade de polícia, na qual o Estado direciona a atividade privada por meio de condicionamentos e sancionamentos à liberdade e à propriedade, no fomento, a administração fornece àqueles particulares que espontaneamente aderirem à política fomentada alguns benefícios.

Em outras palavras, ao invés de obter dos privados o atendimento à finalidade de interesse coletivo mediante a imposição de sanções, medida típica do poder de polícia, na atividade de fomento, os privados aderem espontaneamente à política pública fomentada, obtendo, assim, as vantagens legalmente previstas[5].

Em suma, o fomento tende a equilibrar a liberdade dos particulares e a não titularidade estatal de atividades de interesse coletivo, com o oferecimento de sanções premiais aos privados que aderirem espontaneamente aos seus delineamentos, de tal forma que, nas palavras de Fernando Garrido Falla, "[l]a actuación administrativa tiende aquí como en todo caso, a la satisfacción de una necesidad pública, a alcanzar un fin de utilidad general; pero esto se logra sin merma de la libertad de los administrados, que, estimulados por la Administración, cooperan voluntariamente en la satisfacción de la necesidad pública"[6].

4. Em segundo lugar, por meio da ação de fomento, a administração pública não se torna titular de determinada atividade, nem passa a assumir a responsabilidade de oferecê-la, direta ou indiretamente, aos cidadãos. Pelo contrário, o Estado respeita o

---

4. As dificuldades em torno da atividade fomentadora do Estado se mostraram presente desde o início de sua expansão. Conforme anota Maria João Estorninho, o crescimento da atividade fomentadora do Estado, em meados do século XX, levou a doutrina alemã a construir a *teoria dos dois níveis*, tendo em vista que a administração pública se "serve de meios jurídico-privados para a prossecução das duas tarefas jurídico-públicas". (*A fuga para o direito privado*: contributo para o estudo da actividade de direito privado da Administração Pública. 2009, p. 111). Com base nesta constatação, a referida teoria foi criada, dispondo que tais relações jurídicas ocorrem em dois níveis: no primeiro, de direito público, há um processo administrativo de determinação da concessão da subvenção; no segundo, de direito privado, celebra-se um contrato com o particular contemplado pela subvenção. Tal teoria, no entanto, foi questionada e acabou por cair em desuso, sobretudo ante a dificuldade de se determinar onde se iniciava e onde terminava cada nível, além dos questionamentos a respeito da cisão clara entre direito público e direito privado (Ob. cit., p. 109-120). Independentemente da sobrevivência ou não dessa teoria, o fato é que a figura do fomento administrativo suscitou questões e problemas interpretativos desde o primeiro momento em que começou a ser utilizada.
5. Como bem aponta Egon Bockmann Moreira: "Essas técnicas jurídicas de encorajamento têm uma diferença em relação às técnicas repressoras: enquanto que estas são exercitadas em função da conservação de um estado de coisas, aquelas o são em função da mudança que se pretende implementar. No campo econômico, procura-se fazer com que os empresários alterem o seu comportamento econômico (já lícito), induzindo juridicamente vantagens econômicas caso se desempenhe determinada atividade segundo certos parâmetros de interesse coletivo". (O direito administrativo da economia e a atividade interventiva do Estado. OSÓRIO, Fábio Medina; SOUTO, Marcos Juruena Villela. *Direito administrativo*: estudos em homenagem a Diogo de Figueiredo Moreira Neto. 2006. P. 861).
6. *Tratado de derecho administrativo*. v. II, 10. ed., 1992, p. 299.

espaço destinado à livre iniciativa na prestação de atividades econômicas[7] e estimula, por meio de sanções premiais, que os executores das atividades fomentadas atuem de modo a alcançar os benefícios públicos decorrentes das atividades desenvolvidas.

Ou seja, ao invés de assumir como própria determinada atividade de interesse coletivo, obrigando-se a prestá-la, diretamente ou por meio de terceiros, situação típica dos serviços públicos[8], o Estado estimula os agentes do mercado a prestar as atividades de interesse coletivo, com a finalidade de atender as demandas sociais.

5. A terceira ordem de dificuldades para a compreensão do fomento diz respeito à pluralidade de sua manifestação legislativa e administrativa. No Brasil, o tema está tratado em diversas leis esparsas[9], cada qual regulando os incentivos conferidos pela administração pública às atividades privadas que geram benefícios à coletividade, bem como os respectivos instrumentos de implementação e os regimes jurídicos próprios. Tais leis, em geral, sequer mencionam o termo *fomento* em seus respectivos textos, tratando diretamente das medidas a serem adotadas para o incentivo às atividades a que dizem respeito.

Assim, por exemplo, podem ser enquadrados na categoria de fomento administrativo: (i) os benefícios fiscais conferidos pelo Estado a determinados grupos empresariais[10]; (ii) a transferência de bens e servidores públicos para que pessoa jurídica privada execute atividades de interesse coletivo[11]; (iii) o direcionamento do poder de compra estatal para determinados grupos[12]; (iv) a estipulação de premiações e títulos

---

7. Conforme José Vicente Santos de Mendonça, "[o] fomento público é o resultado de uma ponderação, entendida em sentido amplo, entre os impulsos planejadores do Estado e a proteção do espaço privado de atuação empreendedora. O resultado é uma técnica de atuação em que o Poder Público indica, sugere ou recomenda – oferecendo, para isso, algum tipo de estímulo palpável, até porque estaríamos no terreno do não Direito se todo seu conteúdo se resumisse a sugestões". (*Direito constitucional econômico*: a intervenção do Estado na economia à luz da razão pública e do pragmatismo. 2014, p. 353-354).

8. Em sede dos estritos termos deste trabalho, não nos parece conveniente estressar as diferenças que a função de fomento possui com relação à prestação de serviços públicos e à atividade de polícia administrativa. Para tanto, conferir, na doutrina nacional: Floriano de Azevedo Marques Neto. Fomento..., cit., p. 423-426; Jose Vicente Santos de Mendonça. *Direito constitucional econômico*..., cit., p. 356 e segs.; Célia Cunha Mello. *O fomento da administração pública*. 2003, p. 39 e segs.

9. Nesse passo, o direito brasileiro se diferencia do direito espanhol, que possui uma lei geral para tratar das subvenções financeiras concedidas pela administração pública, a Ley 38, de 17 de novembro de 2003.

10. Exemplo deste tipo de fomento é o de fomento à indústria automotiva, como no caso do Programa IncentivAuto, do Estado de São Paulo. Por meio dele, o Estado concederá desconto no Imposto sobre Circulação de Mercadorias e Serviços (ICMS) das montadoras de veículos que invistam ao menos R$ 1 bilhão em seus parques fabris localizados no Estado de São Paulo, bem como gerem pelo menos 400 (quatrocentos) empregos. (Cf. Hugo Passarelli. Doria lança pacotes de incentivos para montadoras em SP. *Valor Econômico*, publicado em 08.03.2019 https://www.valor.com.br/brasil/6150591/doria-lanca-pacote-de-incentivos-para-montadoras-em-sp, acesso em 19.03.2019. Cristiano Romero e Marli Olmos. SP dará desconto gradual de ICMS para montadoras. *Valor Econômico*, publicado em 19.03.2019, disponível em https://www.valor.com.br/empresas/6167297/sp-dara-desconto-gradual-de-icms-para-montadoras, acesso em 19.03.2019).

11. Exemplo de tal argumento pode ser verificado no âmbito das Organizações Sociais, prevendo os artigos 12 a 14 da Lei n. 9.637/98, como medidas de fomento, a transferência de recursos públicos, bens públicos e servidores públicos, com valores pagos pela origem (= órgão público de onde procedem os servidores transferidos).

12. Como ocorre no âmbito das contratações públicas voltadas apenas para as micro e pequenas empresas, nos termos dos artigos 48, *caput*, inciso I, da LC 123/06, com redação determinada pela LC 147/2014, que

O CONTRATO DE FOMENTO PÚBLICO EMPRESARIAL **209**

honoríficos para agentes privados (pessoas físicas e jurídicas) que executarem ações de interesse coletivo[13], que recentemente foram revigoradas com ações de promoção reputacional de empresas e pessoas físicas que realizam atividades que beneficiam a sociedade[14]; (v) a concessão de bens públicos para atividades de interesse coletivo[15].

Justamente em virtude dessa característica, há dificuldades àqueles que se dedicam ao seu estudo. Ao mesmo tempo em que é atividade esparsa e presente em diversas ações administrativas, podendo ser implementada por diversos meios, ela

---

determina: "Art. 48. Para o cumprimento do disposto no art. 47 desta Lei Complementar, a administração pública: I – deverá realizar processo licitatório destinado exclusivamente à participação de microempresas e empresas de pequeno porte nos itens de contratação cujo valor seja de até R$ 80.000,00 (oitenta mil reais)".

13. Tal aspecto, por mais que esteja em desuso no Brasil – afinal, a concessão de títulos honoríficos e comendas não parece ser grande atrativo no século XXI – pode ser vislumbrada no âmbito de premiações para atividades de interesse coletivo, do que nos parece ser exemplo as Olimpíadas Brasileiras de Matemática das Escolas Públicas e Privadas – OBMEP, que distribuem premiações (medalhas e menções honrosas) para alunos, professores, escolas e Secretarias Municipais de Educação, de acordo com os respectivos desempenho nas provas que integram a OBMEP. De acordo com o regulamento de tal concurso, ele é organizado pela Associação Instituto Nacional de Matemática Pura e Aplicada – IMPA, com apoio da Sociedade Brasileira de Matemática – SBM, promovida com recursos oriundos do contrato de gestão firmado pelo IMPA com o Ministério da Ciência, Tecnologia, Inovações e Comunicações – MCTIC e com o Ministério da Educação – MEC (http://www.obmep.org.br/regulamento.htm, acesso em 06.03.2019).

14. Exemplo desta realidade pode ser verificado em programas como o Adote uma Praça, do município de São Paulo, segundo o qual pessoas físicas ou jurídicas podem obter da prefeitura para executar ações de manutenção e zeladoria de praças e áreas verdes urbanas, adquirindo o direito de afixar em tais locais placas com seus nomes e logomarcas, para demonstrar seu engajamento em tal ação (cf. Decreto municipal n. 57.583/17). Outro aspecto deste tipo de ação pode ser verificado na prática que ganhou força a partir de 2017, quando algumas prefeituras passaram a contar com doações de bens e serviços fornecidas por empresas privadas que, em troca, tiveram a possibilidade de vincular seus nomes e marcas a ações de interesse coletivo. (Cf. Guilherme Jardim Jurksaitis e André Castro Carvalho. Doações de empresas a prefeituras: o caso do município de São Paulo e a experiência internacional. *Revista Brasileira de Direito Público – RBDP,* n. 56, jan./mar. 2017, p. 127-131; Pedro de Hollanda Dionísio. A exploração da imagem empresarial como instrumento regulatório: entre o constrangimento público e o fomento reputacional. *Revista de Direito Público da Economia – RDPE,* n. 60, out.-dez. 2017, p. 203-222).

15. Como ocorre, por exemplo, no âmbito da Política Nacional de Resíduos Sólidos, instituída pela Lei n. 12.305/10. Em diversos dispositivos, as cooperativas de catadores de materiais recicláveis e reutilizáveis são tratadas como importantes agentes dentro do sistema de tratamento de resíduos sólidos, inclusive para as finalidades de priorização dos recursos federais a serem repassados aos Municípios para a implantação de seus planos de resíduos sólidos (cf., por exemplo, art. 8º, inciso IV; art. 18, §1º, inciso II; e art. 19, *caput,* inciso XI). Nos termos do art. 42, inciso III, "[o] poder público poderá instituir medidas indutoras e linhas de financiamento para atender, prioritariamente, às iniciativas de: (...) III – implantação de infraestrutura física e aquisição de equipamentos para cooperativas ou outras formas de associação de catadores de materiais reutilizáveis e recicláveis formadas por pessoas físicas de baixa renda". Tais incentivos podem consistir na doação pela administração pública de terrenos para a construção da sede social da cooperativa, ou mesmo "na transferência de recursos econômicos, capacitação, formação ou assessoria técnica aos catadores, a doação de equipamentos, máquinas e veículos voltados à finalidade da associação e cooperativa de catadores de materiais recicláveis ou o desenvolvimento de novas tecnologias". (Augusto César L. Resende e Emerson Gabardo. A atividade administrativa de fomento na gestão integrada de resíduos sólidos em perspectiva com o desenvolvimento sustentável. *A&C – Revista de Direito Administrativo e Constitucional,* n. 53, jul./set. 2013, versão eletrônica). Apontam os autores, com base em relato de J. Amilton de Souza, que, na constituição da associação dos catadores da cidade de Santos, nos anos 1980, a administração pública teve papel fundamental, "através da doação de um terreno para a edificação da sede da associação e de sucessivas parcerias, mediante convênio, para conseguir recursos financeiros necessários à manutenção e ao desenvolvimento das atividades institucionais da associação, de modo que sem tais incentivos a referida associação não teria existido".

não possui um conceito normativo que permita àqueles que se dedicam ao seu estudo construírem um consenso em torno dos elementos aptos a identificá-la. Há, portanto, pluralidade de ações envolvendo estímulos conferidos pelo Estado a atividades privadas de relevância pública.

6. Como traço característico a todas as atividades acima mencionadas, há a concessão, pela administração pública, de algum tipo de vantagem para os particulares que exercerem as atividades que ela entende serem úteis e necessárias para o alcance de benefícios à coletividade, sem a assunção de seu exercício pelo Estado ou a imposição de sua execução aos privados.

1.2. O fomento administrativo a empreendimentos empresariais e seus desafios

7. No entanto, se a característica acima mencionada pode ser útil para separar o fomento de outras funções administrativas, tais como o serviço público e o poder de polícia, ela nos parece demasiadamente ampla para a observação dos elementos constitutivos de tal função, bem como do regime jurídico aplicável, uma vez que não nos parece que haja um regime jurídico único a ser aplicável a todas as atividades fomentadoras do Estado[16], que, como visto, são amplas, plurais e multifacetadas.

Assim, mostra-se necessário delimitar qual o tipo de atividade privada a ser fomentada pela administração para a melhor análise de seu regime jurídico, bem como das peculiaridades que a cercam. No presente texto, analisaremos o fomento administrativo a atividades empresariais, o que nos coloca diante do regime da ordem econômica constitucional.

8. O fomento administrativo empresarial encontra seu fundamento nos dispositivos constitucionais que tratam da ordem econômica na Constituição Federal, em especial o *caput* do art. 170[17], que estipula os seus objetivos, bem como o *caput* do art. 174[18], que trata do fomento como forma de o Estado atuar na condição de agente normativo e regulador da economia. Assim, há uma perspectiva finalística

---

16. A esse respeito, cf. nosso *Implementação de políticas de fomento por empresas estatais*: entre missão econômica e objetivos subsidiários. Tese de Doutorado. FDUSP, 2020, especialmente p. 85-89.
17. "Art. 170. A ordem econômica, fundada na valorização do trabalho humano e na livre iniciativa, tem por fim assegurar a todos existência digna, conforme os ditames da justiça social, observados os seguintes princípios: I – soberania nacional; II – propriedade privada; III – função social da propriedade; IV – livre concorrência; V – defesa do consumidor; VI – defesa do meio ambiente, inclusive mediante tratamento diferenciado conforme o impacto ambiental dos produtos e serviços e de seus processos de elaboração e prestação; VII – redução das desigualdades regionais e sociais; VIII – busca do pleno emprego; IX – tratamento favorecido para as empresas de pequeno porte constituídas sob as leis brasileiras e que tenham sua sede e administração no País".
18. "Art. 174. Como agente normativo e regulador da atividade econômica, o Estado exercerá, na forma da lei, as funções de fiscalização, incentivo e planejamento, sendo este determinante para o setor público e indicativo para o setor privado".

no fomento administrativo, de modo que a legitimidade[19] da sua utilização está no alcance de tais objetivos constitucionalmente previstos, considerando ser ele forma de atuação indireta do Estado na economia[20].

Em outras palavras, o Estado fomenta as atividades desenvolvidas por empresas ou por setores empresariais, por entender ser esta medida eficaz para o alcance de determinado valor constitucionalmente previsto para a ordem econômica, cuja concretização os agentes do mercado não realizariam sem a medida de estímulo, ou a realizariam de modo insuficiente para as finalidades da coletividade. Assim, o que legitima o fomento é justamente o alcance de determinada finalidade de interesse coletivo por meio do estímulo concedido e que não seria alcançada total ou parcialmente se ele não tivesse sido oferecido.

9. Justamente ante tais parâmetros de legitimidade da ação de fomento que surgem os desafios envolvidos com os estímulos conferidos a empresas e setores empresariais, especialmente a segurança jurídica ao particular, aferição dos resultados de tais políticas e a relação custo-benefício de tais ações.

A insegurança jurídica decorre da forma como o fomento é muitas vezes encarado pela coletividade, qual seja, a de "benesse estatal concedida aos amigos do rei". Talvez isto decorra da própria ausência de acompanhamento das políticas de fomento pelos entes que a instituam com dados claros e transparentes a respeito dos impactos reais das medidas dos estímulos concedidos.

Somado a isso, há a outra face da moeda do fenômeno, que enxerga no fomento um "favor" conferido pelo Estado a determinados grupos. A própria colocação do incentivo como função mais próxima da discricionariedade que da vinculação[21] acaba por ser fonte de insegurança para aqueles envolvidos com tal atividade, especialmente os agentes econômicos.

Nas relações travadas entre as partes, não raro há dúvidas a respeito do período de permanência da medida de fomento, dos critérios utilizados para sua suspensão ou extinção, do ressarcimento ou não dos custos que o particular teve para aderir ou permanecer no exercício da atividade estimulada etc. Tais dúvidas tendem a retirar a potencialidade do fomento empresarial para o alcance de finalidades públicas.

A aferição dos resultados e do custo-benefício das medidas de fomento estão entrelaçados.

---

19. Utilizamos legitimidade neste texto em sentido mais profundo do que o de legalidade, envolvendo também a eficácia da ação pública de fomento para o alcance da concretização do interesse coletivo buscado com a sua implementação.

20. Adotamos a perspectiva de Alexandre Santos de Aragão, no sentido de que, ante a imbricada relação entre Estado e economia, o mais correto é falar em atuação, não em intervenção, que remete à noção de atuação em domínio alheio. *Empresas estatais: o regime jurídico das empresas públicas e sociedades de economia mista.* 2. ed. 2018, p. 31-34.

21. José Vicente Santos de Mendonça. *Direito constitucional econômico...*, cit., p. 395 e segs.

Com efeito, na prática, os estímulos conferidos envolvem conteúdo econômico, podendo se constituir em desonerações fiscais, concessão de bens públicos para a instalação de parques fabris, regimes tributários favorecidos para determinadas empresas, acesso a determinadas linhas de crédito fornecidas por bancos públicos etc. Por envolverem conteúdo econômico, há que se perquirir se os benefícios visados pela administração com tais medidas foram alcançados, bem como se os valores investidos corresponderam aos benefícios gerados[22].

O cálculo da relação custo-benefício não é apenas econômico, pois estamos a tratar de valores constitucionais a serem concretizados, tais como o desenvolvimento nacional sustentável. No entanto, mostra-se importante para a legitimidade da ação de fomento que ela possua métricas para aferir o desempenho no alcance das finalidades a que se propõe, bem como que seja realizada a análise de proporcionalidade entre os recursos públicos investidos (diretamente ou por desonerações fiscais) e os valores efetivamente concretizados[23].

Até porque é pela análise dos impactos financeiros, sociais, ambientais etc. que poderá ser aferido o sucesso ou não da atividade de fomento, bem como da legitimidade ou não de sua continuidade. Assim, a fixação de métricas e metas é importante para a verificação de seus resultados concretos a permitir ou não a manutenção da medida de fomento implementada.

Uma tentativa de conferir tratamento mais dogmático a esse aspecto do fomento administrativo a atividades empresariais foi feito pelo anteprojeto de lei do PPP MAIS, elaborado pelo Professor Carlos Ari Sundfeld e submetido a grupo de trabalho instituído pelo Ministério da Fazenda em 2015[24]. A este tema será dedicado o próximo item deste ensaio.

2. O CONTRATO DE FOMENTO PÚBLICO EMPRESARIAL DO PPP MAIS: A TENTATIVA DE FIXAÇÃO DE REGRAS GERAIS PARA A OPERACIONALIZAÇÃO DO FOMENTO

9. Como medida apta a gerar maior segurança jurídica e agilidade institucional na formulação e implementação de projetos de utilidade pública nacional, foi elaborado o anteprojeto de lei do PPP MAIS, que estava pautado na ideia de centralização em autoridade nacional dos projetos de interesse da mesma esfera que envolvessem

---

22. Para um aprofundamento de tais questões, bem como dos limites ao fomento impostos pela ordem econômica constitucional, cf. nosso *Implementação de políticas de fomento por empresas estatais*: entre missão econômica e objetivos subsidiários. 2020.

23. Nessa linha, o Tribunal de Contas do Estado de São Paulo já decidiu pela necessidade de métricas e estudos prévios para a legitimidade de patrocínio municipal a eventos particulares, conforme o julgamento dos processos TC-987.989.20-9 e TC-001212.989.20-6, pela 2ª Câmara, sob relatoria do Conselheiro Dimas Ramalho, na sessão de 08 jun. 2021.

24. O grupo de trabalho foi nomeado pelo então Ministro da Fazenda, Joaquim Levy, e integrado pelos Professores Egon Bockmann Moreira, Flávio Amaral Garcia, Paulo Guilherme Farah Correa, Fabrício do Rosário Valle Dantas Leite, Valter Shuenquener de Araújo e Floriano de Azevedo Marques Neto.

O CONTRATO DE FOMENTO PÚBLICO EMPRESARIAL **213**

a interação público-privada. Assim, foram objeto de tal anteprojeto os contratos de fomento e os contratos de concessão de atividades públicas a particulares[25].

A par da criação de uma autoridade nacional com *status* de ministério, o anteprojeto institui regras a serem seguidas pelas diversas esferas federativas (União, Estados, Distrito Federal e Municípios), de modo que as normas gerais relativas ao contrato de fomento empresarial poderiam ser utilizadas tanto em projetos de interesse nacional, quanto de interesse dessas esferas[26].

10. Com relação a esse objeto, o anteprojeto do PPP MAIS previu a possibilidade de celebração de contrato específico, que seria utilizado para estabelecer "relação jurídica obrigacional entre os órgãos e entidades estatais competentes e a empresa titular do empreendimento privado de utilidade pública, viabilizando a execução e a fruição do regime de fomento previsto no contrato" (art. 8º, *caput*).

Com tal previsão, seria criada uma relação obrigacional entre as partes – de adesão voluntária do privado, ante a natureza do fomento –, sendo esta regrada de acordo com os termos do próprio contrato, o que concederia caráter mais específico a cada contrato, de modo a permitir a celebração de ajustes mais adequados às necessidades públicas e privadas envolvidas em cada situação.

Ao tratar do regramento obrigatório do contrato de fomento empresarial, o §2º do art. 8º determinava:

"§2º O contrato especificará, de modo consistente, detalhado, preciso e claro:

I - as medidas de fomento nele envolvidas, as normas legais e regulamentares a que se sujeitam e os procedimentos e instrumentos necessários para sua execução;

II - as obrigações recíprocas de todos os contratantes, as condições e prazos para sua execução, e ainda as causas suspensivas, as consequências de sua inexecução e os requisitos para sua eventual revisão;

III - os riscos assumidos por cada contratante, e suas consequências;

IV - as garantias oferecidas pelos contratantes para assegurar a plena execução de suas obrigações;

V - as multas pecuniárias e indenizações devidas, pelo contratante que descumprir obrigação contratual, ao contratante a quem o contrato atribuir o direito de recebê-las, e ainda os meios para sua apuração e cobrança;

VI - as hipóteses, meios e consequências da extinção do contrato:

a) por inviabilidade de sua continuidade, em virtude de norma constitucional ou legal superveniente, de força maior ou caso fortuito, ou ainda de inexecução de obrigação que não possa ser substituída ou compensada, mesmo por decisão arbitral ou judicial;

b) por vontade de todas as partes;

---

25. Para a análise ampla do PPP Mais, cf. Carlos Ari Sundfeld e Egon Bockmann Moreira. PPP MAIS: um caminho para práticas avançadas nas parcerias estatais com a iniciativa privada. *Revista de Direito Público da Economia – RDPE*, n. 53, jan./mar. 2016, p. 9-49.

26. Conforme o art. 35: "Art. 35 As normas gerais da presente lei sobre o processo de qualificação, como de utilidade pública, de empreendimentos empresariais privados, e sobre o contrato de fomento público empresarial, serão aplicáveis, no que couber, às ações de fomento a empreendimentos cuja utilidade pública seja reconhecida como simplesmente federal, estadual, distrital ou municipal".

c) por implemento de seu objeto; e

d) por invalidade insanável reconhecida por todos os contratantes, ou por decisão arbitral ou judicial;

VII - os mecanismos para monitoramento, avaliação e acompanhamento público da execução das obrigações dos contratantes e dos resultados alcançados pelo empreendimento;

VIII - os meios de solução de conflitos contratuais, autorizada a utilização de arbitragem, a qual será realizada no Brasil e em língua portuguesa, sendo a publicidade assegurada pela publicação, pelo contratante público que seja parte no conflito, do termo de instauração, das decisões liminares, da sentença e de seus aditivos; e

IX - a responsabilidade do contratante privado por atos lesivos à administração pública nacional, nos termos da lei 12.846, de 2013, ou por ato de improbidade administrativa, nos termos da lei 8.429, de 1992".

Dessas regras, duas merecem destaque. A *primeira* é a aquela que reforça a ideia constante no *caput* de que o fomento se implementa por meio de um contrato, gerando obrigações para ambas as partes (inciso II), com a estipulação de multa e indenização pelo descumprimento de obrigações (inciso V) e de garantias do adimplemento delas (inciso IV).

Assim, seria possível ao particular saber de antemão que a troca de determinado governo municipal ou estadual não colocaria em risco os investimentos por ele realizados na atividade fomentada, ante as garantias prestadas pela administração e a previsão de recebimento de multa pelo descumprimento contratual pela Administração. Da mesma forma, o Poder Público teria maior *enforcement* na imposição de medidas de ordem pecuniária aos particulares que descumprissem suas obrigações nas medidas de fomento ajustadas.

A *segunda* ideia é aquela que trataria dos "mecanismos para monitoramento, avaliação e acompanhamento público da execução das obrigações dos contratantes e dos resultados alcançados pelo empreendimento" (inciso VII). Conforme comentamos acima, o acompanhamento dos resultados da política de fomento é de fundamental importância para a legitimidade da sua continuidade, considerando, inclusive, a dinâmica do mercado, no qual haverá a atuação estatal.

Ou seja, a aferição do custo-benefício da medida de fomento, que integra a análise da legitimidade, é medida que deve ser realizada ao longo de toda a vida da ação fomentadora, como forma de adequar a medida às necessidades a serem atendidas e à dinâmica do mercado.

A isso se liga outra importante previsão do anteprojeto, presente no §5º do artigo 8º, que trataria da possibilidade de alteração do contrato de fomento "para diminuição, ampliação ou alteração das medidas de fomento, ou modificação de outras condições contratadas, e ainda para a substituição ou a inclusão de novos contratantes públicos, desde que a alteração seja fundamentada em estudos técnicos específicos e consistentes, além de precedida do processo e dos atos previstos no art. 7º da presente lei".

O CONTRATO DE FOMENTO PÚBLICO EMPRESARIAL **215**

A previsão legal teria como objetivo adequar a ação de fomento ao longo de sua execução, com vistas ao alcance da finalidade pública por ela perseguida, o que pode ser motivado tanto pela dinâmica social e do mercado, quanto pela necessidade de ajustes decorrentes da aferição do desempenho da política em implementação. Com isto, as partes teriam maior liberdade para adequar o contrato à realidade, de acordo com os estudos técnicos produzidos para tanto.

11. Além de medidas destinadas a regrar em linhas amplas o contrato de fomento, o anteprojeto também estipulou medidas que podem ser objeto de transação entre as partes para a implementação do fomento, como forma de conceder maior segurança jurídica para aqueles envolvidos com a atividade fomentadora do Estado.

Neste passo, o anteprojeto previa a possibilidade de concessão de diversos instrumentos de fomento para o estímulo de empresas, conforme seu artigo 9°[27]. O

---

27. "Art. 9º Na celebração e execução do contrato de fomento público empresarial será observado, ainda, o seguinte:

I – quando a implantação do empreendimento privado justificar a liberação conjunta de diversos órgãos, entidades e autoridades estatais por intermédio da formação do consórcio público especial a que se refere o art. 26 da presente lei, o contrato de fomento público empresarial indicará a autoridade que exercerá competências equivalentes à de Estruturador Chefe (art. 12), no que aplicáveis;

II – se, para apoio às atividades do consórcio público especial, no caso do inciso I deste artigo, for necessária a contratação de suporte profissional externo, a entidade estatal indicada no contrato de fomento público poderá celebrar contrato de serviços técnicos nos termos previstos no art. 28 da presente lei, devendo o contrato de fomento público empresarial prever os limites e as condições em que, como contrapartida, o contratante privado do fomento arcará diretamente com os respectivos pagamentos;

III – quando a implantação do empreendimento empresarial privado exigir a desapropriação de imóveis ou a instituição de servidão, a respectiva declaração de utilidade pública, aqui autorizada na forma do art. 5°, *p*, do decreto-lei 3.365, de 1941, será editada por decreto da entidade estatal prevista no contrato de fomento público, ou por ato de autoridade pública que receba delegação por decreto, devendo o contratante privado fornecer os elementos técnicos necessários e, na condição de responsável por estabelecimento aqui reconhecido como de caráter público, para os efeitos do art. 3° do decreto-lei 3.365, de 1941, promover sua execução, inclusive por meio de ação judicial, se for o caso, bem como o pagamento integral das indenizações, adquirindo a titularidade de todos os direitos de propriedade e outros direitos reais sobre os bens atingidos;

IV – o contrato poderá prever, em favor do contratante privado do fomento, a aquisição de propriedade material ou imaterial, móvel ou imóvel, de entidade estatal, ou a instituição de direitos em relação a ela, inclusive direitos reais de uso ou de exploração, com dispensa de licitação, quando necessárias à implantação do empreendimento empresarial privado de utilidade pública nacional;

V – nos termos previstos no contrato, outras propriedades de entidade estatal, ou direitos sobre elas, poderão ser transferidos ao contratante privado do fomento, a título gratuito ou a título oneroso, mediante permuta, pagamento em dinheiro, cessão de crédito ou outras formas, bem como, observado o inciso VI deste artigo, por subscrição de ações ou quotas do capital da empresa;

VI – o contrato de fomento público empresarial poderá prever a realização de investimento de entidade estatal, mediante:

a) subscrição de participação minoritária, em dinheiro, bens, direitos ou créditos públicos, no capital votante do contratante privado titular do empreendimento; ou

b) contribuição, em dinheiro, bens, direitos ou créditos públicos, como sócio participante minoritário, para a formação de patrimônio especial de sociedade em conta de participação de que seja sócio ostensivo o contratante privado titular do empreendimento;

VII – a participação de que trata o inciso VI deste artigo também poderá ser subscrita ou aportada com quotas que a entidade estatal possua em fundo privado de investimento imobiliário que tenha constituído,

primeiro tipo de instrumento previsto foi a desapropriação em favor de particular (inciso III), competindo ao Poder Público a edição do decreto de utilidade pública – que depende do manejo de poder estatal –, sendo a execução dos demais atos expropriatórios – negociação do valor com o expropriado, ajuizamento das ações de desapropriação, pagamento do valor devido e atos registrais de propriedade – atribuídos ao particular objeto da ação de fomento[28].

Neste caso, o fomento concedido ao privado se revela pela aquisição facilitada – uma vez que a desapropriação se trata de venda não consentida pelo expropriado – dos imóveis necessários para implementação do empreendimento empresarial, em virtude dos benefícios econômicos e sociais a ele atribuídos.

---

ou venha a constituir, com o aporte de imóveis, de direitos a eles relativos, ou de certificados de potencial adicional de construção, emitidos na forma da legislação urbanística aplicável;

VIII – no caso do inciso VII deste artigo, todos os rendimentos e dividendos que vierem a ser recebidos pela entidade estatal em função de participação subscrita com quotas vinculadas a certificados de potencial construtivo serão aplicados exclusivamente na respectiva operação urbana consorciada;

IX – os bens e direitos de origem estatal transferidos ao contratante privado na forma deste artigo poderão ser por ele alienados ou onerados, observados os limites e condições eventualmente previstos no contrato;

X – atendidas as condições e restrições constitucionais e legais aplicáveis, o contrato poderá prever a concessão de fomento na modalidade de renúncia total ou parcial de receitas que, em função do empreendimento, a entidade estatal deveria receber no período delimitado pelo contrato, caso em que este poderá exigir como contrapartida a execução de obrigações e o atingimento de metas e resultados pelo contratante privado ou, ainda, a conversão parcial ou total do crédito público em subscrição ou contribuição, na forma do inciso VI deste artigo;

XI – o contrato poderá, como medida de fomento necessária à viabilização do empreendimento, e desde que isso não impeça ou distorça de modo injustificado a concorrência, garantir ao contratante privado o direito de fruição ou uso especial de serviço público, obra pública, instalação ou bem público de titularidade do contratante público, mesmo quando implantado ou operado por terceiro, respeitadas nesse caso as condições do contrato público-privado respectivo, devendo o contrato de fomento público empresarial definir as condições técnicas e econômicas aplicáveis, o prazo de duração do direito conferido, e os termos para sua renovação;

XII – o contrato poderá, como medida complementar de fomento público durante a fase de implantação e consolidação do empreendimento privado, objetivamente delimitada e não superior a oito anos, incluir o compromisso de aquisição, por entidade estatal contratante, com dispensa de licitação, de bens ou serviços prestados pelo contratante privado, devendo o contrato definir os volumes envolvidos, os preços correspondentes ou as fórmulas objetivas para sua determinação, a forma de pagamento e de atualização ou revisão, e os demais requisitos exigidos pela legislação específica, quando compatíveis com as peculiaridades do caso;

XIII – o contrato poderá prever a celebração de contrato para a prestação ou fornecimento, ao contratante privado, por entidade estatal, de serviços, bens ou outras prestações, dispensada a licitação e os outros procedimentos de disputa previstos em norma específica, e observadas as competências, regras e práticas comerciais específicas da entidade estatal; e

XIV – o contrato poderá prever a concessão, com observância das normas urbanísticas, ambientais e regulatórias aplicáveis, de fomento público para a implantação, ampliação ou administração, pelo contratado, de distrito ou parque industrial, comercial, tecnológico e outros, bem como para a instalação do contratante privado em distrito de iniciativa pública".

28. A respeito da possibilidade de desapropriação por particulares, cf. Carlos Ari Sundfeld, Jacintho Arruda Câmara e Rodrigo Pagani de Souza. Desapropriação em favor de particular: proibição, limites e possibilidades. *A&C – Revista de Direito Administrativo & Constitucional*, Belo Horizonte, ano 12, n. 47, p. 85-106, jan.-mar. 2012.

Outra medida prevista no anteprojeto de lei dizia respeito à utilização de bens públicos móveis ou imóveis para a implantação do empreendimento privado de interesse público. Neste caso, o anteprojeto de lei previa uma série de regras aptas a regulamentar esta forma de incentivo estatal, quais sejam: (*i*) aquisição da propriedade pública ou instituição de direitos de uso sobre ela, em favor do particular, com dispensa de licitação (inciso iv); (*ii*) alienação dos bens cuja propriedade ou o uso tenham sido transferidos pelo ente fomentador, nos limites e de acordo com as regras do contrato (inciso ix); (*iii*) uso especial de obra pública, bem público ou serviço público, ainda que operado por terceiro, desde que não represente distorção injustificada da propriedade; (*iv*) a concessão de área pública para a instituição de distrito ou parque industrial, comercial, tecnológico entre outros (inciso xiv).

A utilização de bens públicos por entidades privadas para o fomento de atividades de interesse coletivo não é nova no direito brasileiro, já havendo tal previsão, por exemplo, na Lei n. 9.637/1998, que regula as organizações sociais (art. 12[29]). A grande inovação que o anteprojeto pretendia introduzir era a de consolidação dessa prática para atividades privadas exploradas economicamente com intuito lucrativo, ante os seus benefícios gerados à coletividade, aspecto este destacado pela literatura jurídica como meio de incentivo a atividades empresariais[30].

Outra forma de fomento prevista em tal anteprojeto dizia respeito à possibilidade de participação do ente fomentador, por meio da participação minoritária em empresa privada (inciso vi), constituindo as chamadas empresas público-privadas ou semiestatais, que se caracterizam pela participação minoritárias da empresa estatal no capital social de empresa privada não integrante da administração pública[31]. Nestas hipóteses, forma-se um vínculo societário entre as entidades pública e privada, motivado pelo estímulo à atividade desenvolvida.

---

29. "Art. 12. Às organizações sociais poderão ser destinados recursos orçamentários e bens públicos necessários ao cumprimento do contrato de gestão.

    § 1º São assegurados às organizações sociais os créditos previstos no orçamento e as respectivas liberações financeiras, de acordo com o cronograma de desembolso previsto no contrato de gestão.

    § 2º Poderá ser adicionada aos créditos orçamentários destinados ao custeio do contrato de gestão parcela de recursos para compensar desligamento de servidor cedido, desde que haja justificativa expressa da necessidade pela organização social.

    § 3º Os bens de que trata este artigo serão destinados às organizações sociais, dispensada licitação, mediante permissão de uso, consoante cláusula expressa do contrato de gestão".

30. A esse respeito, cf. Danilo Tavares da Silva. *Política industrial e desenvolvimento regional*: o fomento estatal dos arranjos produtivos locais. 2010, especialmente p. 78 a 80; Floriano de Azevedo Marques Neto. Fomento..., p. 456-458.

31. Fugiria ao escopo deste ensaio analisar o regime jurídico de tais empresas, bem como as nuances apontadas pela literatura especializada a respeito desta figura jurídica. Para tanto, remetemos o leitor aos seguintes trabalhos: Carlos Ari Sundfeld Rodrigo Pagani de Souza Henrique Motta Pinto. Empresas semiestatais. *Revista de Direito Público da Economia – RDPE*, Belo Horizonte, ano 9, n. 36, p. 75-99, out./dez. 2011; Mário Saadi. *Empresa semiestatal*. Belo Horizonte: Fórum, 2019; Rafael Wallbach Schwind. *O Estado acionista*: empresas estatais e empresas privadas com participação estatal. São Paulo: Almedina, 2017; Filipe Machado Guedes. *A atuação do Estado na economia como acionista minoritário*. São Paulo: Almedina, 2015; e Carolina Barros Fidalgo. *O Estado empresário*: das sociedades estatais para as sociedades privadas com participação minoritária do Estado. São Paulo: Almedina, 2017.

Exemplos destas parcerias são as participações detidas pelo BNDES em empresas privadas, por meio do BNDESPAR, ou mesmo as participações estatais destinadas ao fomento à inovação, tal qual autorizado no artigo 5º da Lei n. 10.973/2004[32]-[33].

Também previa o anteprojeto o fomento por meio da aquisição, pelo ente fomentador, com dispensa de licitação, dos bens e serviços fornecidos pela empresa estimulada (incisos xii e xiii), com vistas a garantir demanda mínima apta a gerar o incentivo à atividade empresarial de interesse coletivo, além de tal aquisição se destinar a alguma necessidade da administração pública.

Tais disposições se ligam à técnica de fomento baseada na estipulação de privilégios de aquisição pública para determinadas categorias de agentes fornecedores ou objetos a serem adquiridos. Ela tem sido utilizada no Brasil, criando-se tanto hipóteses de dispensa de licitação para determinadas categorias de agentes (por exemplo, a contratação direta de organizações sociais[34]), quanto pela fixação de licitações específicas para microempresas e empresas de pequeno porte (artigo 48, *caput*, inciso I, da LC 123/2006[35]), ou mesmo pela margem de preferência a produtos manufaturados e serviços nacionais[36]. A depender do tipo de ator econômico ou de objeto que se

---

32. "Art. 5º São a União e os demais entes federativos e suas entidades autorizados, nos termos de regulamento, a participar minoritariamente do capital social de empresas, com o propósito de desenvolver produtos ou processos inovadores que estejam de acordo com as diretrizes e prioridades definidas nas políticas de ciência, tecnologia, inovação e de desenvolvimento industrial de cada esfera de governo. (Redação pela Lei 13.243, de 2016)

    §1º A propriedade intelectual sobre os resultados obtidos pertencerá à empresa, na forma da legislação vigente e de seus atos constitutivos. (Incluído pela Lei 13.243, de 2016)

    §2º O poder público poderá condicionar a participação societária via aporte de capital à previsão de licenciamento da propriedade intelectual para atender ao interesse público. (Incluído pela Lei 13.243, de 2016)

    §3º A alienação dos ativos da participação societária referida no *caput* dispensa realização de licitação, conforme legislação vigente. (Incluído pela Lei 13.243, de 2016)

    §4º Os recursos recebidos em decorrência da alienação da participação societária referida no *caput* deverão ser aplicados em pesquisa e desenvolvimento ou em novas participações societárias. (Incluído pela Lei 13.243, de 2016)

    §5º Nas empresas a que se refere o *caput*, o estatuto ou contrato social poderá conferir às ações ou quotas detidas pela União ou por suas entidades poderes especiais, inclusive de veto às deliberações dos demais sócios nas matérias que especificar. (Incluído pela Lei 13.243, de 2016)

    §6º A participação minoritária de que trata o *caput* dar-se-á por meio de contribuição financeira ou não financeira, desde que economicamente mensurável, e poderá ser aceita como forma de remuneração pela transferência de tecnologia e pelo licenciamento para outorga de direito de uso ou de exploração de criação de titularidade da União e de suas entidades. (Incluído pela Lei 13.243, de 2016)".

33. O artigo 5º da Lei n. 10.973/2004 foi regulamentado pelo artigo 4º do Decreto n. 9.283/2018. A respeito desta modalidade de fomento, cf. Carolina Mota Mourão e Rafael Hamze Issa. Quais as oportunidades de parceria público-privada abertas pelo artigo 4º do Decreto Federal de Inovação?. In: Fabio Gomes dos Santos e Daniel Bernardes de Oliveira Babinski (Coord.). *Cadernos de Direito e Inovação – Decreto federal de inovação: novas oportunidades*. 2019, p. 32-39.

34. Art. 24, inciso XXIV, Lei 8.666/1993.

35. "Art. 48. Para o cumprimento do disposto no art. 47 desta Lei Complementar, a administração pública:

    I – deverá realizar processo licitatório destinado exclusivamente à participação de microempresas e empresas de pequeno porte nos itens de contratação cujo valor seja de até R$ 80.000,00 (oitenta mil reais)".
    Dispositivo copiado de acordo com a redação dada pela Lei Complementar 147/2014.

36. Conforme regulamentado pelo art. 3º, §§5º e seguintes, da Lei n. 8.666/93, e pelo art. 26 da Lei n. 14.133/2021.

O CONTRATO DE FOMENTO PÚBLICO EMPRESARIAL **219**

pretenda estimular, o Estado tem feito uso de seu poder de compra, com a finalidade de aliar, de um lado, a aquisição de determinado bem ou serviço que satisfaça algum interesse coletivo ou necessidade da própria administração (finalidade imediata da contratação pública), e, de outro, o incentivo a determinada atividade (finalidade mediata ou subsidiária da aquisição pública)[37].

Por fim, também previu o anteprojeto de lei a possibilidade de fomento por meio de renúncias fiscais dos valores que o ente federado teria direito na implementação do empreendimento empresarial de interesse coletivo (inciso x). Este tipo de medida, em si, é uma das mais tradicionais na prática brasileira. A importante inovação trazida pelo anteprojeto estava na possibilidade de o ente fomentador exigir contrapartidas do privado fomentado, consistentes em "execução de obrigações e o atingimento de metas e resultados pelo contratante privado ou, ainda, a conversão parcial ou total do crédito público em subscrição ou contribuição" para investimento minoritário na empresa fomentada.

A ideia de vincular o incentivo de natureza econômica a contrapartidas do privado nos parece salutar, como medida apta a "assegurar a *efetividade* do fomento (seja garantindo ou potencializando os fins públicos por ele visados) e, pois, a adequada utilização dos recursos públicos destinados ao fomento"[38]. Afinal, por mais que o fomento a atividades empresariais envolva uma série de riscos ligados à imprevisibilidade do funcionamento do mercado, ele não "é uma aposta vã; é, espera-se, ação planejada e racional do Estado em favor de ação privada de interesse público. Simples assim. Complicado assim"[39].

Com medidas deste tipo, tem-se a possibilidade de que o estímulo concedido amplie e potencialize os benefícios sociais e econômicos buscados pela administração pública com a ação fomentadora, pela estipulação de metas e objetivos a serem alcançados pelo particular incentivado como contraface dos benefícios econômicos recebidos do Estado[40].

3. CONCLUSÃO

O anteprojeto do PPP MAIS teve por objetivo criar um ambiente jurídico e institucional propenso ao relacionamento público-privado em prol do desenvolvimento

---

37. Para a análise desta técnica de fomento, cf. Floriano de Azevedo Marques Neto. Fomento..., p. 453-455; Marina Fontão Zago. *Poder de compra estatal como instrumento de políticas públicas?*. 2018.
38. Floriano de Azevedo Marques Neto. Fomento..., cit., p. 461.
39. José Vicente Santos de Mendonça. *Direito constitucional econômico...*, cit., p. 393.
40. De acordo com Danilo Tavares da Silva: "Não há regra que determine se o fomento deve corresponder integralmente aos recursos demandados ao desenvolvimento de uma determinada atividade, nem se cabe exigir do beneficiado o aporte de algum montante. De todo modo, exigir contrapartida do beneficiado, principalmente as que dizem respeito a desempenho, pode servir como estímulo à sua eficiência, evitando que o agente fomentado se acomode em razão da percepção do benefício estatal". (Política industrial e desenvolvimento regional..., cit., p. 63).

econômico, adotando, dentre uma das medidas propostas, o regramento geral do fomento administrativo a atividades econômicas de interesse público.

A nosso ver, a não conversão do anteprojeto em projeto de lei acarretou a perda de uma oportunidade valiosa para o direito brasileiro, de discutir, em sede de texto normativo com abrangência nacional, as medidas de estímulo público a empreendimento empresariais privados, com a previsão de mecanismos já praticados de maneira esparsa e pelos entes federados.

Perdeu-se a chance de ao menos discutir quais as melhores iniciativas para a estipulação de medidas de fomento econômico de empreendimentos empresariais de interesse público. Perdeu-se, ainda, com a conversão de tais temas do anteprojeto em lei, de conceder maior segurança jurídica e previsibilidade aos agentes públicos e privados envolvidos em tais atividades, o que representaria importante passo na ampliação da utilização mais racional de tais medidas necessárias ao desenvolvimento econômico e que, atualmente, padecem, em sua maioria, de análise dos resultados práticos e da efetividade das ações tomadas[41], feitas pelos próprios entes instituidores das ações de fomento. Tal cenário reforça o sentimento geral de que o fomento é nada mais que uma espécie de benesse concedida aos amigos do Rei.

Se, do ponto de vista legislativo, o contrato de fomento público empresarial não saiu do anteprojeto, academicamente as discussões das medidas por ele previstas nos parecem de extrema relevância, por serem aplicadas pela administração pública em suas atividades diárias. Assim, esperamos que este pequeno texto estimule mais discussões a respeito do tema do anteprojeto.

4. BIBLIOGRAFIA

ARAGÃO, Alexandre Santos de. *Empresas estatais*: o regime jurídico das empresas públicas e sociedades de economia mista. 2. ed., Rio de Janeiro: Forense. 2018.

DIONÍSIO, Pedro de Hollanda. A exploração da imagem empresarial como instrumento regulatório: entre o constrangimento público e o fomento reputacional. *Revista de Direito Público da Economia – RDPE*, n. 60, out.-dez. 2017, p. 203-222.

ESTORNINHO, Maria João. *A fuga para o direito privado*: contributo para o estudo da actividade de direito privado da Administração Pública. Coimbra: Almedina, 2009.

FALLA, Fernando Garrido. *Tratado de derecho administrativo*. V. II, 10. ed. Madri: Tecnos, 1992.

FIDALGO, Carolina Barros. *O Estado empresário*: das sociedades estatais para as sociedades privadas com participação minoritária do Estado. São Paulo: Almedina, 2017.

GUEDES, Filipe Machado. **A** *atuação do Estado na economia como acionista minoritário*. São Paulo: Almedina, 2015.

---

41. A esse respeito, cf. Julio Wiziak e Maeli Prado. Governo deu R$ 173 bi em subsídios a programas sem efeitos, diz estudo. *Folha de São Paulo*. 22.07.2018. Disponível em: https://www1.folha.uol.com.br/mercado/2018/07/governo-deu-r-173-bi-em-subsidios-a-programas-sem-efeitos-diz-estudo.shtml?origin=folha. Acesso em: 22 jul. 2018.

ISSA, Rafael Hamze. *Implementação de políticas de fomento por empresas* estatais: entre missão econômica e objetivos subsidiários. Tese (Doutorado – Programa de Pós Graduação em Direito do Estado) – Faculdade de Direito, Universidade de São Paulo, 2020. 277f.

JURKSAITIS, Guilherme Jardim; CARVALHO, André Castro. Doações de empresas a prefeituras: o caso do município de São Paulo e a experiência internacional. *Revista Brasileira de Direito Público – RBDP*, n. 56, jan./mar. 2017, p. 127-131.

MARQUES NETO, Floriano de Azevedo. Fomento. *In:* DI PIETRO, Maria Sylvia Zanella (Coord.). *Tratado de direito administrativo: funções administrativas do Estado.* São Paulo: Revista dos Tribunais, 2014. v. 4., p. 405-508.

MELLO, Célia Cunha. *O fomento da administração pública.* Belo Horizonte: Del Rey, 2003.

MENDONÇA, José Vicente Santos de. *Direito constitucional econômico:* a intervenção do Estado na economia à luz da razão pública e do pragmatismo. Belo Horizonte: Fórum, 2014.

MOREIRA, Egon Bockmann. O direito administrativo da economia e a atividade interventiva do Estado. *In* OSÓRIO, Fábio Medina; SOUTO, Marcos Juruena Villela. *Direito administrativo:* estudos em homenagem a Diogo de Figueiredo Moreira Neto. Rio de Janeiro: Lumen Juris, 2006. p. 847-868.

MOURÃO, Carolina Mota; ISSA, Rafael Hamze. Quais as oportunidades de parceria público-privada abertas pelo artigo 4º do Decreto Federal de Inovação?. In SANTOS< Fabio Gomes dos; BABINSKI, Daniel Bernardes de Oliveira (Coord.). *Cadernos de Direito e Inovação –* Decreto federal de inovação: novas oportunidades. Cadernos do Núcleo Jurídico do Observatório da Inovação e Competitividade do Instituto de Estudos Avançados da Universidade de São Paulo. São Paulo: IEA-USP, 2020, p. 32-39.

POZAS, Luis Jordana de. Ensayo de uma teoria del fomento en el derecho administrativo, *Revista de Estudios Politicos*, n. 48, p. 41-54. Madrid: 1949.

RESENDE, Augusto César L.; GABARDO, Emerson. A atividade administrativa de fomento na gestão integrada de resíduos sólidos em perspectiva com o desenvolvimento sustentável. *A&C – Revista de Direito Administrativo e Constitucional*, n. 53, jul./set. 2013, versão eletrônica. Acesso em 12.11.2018.

SAADI, Mário. *Empresa semiestatal.* Belo Horizonte: Fórum, 2019.

SCHWIND, Rafael Wallbach. *O Estado acionista:* empresas estatais e empresas privadas com participação estatal. São Paulo: Almedina, 2017.

SILVA, Danilo Tavares da. *Política industrial e desenvolvimento regional:* o fomento estatal dos arranjos produtivos locais. Dissertação (Mestrado) – Faculdade de Direito da Universidade de São Paulo, São Paulo, 2010.

SUNDFELD, Caros Ari. *Direito administrativo ordenador*, São Paulo: Malheiros, 2003.

SUNDFELD, Caros Ari; CÂMARA, Jacintho Arruda; SOUZA, Rodrigo Pagani de. Desapropriação em favor de particular: proibição, limites e possibilidades. *A&C – Revista de Direito Administrativo & Constitucional*, Belo Horizonte, ano 12, n. 47, p. 85-106, jan./mar. 2012.

SUNDFELD, Caros Ari; MOREIRA, Egon Bockmann. PPP MAIS: um caminho para práticas avançadas nas parcerias estatais com a iniciativa privada. *Revista de Direito Público da Economia – RDPE*, Belo Horizonte, ano 14, n. 53, p. 9-49, jan./mar. 2016.

SUNDFELD, Carlos Ari; SOUZA, Rodrigo Pagani de PINTO, Henrique Motta. Empresas semiestatais. *Revista de Direito Público da Economia – RDPE*, Belo Horizonte, ano 9, n. 36, p. 75-99, out./dez. 2011.

WIZIAK, Julio; e PRADO, Maeli. Governo deu R$ 173 bi em subsídios a programas sem efeitos, diz estudo. *Folha de São Paulo.* 22.07.2018. Disponível em https://www1.folha.uol.com.br/mercado/2018/07/governo-deu-r-173-bi-em-subsidios-a-programas-sem-efeitos-diz-estudo.shtml?origin=folha. Acesso em 22.07.2018.

ZAGO, Marina Fontão. *Poder de compra estatal como instrumento de políticas públicas?.* Brasília: ENAP, 2018

CONTROLE EXTERNO, ESTÁGIO PROBATÓRIO E O PRINCÍPIO CONSTITUCIONAL DA EFICIÊNCIA EM POLÍTICAS PÚBLICAS DE RH

Tiago Emanoel da Silva Guerrero

Bacharel em Administração pelo Centro Universitário Fundação Santo André. MBA em Gestão Pública pela Universidade de São Caetano do Sul. Especialista em Direito, Políticas Públicas e Controle Externo pela Universidade Nove de Julho. Gerente de Planejamento e Controle de Pessoal da Prefeitura de Santo André.

Sumário: 1. Introdução – 2. Fundamentação teórica – 2.1. Princípio constitucional da eficiência – 2.2. Estabilidade e exoneração de cargo público – 2.3. Avaliação de desempenho humano – 2.4. Estágio probatório – 2.5. Fiscalização do Tribunal de Contas paulista sobre os "atos de pessoal" – 3. Material (pesquisa de campo) – 3.1. Tipo de pesquisa – 3.2. Objeto de estudo – 3.3. Sujeito da pesquisa – 3.4. Procedimentos da pesquisa de campo – 3.5. Tratamento dos dados – 4. Análise dos resultados – 4.1. Resultados da pesquisa bibliográfica – 4.2. Resultados da pesquisa de campo – 5. Conclusão – 6. Referências.

1. INTRODUÇÃO

A Constituição da República Federativa do Brasil, de 1988, estabelece que um dos princípios a serem obedecidos pela administração pública é o da *eficiência* (Emenda Constitucional 19/1998) e determina, ao Poder Legislativo, a competência de fiscalizar atos do Executivo utilizando-se da instituição do Tribunal de Contas como auxiliar no controle externo, para o fim de certificar se o gestor público realiza seus atos observando os princípios da Carta Magna. (MEIRELLES, 2016)

A Constituição do Estado de São Paulo, por sua vez, corrobora esses princípios – inclusive o da eficiência – e atribui ao respectivo Tribunal de Contas a fiscalização na jurisdição paulista no âmbito do controle externo a cargo do parlamento estadual. (SÃO PAULO, 1989)

O mesmo ordenamento constitucional também estabelece que determinadas categorias de servidores públicos podem obter direito à estabilidade em seus cargos, distintamente do que é previsto aos demais trabalhadores brasileiros (segundo DI PIETRO, 2017), desde que atendidos determinados requisitos específicos, dentre os quais, como leciona Gasparini (2012), submeter-se obrigatoriamente a uma avaliação especial de desempenho, realizada por comissão criada para essa finalidade específica.

Mello (2016) ensina que uma das ferramentas disponíveis à Administração Pública para o alcance da eficiência, envolvendo a matéria de pessoal, é o estágio probatório (entendimento para o qual converge Meirelles em seu trabalho de 2016), na medida em que confere estabilidade ao servidor aprovado com desempenho eficiente. Trata-se de um procedimento que contribui para o aperfeiçoamento da prestação do serviço público, como instrumento em políticas públicas de Recursos Humanos. (CRUZ, 2014)

A Lei Orgânica do Tribunal de Contas do Estado de São Paulo, por sua vez, estabelece a essa Corte de Contas paulista a competência de apreciação da legalidade dos atos de admissão de pessoal, para fins de registro. A exemplo dessa competência, nota-se a emissão de atos normativos que detalham procedimentos a serem observados pelos jurisdicionados.

No entanto, a leitura minuciosa de toda a legislação pesquisada mostra que não se inclui na competência da Corte de Contas a verificação da implantação e efetividade da ferramenta do estágio probatório. Nesse contexto, autores como Leme *et alii* (2011) apresentam uma visão crítica sobre a efetividade da avaliação de desempenho em estágio probatório ao denunciarem que, por pressões culturais, são raros os casos de exoneração no serviço público, inclusive na realidade da maioria dos municípios paulistas. (CRUZ, 2014) Em muitos casos, o sistema de avaliação de estágio probatório, inclusive em municípios paulistas, não contribui adequadamente com a gestão de políticas públicas em Recursos Humanos (RH), uma vez que não consegue verdadeiramente selecionar aqueles que possuem vocação para o serviço público.

Dessa forma, encontra-se o problema selecionado para a pesquisa: qual o efeito do controle externo, pelo Tribunal de Contas do Estado de São Paulo, sobre a efetividade da avaliação de servidores em estágio probatório, em municípios da região do Grande ABC paulista, e qual sua consequência para a eficácia na gestão de políticas públicas de RH, à luz da competência da Corte de Contas de fiscalizar atos de pessoal, visando à contribuição para o alcance do princípio constitucional de eficiência na gestão pública?

O objetivo geral do presente estudo é o de contribuir para o desenvolvimento do conhecimento em Direito Público e do controle externo do Tribunal de Contas do Estado de São Paulo em Gestão de Políticas Públicas na área de RH, na medida em que pesquisa a eficiência da avaliação de desempenho em estágio probatório. E o objetivo específico é identificar se prefeituras de municípios da região do Grande ABC paulista, de fato, implantaram avaliação de desempenho de servidores em estágio probatório, e se o resultado dessa aplicação é eficiente para as políticas públicas na área de gestão de pessoas, considerando-se a fiscalização da Corte de Contas paulista.

Justifica-se, portanto, a presença do tema por sua relevância ao interesse da Administração Pública, visto que, apesar de a literatura técnica da matéria manifestar-se unanimemente pela importância e necessidade dessa ferramenta estratégica de gestão de políticas públicas em RH, a denúncia colacionada na literatura sobre a sua ineficácia e a suposta ausência de controle externo demonstram inconformidade com dispositivos constitucionais expressos, e flagrante prejuízo ao interesse público.

Para a realização dessa investigação, procedeu-se à pesquisa legislativa e teórica na literatura das áreas de Direito, Administração pública e controle externo. A pesquisa de campo, para apuração das hipóteses identificadas na pesquisa bibliográfica, constituiu-se de pesquisa qualitativa, por meio de entrevistas semiestruturadas com profissionais que atuam com avaliação de estágio probatório em municípios do Grande ABC paulista.

Os resultados mostram que, embora o procedimento esteja previsto na legislação de quase todos os municípios pesquisados, a grande maioria das administrações públicas não conseguem confirmar a efetividade da avaliação de estágio probatório. Constatou-se a inexistência de qualquer espécie de controle sobre esse cenário por parte do Tribunal de Contas do Estado de São Paulo, o que faz por validar a percepção cética de parte dos autores abordados na fundamentação teórica.

2. FUNDAMENTAÇÃO TEÓRICA

Procedemos, portanto, à pesquisa na legislação e na literatura técnica e doutrinária relativas ao tema.

2.1. Princípio constitucional da eficiência

O *caput* do Artigo 37 da Constituição Federal de 1988 estabelece que a Administração Pública direta e indireta de todos os poderes e entes federados obedecerá aos princípios de legalidade, impessoalidade, moralidade, publicidade e eficiência. Essa disposição é reprisada na Constituição do Estado de São Paulo pelo *caput* de seu Artigo 111.

Na esclarecedora lição de Moraes (2017), esse princípio constitucional da eficiência está vinculado à prestação de serviços sociais essenciais à população visando à adoção de todos os meios legais e morais possíveis para a efetiva satisfação do bem comum, e tem como características, dentre outras, a necessidade de aproximação dos serviços públicos à população e a busca pela qualidade na prestação de tais serviços.

Meirelles (2016) complementa tal entendimento ao enaltecer que esse princípio, como o mais moderno no ordenamento jurídico, exige que a atividade administrativa do Estado seja exercida com a máxima "presteza, perfeição e rendimento funcional", pois não se contenta apenas em observar a legalidade, mas também obter "resultados positivos para o serviço público e satisfatório atendimento das necessidades da comunidade e de seus membros".

2.2. Estabilidade e exoneração de cargo público

A Constituição Federal, no *caput* de seu Artigo 41, confere a conhecida estabilidade aos "servidores nomeados para cargo de provimento efetivo em virtude de concurso público", após cumpridos três anos de efetivo exercício. (BRASIL, 1988) É notório o efeito dessa estabilidade ao observar que a Carta Magna determina a perda do cargo apenas nas hipóteses excepcionais previstas nos incisos I a III do mesmo dispositivo. Com efeito, a norma constitucional abrange a todos os órgãos públicos, competindo a cada entidade a formulação de suas normas específicas.

No Brasil, segundo Meirelles (2016), a estabilidade começou com a Constituição de 1938, cujo objetivo era o de garantir a continuidade na prestação dos serviços públicos que eram sempre ameaçados nas ocasiões de mudanças no poder partidário do Governo, uma vez que era prática comum a demissão de servidores ligados a partidos políticos contrários. Entretanto, a atual Constituição trouxe a necessidade de os servidores públicos serem submetidos a determinado período de avaliação. Com a Emenda Constitucional 19 de 1998, esse período foi estendido para três anos de trabalho efetivo (DI PIETRO, 2017), com o objetivo de a administração pública reduzir gastos com servidores e aumentar sua eficiência. (MEIRELLES, 2016)

A exoneração, conforme esclarece Mello (2016), difere do conceito da *demissão* no serviço público, posto que o instituto da exoneração é decorrente da constatação de desempenho inadequado no período de estágio probatório, na concepção de uma seleção gerencial de pessoas com competências adequadas para o perfil do cargo.

Após a alteração do texto constitucional pela Emenda 19, consolidou-se o entendimento de que a estabilidade só pode ser conferida a servidor que ocupe cargo público, entendido como aquele em que a relação com o Estado é regulada pelas normas estabelecidas em estatuto editado pelo respectivo ente federativo, denominado como "cargo de provimento efetivo". (DI PIETRO, 2017) Logo, restaram estabelecidos quatro requisitos para o servidor ser beneficiado com o instituto da estabilidade, a saber:

1) Ser nomeado para cargo de provimento efetivo, assim entendido como aquele regulado pelo regime jurídico estatutário;

2) Ter sido investido no cargo público por nomeação, em virtude de prévia aprovação em concurso público de provas ou de provas e títulos;

3) Exercer efetivamente, e por pelo menos três anos, as atribuições do cargo; e

4) Ser aprovado em "avaliação especial de desempenho por comissão instituída para essa finalidade".

2.3. Avaliação de desempenho humano

A avaliação de desempenho representa uma técnica importante na atividade administrativa de uma organização, segundo Chiavenato (2008), como "processo para julgar ou estimular o valor, a excelência e as qualidades de uma pessoa".

Para Marras e Tose (2012), o desempenho humano é "ato ou efeito de cumprir ou executar determinada missão ou meta previamente traçada", determinado pela vontade de o indivíduo fazer algo associado à sua capacidade de fazê-lo. Contudo, alertam que a avaliação pode carregar uma subjetividade no julgamento do avaliador, o que pode ser minimizado pela metodologia a ser empregada pela organização.

Há de se frisar que a gestão e avaliação de desempenho de pessoas em uma organização é própria do processo de liderança, motivação e esforço para o alcance de objetivos organizacionais, desde que com a aplicação adequada de instrumentos disponíveis. (LATHAM; MACDONALD; SULSKY, 2010) Há quatro etapas sequenciais comuns nesse processo: definir o desempenho esperado; observar o desempenho nas atividades; fornecer *feedback* e definir metas desafiadoras; e, por último, uma decisão deve ser tomada a respeito de retenção, premiação, treinamento, transferência, promoção ou até mesmo desligamento.

Há diversos métodos distintos para mensurar o desempenho humano. Marras (2011) e Chiavenato (2008) apresentam, como os mais utilizados pelas organizações: escala gráfica (o mais amplamente utilizado); escolha forçada; incidentes críticos; frases descritivas; comparação entre os pares; avaliação por resultados; autoavaliação, etc.

A literatura recomenda evitar um sistema padrão para toda a organização. Os métodos de avaliação de desempenho podem ser aplicados de forma mista ou de formas diferentes e adaptados aos vários tipos de categorias de cargos. Porém, o uso inadequado do instrumento pode prejudicar a organização se apresentar avaliação com base em conceitos genéricos. O avaliador deve assumir o papel de julgador do desempenho, aconselhando e orientando o subordinado. (BERGAMINI, 2012)

Por sua vez, na contribuição de Lucena (1995), a avaliação de desempenho é uma ferramenta do processo gerencial no qual o gestor é responsável por todas as suas fases. A autora adverte que a centralização de decisão sobre pessoal na área de RH não contribui para a sua eficácia, e que é necessário o desenvolvimento da capacidade dos gestores para que assumam a responsabilidade por suas equipes.

2.4. Estágio probatório

Meirelles (2016), Mello (2016) e Gasparini (2012) convergem no entendimento de que o estágio probatório é o período de três anos de atuação efetiva do servidor público para a aquisição da estabilidade. Nesse período, a Administração o observa para decidir se sua permanência no cargo é ou não conveniente para o interesse público.

A doutrina coaduna-se na compreensão de que se trata de uma das ferramentas disponíveis à Administração Pública para o alcance da eficiência. Cruz (2014) colabora com essa percepção ao realizar trabalho inédito sobre os sistemas de avaliação de servidores no contexto de municípios paulistas, e acrescenta que a avaliação de desempenho contribui para o aperfeiçoamento da prestação do serviço público.

Silva (2016) chega a chamá-lo alternativamente de *estágio confirmatório* pela necessidade de se confirmar no servidor os requisitos necessários para estabilização no cargo, com o que concordam Freitas (2007) e Di Pietro (2017).

Di Pietro (2017) sustenta, ainda, que esse período trienal de efetivo trabalho durante o estágio probatório faz parte dos atos de admissão de pessoal, sendo período compreendido entre o início do exercício das atividades e a aquisição da estabilidade.

Em evidência à relevância da avaliação de estágio probatório como ferramenta de políticas públicas, é importante lembrar que ações eficazes em processos de gestão na área de RH também se constituem em políticas públicas a serem implementadas pelo gestor. (SECCHI, 2011) Políticas públicas não se aplicam apenas à prestação de serviços essenciais em educação, saúde e segurança, mas abrangem também, na categoria de gestão, a adoção dos meios e processos mais eficientes para o alcance dos objetivos constitucionais, o que se justifica na eficiência administrativa.

Entretanto, em que pese essa declarada unanimidade pela obrigatoriedade legal e benefícios às administrações públicas com a implantação do estágio probatório, autores como Leme *et al.* (2011) apresentam visão crítica sobre a sua efetividade. Ponderam que o estágio probatório deveria apoiar o servidor a se adaptar às particularidades próprias da gestão pública, considerando a distinção da realidade vivenciada pelos profissionais da iniciativa privada e as especificidades de cada órgão público, ajudando-o a melhorar suas deficiências. Contudo, denunciam que, por "pressões culturais", são raros os casos de exoneração no serviço público e que, por conta do "paternalismo" e "patrimonialismo" (comuns na administração pública brasileira), o probatório tornou-se mera formalidade.

Cruz (2014) referenda esse entendimento crítico sobre a administração pública brasileira, e acrescenta sua conclusão: a de que essa é a realidade na maioria dos municípios paulistas. Em muitos casos, o estágio probatório não contribui com a gestão estratégica de políticas públicas em RH: não consegue avaliar o desempenho dos servidores nem realmente selecionar aqueles que possuem vocação para servir ao público. Um relevante trabalho realizado pela autora revela resultado de pesquisa promovida pelo Instituto de Pesquisa Econômica Aplicada (IPEA). O levantamento procedido com cinquenta municípios paulistas identificou que o estágio probatório "ainda não é realizado de forma sistemática e estruturada em todas as localidades". (CRUZ, 2014)

Meirelles (2016) defende que, caso a avaliação não seja realizada no período próprio, e transcorrido o interstício de tempo correspondente aos três primeiros anos de efetivo exercício sem avaliação, o servidor não pode ser prejudicado pela inércia do poder público e, juridicamente, é considerado estabilizado em seu cargo, mesmo que não haja comprovação de sua real aptidão com a eficiência que o interesse público solicita. Embora ainda não seja o entendimento pacífico na atual jurisprudência, o autor acaba por alertar a gestão pública sobre o risco da inércia e a possibilidade de favorecer a criação de precedentes jurídicos contrários ao interesse público.

2.5. Fiscalização do Tribunal de Contas paulista sobre os "atos de pessoal"

A Constituição Federal de 1988, face o instituído em seu Artigo 70, atribui ao Poder Legislativo, por meio do "controle externo e interno de cada poder", o exercício da "fiscalização contábil, financeira, orçamentária, operacional e patrimonial" da administração pública. Tal atribuição abrangerá aspectos de "legalidade, legitimidade, economicidade, aplicação das subvenções e renúncia de receitas". (BRASIL, 1988)

Estabelece, em seu Artigo 71, que o Poder Legislativo será auxiliado pelo Tribunal de Contas no controle externo, ao qual atribui competências previstas em onze incisos. O Inciso III especifica a atribuição de "apreciar, para fins de registro, a legalidade dos atos de admissão de pessoal", incluindo nessa obrigação a avaliação de todas as entidades que compõem a "administração direta e indireta".

A Constituição do Estado de São Paulo, por sua vez, replica esses princípios federais à jurisdição paulista. Seu Art. 32 dispõe sobre a mesma competência fiscalizatória da Assembleia Legislativa (parlamento), também mediante uso do controle externo e interno de cada poder. (SÃO PAULO, 1989). Em seu Art. 33, confere ao Tribunal de Contas do Estado a competência de auxiliar o Legislativo paulista no controle externo, inclusive na apreciação, para fins de registro, da legalidade dos atos de pessoal, de acordo com o respectivo Inciso III, tal como ocorre no âmbito federal.

A Lei Complementar estadual 709/1993 dispõe sobre a Lei Orgânica do Tribunal de Contas do Estado de São Paulo e, em seu Artigo 1º, corrobora sua missão constitucional de fiscalização de órgãos estaduais e municipais. O Art. 2º enumera as competências da Corte de Contas estadual, reiterando, em seu Inciso V, a responsabilidade pela apreciação da legalidade dos atos de pessoal executados pelos respectivos entes jurisdicionados. Já seu Inciso XXIII delega a essa Corte o poder de "expedir atos e instruções normativas sobre matéria de suas atribuições e sobre a organização de processos que lhe devam ser submetidos, obrigando [os jurisdicionados] ao seu cumprimento, sob pena de responsabilidade".

Dessarte, o referido órgão colegiado de fiscalização emite a Resolução 07/2020, por meio da qual resolve aprovar a Instrução Normativa 01/2020 (ainda em vigor) e avoca-lhe obediência por parte dos órgãos estaduais e municipais por ele fiscalizados. Os artigos 69 a 92 da citada instrução normativa encerram o denominado "LIVRO IV – DOS ATOS DE PESSOAL", seção dedicada ao tema da fiscalização em matéria de gestão de recursos humanos, por meio da determinação de normas e procedimentos detalhados para prestação de contas relativas a atos de pessoal, desde a admissão até a aposentadoria dos servidores do órgão jurisdicionado, inclusive pelo uso de avançados recursos de tecnologia de informação, na medida em que se utiliza do já implantado sistema informatizado AUDESP (Auditoria Eletrônica do Estado de São Paulo). Não é possível, porém, identificar qualquer menção ao tema de estágio probatório em toda a legislação pesquisada.

Maia e Queiroz (2007) acabam por confirmar essa interpretação ao denotarem que o controle exercido pelos Tribunais de Contas "ostenta natureza externa e tem em vista a aplicação, dentre outros, dos princípios da legalidade, da legitimidade e da economicidade", conforme reza o Art. 71, III, da Constituição Federal. Porém, tal controle acaba por restringir-se aos processos do concurso público. Bem por isso, observa-se que as Cortes de Contas empenham-se na verificação dos atos administrativos desde a publicação do edital de convocação até a sua homologação e nomeação dos aprovados, desprezando averiguação até a estabilização do novo servidor após o transcurso dos três primeiros anos no cargo.

Há autores ainda mais radicais, a exemplo de Fernandes (2012), que enuncia já não haver mais dúvida sobre a importância da função fiscalizatória e do controle externo exercido pelos Tribunais de Contas, para o fim de se proteger os princípios constitucionais inerentes ao Estado Democrático de Direito. Porém, denuncia a carência de estudos mais aprofundados sobre ferramentas, métodos e parâmetros que ajudem a otimizar a fiscalização por tais órgãos de controle, de modo que se tornem mais eficientes em sua atuação institucional.

3. MATERIAL (PESQUISA DE CAMPO)

Postulou-se averiguar, por meio das informações encontradas, se as proposições da literatura e da legislação são identificadas na realidade encontrada em órgãos públicos.

3.1. Tipo de pesquisa

Segundo Gil (2008), existem três tipos de pesquisa que podem ser utilizados para estudos no campo das Ciências Sociais aplicadas: a descritiva, a explicativa e a exploratória. Para este estudo, foi determinado o uso do tipo descritivo, uma vez que pretende entender e descrever o cenário atual do estágio probatório como ferramenta de gestão pública.

O mencionado autor esclarece que esse tipo de pesquisa é indicado para identificação de variáveis e características relacionadas ao objeto de estudo sem interferência do pesquisador, por meio da coleta, análise, registro e interpretação dos fatos reconhecidos.

3.2. Objeto de estudo

A pesquisa de natureza qualitativa, de acordo com Richardson (1999), ajuda a interpretar as informações coletadas de forma a descrever a complexidade de processos sociais dinâmicos. Por sua vez, tendo-se em vista a concepção de Flores (1994), a entrevista, assim como observação ou revisão de documentos, é o instrumento mais indicado para coleta e posterior tratamento de dados qualitativos.

Diante de tais definições, a pesquisa descritiva utilizada para esse estudo, portanto, foi de natureza qualitativa, por meio de entrevista semiestruturada, por ter sido considerada como o instrumento mais eficaz para o levantamento de dados necessários para o objeto deste estudo, na medida em que constitui matéria relacionada à área de gestão de pessoas específica em órgãos públicos.

As entrevistas semiestruturadas foram conduzidas seguindo um roteiro baseado em perguntas abertas padronizadas, isto é, ordenadas e redigidas com o mesmo teor para todos os entrevistados (GODOI; MELLO; SILVA, 2010), cuja composição foi dividida em duas partes distintas: a primeira, coletando informações para qualificar o perfil dos entrevistados e das organizações que representam; a segunda, apresentando o conteúdo das respostas dos entrevistados às questões relativas ao tema da pesquisa.

As perguntas abertas versam sobre os principais aspectos relacionados ao procedimento de avaliação de desempenho em estágio probatório aplicado no município consultado, tais como: a legislação promulgada para formalizar o procedimento, sua implantação efetiva, a periodicidade das avaliações, formulários utilizados, principais critérios avaliados, aspectos positivos e negativos, problemas com reintegração e processos judiciais, tratamento nos casos de inaptidão física ou técnica, abordagem realizada pela respectiva equipe de fiscalização do Tribunal de Contas a respeito do tema, dentre outras informações que julgassem relevantes.

De modo complementar, foi possível obter informações sobre o tema com a própria área de fiscalização do Tribunal de Contas do Estado de São Paulo a respeito de atos de pessoal dos respectivos entes jurisdicionados. Nessa entrevista, as perguntas abertas tiveram conteúdo distinto do utilizado na pesquisa com a área de RH dos entes públicos consultados, voltando-se à verificação de eventuais métodos usados pela Corte para mensurar a eficiência em atos de pessoal, de conformidade com a legislação de estágio probatório, bem como sobre qualquer estudo a respeito da realidade do estágio probatório nos municípios paulistas.

3.3.   Sujeito da pesquisa

Sujeito da pesquisa, conforme ensina Gil (2008), é a pessoa ou grupo de pessoas inquiridas no decorrer da pesquisa para se extrair a informação necessária para o procedimento científico do projeto. No caso do presente estudo, pareceu ser o mais razoável entrevistar profissionais cujos perfis possuíssem uma característica essencial: atuar em algum nível na área responsável pela gestão do estágio probatório nos órgãos públicos, para se obter informações mais próximas da realidade das práticas atuais de avaliação de desempenho em estágio probatório.

Foram entrevistados individualmente, com perguntas abertas, seis servidores públicos que atuam, em sua maioria, na área de administração de recursos humanos, assim como alguns de comissão de avaliação de estágio probatório (gestores, analistas, comissionados, membros de comissão, etc.), em cinco municípios da região do Grande ABC, área integrante da Região Metropolitana de São Paulo: Santo André, São Bernardo do Campo, São Caetano do Sul, Diadema e Mauá.

A escolha dessa região do Estado de São Paulo deveu-se tanto pela facilidade do pesquisador conseguir entrevistar pessoalmente quanto pelo fato de tratar-se de um local com expressiva representatividade econômica no Estado e no Brasil, berço de relevantes iniciativas em políticas públicas regionais, tal como a criação de consórcio intermunicipal que integra estudos e projetos em gestão pública de interesse dos municípios associados, algo típico em determinadas regiões metropolitanas do País a partir da implementação do novo pacto federalista, advindo com a promulgação da Constituição de 1988. (REIS, 2008)

Há indicação resumida da qualificação *sujeitos da pesquisa*, assim como dos órgãos públicos nos quais estão lotados, conforme Quadro 1 a seguir:

Quadro 1: Qualificação dos entrevistados

Entrevistado	Cargo	Formação	Área de atuação	Tempo de experiência	
				Administração pública	Avaliação de estágio probatório
A – servidora de carreira	Em comissão de diretora de departamento	Direito	Jurídico	Mais de 15 anos	Mais de 5 anos
B – servidora de carreira	Em comissão	Direito	Comissão de estágio probatório	Mais de 10 anos	Aprox. 5 anos
C – servidora de carreira	Coordenadora	Não informado	Recursos Humanos	Não informado	Não informado
D – servidora de carreira	Em comissão de chefe de divisão	Administração	Recursos Humanos	Mais de 15 anos	Desde 2013
E – servidora de carreira	Coordenadora	Tecnologia de informação	Recursos Humanos	Mais de 20 anos	Desde 2005
F – servidora de carreira	Superintendente	Direito	Administração geral	Mais de 15 anos	Aprox. 7 anos

Fonte: Elaborado pelo autor com base em dados da pesquisa.

Foram obtidas informações na pesquisa com servidor atuante na assessoria do gabinete de um dos conselheiros do Tribunal de Contas do Estado de São Paulo, que trabalha no tema da fiscalização de atos de pessoal. O objetivo de se ter obtido dele informações a respeito dessa rotina, especialmente do tema de estágio probatório, foi a possibilidade de conseguir informações técnicas relevantes do ponto de vista de agente do órgão de controle externo.

3.4. Procedimentos da pesquisa de campo

As entrevistas foram procedidas entre março e maio de 2018, com gravação de voz e, embora em alguns casos não houvesse objeção, os entrevistados foram cientificados de que as informações seriam utilizadas para fins exclusivamente acadêmicos. Suas identificações pessoais assim como a do órgão em que atuam serão mantidas em total sigilo para se evitar o risco de qualquer consequência negativa ao entrevistado. Também foram informados de que o estudo ficaria disponível ao entrevistado que se interessar por recebê-lo. O conteúdo das gravações foi devidamente transcrito de acordo com o apresentado na sequência.

De modo especial, considerando-se as circunstâncias e dificuldades apresentadas, no caso específico da coleta de dados com servidor do Tribunal de Contas, as informações foram obtidas por meio de questionário eletrônico respondido por escrito.

POLÍTICAS PÚBLICAS DE RH **233**

Diante disso, pode-se afirmar que a coleta de dados foi realizada de forma transversal, ou seja, todas as perguntas foram respondidas dentro de um espaço de tempo restrito, de forma que há grande probabilidade de se manterem as mesmas condições do cenário socioeconômico no momento em que todos os sujeitos da pesquisa são entrevistados, sem gerar, dessa forma, influência significativa sobre os resultados apurados na pesquisa de campo. (VERGARA, 2010)

3.5. Tratamento dos dados

Com a compilação dos dados coletados, passou-se à análise dos resultados. Como já esclarecido, o método utilizado foi do tipo de pesquisa qualitativa, que, na concepção de Denzin e Lincoln (2000), apesar de não permitir ao pesquisador generalizar com plena precisão os resultados apurados, o auxilia a compreender como determinados fenômenos ocorrem nos diversos ambientes, por meio de entrevistas e experiências do próprio observador. E embora não se utilize de quantificação ou tabulação de dados matemáticos, a pesquisa de natureza qualitativa pode recorrer a técnicas estatísticas para dar apoio à investigação.

Dessa forma, no presente estudo, alguns dos entrevistados forneceram dados estatísticos que puderam confirmar as informações levantadas na pesquisa, o que não foi possível estabelecer como tratamento estatístico padronizado para todas as entidades entrevistadas em razão da combinação dos fatores: pesquisa qualitativa, ausência de dados estatísticos na maioria dos órgãos consultados e obtenção de informações com o órgão de fiscalização, cujas atribuições constitucionais diferem dos demais órgãos entrevistados.

Para conferir mais objetividade e qualidade na inferência dos dados, foram transcritos, literalmente, trechos considerados mais relevantes ou críticos de parte das entrevistas realizadas, em face da discussão com o resultado obtido na legislação e literatura técnica.

4. ANÁLISE DOS RESULTADOS

Na presente seção, passa-se à análise dos resultados obtidos.

4.1. Resultados da pesquisa bibliográfica

Em que pese a relevante competência legalmente atribuída ao Tribunal de Contas do Estado de São Paulo para fiscalizar os atos de pessoal dos poderes em ambas as esferas da Administração Pública de sua jurisdição (estaduais e municipais) com o fito de apoiar o controle externo na fiscalização da eficiência e qualidade na gestão de políticas públicas, a leitura minuciosa de toda a legislação pesquisada evidencia que ela não abrange a verificação da implantação e efetividade do estágio probatório, constitucionalmente consagrado como política pública em gestão de pessoas e de execução compulsória, bem como instrumento essencial para contribuir com a eficiência administrativa, também conferida pelas cartas constitucionais como princípio a ser observado pelo gestor público, situação que demonstra inconformidade com dispositivos expressos, com flagrante prejuízo ao interesse público.

A ausência do controle externo institucional, portanto, acaba por delegar a efetiva implementação do estágio probatório à própria gestão pública, que a empregará segundo critérios de conveniência e oportunidade, no âmbito exclusivo da discricionariedade administrativa, embora a literatura técnica da matéria manifeste-se unanimemente pela relevância e necessidade dessa ferramenta estratégica de gestão de políticas públicas.

A pesquisa bibliográfica trouxe à tona crítica de especialistas quanto à efetiva implantação do estágio probatório na administração pública em geral, bem como colocou em suspeita a sua eficácia, mesmo nos municípios paulistas que possuem legislação local.

4.2. Resultados da pesquisa de campo

Todos os entrevistados conhecem o procedimento de avaliação em estágio probatório e possuem consciência sobre a sua finalidade e importância na gestão de políticas públicas em RH no setor público, assim como o resultado que pode conferir à eficiência da administração pública nos municípios. Porém, o conjunto de informações obtidas com eles denuncia realidade que não condiz plenamente com o mandamento constitucional compulsório.

Com relação ao efeito do controle externo exercido pelo Tribunal de Contas, todos foram unânimes em dizer que desconhecem qualquer verificação da Corte sobre a implantação e resultados de estágio probatório. Alguns reafirmaram que a apreciação de atos de pessoal restringe-se apenas ao controle sobre a nomeação de servidores previamente aprovados em concurso público e atos concessórios de aposentadoria.

A seguir, estão apresentados trechos mais relevantes dos dados coletados na pesquisa para orientar a análise dos resultados da pesquisa de campo.

De todas as seis entrevistas realizadas, em apenas duas delas houve alegação de que o número de exonerações *ex-officio* (por imperativo de decisão da administração) apresentaram aumento no decorrer dos últimos anos, em função do resultado de esforços de profissionais da área ou por decisão de algum dos últimos governos municipais com o fito de profissionalizar os processos de gestão de estágio probatório.

A título de exemplo, segue transcrição de trecho da entrevista com representante do órgão B – uma das prefeituras que alega ser positivo seu processo de gestão:

"Continuamos podendo afirmar que não temos poucos casos de exoneração, pois nosso sistema de avaliação da CAEDS funciona bem, em especial com servidores da Secretaria de Educação, que é a área que mais possui servidores em período de estágio probatório. (...) O procedimento iniciou praticamente em 2005. Os processos não eram muito bem estruturados e instruídos, e os primeiros poucos exonerados (apenas 3 servidores) conseguiram retornar após impetrarem ação de reintegração. No entanto, já há muito tempo o processo funciona bem em nossa Prefeitura."

(Trecho da entrevista com B).

Para corroborar a informação, a entrevistada da prefeitura B aceitou o pedido de apresentar números sobre exonerações e eventuais reintegrações:

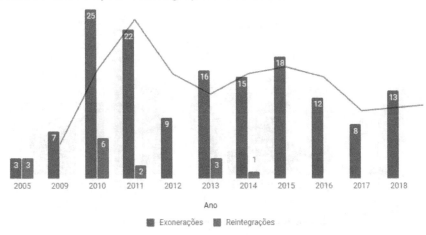

Gráfico 1. Exonerações e reintegrações - Prefeitura B

Fonte: Elaborado pelo autor com base em dados da pesquisa.

Em que pesem as alegações da servidora entrevistada, em defesa dos resultados positivos da avaliação de estágio probatório na Prefeitura B, a linha de tendência do número de exonerações ocorridas no período dos anos de 2005 a 2018, após um pico de desligamentos entre 2010 e 2011, evidencia uma tendência de redução e estabilização em um patamar menor: média apurada de 13 exonerações em todo o período. Notoriamente, desde 2015 a Prefeitura B já não apresenta mais casos de reintegrações, o que pode revelar alguma evidência também na qualidade da instrução de processos administrativos de exoneração de servidores.

Por sua vez, a servidora entrevistada na Prefeitura A também afirmou haver determinadas melhorias nos procedimentos de estágio probatório de servidores e que resultaram na retomada do número de exonerações de servidores com desempenho insuficiente, nos últimos anos. Porém, reconhece a necessidade de ajustes para aprimorar tais resultados. Segue transcrição de parte de sua entrevista:

> "Houve aquele fenômeno de sempre em 2013: primeiro ano da gestão (...), combinado com a aposentadoria de pessoas antigas da comissão de probatório, fez com que não houvesse nenhuma exoneração naquele ano e deve ter favorecido servidores com baixo desempenho. (...) Aparentemente, as primeiras avaliações demoraram um pouco para deslanchar até a comissão constituída naquela época conseguir realizar os julgamentos com mais segurança. (...) Senti, na gestão passada, uma preocupação como nunca antes no tema de estágio probatório. Houve muita atenção por parte da diretoria do RH. Porém, já no último ano, certamente por ser período eleitoral, caiu muito o número de processos. Já o governo atual parece estar priorizando outros trabalhos do RH, o que pode ser notado pelos outros projetos tocados pela Administração."
>
> (Trecho da entrevista com A).

Na entrevista, A aceitou o pedido de apresentar os números que informam as exonerações ocorridas desde que o procedimento foi implantado na prefeitura:

Gráfico 2. Exonerações - Prefeitura A

Fonte: Elaborado pelo autor com base em dados da pesquisa.

Uma análise mais minuciosa dos dados sobre exonerações na Prefeitura A também confirma as informações da entrevista qualitativa, na medida em que se observa um aumento expressivo de exonerações entre 2014 e 2015, período em que, segundo a entrevistada, as autoridades responsáveis pelo RH empreenderam esforços para melhorar os processos de avaliação de estágio probatório. Em 2016, no entanto, o número de servidores desligados caiu drasticamente, o que pode ser evidência da afirmação de que os trabalhos foram, de certo modo, preteridos. Como desde 2017 o número de exonerações não voltou a subir tal como o observado no passado, pode haver fundamento na informação de que o processo de probatório não está no arco de prioridades da atual gestão.

Contrariamente, o contexto relativamente positivo identificado nas prefeituras A e B não se percebe nos demais órgãos públicos consultados. Quando entrevistado, o representante da Prefeitura C apresentou um cenário ainda mais crítico: não existia qualquer procedimento sistematizado para avaliação de servidores em estágio probatório, salvo casos isolados, de iniciativa de cada secretaria, com poucos efeitos significativos. Disse, também, que a maior parte dos servidores é contratada sob o regime da CLT e que a administração municipal pretende ainda implantar estágio probatório de servidores concursados, sem apresentar, no entanto, previsão para tal projeto. Segue trecho de sua entrevista para esclarecer os fatos:

"A Prefeitura ainda não tem sistema de avaliação de estágio probatório (...) Mesmo com intenção antiga, nenhum governo que passou por aqui tomou decisão por implantar um sistema de avaliação único, padronizado para toda a Prefeitura. E continuam iniciativas próprias de algumas secretarias

para elaborar relatórios. (...) O governo, em 2017, criou a Controladoria Geral e é para lá que essas áreas enviam os relatórios. Já participei de reuniões em que mencionaram haver algum estudo inicial sobre o aperfeiçoamento dessa rotina."

(Trecho da entrevista com C).

O cenário é ainda mais preocupante na Prefeitura D. Conforme o entrevistado, também existe a dificuldade da falta de informação para o RH sobre o *status* do estágio probatório, inclusive em função de uma aparente rotatividade das pessoas que atuam com essa rotina. Esclareceu que a responsabilidade funcional por encaminhar os casos é exclusiva da comissão processante (a mesma que instaura processos administrativos disciplinares), o que torna a área responsável pela gestão de pessoas totalmente alienada dos resultados obtidos. Registre-se que não foi possível entrevistar nenhum servidor que atua nessa citada comissão processante.

A conversa revelou que persiste deficiência de longa data, na medida em que, segundo as informações transmitidas, é de conhecimento generalizado o fato de só haver exonerações de servidores em estágio probatório por motivo de inassiduidade, especificamente nos casos de abandono de cargo. Além disso, também é conhecida a insuficiência dos exames médicos admissionais, e são raros os casos de desligamento de servidores por problemas de incapacidade do ponto de vista de saúde. O resultado é que são estabilizados servidores funcionalmente ineficientes. Segue transcrição literal de trechos mais relevantes da entrevista:

"Sempre tem rotatividade das chefias que cuidam dessa rotina(...). Não tenho os números, até porque quem analisa os casos de exoneração e toma providências não é o RH, mas a comissão processante (mesma área que cuida de demissão de servidores já estáveis), porém, posso adiantar que a maioria das exonerações ocorre por falta de assiduidade, de abandono de cargo.

(...) não temos medida de exoneração por incapacidade, o que se torna mesmo problema, por conta de o nosso admissional não ser suficiente. (...) pela nossa legislação, se o servidor for afastado por problema de saúde, esse tempo é contabilizado no probatório e ele pode se tornar estável mesmo tendo trabalhado por pouco tempo no cargo. Eu, pessoalmente, não concordo com isso, mas é assim que as coisas sempre funcionaram aqui".

(Trecho entrevista com D).

O levantamento de informações com a Prefeitura E revelou dados ainda mais desanimadores. De modo geral, a servidora entrevistada esclareceu que, mesmo atuando nessa rotina desde sua implantação no formato atual, em 2005, desconhece ter havido qualquer caso de exoneração de servidor por desempenho insuficiente ou por incapacidade constatada no aspecto de saúde, mas tão somente por inassiduidade. Ela culpa os gestores públicos por esse insucesso. Segue transcrição das informações mais relevantes à pesquisa:

"Os atuais procedimentos de avaliação também foram planejados para servidores estáveis, visando à implantação de um plano de carreira. Mas como o plano nunca saiu do papel, o sindicato conseguiu a suspensão da avaliação para quem já é estável, por não gerar nada positivo para o servidor de carreira.

(...) O 'sistema de gestão de desempenho' foi implantado por uma secretária que veio da iniciativa privada. Porém, a realidade é que, até hoje, a comissão nunca exonerou ninguém no probatório por desempenho insuficiente, mas só por excesso de faltas. (...) Não temos casos de exoneração por problemas de saúde do servidor."

(Trecho entrevista com E).

A entrevista com a entidade F se refere à única Câmara Municipal em que foi possível levantar dados sobre o tema de estágio probatório, após retorno dos contatos. Trata-se do Poder Legislativo do mesmo município da Prefeitura A.

Em geral, a Câmara ainda não possui processo sistematizado de avaliação de estágio probatório, reconhecendo que ainda falta instrumento mais consistente e devida capacitação dos gestores. Embora não tenha apresentado dados estatísticos, revelou que foram ínfimos os casos de exoneração por baixo desempenho. Os poucos casos decorreram de inassiduidade, o que enfraquece qualquer avaliação positiva da efetiva avaliação por desempenho funcional. E tampouco houve casos por motivo de saúde, uma vez que não há procedimentos estruturados de averiguação das condições de saúde dos servidores tanto no admissional quanto no decorrer da sua carreira no serviço público. Eis os trechos da citada entrevista:

"É claro para nós que precisamos melhorar nossos procedimentos. Temos formulários com critérios de avaliação bem definidos, mas nunca exoneramos por desempenho insuficiente. Foi mais por causa de inassiduidade.

Um problema é o fato de o ambiente aqui ser ainda mais 'politizado' que na Prefeitura (...) a responsabilidade da administração geral aqui é do presidente da Câmara, cujo mandato dura apenas dois anos e que, em geral, é exercido por alguém que não entende nada do assunto e sente medo de enfrentar esse tema."

(Trecho entrevista com E).

As prefeituras A e B forneceram dados estatísticos. Porém, as demais, não, por diferentes motivos, o que impede análises precisas ou conclusões específicas sobre os detalhes que permeiam a pesquisa de campo na totalidade da amostra selecionada.

A Prefeitura B revelou gentilmente dados mais precisos sobre os motivos de exoneração dos servidores no estágio probatório:

Quadro 3: Motivos de exoneração apresentados pela Prefeitura B

Ano	Inaptidão física	Inassiduidade	Inaptidão técnica	Total geral
2005	3	0	0	3
2009	3	4	0	7
2010	12	8	5	25
2011	9	4	9	22
2012	7	2	0	9
2013	12	1	3	16

Ano	Inaptidão física	Inassiduidade	Inaptidão técnica	Total geral
2014	7	7	1	15
2015	9	6	3	18
2016	6	5	1	12
2017	4	3	1	8
2018	4	7	2	13
TOTAL	76	47	25	148

Fonte: Elaborado pelo autor com base em dados da pesquisa.

Da análise das informações coletadas, observa-se que a maior parte das exonerações ocorridas na prefeitura B foi motivada por inaptidão física, o que não pode confirmar ter havido eficiência nos processos de avaliação de desempenho funcional, especificamente no exercício das atribuições próprias do cargo.

Com efeito, conforme se constata dos dados coletados na pesquisa de campo, em todos os casos os entrevistados são unânimes em afirmar desconhecimento de qualquer controle pelo Tribunal de Contas estadual sobre procedimentos de estágio probatório.

Consultado, o assessor de conselheiro do próprio Tribunal de Contas do Estado de São Paulo confirma não haver nenhum indicador utilizado pela Corte de Contas paulista para verificar eficiência desse processo nos municípios. Esclareceu que o respectivo Tribunal fiscaliza atos de pessoal em rotinas específicas, por meio de recursos tecnológicos próprios, porém, não relacionados ao tema de estágio probatório, por entender que o tema não é de competência da Corte de Contas. Segue transcrição das informações fornecidas:

> "O TCE/SP fiscaliza diversos aspectos da atuação dos seus órgãos jurisdicionados; contudo, não possui uma estrutura ou rol específico de indicadores para verificar a eficiência dos atos de administração de RH.
>
> Essa instrução normativa se refere apenas aos atos de admissão de pessoal. Além dessa atividade, o TCE verifica diversos aspectos da gestão de atos de pessoal nas suas inspeções, como verificação da folha de pagamento, nomeações para cargos comissionados, cumprimento da jornada de trabalho, gozo de férias, realização de horas extraordinárias, pagamento de gratificações, entre outros aspectos.
>
> Desconheço qualquer metodologia e/ou procedimento específico para essa finalidade ou qualquer projeto. Desconheço qualquer estudo e/ou levantamento sobre esse assunto (estágio probatório)
>
> Apesar de se tratar de uma obrigação constitucional dos órgãos realizarem o procedimento de estágio probatório dos admitidos através de concurso público, os órgãos de controle externo, em caso de fiscalização, devem se ater aos procedimentos, evitando invadir a esfera discricionária dos gestores públicos, a quem compete avaliar os servidores públicos."
>
> (Trecho da entrevista com servidor do Tribunal de Contas).

5. CONCLUSÃO

A pesquisa bibliográfica apresentada na Seção 2, consubstanciada na literatura técnica e na legislação, demonstrou como o princípio constitucional da eficiência é elemento fundamental na prestação de serviço público com a qualidade mínima necessária ao administrado. Nesse contexto, notou-se o Tribunal de Contas como instituição constitucional e essencial ao controle externo, por meio da fiscalização dos atos da administração pública e consequente ferramenta essencial para o alcance da citada eficiência administrativa.

A literatura jurídica esclarece que a estabilidade é garantida para servidores do regime estatutário que ocupam cargos públicos mediante aprovação em concurso público. Para tanto, tais servidores devem necessariamente ser submetidos a uma avaliação especial de desempenho para apuração de sua real capacidade para exercício do cargo público. Administrativistas e constitucionalistas consultados convergem no entendimento da importância do estágio probatório constitucionalmente estabelecido.

O estudo demonstra que o desempenho humano só pode ser mensurado se a organização adotar um procedimento estruturado de avaliação de desempenho. Contudo, há de se atentar à necessidade de se desenvolver procedimentos bem elaborados e em consonância com as características específicas da organização.

É unânime o entendimento da importância do estágio probatório para a eficiência administrativa, mas a pesquisa bibliográfica apresentou contribuições nas quais se denuncia como os entes federados têm negligenciado sua efetiva implantação, sendo que o Tribunal de Contas não procede com a fiscalização desse tema dentre suas competências de avaliação de atos de pessoal praticados pelos entes jurisdicionados.

A pesquisa de campo apresentada na Seção 3 revelou que a maioria dos órgãos públicos entrevistados implantou formalmente o estágio probatório. Entretanto, os entrevistados reconheceram que os resultados não evidenciam uma avaliação eficaz dos aspectos relacionados estritamente ao eficiente desempenho funcional do servidor público nas atribuições próprias do cargo, tendo em vista que a análise pormenorizada da motivação das exonerações revela que, em sua maioria, decorrem de critérios objetivos sobre problemas com inassiduidade ou incapacidade para o cargo do ponto de vista de saúde.

Isso evidência que o procedimento não consegue atingir o objetivo que foi delineado na legislação: identificar e exonerar servidores com baixo desempenho. Tampouco foi encontrada evidência de que consegue avançar ao passo seguinte, o de servir como instrumento de eficiência na gestão de políticas públicas de RH, para contribuir efetivamente à pratica do princípio constitucional da eficiência na administração pública.

Todo produto da pesquisa conciliada nos fundamentos teóricos, na legislação, na doutrina de Direito público e pesquisa de campo levaram à constatação de que, embora se trate de mandamento constitucional expresso e compulsório, o procedimento de avaliação de desempenho em estágio probatório não atingiu o nível de eficácia almejado pelo legislador constituinte nos municípios que serviram de objeto para a pesquisa de campo, o que confirma também a concepção cética por parte de alguns dos autores consultados no decorrer da pesquisa na literatura técnica e doutrinária.

A pesquisa de campo também ratificou a pesquisa bibliográfica no que concerne à inexistência de qualquer método específico, por parte do Tribunal de Contas do Estado de São Paulo, para a fiscalização do tema de estágio probatório nos municípios paulistas, haja vista o fato de próprio servidor dessa Corte ter manifestado que não cabe ao controle externo essa verificação nos órgãos jurisdicionados, mas que se trata de assunto reservado à absoluta discricionariedade administrativa.

Por todo o exposto, os resultados do presente estudo, salvo melhor juízo, podem levar ao entendimento de que a inobservância e menoscabo que o instituto do estágio probatório tem sofrido nos municípios consultados pode ter como fator a inexistência de controle externo pelo Tribunal de Contas estadual, colocando, portanto, em risco o princípio da eficiência administrativa.

No decorrer do desenvolvimento do presente estudo, foi possível identificar possibilidades de expansão e aprofundamento sobre aspectos relacionados ao tema proposto, de modo que se possa complementar o conhecimento associado à pesquisa realizada. Portanto, para prosseguimento do estudo, sugere-se:

a) Realizar pesquisa de natureza quantitativa e qualitativa com os órgãos e servidores públicos, da mesma e de outras regiões, buscando entender qual a percepção sobre as qualidades e deficiências notadas nos processos de avaliação de desempenho;

b) Identificar as causas para as distorções eventualmente identificadas na eficácia dos processos de avaliação de desempenho aplicados no âmbito de órgãos públicos nas diferentes esferas do Poder Público;

c) Criar e monitorar mecanismos que auxiliem os órgãos públicos a mensurar a real contribuição dos métodos de avaliação de desempenho de servidores na eficiência da administração pública correspondente;

d) Esclarecer em que medida é pertinente a atuação do controle externo exercido pelos Tribunais de Contas sobre o tema de estágio probatório nos órgãos jurisdicionados, sem incorrer em ingerências ou conflitos na independência dos poderes públicos constitucionalmente estabelecidos, visando à defesa do interesse público.

6. REFERÊNCIAS

BERGAMINI, C. W. *Competência*: a chave do desempenho. São Paulo: Atlas, 2012.

CHIAVENATO, Idalberto. *Desempenho humano nas empresas*: como desenhar cargos e avaliar o desempenho para alcançar resultados. 6. ed. São Paulo: Manole, 2008.

CRUZ, M. C. M. T. A prática e os embates das avaliações de desempenho em municípios paulistas. In: TEIXEIRA, H. J.; BASSOTTI, I. M.; SANTOS, T. S. (Orgs.). *Mérito, desempenho e resultados*: ensaios sobre a gestão de pessoas para o setor público. São Paulo: FIA/USP, 2014, p. 236 – 255.

DENZIN, N. K.; LINCOLN, Y. S. *The sage handbook of qualitative research*. Thousand Oaks: Sage, 2000.

DI PIETRO, M. S. Z. *Direito Administrativo*. 30. ed. São Paulo: Forense, 2017.

FERNANDES, E. B. D. *A efetividade do controle externo das contas públicas: elementos teóricos e práticos de otimização do controle exercido pelos Tribunais de Contas*. In: *Revista Brasileira de Direito Público (RBDP)*. Belo Horizonte, ano 10, n. 37, abr.-jun. 2012. Disponível em:

Erro! A referência de hiperlink não é válida.http://www.bidforum.com.br/bid/PDI0006.aspx?pdiCntd=79753. Acesso em: 10 maio 2018.

FLORES, J. F. *Análisis de dados cualitativos*: aplicaciones a la investigación educativa. Barcelona: PPU, 1994.

FREITAS, J. Concurso público e regime institucional: as carreiras de estado. In: MOTTA, F. (Coord.). *Concurso Público e Constituição*. Belo Horizonte: Fórum, 2007, p. 211-241.

GASPARINI, D. *Direito Administrativo*. 17. ed. São Paulo: Saraiva, 2012.

GIL, A. C. *Como elaborar projetos de pesquisa*. 5. ed. São Paulo: Atlas, 2008.

GODOI, C. K.; MELLO, R. B.; SILVA, A. B.. *Pesquisa qualitativa em estudos organizacionais*: paradigmas, estratégias e métodos. 2. ed. São Paulo, Saraiva: 2010.

LATHAM, G.; MACDONALD, H.; SULSKY, L. M. *Performance Management*. *In*: BOXALL, P. et al. (Eds.) *The Oxford handbook of human resource management*. USA. New York: Oxford University Press, 2010.

LEME, R. (Org.). *Gestão por competências no setor público*. Rio de Janeiro: Qualitymark, 2011.

LUCENA, M. D. S. *Avaliação de desempenho*. São Paulo: Atlas, 1995.

MAIA, M. B.; QUEIROZ, R. P. *O regime jurídico do concurso público e o seu controle jurisdicional*. São Paulo: Saraiva, 2007.

MARRAS, J. P. *Administração de recursos humanos*: do operacional ao estratégico. 14. ed. São Paulo: Saraiva, 2011.

MARRAS, J. P.; TOSE, M. G. L. S. *Avaliação de desempenho humano*: gestão de RH. Rio de Janeiro: Elsevier, 2012.

MEIRELLES, H. L. *Direito Administrativo brasileiro*. 42. ed. São Paulo: Malheiros, 2016.

MELLO, C. A. B. *Curso de Direito Administrativo*. 33. ed. São Paulo: Malheiros, 2016.

MORAES, A. *Direito Constitucional*. 33. ed. São Paulo: Atlas, 2017.

REIS, R. C. *Alternativa política no contexto federativo*: integração regional no Grande ABC Paulista. São Paulo: Blucher Acadêmico, 2008.

RICHARDSON, R. J. *Pesquisa social*: métodos e técnicas. São Paulo: Atlas, 1999.

SECCHI, Leonardo. *Políticas Públicas*: conceitos, esquemas de análise, casos práticos. São Paulo: Cengage Learning, 2011.

SILVA, J. A. *Curso de Direito Constitucional positivo*. 39 ed. São Paulo: Malheiros, 2016.

VERGARA, S. *Métodos de pesquisa em administração*. 4. ed. São Paulo: Atlas, 2010.

LEGISLAÇÃO:

BRASIL. Constituição (1988). Constituição da República Federativa do Brasil. Brasília, DF: Senado, 1988. Disponível em: Erro! A referência de hiperlink não é válida.http://www.planalto.gov.br/ccivil_03/constituicao/ConstituicaoCompilado.htm. Acesso em: 15 abr. 2018.

SÃO PAULO. *Constituição (1989)*. Constituição do Estado de São Paulo. São Paulo, SP: Assembleia Legislativa, 1989. Disponível em: http://www.legislacao.sp.gov.br/legislacao/dg280202.nsf/a2dc-

3f553380ee0f83256cfb00501463/46e2576658b1c52903256d63004f305a?OpenDocument. Acesso em: 20 abr. 2018.

SÃO PAULO. *Lei Complementar 709*, de 14 de janeiro de 1993. Dispõe sobre a Lei Orgânica do Tribunal de Contas do Estado de São Paulo. Disponível em: Erro! A referência de hiperlink não é válida.https:// www.al.sp.gov.br/repositorio/legislacao/lei.complementar/1993/lei.complementar-709-14.01.1993. html. Acesso em: 13 maio 2018.

TRIBUNAL DE CONTAS DO ESTADO DE SÃO PAULO. *Instrução normativa 02/2016*, de 3 de agosto de 2016. Disponível em: Erro! A referência de hiperlink não é válida.http://www4.tce.sp.gov.br/sites/ tcesp/files/instrucoes_02-2016_0.pdf. Acesso em: 10 maio 2018

TRIBUNAL DE CONTAS DO ESTADO DE SÃO PAULO. *Resolução 04/2016*, de 3 de agosto de 2016. Aprova as Instruções 02/2016 e dá outras providências. Disponível em: Erro! A referência de hiperlink não é válida.http://www4.tce.sp.gov.br/sites/tcesp/files/resolucao_04-2016.pdf. Acesso em: 10 maio 2018.

TRIBUNAL DE CONTAS DO ESTADO DE SÃO PAULO. *Resolução 03/2017*, de 29 de novembro de 2017. Aprova alterações nas Instruções 02, de 2016, do Tribunal de Contas do Estado de São Paulo. Disponível em: Erro! A referência de hiperlink não é válida.http://www4.tce.sp.gov.br/sites/tcesp/ files/resolucao_03-2017.pdf. Acesso em: 10 maio 2018.

CIDADES INTELIGENTES E SUSTENTÁVEIS: DESAFIOS CONCEITUAIS E O PAPEL DO TRIBUNAL DE CONTAS DO ESTADO DE SÃO PAULO

Wilson Levy

Advogado. Doutor em Direito Urbanístico pela PUC-SP, com pós-doutoramento em Urbanismo pela Mackenzie e em Direito da Cidade pela UERJ. Diretor e professor permanente do programa de pós-graduação em Cidades Inteligentes e Sustentáveis da UNINOVE. E-mail: wilsonlevy@gmail.com.

José Renato Nalini

Doutor em Direito Constitucional pela Universidade de São Paulo. Foi corregedor geral da Justiça (2012-13), presidente do Tribunal de Justiça do Estado de São Paulo (2014-15) e secretário de Estado da Educação de São Paulo (2016-18). Professor permanente do programa de pós-graduação em Direito da UNINOVE. E-mail: jose-nalini@uol.com.br.

SUMÁRIO: 1. Cidades inteligentes e sustentáveis: um conceito em construção? – 2. E quanto à sustentabilidade? – 3. O direito urbanístico: cenários e perspectivas para a regulação das cidades inteligentes e sustentáveis – 4. A experiência do Tribunal de Contas do Estado de São Paulo – 5. Considerações finais – 6. Referências.

O tema "cidades inteligentes e sustentáveis" (em inglês, *smart and sustainable cities*) está no topo da agenda pública de debates sobre planejamento urbano. Trata-se, com segurança, de uma expressão que condensa uma multiplicidade de sentidos e que tangencia as atuais fronteiras, partindo do horizonte reflexivo da área. É, também, fortemente influenciado pelas demandas atuais das cidades do mundo – não apenas das cidades globais, ou das grandes megalópoles, mas também de uma quantidade crescente de cidades grandes e médias do mundo.

Nada obstante, o tema ainda não apresenta univocidade conceitual e tampouco foi adequadamente incorporado pela regulação. Uma série de fatores contribui para que este *status* seja mantido, e não caberia fazer uma lista exaustiva de seus motivos. O fato é que a força semântica da expressão parece perdida entre muitas abordagens superficiais e pouca preocupação dos aparatos regulatórios do Estado em incorporar essa nova gramática no interior dos processos formais de disciplina normativa.

Sabe-se que a materialização de cidades inteligentes e sustentáveis não prescinde de um aparato considerável de aplicativos e componentes tecnológicos. O desafio repousa justamente na formulação de um desenho conceitual e num entendimento mais homogêneo do que se está falando e do que se pretende com essa nova visão sobre a cidade.

Dito de outro modo, o entrave é entender o que se quer com a ideia de cidades inteligentes e sustentáveis, e que caminhos precisam ser percorridos para se chegar a esse desenho ideal. Sem um aparato conceitual sólido, persiste um risco significativo de se levar "gato por lebre", na célebre expressão popular. Afinal, ante a vagueza conceitual, mais simples se torna a tarefa de quem pretende vender, principalmente ao Poder Público, produtos de enorme valor agregado e pouca eficiência sistêmica, ou mesmo pouca utilidade prática. Evidente que o problema não está na venda em si: mesmo leituras superficiais associam a ideia de *smart cities* a aplicativos e soluções que ampliam a conectividade e conferem mais eficiência aos processos e à gestão urbana. Nada há de errado nisso. Pelo contrário, *start ups*, *labs* e outros espaços de produção de inovação crescem e geram quantidades significativas de recursos a cada ano.

Além disso, o tema tem ganhado grande repercussão em razão da (bem-vinda) utilização de dados e evidências como suporte à tomada de decisão no âmbito da gestão pública. O papel dos tribunais de contas, órgãos de controle externo ligados ao Poder Legislativo, é fundamental nesse sentido, e podem fornecer pistas importantes sobre a abrangência da ideia de cidades inteligentes no Brasil.

Para tanto, este texto será dividido em quatro partes. A primeira discorrerá sobre os desafios conceituais do tema, tentando identificar as vozes e os discursos por trás da ideia de "cidades inteligentes e sustentáveis". Este primeiro item tentará responder à pergunta: é possível, hoje, extrair uma unidade conceitual mínima em torno dessa ideia? Qual?

Em seguida, o foco recairá sobre o direito urbanístico, espaço privilegiado para o desenvolvimento de instrumentos normativos hábeis para disciplinar a matéria. Aqui, se procurará responder à pergunta: o estado teórico do direito urbanístico, no âmbito da legislação e, principalmente, das construções teóricas e doutrinárias, é suficiente para dar conta do desafio regulatório relacionado às cidades inteligentes e sustentáveis? Ademais, se buscará identificar qual o fundamento normativo básico para o desenvolvimento desse aparato legal.

Por fim, será abordada a experiência do Tribunal de Contas do Estado de São Paulo neste particular, como um caso concreto de uso da tecnologia, de dados e de evidências para apoiar o aperfeiçoamento da gestão pública, na chave da indução e da orientação, no âmbito dos municípios.

1. CIDADES INTELIGENTES E SUSTENTÁVEIS: UM CONCEITO EM CONSTRUÇÃO?

Como dito na introdução, há pouca ou nenhuma unidade acerca do conceito de "cidades inteligentes e sustentáveis".

Há pouca discussão sobre o conceito de cidade, embora parte da literatura especializada entenda que a *urbe* representa mais a expressão física de uma determinada sociedade, optando desenvolver os estudos sobre urbanização a partir do recorte denominado "território urbanizado" (Milani e Ribeiro, 2009). Seguindo uma visão modernista sobre o tema, de acordo com Costa (1995, p. 277), a cidade nada mais é do que a "expressão palpável da necessidade humana de contato, comunicação, organização e troca, numa determinada circunstância físico-social e num contexto histórico".

Ela materializa o intangível do tecido social, traduzindo em formas físicas o fabuloso produto das trocas culturais, do desenvolvimento, das vocações e, também, das contradições de um povo, que se faz representar por prédios, viários, agrupamentos comunitários, laborais e espaços de convívio. Evidente que outras áreas do conhecimento deram contribuições decisivas para a adequada conceituação da ideia de "cidade". Entretanto, é provável que, no estudo em desenvolvimento, elas não sejam úteis. Ou mesmo necessárias.

Se não há tantas dúvidas sobre a ideia de cidade, o mesmo não se pode afirmar em relação ao conceito de "inteligência" e mesmo de "sustentabilidade". Diante disso, restaria identificar o significado ambos para se ter um panorama geral e, em seguida, começar a montar o quebra-cabeças conceitual que une as três expressões de modo a lhe conferir alguma coerência. Esse é o caminho mais óbvio, mas nem por isso o mais simples.

De acordo com o Dicionário Michaelis, "inteligência" é uma expressão polissêmica, que pode designar:

> *sf (lat intelligentia)* **1** Faculdade de entender, pensar, raciocinar e interpretar; entendimento, intelecto. **2** Compreensão, conhecimento profundo. **3** *Filos* Princípio espiritual e abstrato considerado como a fonte de toda a intelectualidade. **4** *Psicol* Capacidade de resolver situações novas com rapidez e êxito (medido na execução de tarefas que envolvam apreensão de relações abstratas) e, bem assim, de aprender, para que essas situações possam ser bem resolvidas. **5** Pessoa de grande esfera intelectual. **6** Conluio, ajuste, combinação. *I. artificial:* Parte da ciência da computação que trata de sistemas inteligentes, capazes de se adaptar a novas situações, raciocinar, compreender relações entre fatos, descobrir significados e reconhecer a verdade. *I. artificial, Inform:* projeto e desenvolvimento de programas de computador que tentam imitar a inteligência humana e funções de tomada de decisão, obtendo raciocínio e outras características humanas. Sigla: IA.

Como não se está buscando um significado acoplável a sentidos humanos de inteligência, restaria adotar a ideia de "inteligência artificial": "parte da ciência da computação que trata de sistemas inteligentes, capazes de se adaptar a novas situações, raciocinar, compreender relações entre fatos, descobrir significados e reconhecer a verdade". Afinal, da mesma maneira que a cidade é o resultado físico de um conjunto de elementos atinentes à cultura de um determinado agrupamento humano, ela também poderia ser vista como um *sistema*. Que tipo de sistema? Por certo um sistema complexo, posto que agrega um subsistema social e um subsistema espacial, cada qual dotado de dinâmicas internas próprias. Da junção entre os dois subsistemas, surgiria uma relação ecológica entre o ser humano e o ambiente. Agregar inteligência a esse sistema significa atribuir-lhe a capacidade de solucionar problemas próprios do funcionamento sistemático.

Uma cidade inteligente, nesse sentido, é uma cidade capaz de criar estruturas de gestão capazes de serem ativadas para atender a demandas próprias do caráter problemático que o espaço urbano, enquanto sistema complexo, (re)produz continuamente. Essas estruturas visualizam a cidade como um sistema complexo que deve ser todo interligado por redes de comunicação, as quais podem detectar problemas, emitir alarmes e, principalmente, direcionar fluxos de trabalho humano com foco na eficiência dos serviços públicos e controlar remotamente dispositivos e equipamentos das mais variadas interfaces.

De acordo com a World Foundation for Smart Communities, "Uma comunidade inteligente é aquela que fez um esforço consciente para usar a tecnologia da informação para transformar a vida e o trabalho dentro de seu território de forma significativa e fundamental, em vez de seguir uma forma incremental". O estudo é longevo, mas já compreendia que a tecnologia da informação exerce, no contexto de cidades inteligentes e sustentáveis, um papel central.

2. E QUANTO À SUSTENTABILIDADE?

A ideia de sustentabilidade mereceria um trabalho específico, tamanha a sua variedade de abordagens. Ela se desenrola através de três grandes interfaces, todas capazes de se desdobrar em inúmeras análises paralelas: sustentabilidade ambiental, sustentabilidade econômica e sustentabilidade social. Dependendo da aplicação, uma ou mais interfaces podem preponderar, embora seja recomendável que as três estejam presentes para que uma determinada ação ou empreendimento seja considerado sustentável[1].

Por consequência lógica, uma cidade sustentável deveria observar os três componentes da sustentabilidade no seu planejamento. Isso incluiria temas como licitação verde, construções sustentáveis, redes de transporte coletivo baseadas em fontes renováveis de energia e destinação adequada de resíduos sólidos e efluentes líquidos. Incluiria também a adoção de certificações verdes e a incorporação de indi-

---

1. O tema ganhou impulso nos anos 80, com a publicação do Relatório Brundtland, intitulado "Nosso Futuro Comum", pela Organização das Nações Unidas (ONU). Nesse documento, ficou assentado que era dever das nações envidar esforços pelo desenvolvimento sustentável, entendido como "o desenvolvimento que satisfaz as necessidades presentes, sem comprometer a capacidade das gerações futuras de suprir suas próprias necessidades". O texto introduz, nesse sentido, o componente intergeracional do desenvolvimento sustentável, que deve priorizar a garantia das condições de vida não só das presentes, como das futuras gerações. O tema retornou com força na encíclica *Laudato Sí* (Louvado Seja!), do Papa Francisco, quando disse "Já não se pode falar de desenvolvimento sustentável sem uma solidariedade intergeneracional. Quando pensamos na situação em que se deixa o planeta às gerações futuras, entramos noutra lógica: a do dom gratuito, que recebemos e comunicamos. Se a terra nos é dada, não podemos pensar apenas a partir d'um critério utilitarista de eficiência e produtividade para lucro individual".

CIDADES INTELIGENTES E SUSTENTÁVEIS **249**

cadores de avaliação que priorizassem a amortização de emissões de gases do efeito estufa e um processo contínuo de discussão que resultasse em revisões periódicas de critérios nessa seara, de modo que fossem cada vez mais rigorosos.

Ainda assim, não seria possível esquecer da sustentabilidade econômica dessas iniciativas, tema ainda pouco trabalhado e, principalmente, da sustentabilidade social, que envolve enfrentar os problemas sociais da cidade. Tais problemas tem por base, de acordo com inúmeros estudos, a exclusão territorial e a ideia de vulnerabilidade, que se desdobra em vulnerabilidade socioeconômica e vulnerabilidade civil. Por vulnerabilidade socioeconômica, pode-se entender que se trata da situação de ausência de proteção em relação à grande parcela dos componentes populacionais das grandes metrópoles. Vale dizer, é a falta de garantias no contexto dos direitos sociais, em especial o trabalho, a saúde e a educação, que, insuficientes, se entrelaçam com os problemas derivados da questão da qualidade habitacional, como a ausência de transporte público adequado e dos serviços públicos responsáveis por atenuar o desgaste típico da vida na cidade.

A vulnerabilidade civil, por sua vez, refere-se, de acordo com Lúcio Kowarick (2009, p. 19), ao âmbito da integridade física das pessoas, ou seja:

> Ao fato de vastos segmentos da população estarem desprotegidos da violência praticada por bandidos e pela polícia. Sua expressão máxima é o homicídio, mas também está presente nos assaltos ou roubos, espancamentos, extorsões e humilhações que fazem parte do cotidiano das famílias de baixos rendimentos. Frequentemente, essas ocorrências não entram no rol das estatísticas, seja porque as pessoas não acreditam nas instituições judiciárias, seja porque se calam por medo de represálias.

Embora este trabalho não pretenda descer às minúcias das condições e possibilidades de construção de cidades inteligentes e sustentáveis no Brasil, não se pode desprezar que este é um desafio de grande complexidade. Afinal, no Brasil convivem os mais diversos cenários de condições sociais e econômicas no território urbanizado. Pode-se dizer, sem medo de errar, que o país abriga cidades que estão na pré-modernidade, carentes de equipamentos e infraestrutura básica, como, por exemplo, sistema de saneamento básico; na modernidade, com foco na dependência da energia fóssil e dos processos industriais tradicionais como vetores de desenvolvimento; e na pós-modernidade, cuja marca repousa na economia informacional, nas novas tecnologias de informação e comunicação e nos serviços como eixos de desenvolvimento.

Não raramente, aliás, as três configurações convivem no território de uma mesma cidade, agravadas pelos problemas e conflitos fundiários e *déficit* habitacional, pela divisão desigual dos bônus e ônus da urbanização e pela falta de planejamento. A ressalva é importante, porque agrega um conteúdo adicional à análise do tema das *smart and sustainable cities* no país.

Por falar em Brasil, a principal obra a respeito do tema "cidades inteligentes e sustentáveis" no país é o livro quase homônimo, publicado em 2012, escrito por Carlos Leite. No início da obra, o autor pontua que cidades sustentáveis são

Necessariamente, compactas, densas. Como se sabe, maiores densidades urbanas representam menor consumo de energia *per capita*. Em contraponto ao modelo "Beleza Americana" de subúrbios espraiados no território com baixíssima densidade, as cidades mais densas da Europa e da Ásia são hoje modelo na importante competição internacional entre as *global green cities*, justamente pelas suas altas densidades, otimizando as infraestruturas urbanas e propiciando ambientes de maior qualidade de vida promovida pela sobreposição de usos. (Leite, 2012, p. 13)

Cidades sustentáveis, também, devem

Operar segundo um modelo de desenvolvimento urbano que procure balancear, de forma eficiente, os recursos necessários ao seu funcionamento, seja nos insumos de entrada (terra urbana e recursos naturais, água, energia, alimento etc.), seja nas fontes de saída (resíduos, esgoto, poluição etc.). Ou seja, todos os recursos devem ser utilizados da forma mais eficiente possível para alcançar os objetivos da sociedade urbana. O suprimento, o manuseio eficiente, o manejo de forma sustentável e a distribuição igualitária para toda a população urbana dos recursos de consumo básicos na cidade são parte das necessidades básicas da população urbana e itens de enorme relevância na construção de novos paradigmas de desenvolvimento sustentável, incluindo desafios prementes, como o aumento da permeabilidade nas cidades. (Leite, 2012, p. 13)

A obra não se debruça sobre o desafio conceitual que envolve essa discussão, mas traz pistas daquilo que distingue as cidades sustentáveis das formas clássicas de apropriação do território: densidade maior, foco na eficiência das infraestruturas urbanas e sobreposição de usos nas edificações. É possível, com isso, chegar a um ponto de partida, que, contudo, não é nem um pouco conclusivo.

Cidades mais densas e com usos mistos não são uma novidade. Jane Jacobs, na célebre obra *Morte e vida de grandes cidades* (*Death and Live of Great American Cities*, 1961), já discorria sobre a importância desse modelo de urbanização, baseado na escala do pedestre e na diversidade como vocação do espaço, ainda que seu foco fosse a crítica do planejamento urbano racional, cuja principal referência é o urbanista Le Corbusier.

Não parece, todavia, que a ideia das *smart and sustainable cities* tenha o mesmo apelo dos movimentos por uma cidade mais orgânica, calcada em laços comunitários fortes, na qual a sociedade civil organizada assume um papel central na deliberação sobre os rumos do planejamento, que desabrochou nos anos 1960. Aquele momento foi, como dito, a consagração de um levante contra a ideia de que é possível construir as cidades segundo decisões verticais, sem apego à história e que não eram capazes de reconhecer as potencialidades da rua.

Ao que parece, os argumentos trazidos até este instante oferecem um patamar conceitual mínimo. Cidades inteligentes e sustentáveis seriam, então, cidades baseadas num modelo inteligente de gestão, ancorado em tecnologias de informação e comunicação, cujo objetivo repousa em maneiras de viabilizar a sustentabilidade em todas as suas interfaces.

Inteligência, nesse sentido, seria meio, e sustentabilidade, fim. Ainda assim, faltaria uma ancoragem finalística mais ampla, que incluísse a sustentabilidade num plano maior de concretização. Ou seja, como a sustentabilidade pode sair da esfera meramente programática – como uma meta, um objetivo a ser atingido (sem a indicação de um caminho para tanto) – e ser integrada a um comando normativo claro e estrutural?

Na experiência brasileira, esse comando existe? Se sim, qual é?

Um pouco dessa dúvida será desbravada no item seguinte. Mas essa é uma provocação que deve acompanhar os estudos sobre cidades inteligentes e sustentáveis, principalmente quando a abordagem envolver a aplicação de seus institutos no Brasil.

3. O DIREITO URBANÍSTICO: CENÁRIOS E PERSPECTIVAS PARA A REGULAÇÃO DAS CIDADES INTELIGENTES E SUSTENTÁVEIS

Em oposição ao caráter propedêutico e conceitual do item anterior, este dedicará espaço à compreensão do cenário específico da regulação no Brasil. A ideia, nesse sentido, é identificar o percurso de desenvolvimento do direito urbanístico brasileiro para compreender a sua evolução histórica e verificar as suas limitações frente ao desafio de regulação das cidades inteligentes e sustentáveis. A expectativa, novamente, é levantar questões para problematizar esse tema, de modo a estimular que os pesquisadores engajados nesse novo campo de estudos possam desdobrá-las e enriquecer suas análises e investigações.

Tradicionalmente, os estudos de direito urbanístico estavam tomados pelo que se pode denominar "fetiche do conceito", a denotar certa compulsão pelo detalhamento técnico e vocabular das palavras que compõem seus institutos. Essa tendência pode ser observada por meio de simples leitura dos primeiros textos a fazerem referência a esse novo repertório de direitos, em especial no âmbito do direito administrativo, do qual emanava as regras do chamado "direito de construir" (Leite, 2012, p. 13).

Essas referências doutrinárias pretendiam reproduzir o mesmo rigor empregado na descrição das competências e da atuação da administração pública, necessariamente minuciosas em razão da sensibilidade do tema "interesse público", embora referida ênfase pouco contribuísse para a efetividade dos regramentos aos quais se submetia a atuação estatal. Cada palavra, cada expressão e cada derivação conceitual era tributária de longas explicações, amparadas em referências do direito comparado mais avançado à época, ainda que ao custo da formação de verdadeira colcha de retalhos teórica, de duvidosa cientificidade.

Veja-se, por exemplo, o conceito de "zoneamento". Na literatura clássica, remonta à "repartição do território municipal à vista da destinação da terra, do uso do solo ou das características arquitetônicas", não-indenizáveis, baseados no peculiar interesse do município na disciplina do uso e ocupação do solo urbano (art. 30, VIII, da Constituição Federal).

Já se antevia sua condição de instrumento de planejamento urbanístico, destinado a fixar os usos adequados para as diversas áreas do solo municipal. Ou: destinado a fixar as diversas áreas para o exercício das funções urbanas elementares"[2], o que não deixava de transparecer uma certa imprecisão conceitual, na medida em que não vinha acoplado a definição de "função urbana elementar". Quando muito, recorria-se a categorias etéreas, como o "interesse do bem-estar da população" ou "colocar cada coisa em seu lugar adequado, inclusive as atividades incômodas". E, a despeito de fixar usos adequados, naquele momento não podia o zoneamento se orientar a "satisfazer interesses particulares, nem de determinados grupos", a contradizer, talvez, a chamada "função social", que, nada obstante, sequer merecia grandes aprofundamentos.

No estudo do tema, havia espaço até mesmo para definições como os "espaços de trabalho" e seu significado, os "espaços de lazer" e sua conceituação, entre outras[3]. E também discussões sobre os tipos de zoneamento - se associados a usos exclusivos ou usos predominantes - a resgatar a influência de autores como Le Corbusier para o debate acerca da organização urbana[4].

Debate, aliás, sempre técnico, nunca político, e muito menos participativo e concatenado com as demandas da sociedade civil organizada, a impor a noção de que o projeto era o grande protagonista do desenho das cidades. E um debate em absoluto vertical, porque gestado nas esferas especializadas do Estado, frente à realidade a ser ressignificada segundo o interesse público – ou então o que o Estado dizia ou entendia ser o interesse público. E criado, deveria ser executado mediante uma política baseada na concessão de licenças (de obras e de construção) e no uso de meios como a interdição e demolição das edificações, de forma

> conscienciosa e inteligentemente, com energia e justiça. *Trata-se de tarefa que deve incumbir a órgão local composto de técnicos com especial conhecimento da situação sobre a qual incidem aquelas normas e atos fixadores das zonas.* Sua eficácia requer vigilância e fiscalização constantes e rigorosas, mas, talvez, ainda exija mais orientação que sanção; mas esta deverá recair, sem vacilações, sobre infratores impertinentes. (Silva, 2012, p. 246, grifo nosso)

---

2. Idem, p. 237.
3. . Veja-se, a título de exemplo, a definição conferida por José Afonso Silva (2012, p. 239) para "habitar": "é ocupar um lugar como residência. É ocupar uma casa ou um edifício para nele residir ou morar. No 'habitar', encontramos a ideia da habitualidade no permanecer ocupando uma edificação - o que faz sobressair sua correlação com o 'residir' e o 'morar' (de *morari*) significava 'demorar', 'ficar'.
4. De acordo com Barbara Freitag (2013, p. 61), "Para Le Corbusier, o espaço urbano ideal deve ser visto como um quadrado quadriculado. Pelos vértices, passam as estradas. Dentro do quadrado, as quadras constituem os quarteirões, interligados por 'tesourinhas'. Essas ruas delimitam terrenos abertos, áreas verdes sobre as quais são erguidos modernos prédios (*"objets à reaction poétique"*). No centro, encontram-se 24 edifícios de 60 andares, erguidos segundo uma planta em forma de cruz. Importante para Le Corbusier é haver arejamento e muita luz, para eliminar - uma vez por todas - a sensação de aperto e constrangimento, escuridão e insalubridade, que para ele caracterizavam os bairros pobres de Paris. Esses prédios servem para funções administrativas e de serviços. Na parte leste, está previsto um centro cívico, atrás do qual se encontra uma enorme área verde. As quadras residenciais, com prédios de 12 andares (*"immeubles-villas"*), como grandes quadrados abertos, independentes entre si, estão conectadas às ruas de ligação. Configuram-se assim 108 unidades de moradia (superquadras?), por sua vez, constituídas de múltiplas *citrohans*. O trânsito baseia-se na rapidez do avião e do carro, mas prevê (mesmo que em redes separadas) trens e metrôs (suburbanos). O fora da nova cidade se encontrariam as cidades-jardim e os complexos industriais (Le Corbusier, 1974 e 1996)".

A tradição administrativista impregnava inclusive os contornos conceituais do direito urbanístico. Não se sabia ao certo se este se afigurava como uma disciplina autônoma ou referência ainda hesitante acerca de sua autonomia enquanto disciplina específica do saber jurídico. É o que indicava José Afonso da Silva (2012, p. 38) ao apontar o direito urbanístico,

> do ponto de vista científico, como ramo do direito público que tem por objeto expor, interpretar e sistematizar as normas e princípios reguladores da atividade urbanística. Seu objeto, portanto, consiste em expor, interpretar e sistematizar tais normas e princípios, vale dizer, estabelecer o conhecimento sistematizado sobre essa realidade jurídica.

Assinalava-se que era "muito cedo para definir seu domínio" (Silva, 2012, p. 39), o que denotava seu caráter de novidade e influenciava a forma de enxergar as leis urbanísticas.

Era patente a centralidade executiva do Poder Público, fonte tanto das políticas necessárias ao ordenamento das cidades, concebida por corpo técnico especializado, como do poder de polícia administrativa. Esperava-se que o aparato então existente, de notável articulação para a época, sobretudo pela minuciosa descrição dos conceitos, abriria caminho para uma compreensão minimamente homogênea do tema, suficiente para diminuir os focos de tensão. Tratar-se-ia de operação lógica de enorme singeleza a verificação, nos casos concretos, de desconformidade entre uma dada situação e o comando legal, a ensejar a intervenção do Poder Público.

Não foi o que aconteceu, contudo. Há, nesse sentido, enorme consenso nos meios acadêmicos especializados[5] – a existência de uma rede consagrada de movimentos sociais que lutam pela reforma urbana só confirma essa suspeita – de que esse aparato permanece incapaz de impor formas adequadas de ocupação das cidades, mesmo após a Constituição Federal de 1988 ter instituído um capítulo dedicado à ordem urbana, do qual o art. 182 aparece como componente dotado de eloquente conteúdo: "art. 182 – A política de desenvolvimento urbano, executada pelo Poder Público municipal, conforme diretrizes gerais fixadas em lei, tem por objetivo ordenar o pleno desenvolvimento das funções sociais da cidade e garantir o bem-estar de seus habitantes."

Este artigo se insere em capítulo do texto constitucional derivado de iniciativa popular, que conclamou inúmeros atores (arquitetos, advogados e movimentos populares e acadêmicos). A gênese desse capítulo quebraria, aliás, o fundamento sob o qual o direito urbanístico era cenário restrito aos iniciados que dominassem seus conceitos e soubessem manejá-los de forma adequada.

---

5. Para Maria Paula Dallari Bucci, por exemplo, há evidente "Descompasso entre o refinamento técnico dos conceitos jurídicos empregados pelo nosso direito urbanístico nas áreas nobres das cidades em contraste com o abandono das áreas em que vivem as populações mais carentes, desamparadas pela mediação estatal". DALLARI BUCCI, (2002, p. 337).

Ainda assim, as cidades cresceram (e ainda crescem) de modo desregrado. Múltiplas causas concorrem para esse estado de coisas e não é importante, neste momento, entrar em detalhes. Não parece suficiente, ademais, em razão do alto grau de abstração da assertiva, relacionar o quadro ao caráter ambíguo ao qual esteve submetido o Direito Urbanístico em suas origens, oscilando entre os cânones da tradição privatística e a ordenação pública do direito de construir[6], apesar da noção de propriedade privada estar arraigada na cultura jurídica brasileira como conteúdo de um direito quase absoluto.

Haveria, então, uma causa de natureza regulatória, na medida em que a ausência de instrumentos específicos de controle do uso e ocupação do solo urbano pelos municípios, no exercício da já aludida competência, aos quais o Poder Executivo pudesse recorrer para efetuar o planejamento urbano, dado o caráter geral do comando constitucional?

Esse instrumental legislativo bastaria por si só ou somar-se-ia a essa causa primeira também um problema de olhar, vale dizer, de tratamento dos problemas urbanos a partir de uma visão calcada em seu caráter multifacetado?

Uma resposta parcial pode ser dada por meio da regulamentação do art. 182 através do Estatuto da Cidade (Lei 10.257/2001), com notável atraso de mais de uma década, e destinado a lidar com uma realidade marcada pelo *laissez-faire* urbano derivado tanto da herança colonial (inclusive nos reflexos legais da aplicação das ordenações manuelinas e afonsinas[7]) como da dimensão geográfica imanente ao modo de produção capitalista no Brasil[8] e também produto da industrialização do país[9].

---

6.   De acordo com Carlos Ari Sundfeld, "conquanto as normas urbanísticas tenham antepassados ilustres (regulamentos edilícios, normas de alinhamento, as leis de desapropriação etc.), seria um anacronismo pensar em um direito urbanístico anterior ao século XX. O direito urbanístico é o reflexo, no mundo jurídico, dos desafios e problemas derivados da urbanização moderna (concentração populacional, escassez de espaço, poluição) e das ideias da ciência do urbanismo (como a de plano urbanístico, consagrada a partir da década de 30). Estes foram os fatores responsáveis pelo paulatino surgimento de soluções e mecanismos que, frente ao direito civil e ao direito administrativo da época, soaram impertinentes ou originais e que acabaram se aglutinando em torno da expressão 'direito urbanístico. Esse direito contrapôs-se ao direito civil clássico ao deslocar do âmbito puramente individual para o estatal as decisões básicas quanto ao destino das propriedades urbanas (princípio da função social da propriedade). Em consequência, ampliou o objeto do direito administrativo, para incorporar medidas positivas de intervenção na propriedade, deixando para trás as limitadas medidas de polícia, de conteúdo negativo". SUNDFELD, Carlos Ari. *O Estatuto da Cidade e suas diretrizes gerais* (DALLARI e FERRAZ, 2009, p. 46).
7.   Sobre o tema, veja-se: Rolnik (2003).
8.   Um panorama sobre o tema, embora não específico do Brasil, pode ser encontrado em Harvey (2006).
9.   Há um grande consenso entre os sociólogos que a cidade moderna, de um modo geral, nasce sob o signo da Revolução Industrial. Contudo, há diversas especificidades que fazem com que a resposta não seja tão óbvia ou, ao menos, apresente nuances que caracterizam caminhos e formatos de urbanização diferentes. O caso brasileiro, embora único, guarda similitude com as situações encontradas em países de capitalismo tardio, o que, de acordo com Manuel Castells se dá sob o signo da dependência. A expressão remete aos estudos desenvolvidos por sociólogos como Fernando Henrique Cardoso e outros intelectuais vinculados à Comissão Econômica para a América Latina e Caribe (Cepal) e que, em síntese, discorre sobre os entraves ao desenvolvimento em sociedades periféricas. De acordo com essa ideia, tais sociedades subordinam-se a processos limitadores internos (tais como interações sociais incompletas ou viciadas por servilismos) e externos – estes, associados a trocas comerciais e políticas desiguais no plano das relações entre as nações.

CIDADES INTELIGENTES E SUSTENTÁVEIS **255**

Quadro caótico, tendente à megalopolização de centros urbanos marcados por crescimento desordenado e pela oposição evidente entre a cidade legal e a cidade ilegal[10].

A tentativa de dar conta de um passivo centenário de irregularidades urbanas, como se viu, foi um dos principais fios condutores do Estatuto da Cidade. Não se pode perder de vista, contudo, que sua missão era substancialmente maior e remetia à regulamentação dos arts. 182 e 183 da Constituição Federal de 1988, com o fim de detalhá-los, ainda que ao custo de deixar em aberto inúmeras questões.

Note-se, de início, que o dispositivo amplia a já instituída (no mesmo diploma legal) "função social da propriedade", por referir-se de maneira expressa às "funções sociais da cidade". Tudo a sinalizar um *plus* que transcendia o caráter individual da função social da propriedade e submetia-o a um plano de maior complexidade e extensão e, por isso, incompatível com uma interpretação atomizada e isolada, típica das abordagens do direito privado.

Essa tendência holística foi recepcionada pelos estudos jus-urbanísticos posteriores. Em texto seminal, Jacques Alfonsin (2004, p. 60) aprofunda a reflexão em torno da expressão "função social da propriedade" e de sua compatibilidade com as aludidas "funções sociais da cidade". Para o autor,

> são os latifúndios, os grandes espaços urbanos que seus proprietários já destinaram à troca, originalmente, (às vezes em vazios territoriais) aqueles de quem se deve exigir o cumprimento da função social. Se qualquer função somente se justifica pela sua "propriedade", no sentido de adequação a uma determinada finalidade, à obtenção não meramente hipotética de um determinado resultado, parece claro que, no solo urbano, o principal obstáculo à extensão do direito de morar para todos (função social) é representado pelo valor de troca que preside o direito de propriedade privada sobre ele (preço).

A afirmação de Alfonsin retoma ao mesmo tempo o diagnóstico efetuado por Cândido Malta e trazido no item anterior e também um dos componentes principais da dinâmica econômica da cidade: a espoliação urbana[11]. Ao fazê-lo, o autor exterioriza indiretamente uma preocupação que marca esse passo seguinte dos estudos do direito na cidade[12]: a ampliação de sentidos e de referências informadoras. Tais conteúdos eram indispensáveis ao esforço de dar conta dos assentamentos huma-

---

10. Veja-se o diagnóstico já longevo produzido por Cândido Malta Campos Filho (2001, p. 54): "A retenção de terrenos nas zonas urbanas das cidades brasileiras atinge um valor em que dificilmente se pode acreditar, a não ser que se sobrevoem essas cidades ou se examinem estatísticas cadastrais municipais. Como aproximadamente a metade ou mais do espaço urbano brasileiro, nas médias e grandes cidades, está vazio, o cidadão que nelas habita anda, em média, pelo menos o dobro das distâncias que deveria andar, caso tais vazios inexistissem. Assim também o poder público é obrigado a pelo menos dobrar o seu investimento e o custeio das redes de serviços públicos, que dependem da extensão da cidade. Esse é o caso, por exemplo, da pavimentação de ruas e avenidas e sua manutenção; o da implantação e operação das redes de água e esgoto; o da iluminação pública; o da canalização das águas de chuva e dos córregos e rios que cruzam o espaço urbano e sua manutenção; o da implantação e operação da rede de energia elétrica. A implantação e operação do sistema de transporte coletivo é hoje um dos grandes problemas urbanos do país".

11. O tema é explorado especialmente por Lúcio Kowarick (2009 e outras obras).

12. Ainda não se fala aqui sobre "direito à cidade". A evolução deste conceito e seus desdobramentos pode ser vista, entre outros, em Tavolari (2015).

nos irregulares, que deixavam de ser caso de polícia para serem objeto de medidas concretas, legalmente previstas, de regularização fundiária.

Esta é uma interface importante, mas não exclusiva. Ou seja, ainda que no percurso de autonomização do direito urbanístico tenha havido um processo decisivo em direção à pauta das hipotecas sociais do Estado brasileiro, relacionadas ao direito social à moradia e à função social da propriedade urbana, pouco se avançou em direção a novos horizontes dessa área. Este diagnóstico, que não será aprofundado neste texto, tem inúmeras origens. Vícios ideológicos, próprios do pensamento progressista, tem obnubilado as demandas regulatórias de novas áreas, como as *smart and sustainable cities*, por entender que essa e outras pautas representariam uma forma de pensamento alienada das raízes contraditórias dos problemas urbanos no Brasil.

No fundo, o direito à cidade, como assinalado por Bianca Tavolari e outros, permanece como um conceito em disputa. E, a despeito dessa disputa, permanecem vivos campos em aberto. Um deles é a inovação.

Evidente que a regulação da inovação, tão necessária à ideia de cidades inteligentes e sustentáveis, não é papel exclusivo do direito urbanístico. O direito administrativo, por exemplo, tem papel fundamental. Ao permanecer preso a uma postura anacrônica, enxergando a função do Estado a partir da oposição legalidade-ilegalidade/permitido-proibido, inviabiliza um novo desenho estatal que faça da regulação um mecanismo de indução do desenvolvimento, e não a simples prescrição de comandos. Dito de outra maneira, o direito administrativo que o mundo da inovação espera é o direito administrativo que define regras contemplando, nessa construção, a necessidade de estimular o avanço, e não de torná-lo inviável.

Uma indagação que se faz, como um convite à reflexão, nessa seara: a ideia de cidades inteligentes e sustentáveis pode ser incorporada ao conteúdo substancial (ainda em construção e, naturalmente, dinâmico) das funções sociais da cidade, previstos no art. 182 da Constituição da República Federativa do Brasil, de 5 de outubro de 1988? Se este é o nosso projeto jurídico-político de nação, instrumento apto a desenhar a estrutura do Estado e a fornecer a projeção do modelo de sociedade que se pretende construir no Brasil, este modelo, historicamente situado, poderia contemplar na interface urbana o estímulo a essa forma de se planejar cidades?

De todo modo, ao abrir mão, ou ao silenciar, sobre os potenciais contidos nos novos contornos do planejamento urbano, a doutrina do direito urbanístico não só freia como também bloqueia o avanço dessa frente no Brasil. Notadamente, a dificuldade encontrada para regular novos aplicativos de mobilidade, como é o caso do Uber[13], sinaliza que este é um problema que tem impactos diretos sobre a atividade econômica no país, além de acirrar conflitos políticos e sociais.

---

13. O *think-tank* InternetLab produziu um amplo estudo sobre o tema, que merece destaque e recomendação. Mais detalhes podem ser obtidos em: http://www.internetlab.org.br/pt/tag/mobilidade-urbana/.

CIDADES INTELIGENTES E SUSTENTÁVEIS **257**

Evidente que este é um desafio global. A velocidade das transformações está cada vez mais descompassada com a capacidade do Estado de responder com regulação adequada, inclusive nas nações mais desenvolvidas do globo.

4. A EXPERIÊNCIA DO TRIBUNAL DE CONTAS DO ESTADO DE SÃO PAULO

Além dos desafios no âmbito do planejamento urbano, o conceito de cidades inteligentes e sustentáveis encontra eco na atuação dos tribunais de contas no Brasil. Como já dito, os tribunais de contas são órgãos de controle externo da Administração Pública. No Estado de São Paulo, o Tribunal de Contas é responsável pela fiscalização das contas e contratações públicas de 644 Municípios – todos, à exceção da capital paulista, que conta com sua própria Corte de Contas.

Nas últimas décadas, tais estruturas experimentaram um significativo incremento de estrutura física, lógica e de recursos humanos. Concursos extremamente disputados foram realizados, importando na formação de equipes técnicas de inequívoco preparo técnico. Mais recentemente, o desenvolvimento e incorporação de indicadores objetivos para medir o desempenho – e, portanto, a efetividade – das políticas públicas representaram um verdadeiro *upgrade*, que, por sua vez, permitiu uma sofisticação sem precedentes na análise das políticas públicas do Estado e dos Municípios.

Todo esse movimento provocou uma mudança de postura do TCE-SP que vem se consolidando em suas últimas gestões na forma de uma transição sensível, de um órgão que comina sanções para um órgão que atua, precipuamente, na orientação de políticas públicas mais compatíveis com a gramática de direitos instituída pela Constituição Cidadã de 1988.

Ora, se antes o rico material produzido pelas equipes de fiscalização ficavam encerrado nas instruções processuais que, por sua vez, se exauriam com o arquivamento dos processos de contas, hoje essa experiência pode, com apoio da tecnologia, ser aproveitados no desenvolvimento de indicadores de excepcional qualidade para apoiar gestores públicos na modelagem de políticas locais e estaduais, contribuindo para uma tomada de decisão mais adequada aos princípios constitucionais que vinculam a atuação da Administração Pública.

Se cidades inteligentes são cidades que utilizam a tecnologia como parte de uma gestão mais eficiente, essa mudança empreendida pelo TCE-SP é bem-vinda e auspiciosa. Um dos exemplos mais importantes dessa trajetória é o Índice de Efetividade da Gestão Municipal. Veja-se o excerto abaixo, extraído do portal institucional do TCE-SP:

> Desde 2015, o Tribunal de Contas vem criando indicadores para avaliar o resultado das políticas públicas e o real impacto dessas iniciativas na vida dos cidadãos. O IEG-M (Índice de Efetividade da Gestão Municipal) e o IEG-E (Índice de Efetividade da Gestão Estadual) medem a eficiência das Prefeituras e do Governo do Estado a partir da análise de quesitos sobre educação, saúde,

gestão fiscal, defesa civil, planejamento, meio ambiente, tecnologia da informação e segurança pública. Assim como os ODS, esses indicadores são ferramentas que podem auxiliar os administradores no planejamento da gestão e instrumentos que refletem a eficiência e a efetividade dos governos. Por isso, representam também um mecanismo de transformação e de desenvolvimento social. A convergência entre os índices e os objetivos da Agenda 2030 é enorme. Dos 17 ODS internacionalmente definidos, 9 estão no IEG-M. Além disso, outros 31 quesitos abordam assuntos diretamente ligados às metas estabelecidas pelo pacto. Diante dessa afinidade, o indicador será usado como ferramenta oficial da ONU para o monitoramento da evolução da Agenda 2030 em todo o Estado de São Paulo[14].

Nesse sentido, além dos precedentes jurisprudenciais dos julgamentos de contas, gestores públicos podem contar com indicadores objetivos que, aplicados às realidades locais, sinalizam para os pontos de atenção ou de vulnerabilidade e permitem correções de rota que proporcionem políticas públicas melhores para seus destinatários. Como o próprio excerto diz, além de servirem de suporte às ações municipais, os indicadores do IEG-M estão articulados com os objetivos do desenvolvimento sustentável (ODS) que integram um compromisso planetário intitulado "Agenda 2030", da Organização das Nações Unidas.

Ou seja, além de servirem de suporte à gestão pública, estão alinhados a um conjunto de ações que almejam viabilizar cidades mais sustentáveis. E, sobre este particular, o próprio TCE-SP dispõe de iniciativa específica: o Observatório do Futuro, assim definido pela própria Corte de Contas:

> O Tribunal de Contas e o PNUD (Programa das Nações Unidas para o Desenvolvimento, braço da ONU responsável pelos ODS) firmaram, em 2017, um memorando de entendimentos para facilitar a colaboração e a troca de informações entre os dois órgãos. Fruto dessa parceria, o Observatório do Futuro foi criado para auxiliar o Estado e as Prefeituras na implementação da Agenda 2030 e também para acompanhar a evolução desse processo nos dois níveis de governo. Para isso, o núcleo de monitoramento dos ODS desenvolverá estudos e atividades de capacitação de servidores, colaborando ainda na sistematização e divulgação de dados e de boas práticas. Uma cartilha já foi elaborada para explicar o que são os ODS e como o TCESP pode ajudar Prefeitos e Governo do Estado a aderir ao projeto[15].

Então, para além do debate público e acadêmico, então, há um novo componente a ser ponderado na definição do conceito de cidades inteligentes e sustentáveis no Brasil. Forjado segundo a lógica do direito administrativo, os tribunais de contas podem ser uma instituição decisiva para viabilizar uma gestão pública mais inteligente e, além disso, mais sustentável, em conformidade com o que dela se espera no século XXI.

---

14. Índice de Efetividade da Gestão Municipal do Tribunal de Contas do Estado de São Paulo. Disponível em: https://www.tce.sp.gov.br/observatorio/indicadores. Acesso em: 01 abr. 2022.
15. Observatório do Futuro do Tribunal de Contas do Estado de São Paulo. Disponível em: https://www.tce.sp.gov.br/observatorio/o-que-e. Acesso em: 02 abr. 2022.

5. CONSIDERAÇÕES FINAIS

O presente texto pretendeu levantar questões sobre o tema "cidades inteligentes e sustentáveis", explorando os desafios conceituais e regulatórios do tema.

Ele serve como um alerta, no sentido de que não se deve perder de vista as devidas ancoragens para situar o tema no contexto concreto da realidade brasileira e, principalmente, o que se pretende construir a partir dos potenciais contidos nessa nova maneira de se enxergar a cidade.

Não se pode perder de vista também que a ideia de cidades inteligentes e sustentáveis não é a panaceia para os graves problemas que persistem no modelo desordenado de urbanização do território brasileiro.

Estes possuem uma raiz estrutural bem mais ampla do que as soluções que as ferramentas de gestão e a sinalização de sustentabilidade são capazes de oferecer. Evitar o equívoco de atribuir a este novo horizonte reflexivo do planejamento urbano um papel que não lhe pertence é um pressuposto a essa discussão que está só começando.

Nada obstante os desafios sejam inúmeros, há outras tantas possibilidades de construção desse conceito e a atuação dos tribunais de contas revela uma oportunidade importante de reflexão.

Seja pelo papel que exercem no monitoramento e fiscalização da Administração Pública, medida que é realizada com o apoio de equipes técnicas de inequívoca qualidade e que, além de coletar informações e dados sobre a gestão municipal, podem utilizar esses elementos também para o desenho de indicadores que, com suporte tecnológico, podem dar concretude a uma gestão pública mais inteligente e apta a apoiar a construção de cidades capazes de proporcionar melhor acesso aos benefícios da urbanização e, ainda, um gasto público de melhor qualidade.

6. REFERÊNCIAS

ALFONSIN, J.T.. A função social da cidade e da propriedade privada urbana como propriedades de funções. In: ALFONSIN, B.; FERNANDES, E. *Direito à moradia e segurança da posse no Estatuto da Cidade*. Belo Horizonte: Editora Fórum, 2004.

ALFONSIN, B.; FERNANDES, E. *Direito à moradia e segurança da posse no Estatuto da Cidade*. Belo Horizonte: Editora Fórum, 2004.

CAMPOS FILHO, C.M. *Cidades brasileiras*: seu controle ou o caos – o que os cidadãos devem fazer para a humanização das cidades no Brasil. 4. ed. São Paulo: Studio Nobel, 2001.

COSTA, L. *Registro de uma vivência*. Brasília: UnB, 1995.

DALLARI, A.A.; FERRAZ, S. *Estatuto da Cidade*. 3. ed. São Paulo: Malheiros Editores, 2009.

DALLARI BUCCI, M.P. Gestão democrática da cidade. In: DALLARI, A.A.; FERRAZ, S. *Estatuto da Cidade*. São Paulo: Malheiros, 2002

FREITAG, B. *Teorias da cidade*. 4. ed. Campinas: Papirus, 2013.

G1. *Mercado de startups cresce no Brasil e movimenta quase R$ 2 bi*. Disponível em: http://g1.globo.com/economia/pme/noticia/2014/01/mercado-de-startups-cresce-no-brasil-e-movimenta-quase-r-2-bi.html. Acesso em: 21 maio 2016.

HARVEY, David. *A produção capitalista do espaço*. Trad. Carlos Szlak. 2. ed. São Paulo: Annablume, 2006.

DICIONÁRIO MICHAELIS DA LÍNGUA PORTUGUESA. Disponível em: http://michaelis.uol.com.br/moderno/portugues/index.php?lingua=portugues-portugues&palavra=intelig%EAncia. Acesso em: 15 maio 2021.

KOWARICK, L. *Viver em risco:* sobre a vulnerabilidade socioeconômica e civil. São Paulo: Editora 34, 2009.

LEITE, C. *Cidades sustentáveis, cidades inteligentes:* desenvolvimento sustentável num plano urbano. Porto Alegre: Bookman, 2012.

MILANI, C.R.S.; RIBEIRO, M.T.F. (Orgs.). *Compreendendo a complexidade socioespacial contemporânea:* o território como categoria de diálogo interdisciplinar. Salvador: EDUFBA, 2009.

MONGIN, O. *A condição urbana:* a cidade na era da globalização. Trad. Letícia Martins de Andrade. São Paulo: Estação Liberdade, 2009.

PAPA FRANCISCO. *Laudato sí:* sobre o cuidado da casa comum. Disponível em: http://w2.vatican.va/content/francesco/pt/encyclicals/documents/papa-francesco_20150524_enciclica-laudato-si.html. Acesso em: 02 abr. 2022.

ROLNIK, R. *A cidade e a lei.* 2. ed. São Paulo: Studio Nobel, 2003.

SAULE JÚNIOR, N. *A proteção jurídica da moradia nos assentamentos irregulares.* Porto Alegre: Sergio Antonio Fabris Editor, 2004.

TAVOLARI, B. *Right to the city:* a concept in dispute. Resumo disponível em: https://isaconf.confex.com/isaconf/forum2012/webprogram/Paper25242.html. Acesso em: 10 out. 2021.

TRIBUNAL DE CONTAS DO ESTADO DE SÃO PAULO. Portal institucional disponível em: http://www.tce.sp.gov.br.

SILVA, J.A. *Direito urbanístico brasileiro.* 7. ed. São Paulo: Malheiros Editores, 2012.

WORLD FOUNDATION FOR SMART COMMUNITIES. *Tem steps to becoming a smart community.* Disponível em: http://www.smartcommunities.ncat.org/management/tensteps.shtml. Acesso em: 15 maio 2016.

ANOTAÇÕES